건축 강의

Lectures on Architecture
by Eugène-Emmanuel Viollet-le-Duc

Published by Acanet, Korea, 2015

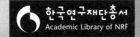
한국연구재단총서 학술명저번역 582

건축 강의

Lectures on Architecture

외젠 비올레르뒤크 지음 | 정유경 옮김

아카넷

일러두기

원주는 ——— 밑에 *, **, ***, ……으로 표기하였고, 역주는 ——— 없이
1), 2), 3), ……으로 표기하였으며, 영역자 주는 따로 명기하였다.

차례

4권

도판 목록

3권

4권

16강

기념비적 조각에 대하여

저는 건축이 실행하기 쉬운 예술이라고 한번도 생각해 본 일이 없습니다. 건축이 다양한 예술의 조합이라는 사실 자체가, 이 복합적인 전체를 구성하고 시공을 진행하여 모든 요구를 만족시킬 때 우리로 하여금 온갖 어려움의 집적체를 만나게 합니다. 이 어려움들은 그 조합이 하나의 주도적인 이성에 의해 인도될 수 없다면—각자 맡은 부분에 기여하는 예술가들이 저마다 독립적으로 구상하고 시행한다면 정복할 수 없습니다. 그러므로 우리의 건물들 대다수가 예술 작품들이 아니라 예술 상품들의 응집체만을 보여 준다고 해서 경악해서는 안 되며, 건축가들만을 비난해도 안 됩니다. 건물을 세울 때—오늘날 과거보다 더욱—어떤 식으로 문제들이 해결되는지 생각해 본다면 공공 건축이라는 이름으로 칭송되는 온갖 종류의 오브제 더미를 사실상 지배하고 있는 혼돈이 그나마 이 정도라는 사실에 놀라게 될 것입니다. 한때 건축과 자매 관계였던 조각은 나날이 건축과 멀어지는 듯하고, 때로는 건축을 적대하는 것처럼 보이기까지 합니다. 조각은 [건축에서] 마치 전시회나 박물관에서처럼 그것이 놓일 자리를 스스로 선택하겠다고 주장합니다. 조각은 눈에 띄기를 원하며, 그 주변으로 관람자의 시선을 교란시킬 만한 요소가 아무것도 없기를 바랍니다. 이 조각가는 자신이 두드러지기를 바랄 뿐 아니라 자신과 나란히 동일한 테마 안에 묶여 있는 다른 조각가에게 그림자를 드리우고 싶어 합니다. 이들이 대중 전람회에서 선보일 목적으로 작품을 만드는 것이라면 이것은 매우 바람직한 경쟁이 되겠지만 하나의 통합된 전체를 구성하려는 작업에서는 재앙입니다. 그렇다면 건축가가—반대에 부딪히겠지만—조각가에게 지시를 내려야 한다고—자신이 원하는 대로 특정한 공식들로 조각가의 재능을 구속하고, 그들을 한낱 노동자로, 자신이 결정한 구성에 따라 이미지를 깎는 사람으로 만들어야 한다고 생각해야 할까요? 건축가가 이런저런 장소를 결정하고, 이런저런 한계를 규정하고, 돌출의 정도와 크기를 지시하는 것은 작은 특권이 아닙니다—그리고 조각가들은 이에 대해 불평을 아끼는 법이 없습니다. 조각가의 예술은 적어도 건축가의 예술과 대등한 존엄성을 갖지 않습니까? 어째서 전자가 후자에게 종속되어야 합니까? 그런 변칙은 예술가의 이름이 알려지지 않았던, 예술에서 가장 높은 지위를 한낱 장인들이 차지하고 있던 … 우리와는 먼 야만의 시대에나 기대할 수 있었을 것입니다. 저는—또 모두는—이를 가리켜 뭐라고 해야 할지 알고 있습니다. 그것은 무관심의 문제라고 불립니다. 랭스 대성당이나 샤르트르 대성당에서 제가 말할 수 있는 조각상들을 조각한 일꾼은 우리 현대의 예술가들 다수에 대등한 재능을 가지고 있었다고 저는 생각합니다. 그러나 그가 자신의 재능을 표현하는 데 독립적이고 자유로웠습니까? 그렇다고 가정할 수 있습니다. 다만 그는 자신이 참여하고 있는 협주곡에서 불협화음을 내려고[일부러 튀는 소리를 내려고] 노력하지 않았고, 자신의 장점이 주변에 그림자를 드리우는 것으로 강조될 수 있다고 생각하지 않았을 뿐입니다.

제가 조금이라도 우리의 조각가들의 진정한 장점을 헐뜯으려고 하는 것으로 여겨져서는 안 됩니다. 그들의 작품에서 나타나는 재능은 매우 대단한 것들이니까요. 근대에 그렇게 많은 수의 매우 훌륭한 작품이 만들어진 시기는 별로 없으며, 이 세기가 시작한 이래로 조각 예술이 보다 높은 수준에 도달했다는 점을 인식하는 데는 대단한 식별력도 필요하지 않습니다. 그러나 조각이 부상하면서 그 자매 예술인 건축과의 불일치가 점점 더 커졌고, 그리하여 이 둘이 결별하는 때가 멀지 않았다고 생각할 수 있다는 점은 인정해야 합니다. 그렇다면 이처럼 조화가 결여된 이유는 무엇일까요? 이것이 우리가 탐구해 보려고 하는 것입니다.

이를테면 이집트와 같이 조형 예술이 위계적 공식에 종속되는 지역에서 이 예술들은 침범하는 것이 금지되어 있는 특정한 좁은 한계 내에서만 움직입니다. 그 관계에서 수립된 조화는 천재적인 한 사람의 창안으로 깨뜨릴 수 없습니다. 건축, 조각, 회화의 기능은 처음부터 일종의 엄격한, 고래의 통제하에 수행되었다고 말할 수 있으며, 선수립된 조화가 그와 같으므로 전성기의 이집트 건물을 보고 너무도 긴밀하게 연합되어 있는 이 세 예술의 표현이 어디서 각기 시작되고 끝나는지 말하기는 어렵습니다. 어떻게, 그리고 어떤 천재적 노력에 의해서 이런 긴밀한 통합이 최초로 수립되었을까요? 저는 이것을 설명하려고 애쓰지는 않겠습니다. 그저 그러한 사실을 있는 그대로 받아들이도록 하겠습니다. 그 결과, 가장 지적이지 못한 관찰자의 눈에도 이집트의 기념비들은 다른 어떤 것과도 구별될 뿐 아니라, 통일성의 인상이 너무도 완벽하게 드러나서 이에 비하면 다른 어떤 계열의 가장 완벽한 건축도 응집력이 부족해 보일 정도입니다. 아무리 단단하고 견고하게 지어지고 잘 균형 잡혀 있는 로마의 건물들이라도* 전성기 이집트의 기념비 가운데 가장 덜 중요한 것에 비해서조차 엄격함과 통일성이 부족해 보입니다. 이집트의 건물들의 경우, 그 구축이 가장 단순하고 가장 쉽게 착상되는 원리에 의해 제시된 만큼 그로 인해 안정성과 힘의 관념이 부여되는 한편, 조각과 회화 예술이 건축가가 도입한 형태와 이루는 긴밀한 통일성이 보는 이의 시선을 전체의 절대적 통일성에서 분산시키는 것이 아니라 오히려 그것에 집중하도록 하기 때문입니다. 입구 양편의 필론(pylon)에 세워진 거대한 조상들은 그 구성에서 버팀벽과 같은 외관을 선보입니다. 포르티코의 피어들에 기대 서 있는 카리아티드들은 그 형태와 그것들이 다루어지는 기념비적 방식 덕분에 이 지주들의 일부를 이룹니다. 역사적 조각이 벽 위에 나타난다면 그것은 구조에 동화됩니다. 그것은 벽 표면을 변화시키지 않으면서 그 위를 뒤덮는 일종의 태피스트리를 보여 줍니다. 자신의 작품을 시행하는 데에는 정밀하게 주의를 기울이고, 또한 자연을 보기 드문 섬세한 통찰력으로 관찰함에도 불구하고 이집트의 조각가는 기념비적 원리를 위해 상당한 희생을 감내합니다. 그는 자신이 만드는 형태를 경이적으로 잘 알고 있지만 그 모든 세부를 표현하지 않도록 주의하며, 자유롭고 단순하지만 언제나 참된 해석에 만족하면서 자신이 그 형태에 부여하는 아르케익한 외관에 모순되지 않도록 합니다. 조각과 건축의 이러한 절대적 조화는 다른 모든 건물을 이집트 미술에 비하면 한 점의

---

* 다른 모든 참조 사항에서와 마찬가지로, 여기서 말하는 것은 진정한 로마적 구조를 의도했던 로마식 건물들이지, 제정기에 도입되었던 그리스 미술의 거짓된 모방물들이 아닙니다.

가구처럼 보이도록 하며, 우리가 부지불식간에 세 미술의 긴밀한 통합의 이 강력하고도 유일무이한 표현에 집중하도록 합니다. 그렇다고 이집트 기념비들의 모방물을 우리의 거리에 만들도록 추천하겠습니까! 분명 그렇지는 않습니다. 다만 이집트 미술이 우리 자신의 시대와 관습과 아무리 멀리 떨어져 있다 해도 우리가 예술의 다양한 표현 일반에 드러난 형태 이상의 어떤 것을 보존하고자 한다면—그로부터 우리가 생성하는 원리, 표현의 그 다양성의 이유를 찾고자 한다면 이 미술에서 가르침을 얻을 수 있을 것입니다. 이집트 건축에 적용된 조각의 주도적 성격이 그 건축 형태들과의 밀접한 통합—그 형태들에의 [조각의] 참여라는 점은 충분히 강조할수록 좋습니다. 조각상이 거대하든 매우 작든, 전자의 경우라면 그것은 결코 건물의 중심 라인을 깨뜨리지 않고, 후자의 경우 절대로 전체의 장엄함을 방해하거나 초라해 보이지 않습니다. 나일 강변의 기념비들을 보면 이 점은 충분히 단적으로 나타납니다. 이 결과는 너무 완벽해서 아무런 노력을 기울이지 않은 것처럼 보일 수 있습니다. 사실 보는 이에게 노력이나 연구의 흔적을 조금도 떠올리게 하지 않는 것이야말로 완벽한 예술 작품들의 특징입니다. 그러나 지성을 자극하지 않고서도 우리의 시선을 끌고 붙잡아 놓는 모든 예술 작품에 얼마나 많은 지식과 지적 노동이 필요한지를 아는 사람에게 전성기의 이집트 건축은 지구상에서 가장 완벽하게 구체적인(correct/concret) 것으로 보일 것입니다. 실로 그런 결과는 우리와 같은 문명이 제공하는 복잡한 필요성들보다는 이집트 문명이 제시했던 것과 같은 단순한 필요성들과 더불어 훨씬 더 쉽게 획득될 수 있으리라는 점을 인정해야 합니다. 그러나 원리란 모든 곳에 적용 가능한 것입니다. 예술가는 언제나 자연을 비굴하게 모방하지 않고 그것을 자유롭게 이용하며, 조각의 구성과 시행을 기념비적 관념에 종속시켜야 합니다. 저는 미술 작품의 보존과 예술가들의 교육을 너무나 훌륭하게 발전시키는 미술관이라는 기관을 비난하고 있는 것이 결코 아닙니다. 그러나 예술가 자신이 충분히 재능 있고 잘 개발된 비판적 능력을 가지고 있지 않은 한, 예술가들의 마음에서 예술이 전성기를 누렸던 시기들의 두드러진 특징인 여러 분과 예술들의 긴밀한 통합이라는 관념을 미술관이 말소하는 경향이 있다는 것은 부정할 수 없습니다. 고립된 걸작들을 관조하는 일은 확실히 마찬가지로 고립된 신선한 걸작들을 제작하는 데 도움이 될 수 있지만 건축에, 그리고 그것을 표현하도록 도움을 요청받은 사람들에게 너무도 필요한 폭넓고 포괄적인 관념들을 제시하지는 않습니다. 이 미술관들은 대중의 관심과 취미를 보다 더 크게 흐트러뜨리는 경향이 있습니다. 그들은 미술에 대한 안목을 가지려면 고대의 유적에서 가져온 몇 개의 파편을 어느 정도 주의 깊게 검토해 보는 것으로 충분하며, 머릿속으로라도 그것을 온당한 위치에 복원해 보는 힘은 필요하지 않다는 관념을 곧 획득하게 됩니다. 진정 교육적인 기관이 되기 위해서, 그저 어느 정도 적당히 분류된 고고학적으로 진기한 유품들이나 걸작의 파편을 전시하는 곳 이상의 것이 되기 위해서 미술관은 이 유물들과 더불어, 그것들이 원래 있던 완전한 전체 [유적의] 광경을 소묘 정도만이라도 카탈로그 레조네와 더불어 전시해야 합니다. 그러나 이런 문제들에 관련해 아직 아무것도 조치된 바가 없고, 걷어 내야 할 편견은 많이 남아 있습니다. 이웃 나라 영국에서는 이미 비슷한 일이 시도되었지만 우리의 경우 재원이 부족해서라기보다는 특유의 허영심이 이 작업을 꺼리게 하고 있습니다. 우리의 빠른 이해력과 타고난 취미를 믿고, 우리는 우리가 아름다운 그림이나 멋진 조각품을 선보여 온 것으로 예술이 요구하는 모든 것을 제공해 왔다고 생각합니다. 하지만 우리는 그 그림이나 조각을 위해 어떤 장소를 찾아야 할 것인지를 알아보는 데는 거의 신경 쓰지 않았습니다. 그러나 그리스 인들이 그들 예술의 전성기에, 즉 그들이 부유한 로마의 아마추어들을 위해 조각하고 그림을 그리기 시작한 때가 아니라 그들의 영광 속에 기념비적 건축을 짓고 장식하던 때에 그들은 달랐습니다. 중세와 르네상스의 예술가들도 그런 식으로 일을 진행하지 않았죠. 조각에 대해서만 이야기하자면―우리의 가장 탁월한 예술가들이 고립된 채 연구하며 독립적인 작업으로 얻은 습관, 그들이 자신의 전문 분야가 아닌 예술에 대해 드러내는 종류의 무시, 그리고 기념비적 예술의 조건에 대한 절대적 무지가 그들에게는 가장 특이한 기만을 발생시키고, 그들이 건물의 장식에 기여하도록 요청받았을 때 대중으로부터 가장 엄혹한 비판을 불러일으키는 것입니다. 그럴 때 우리는 조각가들이 그렇게 발생한 실망과 비판을 그들 자신의 탓으로 여긴다고 이해하게 됩니까? 절대 아닙니다! 그것은 언제나 건축가의 잘못이거나, 아니면 바로 인접하여 경쟁하는 조각의 잘못이 됩니다. 위치가 나쁩니다. 건축이 그 매스나 배치나 세부로 인해 조각상의 효과를 망가뜨립니다. 혹은 경쟁 조각가가 자신의 작품과 경쟁 중인 작품을 '죽이려고' 노력해 왔습니다. 실제로 오늘날 너무나 자주 벌어지는 이런 소소한 사고들이 어느 정도는 건축가로 인해 발생한다는 점을 인정해야 합니다. 일종의 부록으로 여겨지는 조각 작품을 위한 일종의 틀이나 좌대를 예술가에게 제공하는 식의 구도를 받아들이면서 후자는 단순히 자신의 작업을 **전시하는** 것이라고 생각하게 됩니다. 그리고 자신이 이해하지 못하는 전체 효과에 대해 고민하지 않습니다. 그 전체 효과는 대부분 그에게 제공되지 않고, 그의 의견을 구하지도 않기 때문에 그로서는 알 수가 없는 것입니다. 그리스 인들이 작업하는 것을 결코 본 적이 없는 것은 사실이지만 저는, 그들은 이런 식으로 일을 진행하지 않았으리라고 생각합니다. 실로 모든 것이, 저로 하여금 익티노스와 페이디아스가 서로 협력하여 작업했으리라고 믿게 합니다. 그러나 절정기의 그리스 건축의 아름다움에도 불구하고 오늘날 남아 있는 건물들에서 조각상들과 건축의 기념비적 결합은 이집트의 그 완벽한 유형과는 거리가 멉니다. 그러한 통일성은 초기 도리스 건축, 예컨대 거인족의 신전으로 알려진 아그리겐툼 바실리카와 상고적 성격의 다른 건물들에 아마도 존재했을 것입니다. 그러나 제가 보기에 그것은 파르테논에서, 조각의 제작에 관해서는 아니라 해도 최소한 원리의 관점에서는 이미 거의 소멸하고 있었던 것 같습니다.

사실 기념비적 조각상에서는 두 가지 조건이 준수되어야 합니다—전체와의 관계에서 전체 스케일에 적절하게 디자인되어야 하고, 제작에서는 채택된 스타일과의 관계 속에서 위치와 방향이 정해져야 합니다. 그러면 페이디아스에게는 미안한 일이지만 메토프에 재현된 주제는 건물의 척도에 정확하게 들어맞지 않는 것처럼 보입니다. 또한 고부조로 제작된 그 형상들은 그것들이 놓인 높이에서는 보잘것없으며, 특히 건물 앞과 뒤의 파사드, 즉 팀파눔을 채우고 있는 거대한 형상들 아래서 더 그렇습니다. 그러나 제작을 살펴보면 방향과 장소에 이보다 더 잘 조화를 이루는 조각상을 찾을 수는 없습니다. 특정한 세부의 정교한 섬세함이 언제나 정직하게 만들어지고 표현된 매스의 효과를 깨뜨리지 않습니다. 페이디아스와 같은 예술가를 양해할 수 있을 것입니다. 아마도 그는 특정한 세부 작업을 과도하게 섬세하게 수행하기 위해서 팀파눔의 형상 중 일부를 자신의 작업실에 전시했을 것이고, 이 섬세한 부분은 매스들의 단순한 위엄을 손상시킬 만한 영향은 끼치지 않았다 하더라도 날아가는 새가 아니면 보이지도 않았을 것입니다. 소수의 아마추어들을 즐겁게 해 주기 위해 디자인된 이런 섬세함을 우리가 곧 모습을 드러내게 될 오용의 시초까지—건축과 회화, 두 예술의 분리까지 추적해 갈 수 있다는 것도 마찬가지로 사실입니다. 예술가가 몇몇 호사가들을 만족시켜 주기 위해 작업을 할 때 그는 몰락의 길로 접어들고 있으며, 올바른 길을 벗어나고 있는 것입니다. 그는 자신이 선택된 전문가 집단을 만족시키고 있다는 이유로 자신이 완벽함을 얻고 있다고 생각하지만 실제로는 악화일로에 있습니다. 예술에서 완벽이란 모두에게 인상을 남기는 힘을 뜻합니다―까다로운 이들은 물론 문외한들까지도 말이죠. 조각가의 예술이 특정의 특권화된 사람들, 어떤 뛰어난 아마추어들의 취미를 만족시키는 데 있다면, 여기에 대중의 마음을 움직이는 유일한 길인 기념비적 의미 작용은 없습니다.

조각상이 웬만큼 심오한 인상을 산출한다면 그것은 모두를 위한 의미를 가져야 하는 것이 분명하지 않습니까? 그리스 인들의 경우 신화, 영웅담, 역사를 다룬 조각은 모든 이가 매우 강렬한 관심을 갖는 무엇인가를 재현했습니다. 유사하게 우리의 중세 기념비에서 조각상은 모두가 완벽하게 이해할 수 있는 의미를 가지고 있었습니다. 그것은 교육 수단이었으니까요. 우리의 위대한 북부 대성당들의 도상학은 대중을 시각적으로 가르치는 진정한 백과사전이었습니다. 오늘날 그런 수단은 소용이 없다는 점은 저도 인정합니다. 우의(allegory)는 빈약한 원천입니다―아무도 거기에 관심이 없고 인간 마음의 감정에 응답하지 않기 때문에 극소수의 사람들만이 그 의미를 추측하려고 하는 썰렁한 수수께끼입니다. 성질들이나 추상들―이를테면 평화, 전쟁, 풍요, 상업, 예술 등―은 하나같이 너무 추상적이거나, 누군가의 관심을 끌기에는 너무 유치한 형이상학의 기미가 느껴집니다. 그것들은 부조로 혹은 군상으로 조각상들을 만들기 위한 구실에 지나지 않으며, 그 조각들에서 그럭저럭 잘 배치된 인물들의 집합 이상의 무엇인가를 보는 사람은 없습니다―그것은 아틀리에의 냄새가 나는 관학적 작품들로 어떠한 생생한 사실 혹은 지적 운동이나 영혼의 감정에도 상응하지 않습니다. 우리는 어떤 형태가 아름다우면 그것에 감탄할 수 있지만 조각과 같은 그런 힘을 가진 예술은 그저 눈을 만족시키고 정신을 순수하게 물질적인 비판으로 이끄는 데 그쳐서는 안 되는 운명을 가지고 있습니다. 형태는 결국 어떤 관념이나 어떤 감각을 상기시키는 수단에 불과합니다. 그것이 동떨어져 있다면, 혹은 차라리 그것이 전파하도록 정해진 어떤 사유의 영감 아래 실존으로 튀어 오르지 않았다면 형태는 정신 안에 그저 순간적인 흔적으로 남고 우리는 곧 그것에 싫증을 느끼게 될 것입니다. 우리의 가장 탁월한 조각가들은 이것을 잘 알고 있습니다. 그렇기 때문에 하나의 일반적 관념을 건물 전체에 확산시킬 수 없는 그들은 그 관념을 한 점의 입상 또는 흉상으로 구현하는 데 만족합니다. 그들은 때때로 성공을 거두기도 합니다. 그러나 예술이 점점 더 아틀리에에 틀어박힘에 따라 점차 더 좁은 한계 안에 집중되는 이 관념은 기념비적 조각상에서는 절대적으로 아무런 가치가 없습니다. 그렇다면 우리는 오늘날 우리가 처한 유해한 상황들을 운명적이고 치유 불가능한 것이라고 말해야 할까요? 우리 시대가 내세울 수 있는 바로 그 풍부하고 탁월한 재능을 가지고서 기념비적 조각은 서로 인접해 있음으로 해서 서로를 훼손하고, 건축과 아무런 관계를 갖지 않으며, 때로는 제작의 수준에서는 걸작이면서도 사유의 모호함과 진부함으로 인해 망각되고 마는, 그저 단락적인 것에 그치고 말 운명이라고요? 분명 그렇지 않습니다. 그렇게 많은 생명력의 요소를 가지고 있는 예술, 드물지 않게 놀라운 장점을 가진 작품을 만들어 내는 예술이 대중의 눈앞에서 사라져 흩어져 있는 좌대 위에, 혹은 대저택이나 궁전이나 미술관에 그 작품을 고립시킬 운명일 수는 없습니다. 악폐를 지적하기는 쉽고, 대중이 그 원인을 정확히 아는 것은 좋은 일입니다. 지금 대중은 예술의 공화국이 어떻게 운영되는지 알지 못하며, 기꺼이 그들을 가르치려고 하는 비평가들은 그들보다 잘 아는 것이 거의 없거나 모든 진실을 말하기에는 그 문제에 사적 이해가 너무 많이 걸려 있습니다.

조각상이 중요한 자리를 차지해야 하는 건물이 지어진다면 건축가는 그 계획을 생각해야 하고, 그것을 적절한 권위자에게 제출해야 하며, 그러고서 시공에 들어가야 합니다. 즉각 작업에 참여하고자 하는 조각가들의 신청이 답지합니다. 당연히 건축가는 그것들을 운영진에게 보내고, 운영진은 필요할 때 작업이 진행되도록 하는 일을 맡게 됩니다. 여기저기에 조각상들이 세워질 것입니다. 그러나 무엇을? 그는 그것을 알지 못하고, 그에게는 별로 중요한 문제도 아닙니다. 그 조각들은 높이가 2m가 될 것이라는 것이 그의 주된 관심사입니다. 그 장소에는 저부조가 놓이게 됩니다 … 무엇을 재현하고 있습니까? … 곧 알게 될 겁니다. 이 페디먼트 혹은 이 피어들의 정면에는 군상들이 놓이게 됩니다 … 무엇을 나타냅니까? … 산업, 농업, 음악, 아니면 시? … 때가 되면 정해질 것입니다. 그날은 조각가들이 작업에 착수하는 때입니다. 그때 혼전이 시작됩니다. … 아무개 씨가 한 점의 조각 의뢰를 받습니다. … 그는 더 많은 혜택을 받은 자신의 동료가 작품을 두 점 제출하게 되었기 때문에 분노합니다. 그 동료는 그대로 M 씨에게 군상을 맡긴 위원회를 저주하며, 문제의 M 씨는 자신에게 주어진 위치가 N 씨가 받은 자리보다 못하다는 이유로 제정신이 아닙니다. 건축가가 위원회의 신임을 얻고 있다면 그의 친구들[조각가들]도 좋은 의뢰를 받게 될 것입니다. 위원회가 반드시 그를 돕게 되어 있지 않다면 그의 의견은 묻지도 않을 것이고, 그는 이런저런 조각가들이 위원회로부터 의뢰를 받아 이런지런 입싱, 저부조, 군상 등을 세작하게 될 섯이라는 사실을 공식 서한으로 통보받게 될 것이고, 제작에 관해 그들과 합의하도록 요구받게 될 것입니다. 그런 배정을 통해 배제된 조각가들이 불만스러워한다면 의뢰를 받은 조각가들 대부분도 별로 그들보다 만족스럽지 않습니다. 학사원의 일원이라는 영예를 누린 누군가는 자신이 학사원에 속해 보지 않은 자들과 대등한 입장에 있는 것이 가당치 않다고 생각합니다. 그는 자신이 모욕을 받았다고 생각하며, 보상을 원합니다. 위원회나 아카데미―결과적으로는 둘이 다르지 않습니다만―에 대하여 독립적인 정신을 공언해 온 사람은 실내에 장식될 석고 메다용들이나 흉상 중 하나 정도를 의뢰받게 됩니다. 그것은 선택받지 못했지만 절대 굶어 죽게 내버려 두어서는 안 되는 지망자들 혹은 예술가들을 위한 푼돈입니다. 페이디아스를 들먹이기 좋아하는 아카데미 데 보자르의 종신 서기, 우리 건물의 장식이 문제가 되었을 때 우리는 그에게 시행 방법에 대한 생각을 말해 달라고 간청해야 합니까? 어찌 됐든 모두는 모든 설계가 건축가에게 혹은 대부분의 경우 위원회에 제출되어 제작 이전에 승인을 받아야 한다는 조건하에서 작업에 착수합니다. 물론 조각가들은 각자 자신의 작업실에서 모형을 만듭니다. 그는 자신의 프로그램을 갖고 있으며 그들에게는 작품의 크기가 주어져 있습니다. 기념비의 스타일로 말하자면 작품이 놓이게 될 장소와 전체의 효과에 대해서 그는 거의 고려하지 않습니다. 그의 작품이 좋은 자리에 놓인다면 그는 자신의 동료[의 작품]를 압도할 충격적인 … 어떤 것을 만들어 내기를 바랍니다. 그에게 그저 2급의 주문이 주어졌다면 그는 그 주문을 진행시킬 수 있을 정도의 디자인을 적당히 마련합니다. 그는 무사 여신들이나 계절의 여신을 혹은 이런저런 고대 조각상들을 떠올리게 하는 이런저런 것들을 만들어 냅니다. 남성 조각상은 매우 드뭅니다! 영광, 전쟁, 믿음, 자비, 평화, 자연 철학, 천문학 등 전부 여성형입니다. 그러나 상업이나 봄, 여름, 가을* 등을 재현한다고 해도 여전히 여성상으로 만들어질 것입니다. 이삼

천 년 후에, 우리의 공공건물들이 세워지는 자리에 풀이 자라고 박식한 고고학자들이 발굴을 한다면 그렇게 많은 프랑스 조각들을 발견한 그들은 분명 우리가 법이나 종교적 교의를 통해 남성을 조각으로 재현하는 것을 금지당했다고 생각할 것입니다. 그리고 그들은 당대의 아카데미들 앞에서 그 주제에 대한 긴 논문을 읽고, 아마도 그것으로 영예를 얻겠지요. 결국 그 디자인들은 승인될 것입니다. 그러나 1/20 혹은 심지어 1/10의 모형이라 해도 [그것을 보고 실제 조각이] 건물 안의 한 장소를 채워야 할 때 어떤 효과를 낼지 알 수 없습니다. 이 작고 거친 진흙이나 석고 모형은 누구보다 능숙한 예술가에게조차 작품 자체의 디자인만을 이해할 수 있게 해 줄 뿐입니다. 그것들을 보고 예술가는 이 모형을 크게 만들어 건물 위에 또는 앞에 놓았을 때 (설령 그 중요한 형태들이 엄격하게 만들어져 있다 해도) 어떤 효과가 연출될지 의견을 가질 수 없습니다. 승인이 떨어지면 위원회가 할 일은 없습니다. 그러면 주문을 받은 조각가들은 다시 한 번 작업실에 모형과 함께 틀어박혀 동떨어져 작업을 합니다.

그들 중 일부는—저는 그런 이들을 알고 있습니다만 이들은 예외적인 경우입니다—동료들을 방문합니다. 그러나 일반적으로 그들은 그런 방문을 삼가고, 그래서 자신들의 작업의 독창성을 손상시킬지도 모르는 영향에 사로잡히지 않을 수 있습니다. 군상이나 저부조를 작업해야 하는 사람들의 경우 누구나 보았을 만한 널빤지 가리개가 그들이 장식해야 하는 부분 앞에 세워지고, 그들은 보통 절반 크기 정도의 모형을 고용인들에게 작업하도록 합니다. 그들은 위에 언급한 것과 같은 이유로 서로를 방문하지 않을 것으로 짐작할 수 있습니다. 어느 화창한 아침 가리개가 내려지고 짐

---

* 독자들은 이 세 단어가 프랑스 어로 남성형이라는 것을 기억해야 할 것이다.—영역자 주

차로 조각들이 실려와 저마다 벽감 안에 혹은 좌대 위에 놓이게 됩니다. 그러면 따로 떼어 놓고 보면 각기 많은 장점을 가지고 있는 이 모든 작품은 결합되어 극히 기이한 집합체가 됩니다. 건물에서 멀리 떨어진 작업실에서 제작된 조각상들은 빈약해 보입니다. 군상들은 주변의 조각과 건축 전부를 압도합니다. 어떤 저부조는 그림자가 짙고, 다른 것은 반대로 빛을 받는 부분들만 두드러집니다. 예술가들은 각자 친구들을 데려와 자신의 작품을 보여 주고, 이 친구들은 마치 작업실에라도 온 것처럼 그의 작품만을 봅니다. 번갈아 가며 주어지는 찬사가 동이 납니다. 대중은 새로운 감흥을 그다지 얻지 못했죠. 우연히도 선입견을 갖지 않은 비평가들은 전체를 관통하는 어떤 의도를 찾아보려고 애를 쓰지만 쉬운 일이 아닙니다.

앞의 강의에서 말씀드린 것처럼 우리의 공공건물들의 건축을 맡은 그 많은 사람들이—위원회 구성원들부터 설계를 시행하는 예술가들에 이르기까지, 그러나 특히 전자가—주로 생각하는 것은 예술의 문제가 아니라 사람들에 관한 것입니다. 협회와 회원들을 각기 회유해야 하고, 이런저런 후원자를 즐겁게 해야 하며, 커다란 이해가 달린 이런저런 상황도 존중해야 합니다. 이 모든 것이 잡음 없이 처리되어야 하고, 가능한 한 많은 사람을 만족시켜야 하며, 그래서 그 중요성이 증대될 수 있고, 청원자와 고객의 무리가 보장되고, 재능을 가진 이들이 혐오감을 느끼지 않으면서 대다수의 평범한 자들도 불쾌하게 여기지 않아야 합니다. 조각이 중요한 위치를 차지하는 건물의 건축을 의뢰받은 건축가가 조각가들을 선택하고 그들에게 지시를 하는 일까지 맡는 것이 합리적으로 보입니다. 그러나 그럴 경우 건축가들은 배치를 지시할 권한을 가져야 하고, 조각가들은 그것을 받아들일 마음이 있어야 합니다. 그러나 우리는 이 두 가지 조건을 충족시키려면 아직 멀었습니다. 명료하게 이해되는 근거를 들어 한 점의 조각에 대해 비평할 수 있는 능력을 가진 건축가는 거의 없다는 점을 고백하지 않을 수 없습니다. 또한 그들이 그런 능력을 가지고 있다 하더라도 그런 관념들을 글로써 표현할 수 있는 건축가는 더 드뭅니다. 혹은 다른 한편 그들이 한 사람의 예술가를 선택해 그에게 파사드나 홀을 장식할 조각들을 온전히 그의 책임으로 디자인하도록 의뢰하는 것이 허용된다면, 그 결과로 건축과 조화를 이루지는 못하겠지만 그 조각들이 서로 조화를 이룰 가능성은 있을 것입니다. 이것은 거대한 행정 단체에는 어울리지 않을 것이고, 건축가가 선택한 행복한 대상은 그렇게 해서 그가 받게 될 멸시와 미움에 대해 자신을 변호하느라 애를 먹게 될 것입니다. 상황이 이러하므로 신중한 건축가는 가능하면 그들이 세우는 건물에 놓이게 될 조각에 관해 어떤 예견도 하지 않습니다. 조각에 중요한 장식적 요소를 요청할 만큼 충분히 대담하거나 그만큼 경험이 부족한 이들은 분명 그것을 후회하게 됩니다.*

　이집트 인들 다음으로, 관념들의 질서는 매우 다르지만, 중세 전성기만큼 조각을 건축에 어떻게 적용할 것인지를 잘 보여 준 예술의 시기는 없습니다. 그리스의 경우 조각이 기념비적 작품의 일부를 형성하는 경우가 너무 적기 때문에 구성 면에서, 포괄적인 조화에서 그리스 인들이 조각 장식을 중세의 거장들보다 잘했는지 못했는지를 감히 말할 수는 없습니다. 우리는 현존하는 것, 우리가 보는 것에 대해서만 말할 수 있고, 따라서 그것에 대해서만 분석할 수 있습니다. 그리스 건물들에 남아 있는 조각은 제작의 관점에서 이제까지 만들어진 어떤 것들보다 우월하지만 우리는 그리스 신전들에서 조각이 차지하고 있는 형식적 구획과 통일된 구성에 대해 과도하게 감탄하도록 강요받습니다. 명백하게 (저는 신전들에 대해서만 이야기하

---

* 제7강을 참조.

고 있습니다) 그 조각은 건축적 구성을 위해 희생되고 있습니다. 그것은 제한된 역할만을 하며, 그 역할이란 전체 효과에 좋게든 나쁘게든 별다른 영향을 미치지 않는 것입니다. 그리스 인들이, 건축의 구성에 조각이 우월한 영향을 미치고 있는 건물들을 세웠을 수 있습니다―그리고 아테네의 판드로시온은 그런 종류의 표본입니다. 그러나 이런 기념비들이 더 이상 현존하지 않으므로 우리는 다만 그것에 대한 다소간의 독창적 추측을 할 수 있을 뿐입니다. 저는 미술 일반에 대해 그리스 인들에게 절대적 우월성을 부여하는 경향이 있습니다만 건축에 관해 우리는 실제 존재하는 것만을 논할 수 있지 존재했으리라고 우리가 추측할 수 있는 것에 대해 논할 수는 없습니다―적어도 지금의 논의에서는 그렇습니다. 제국의 건축과 연결된 조각에 대해서 이야기할 것은 많지 않습니다. 조각은 로마 인들이 재능을 보인 분야가 아닙니다. 그들에게 조각은 이국적인 예술이고 사치의 대상이었습니다. 진정 로마적인 건축의 아름다움은 오로지 놀라운 구축에 있습니다. 메달들이나 일부 유적들로부터 수집한 자료들을 신뢰한다면 트라야누스 포룸의 바실리카에서 조각이 중요한 위치를 차지하고 있었다는 것, 그리고 매우 잘 배치되어 있었다는 것을 저는 기꺼이 인정합니다. 그러나 이 점에 관한 한 어느 정도의 확실성을 가지고 그 건물을 복원하는 것은 어려울 것입니다. 개선문들은―저는 그리스 신전을 수정한 것에 불과한 로마 신전들은 고려하지 않을 테니까요―조각과 건축이 긴밀하게 결합되어 있는 거의 유일한 로마의 현존하는 기념비들입니다. 이 구조들에서 그 결합이 완벽한 조화를 보여 주는 것은 아니지만 전체 효과는 의문의 여지없이 웅장하며, 상대적 비례들은 종종 멋지게 결정되어 있고, 조각, 저부조, 지배적인 건축적 라인의 구성의 통일성은 특별히 인정받을 만합니다. 분명히 건축가들과 조각가들이 서로를 완벽하게 이해했으며, 우리는 로마에, 여남은 명의 조각가들에게 하나의 건물을 장식하라는 의뢰를 할 공공 사업 위원회는 없었으리라고 추측할 수 있습니다. 그리고 관념을 표현하는 데 로마 인들은 그리스 인들에게 뒤지지 않습니다. 디자인들은 서로 관계가 있습니다. 그것들은 무엇인가를 의미하며, 명료하고 일관된 전체를 형성합니다. 이런 점에서 우리가 앞서 거론한* 트라야누스 전승 기념주는 걸작이며, 로마 인들이 남긴 사례 중 조각과 건축이 긴밀하게 통합된 것으로 유일하게 온전히 현존하는 기념비인 개선문도 그것이 생겨난 명분을 못지않게 명료하게 표현합니다. 고대인들에게 이런 작업은 매우 쉬운 일이었다고 말할 수 있을 것입니다. 그리스 인들은 신화나 영웅담에서 소재를 선별해 모두가 그 의미를 이해할 수 있었을 종교적 기념비 건축에 조각을 디자인하는 데 어려움이 없었고, 로마 인들 역시 개선문에 적당한 소재들인 전투, 전리품, 조약, 포로, 승리자 등을 쉽사리 발견했습니다—이것은 완전히 쉽고, 그 주제들은 분명하게 전달됐습니다. 종교적 믿음에 상당 부분이 근거하고 또 그에 따라 움직이는 사회에 살았던 중세의 미술가들은 교회의 외부에 구약이나 신약에서 취한 어떤 종교적 위계든 가져다 쓸 수 있었습니다. 그러나 거래소나 법정, 극장을 장식해야 하는 조각가는 어디서 소재를 찾아야 할까요? 이런 경우 우리는 대중들에게는 아무 의미도 없는 어리석고 단조로운 추상들에서 소재를 고르도록 강요받지 않습니까? 대중은 주피터나 운명의 여신이나 성모 마리아의 관념을 형성할 수 있습니다. 사실 그들은 용기, 인내, 신념, 힘 등의 미덕이나 성질을 의인화할 수도 있습니다—심지어 도시나 지방조차 의인화할 수 있지요. 그러나 산업, 상업, 헌법, 물리학, 천문학, 서정시나 환상시를 어떤 형태로 재현할 수

---

* 제4강.

있습니까? 우리가 비나 추수를 신격이 주재한다고 생각할 수 있을 때 무사 여신들이 비극이나 희극 또는 천문학을 관장한다는 것을 이해할 수 있습니다. 대중은 그 신화를 알고 있고, 더 이상의 설명은 필요하지 않습니다. 그러나 추상을 어떻게 의인화합니까? 그렇다면 우리는 우리에게 아무런 의미도 없는 신화를 변함없이 재생산하거나, 형태에 부합하지 않는 관념들에 형태를 부여해야 할 운명인 것일까요? 혹은 다른 한편으로 우리는 차갑고 필연적으로 터무니없는 우의들을 계속해야 합니까—폭정이 해방된 사유에 의해 타파되거나, 무정부 상태가 질서에 의해 격파되거나, 종교가 그 불멸의 외투 아래 고통받는 이들을 보호하거나, 자유가 족쇄들을 풀어 주거나 하는 모습을 보여 주어야 할까요? 다른 것, 좀 더 나은 것을 할수는 없나요? 과거의 기본적인 관념들에서 발전시킬 수 있는 것을 발견할수는 없을까요? 미술과 시와 감정에서 절대적으로 새로운 창안은 불가능합니다. 인간의 심장은 언제나 동일한 방식으로 뛰어 왔기 때문입니다. 그리고 지금 우리가 새롭다고 하는 것은 대개 매우 오래된 관념을 보다 완전하고 폭넓게 발전시킨 것일 뿐입니다. 두 가지 감정—사랑과 증오—, 시인과 소설가, 극작가는 이 정념들을 새로운 국면에서 선보이기만 한다면 그로부터 독자와 청자들의 정념을 움직일 수 있는 재료들을 얻을 수 있으며, 앞으로도 오랫동안 그럴 것입니다.

공공건물을 위한 조각 작업 전체를 구성하는 프로그램을 만들어야 한다면 어느 정도 독창성과 요령이 있어야 하고, 작업의 위원회는 이 조건들에 대한 책임이 없지만 건축가들은 그들의 명성이 종종 그 문제에 달려 있는 만큼 최소한 그러한 조건들을 고려할 수 있다는 점을 저는 인정합니다. 그들이 건물을 뒤덮는 조각의 진부함은 그들의 솜씨가 상상력의 빈곤, 지식의 결여, 학파에서 기인한 편견 등에서 비롯한 것임을 드러냅니다. 그것은 반대 의견이 무엇이 되었든 매우 편협한 파벌에 한정된 편견입니다. 우리의 조각가와 화가들 열의 아홉은 자신의 편협한 서클에 틀어박혀 있으며, 끌이나 붓을 다루지 않는 모든 사람에게 크나큰 경멸을 드러냅니다. 아마도 덜 배타적인 건축가들은 그럼에도 아카데미의 기관들이 우리에게 가져다준 이런 계급제의 질병에 시달립니다. 이 예술계는 독서는 거의 하지 않고, 사유의 진보를 접하려는 노력을 하지 않습니다. 반면 대중은 예술가들이 움직이는 근거에 대해 절대적으로 무지합니다. 접촉이 있다고 해도 드물게 일어나는 만큼 예술가들을 사로잡는 문제들에 대한 대중의 무관심은 예술가가 자신들의 계급제 외부의 모든 비평에 대해 드러내는 혐오에 비례해서 점차 커져 갑니다. 그러나 이런 상태에서 가장 손해를 입는 것은 예술가들 자신이며, 그들이 자신의 이익을 위해서 그것을 납득한다면 다행이겠습니다. 성공을 갈망하는 이들은 대중이 자신의 언어를 이해하지 못한다고 여기면서 대중의 모호한 취미에 아첨하고, 그들의 불건전한 환상만을 삽니다. 그들이 그렇게 해서 자신의 작품에서 보여 주는 재능이 어떤 것이든 이 예술가들은 예술의 수준을 떨어뜨리고, 그것을 경멸받아 마땅한 직업으로 만들기 쉽습니다. 이 점에 관해 제가 착각하고 있는 것은 아닐 터입니다. 저는 고급한 예술이나 저급한 예술이 있을 수 있다고 생각하는 사람이 아닙니다. 예술은 오로지 하나이며, 대중이 모호한 종류의 재현을 선호한다면 그것은 그들이 그런 작품들에서 최소한의 관념들을 발견할 수 있는 반면 정교한 체계를 담은 작품들에서는 아무것도 보지 못했기 때문입니다. 예컨대 오늘날 종교적인 조각과 회화라고 불리는 것들은, 제작의 장점이야 어떻든 완전히 진부하고 재미없으며, 사유와 관념을 절대적으로 결여하고 있습니다. 대중이 그 작품들에 관심을 깊지 않는 것은 거기에 종교적 주제라 불리는 것들이 재현되었기 때문이 아니라, 그 작품들이 어떤 종교적인 혹은 다른 관념도 갖지 않는 김빠진 모방품이기 때문입니다. 어떤 주제든, 그것이 명료한 사유를 대중에게 제시하는 한 좋은 주제입니다. 그러나 정교한 체계의 주제들을 조각하거나 그리기 위해서, 그것을 착안하는 예술가는 정교한 정신을 가지고 있어야 하며 전통적 진부함의 창고에서 영감을 얻어서는 안 됩니다. 종교적 주제를 떠맡은 모든 화가는 즉각 라파엘로나 르네상스 대가 중 한 사람의 작품에 홀립니다. 저부조로 우의적 군상이나 인물을 작업하거나 의심스러운 신화 속 한 장면을 작업하는 조각가들은 모두 유사하게 고전적 작품들에 씌거나, 설상가상으로 그런 작품들의 모방에 불과한 것들에 집착합니다. 어떤 경우든 이런 작품들은 관심을 받을 수 없습니다. 대중은 첫눈에 그 작품이 그저 관습적인 체계에 속한다는 것을 알아봅니다. 좀 더 평범하게 말하면 그들은 그런 것이 [그 자리에] 있다는 사실 자체를 알아채지 못한 채 지나쳐 가는 것입니다. 작품의 장점과는 별개로 그리스 인들에게서 이런 일은 일어나지 않았습니다. 판테온이나 테세우스 신전을 장식한 조각들은 대중에게 매우 분명하고, 말하자면 살아 있기까지 한 의미를 가지고 있었습니다. 또한 이전 시대에 대성당 정문 앞에 멈춰 서서 눈길을 주던 사람들에게도 그런 일은 없었습니다. 그들은 거기서 자신들에게 친숙한 사유의 전체 세계를 발견했을 뿐 아니라 재현된 것에서 선과 악의 영원한 투쟁, 사악한 자들의 멸망, 정의의 예찬, 아무리 작은 것이라 할지라도 선에 대한 찬미 등을 보았기 때문입니다. 그것은 그렇게 하나의 관념 혹은 관념들의 연계와 더불어 모두에게 이해되었습니다. 그 형태가 아름답다면 눈은 미술에 관한 것들에 관심을 갖고, 그것들을 사랑하는 데 익숙해지며, 아름다운 것과 친숙해집니다. 대중을 아름다운 것에 익숙해지게 하고 그것을 사랑하게 만드는 데는 아름다운 형태들로 그들의 사유를 사로잡고, 그들을 개입시키고, 그들의 관심을 끄는 관념을 표현하는 길밖에 없습니다. 그러나 관념이 결여되어서는 안 됩니다. 그것은 이해할 수 있는 것이어야 하고, 심금을 울리는 것이라야 합니다. 조각에서 그 김빠진 우의들과 추상들로부터 시선을 돌려, 예컨대 최후의 심판을 재현하고 있는 우리 시대의 저부조가 있다고 하면—이것이 일반적으로 받아들여지는 신념을 구체화하고 있다고 치고—19세기 현재까지 우리가 많이 진보해 왔고, 신앙심 깊은 이들이 최후의 심판을 위해 마련하는 관념은 13세기에 사람들의 마음을 사로잡던 것과 같아서는 안 된다는 점을 간과해서는 안 됩니다. 그러나 우리의 옛 대성당들에 재현된 이 장면을 마들렌 교회[1]의 팀파눔을 장식하고 있는 것과 비교해 보면 더 오래된 조각들에서 철학적이고 섬세하며 진정한 사유가 전개되는 것을 발견할 수 있는 데 반해 후자에서는 물질적이고 거친 관념만이 나타나거나, 사유 자체를 전혀 볼 수 없습니다. 먼저 13세기의 저부조를 살펴봅시다.[2] 그리스도는 옷을 반쯤 벗은 채로 상처를 드러내고 있습니다—대속의 희생을 가리키면서 신은 세계의 죄를 구원하려 하고 있습니다. 이것으로 저주받은 자들에게 변명의 여지가 없다는 것이 충분히 잘 드러납니다. 그가 거느리고 있는 천사들은 수난의 도구들을 그 저주받은 자들에 대한 증거로 들고 있습니다. 그러고는 애제자 성 요한과 그리스도의 어머니가 양옆에 무릎을 꿇은 채 인간을 위해 탄원하고 있습니다. 선택받은 자들은 모두 같은 옷을 입고 왕관을 쓰고 있으며, 성별이 없습니다—이것은 미술의 관점에서 상당한 어려움을 제거해 줍니다. 반면 저주받은 자들은 본래의 특징적인 모습을 유지하고 있습니다. 우리는 온갖 종류의 사람

1) 이 마들렌 교회는 베즐레의 로마네스크 교회가 아니라 19세기에 파리에 지어진 것을 말한다.
2) 뒤에서 보게 되듯 이것은 파리의 노트르담의 팀파눔에 재현된 「최후의 심판」 장면이다.

들—노동자, 상인, 군인, 여인, 교황, 왕, 사제 등으로 이루어진 군중을 봅니다. 이들은 모두 똑같이 타락한 자들입니다. 확실히 신앙을 인정한다면 이보다 더 정확하게 표현될 수는 없으며, 동시에 조형 예술의 요구들에 이보다 더 적합할 수 없습니다. 그러나 마들렌 교회 팀파눔의 저부조는 우리에게 무엇을 보여 줍니까? 옷을 제대로 다 입은 그리스도가 군중들과 분리된 듯한 모습으로 서 있습니다. 독실한 표정을 한 한편의 인물들—주로 여성들—은 반대편에서 무시무시한 표정을 짓고 서로 밀치면서 밖으로 쫓겨나는 마귀 들린 자들로부터 자신들을 떼어 놓아 준 것에 대해 감사하면서 구세주를 부르는 것처럼 보입니다. 편견 없는 판단에 호소합니다만 이 두 디자인 중 어느 쪽이 대중에게 인상을 남기는 데 적당한 종교적 사유를 담고 있습니까? 그토록 아무런—종교적인 것은 고사하고 올바르거나 양식 있는—사유도 없는 디자인들을 우리 교회 앞에 놓느니 조각상을 만들지 않는 것이—이슬람교도들처럼 그것을 전적으로 거부하는 편이—확실히 더 낫습니다. 마들렌 교회 팀파눔의 부조는 사람들을 교화하기 위해서 디자인된 것이 아니라 미래 세대에게 우리 조각가들이 인물을 소조하고 옷주름을 표현하는 데 얼마나 뛰어난지 보여 주기 위한 것이라고 말하는 사람이 있을 수도 있을 것입니다 … 그러나 아무리 잘 만들고 의복을 멋지게 표현했다 한들 이 형상들이 아무것도 가르쳐 주지 않고—아무것도 말하지 않으며—어떤 도덕적 인상도 남기지 않는다면 대중이 그런 문제에 무슨 관심을 가지겠습니까? 그들은 차라리 고대 박물관에 갈 것이고, 그것이 옳습니다. 우리는 더 이상 최후의 심판에 대해 거의 믿지 않게 되었지만—또한 저는 마들렌 교회의 팀파눔 앞에 멈춰 서서 그것을 바라보는 사람을 한번도 본 적이 없습니다만—노트르담 대성당 앞의 광장을 지나갈 때면 (가끔 저는 그럴 일이 있습니다) 중앙 문 앞에 사람들이 무리지어 서서 팀파

늪의 저부조를 보면서 그 내용을 읽어 내고 있는 광경을 드물지 않게 봅니다. 오늘날에도 이 조각 작품은 관념들을 끌어내고 사람들로 하여금 무엇인가를 사유하게 하는 반면, 마들렌 교회에 있는 조각은 소수의 조각가들의 관심은 끌 수 있겠지만 대중의 시선을 끄는 데는 완전히 실패하고 있습니다. 그러나 그 대중의 관심이야말로 그 조각이 이끌어 내야만 했던 것입니다. 그렇지만 여기에도 빈약하게 표현되었을지언정 어떤 관념의 그림자가 존재합니다. 하지만 우리 현대의 교회 대부분에서 우리로서는 알 수 없는 이유로 높은 곳에 놓여 있는, 또한 자칭 조각가들에게 뭔가 할 일을 준다는 것 외에 다른 목적 없이 깎인 것으로 보이는 조각상들에 대해 무엇을 말해야 합니까?

그러나 이런 골칫거리들은 내버려 두고, 언젠가부터 모습을 드러내곤 하는 닳아빠진 신화, 재미없는 우의, 불쾌하거나 지루하도록 독실하고 종교적인 스타일들로부터 벗어날 수단이 있는지 살펴봅시다. 영원히 진실하며, 인류가 지구상에 있는 한 영원히 그들을 사로잡을 주제가 하나 있습니다―선악의 대립, 악인에 맞선 선인의 투쟁, 거짓과 진실의 싸움이 그것입니다. 거짓과 악은 종종 승리하지만, 진실과 선량함이 당한 패배들은 모두가 각자의 양심 속에서 그들에게 가지고 있는 존경을 줄어들게 할 수 없습니다. 이러한 대립은 예술가에게 마르지 않는 주제의 원천이 되며, 특히 관념을 표현하는 데 한정된 수의 형태만을 갖는 조각가에게 더 그렇습니다. 지금 거론하는 주제가 언제나 주목받는 것은 그것이 모두에게 자신의 역사를 상기시키고, 부정의 희생자들이 인내심을 가지고 바른길을 유지하도록 고무하며, 거짓이나 사악함을 대중의 눈앞에서 심판하기 때문입니다.

중세의 조각가와 화가는 이를 잘 알고 있었고, 시민적 기념비는 물론 종교적 구조에서도 이런 대립을 조형 예술로 많이 묘사하여 남겼습니다. 미덕이나 다른 추상적 성질을 의인화하는 것, 거기에 그 미덕이나 성질에 상반되는 것을 대립시키는 것은 적어도 미적 관점에서 창의적이라는 장점을 갖습니다. 이 경우 선보여지는 대조라는 것은 시선을 사로잡고 마음을 점령하는 데 실패하는 법이 없습니다. 나아가 우리에게는 조형적 구성의 한 요소가 있습니다. 이런 제안은 우의로 되돌아가는 것—이를테면 방금 말씀드린 것처럼 질서의 의인화가 무정부 상태의 의인화를 격파하는 것을 보여 준다든지, 자유의 의인화가 폭정의 의인화를 짓밟는 것을 보여 주는 것과 다릅니다. 그러나 저는 어떤 반대들이 제기될지 예상하고 있습니다 … 우리의 공공건물들에 그 상호 관계들을 어떻게 재현할 것인지 묻겠지요 … 현재 우리의 건축 개념들로는 이것이 불가능하다는 점을 충분히 인정합니다. 그리고 이것이야말로 제가 이야기하고자 하는 지점입니다. 조각상이 파사드 위에 놓여야 할 때면 명백하게 잉여적인 어떤 팀파눔들 혹은 벽감들이나 좌대들이 고안되고, 사람들이 한 무리 선발되어 소환됩니다. 그들은 이런 말을 듣게 되죠. "이곳이 당신에게 할당된 자리요. 더 많거나 적을 수도 있었고, 아예 없을 수도 있었소. 이 조각은 건물에 필수적인 부분이 아니라 그저 표피적인 장식이고 잉여적인 사치이기 때문이오." 지면에 가까운 좌대에 놓인 군상들, 벽감들 안으로 올려진 조각상들과 팀파눔을 채운 저부조 사이에 우리는 사상이나 주제, 심지어 제작에서 어떠한 관계도 수립되어 있는 것을 볼 수 없습니다. 이 작품들에 어떤 의미가 있다면 그것은 각각의 작품에 저마다 따로 있습니다. 아무런 일반적 도상학도 없고, 아무런 지배적 도식도 인식되지 않습니다. 우리는 그저 여러 점의 조각들을 가지고 있을 뿐 그 이상은 아닙니다. 다른 것을 찾을 필요가 없습니다.

그러나 주제를 상세히 검토해 봅시다. 알려진 건축 스타일 가운데 장식적 부속으로서의 조각이라 불리는 것은 세 가지를 식별할 수 있으며, 네 번째는 거의 생각할 수 없을 것입니다. 첫 번째는 가장 오래된 것으로 이집트 인들이 도입했지만 그들이 발명한 것으로는 보이지 않습니다. 이 체계는 잘 알려져 있는 것처럼 빈 공간을 종교적이거나 영웅적이거나 역사적인 주제를 재현한 일종의 연속적 태피스트리로─결코 건축의 주요한 라인을 변화시키지 않는 태피스트리로 뒤덮는 것입니다. 또한 이 체계는 거대한 형상들을 기둥들이나 필론들 앞에 혹은 장식으로 놓습니다. 그 형상들은 구성 면에서나 처리 방법에서나 건축의 핵심적인 부분입니다. 여기서 조각과 건축은 말하자면 함께 자라났습니다. 그리스의 기념비들은 이 체계의 분파들로부터 생겨났을 수 있습니다. 이집트 인들에 비해 기념비적 조각이 훨씬 덜 화려하기는 하지만 그리스 인들 역시 이런 종류의 장식이 건축의 핵심적인 부분을 이룬다고 여겼습니다. 파르테논의 메토프, 팀파눔, 프리즈는 구조적 라인에 영향을 미치지 않는, 조각으로 이루어진 패널이나 태피스트리입니다. 아울러 감실의 벽이 위에서 아래까지 저부조로 뒤덮인 그리스 신전은 우리에게 잘 알려진 바 없지만 그런 것이 있었을 수 있고, 그런 사실은 조각을 건축에 적용하는 데 대한 그리스적 관념과 모순되지 않습니다. 아그리겐툼의 거인족의 바실리카는 또한 순수하게 건축적 성격을 가진, 그리고 이집트에서와 같이 정확히 건축적 라인에 부합하는 거대 조각상들이 도리스 민족에 의해 도입되었다는 것을 보여 줍니다. 아시아에서 견본을 찾을 수 있는 이 원시적 체계 다음으로 우리는 로마적 체계를 분류할 수 있을 것입니다. 여기서 우리는 그리스 미술을 모방한 로마 미술이 아니라 엄격하게 로마적인 것에 속하는 경우를 뜻합니다. 로마적 체계는 조각을 건축과의 어떠한 연관도 없는 단순한 장식적 부속물로 여깁니다. 예컨대 트라야누스 전승 기념주와 개선문과 같이 이런 점에서 우리가 특별한 성격을 가진 것으로 규정한 기념비들의 경우를 제외하면 로마 인들은 조각을 자신들의 건물을 장식하는 일종의 전리품으로 취급했습니다. 그리고 그와 같은 것이 그들의 실제 작업 과정이었습니다. 그들은 아마도 가치를 인정받는 특정한 사물들에 대한 아마추어로서의 취미를 처음으로 가졌고, 그것들을 수집하는 데서 자부심을 느낀 최초의 사람들이었을 것입니다. 공화국 시기에조차 키케로가 박물관을 구성하고 친구인 아티쿠스에게 아테네에서 그리스 조각상들의 원본이 없으면 모작이나 주물을 보내 줄 것을 요청했다는 사실을 발견할 수 있습니다. 위에서 언급한 특수한 종류의 기념비들 외에는 로마 인들은 도상학에 주의를 기울이지 않았던 것으로 보입니다. 그들의 건축가들은 우리 시대의 건축가들처럼 이곳저곳에 벽감을 내고 좌대를 놓는 데 익숙했으며, 그러고는 거기 놓을 만한 조각상들을 찾아 그리스로 갔을 것입니다.

끝으로 중세의 예술가들이 채택했던 체계—도상학이 이집트와 그리스 미술에서 가졌던 중요성을 되찾도록 하되 구성 면에서는 상이하게 진행했던 체계가 있습니다. 이 체계는 특정한 지점에서 충격적인 연극적 효과(scenic effect)를 내게 되는 거대한 조상들*과 군상들을 허용하지 않았습니다. 이집트나 그리스 조각의 경우처럼 주제들이 얕게 돌출한 형태들로 뒤덮인 태피스트리와 같은 효과를 갖는 저부조는 포함되지 않았습니다. 대신 보는 이의 눈에 인접한 몇몇 지점을 제외하면 전부가 고부조로 재현되어서 일종의 벽걸이처럼 보이도록 의도되었습니다. 그것은 이집트와 그리스 체계와는 달리 조각을 넓은 공간이나 긴 프리즈로 펼쳐 놓지 않고 반대

---

* 거대 조상이라는 명칭은 그 상대적 비례가 그 이름에 걸맞은 경우에만 적용할 수 있습니다. 아미앵 노트르담 성당 갤러리의 왕들의 조각상들은 4m 높이이지만 거대하게 보일 의도가 없고, 다만 그것들이 놓일 위치 때문에 이런 크기로 제작되었습니다. 사실 이 조각들은 자연스러운 크기로 보입니다.

로 일부분에 집중시켜 그 과도한 화려함과 찬란한 효과들이 덜 강렬한 부분들과 대비를 이루도록 했습니다. 그것은 이집트나 그리스 체계에 비해 조각이 구조의 보다 결정적인 부분을 이루도록 만듭니다. 조각과 구조를 연합하고 심지어 조각이 구축을 강조하도록 하는 것입니다. 그 증거로 매우 호화롭게 장식된 정문들(portal)을 들 수 있습니다. 거기서 인방이나 팀파눔, 틀받이, 분리 아치는 조각의 배치에 의해 명료하게 나타나고, 따라서 각각의 사물이나 인물은 명확하고 유용한 기능을 가진 한 점의 석재가 됩니다. 중세의 프랑스 예술가는 예술에 대한 고려에서 비롯했을 뿐 아니라 기후의 특징에 근거하는 이유로 조각상들을 비바람을 피할 수 있는 위치에 두었고, 그 윤곽선들이 하늘을 배경으로 두드러지게 나타나도록 하는 일이 좀처럼 없었습니다. 나아가 중세의 조각은 이집트와 인도, 그리스의 경우처럼 언제나 채색을 했습니다. 이것은 조각의 참된 유파를 가지고 있었던 문명들이 이 예술이 회화 없이는 성립할 수 없다고 여겼다는 것과 같은 의미입니다.

상술한 바로 미루어 보건대 건축에 적용된 조각은 두 가지 별도의 구성 체계에 순응했음이 매우 분명합니다. 하나는 아시아와 이집트, 그리스 민족이 채택했던 체계이고, 다른 하나는 우리[프랑스]의 중세 미술가들에게 속하는 체계입니다.

로마 인들은 어느 쪽도 결정적으로 도입하지 않았습니다. 사실 아무것도 없는 것이 그들의 방법이라고 말할 수도 있을 것입니다. 오늘날 우리는 이런 중립적 입장을—도상학과 어떤 결정적 장식 체계의 부재를—선호하는 것 같습니다. 게다가 우리에게는, 확실히 로마 인들은 부린 적 없는 허세까지 따라붙습니다. 그렇다면 그리스 인들의 바람직한 성질들을 닮으려는 생각이 그렇게도 없으면서 우리가 그리스 인들을 격찬해야 하는 이유가 무엇입니까? 또한 우리의 건축가들과 아테네가 무슨 상관입니까? 우리는 명예와 정직성에 지속적으로 호소하는 저 사기꾼들과 닮고자 하는 것입니까? 저로서는 20년 전, 우리 예술가들이 그리스 여행을 시작했을 때 그리스 체류는 건축가들에게 해로운 것까지는 아니라도 무용하다고 주장했던 일부 아카데미 데 보자르 회원들의 솔직함이 더 마음에 듭니다. 그들의 주장으로는 페리클레스의 조국에서 체류하는 것이—비록 이 경험을 통해 그들이 틀렸다는 것이 입증되기는 하지만—아카데미가 근거를 둔 원리들과 상반되는 관념들을 그들에게 제공할 수 있으며, 그들을 유혹하여 그 기관이 승인한 유일한 스타일이자 르브룅의 시대가 유일하게 인정된 유형들을 제공했던 그 잡종적 로마 스타일에 대한 충성으로부터 방향을 틀도록 만들 수 있었던 것입니다. 실상 우리는 그 무의미한 로마 스타일로 돌아가 있으며—충분히 자연스러운 일이지만—보다 더 쇠약해질 조짐마저 보입니다. 그리고 우리의 건축가들이 아티카에서 무엇이든 가지고 돌아온다 해도 그것은 그저 서사(descriptive matter/narration)일 뿐, 원리는 전혀 아닙니다. 혹은 적어도 그것들을 자신들의 작품에 적용하지 않도록 매우 신경을 씁니다.

저는 결코 테베의 건물 중 하나나 심지어 파르테논이 파리에서 재생되기를 바라는 것이 아닙니다. 그런 일이 무슨 소용이 있겠습니까? 우리가 어떤 고대 건물을 절대적으로 모방해야 한다면 차라리 진정 로마적인 구조 중 하나—예컨대 콘스탄티누스 바실리카가 세워지는 것을 보겠습니다. 적어도 그것은 조금이나마 이용할 수 있을 것입니다. 그러나 그렇게 한다면 꾸밈없이 합시다. 우리 공공건물들의 파사드가 단순히 예술 작품들의 전시장인 것처럼 여깁시다—각각의 조각가가 자신의 작품을 아마추어들의 눈앞에 선보이는 박물관이나 야외 시장으로 말이죠. 그러나 우리가 조각 예술을 건축에 적용하는 법을 알고 있다고 믿게 만들려고 들지는 맙시다. 이 문제에 관해서 길지 않은 일화를 하나 이야기하도록 하겠습니다. X는 17세에 학사원 회원인 한 건축가의 작업실에 문하생으로 있었습니다. 스승은 가장 뛰어난 사람으로, 그는 스승의 강직함을 존경했습니다. 이 스승은 제자에게 로마 건물들의 많은 편린을 먹물로 베끼고 채색하도록 했습니다. 젊은이는 일부만 남아 있는 그 건물들의 소묘에서―자신의 관념에 따라서―그 여백을 완성시키는 장난을 했습니다. 이 복원된 그림이 실제와 조금도 닮지 않았으리라는 것은 쉽게 상상할 수 있을 것입니다. 그는 여기저기서 본 건축 부분들에 대한 기억들을 가지고 그것들을 만들었고, 그것이 얼마나 특이한 잡동사니인지는 하늘만이 알 것입니다! 절충주의자들이라면 거기에 매료되었겠지요! 코라 신전의 입구가 루앙이나 드루에서 힐끗 보았던 주택 파사드에 붙어 있을 것이고, 마르켈루스 극장의 원주열 위로 저부조로 뒤덮인 보꾹이 놓이고, 원주열은 어떤 피렌체 궁정에서 가져온 베이스먼트에 놓일 수도 있습니다. 처음에 스승은 이 기상천외한 복원에 관심을 기울이지 않는 듯했습니다만 그것이 계속되는 것을 보고 물어봅니다. "이게 다 무엇인가?" 제자는 더듬거리면서 자신의 의도를 설명했습니다. 그때까지 신경 쓰지 않던 스승은 제자의 병이 만성적인 것임을 깨닫고 서재로 그를 불러 이렇게 말했습니다. "여보게, 자네는 시간을 낭비하고 있네. 여유가 있다면 마침 계절도 여름이고 하니 루아르 강을 따라서 혹은 노르망디 쪽으로 여행을 하길 권하네. 그곳에서 보이는 건물들을 스케치해서 돌아온 뒤 내게 보여 주게나." 청년은 곧장 충고를 받아들였습니다. 돌아오는 길에, 사실 그는 자신의 포트폴리오를 스승에게 되도록 빨리 보여 주고자 서둘렀습니다. 조용히 그것을 살펴본 스승이 말했습니다. "자, 이 모든 것에서 어떤 결론을 얻었지?" 그 햇병아리 건축가는 상상할 수 있는 것처럼 아무런 결론도 끌어내지 못했고, 아무 말도 하지 않았습니다. 스승이 덧붙여 말했습니다. "자네는 작업실에서 베껴 낸 파편 하나나 열주를 가지고 건물 전체를 상상해 내곤 했었지. 그런 자네가 직접 그려 온 수많은 건물들과 건물의 부분들로부터 아무것도 추론해 내지 못하는 것은 어째서인가? 주택, 저택, 교회는 각각 중심적인 구축 원리를 가지며, 이 건물들의 장식에 기여하는 모든 것도 역시 이유와 유래를 가진다네. 자네는 자네가 그려 온 다양한 건물이 자네를 매혹하는지, 그것들이 그 목적에 매우 명백하게 조화를 이루기 때문에 자네가 그것들을 그리고자 하는 욕구를 갖게 되는지, 그 장식이 마땅한 당위에 부합하는지 자문해 보았나? 자네가 타고난 좋은 취미 덕분에 잘 선별해 왔다는 것은 알고 있네만, 그것만으로는 부족하네. 자네는 예술 작품이 즐거움을 주는 이유와 방법을 알아야만 하네. 할 수 있다면 다시 여행을 가게. 그리고 여행에서든 작업실에서든 손보다 머리를 많이 쓰도록 하게." 이 조언은 너무나 그 학생의 취미에 맞아 떨어졌기 때문에 그는 따르지 않을 수 없었습니다. 그는 프랑스에서 여행을 계속했고 유럽의 다른 지역으로도 갔습니다. 그러면서 끊임없이 자신의 탁월한 선생의 마지막 말을 기억했죠. 그리하여 다음과 같은, 최종적인 결론에 도달했습니다. 즐거움을 주기 위해서는 건축의 드러나는 외관이 무엇이든 그 표현이 완벽하게 명료하고 분명한 사유로부터 결과된 것이라야 합니다. 결코 갑작스러운 영감이나 형이상학적 기호나 단순한 감정에 대해 말한다는 구실로 꿈꾸는 듯한 모호함 속을 방황해서는 안 됩니다. 음악과 시가 청자의 영혼에 불러일으킬 수 있는 것과 같은 정서는 건축 작품이 이성을 매개로 정신에 영향을 미칠 때 그에 대한 관조를 통해서 산출될 수 있을 뿐입니다. 이 점에 관한 한 우리는 현대의 광신자들이 말하듯 '배타적'이 되어야 합니다. 즉 예술에서 이런 조건을 충족시키지 못하는 모든 것을 배제해야만 하는 것입니다.

여러 예술이 영역을 옮기는 경향에는 어떤 타락의 기미가 보입니다. 문필가가 그림을 그리려고 합니다. 그는 자신의 펜을 붓으로 바꾸고 언어의 낱말들을 팔레트로 만듭니다. 그는 자신의 풍경 속 덤불을 이파리 한 장 한 장 그리고, 단 하나의 기술적 용어도 아끼지 않고 모든 빛과 그림자를 다 표현합니다. 그는 우리에게 길 위의 자갈돌들의 목록을 제시합니다— 그는 어떤 것이 순수한 화강암으로 된 자갈돌인지 어떤 것이 석영 조각인지 압니다. 또한 그는 우리에게 이 목록을 줌으로써 우리를 자신이 기술한 곳으로 데려갔다고 여기며, 배경을 물러나게 하고 나뭇잎은 두드러지게 합니다. 최악의 연필 스케치라도 그 풍경에 대해 그보다는 잘 알려 줄 것입니다. 반면 특정한 유파의 화가들은 그림으로 철학적인 혹은 사회적인 선언을 하려고 듭니다. 옷주름 한 자락, 미미한 부속물 하나도 심오한 의미화를 감추고 있지 않은 경우가 없습니다. 그림은 그리하여 수수께끼가 됩니다. 그리고 우리가 그 예술가의 가장 미묘한 암시를 한눈에 알아차리지 못하면, 그가 자신의 캔버스에 담을 만하다고 여긴 병적인 망상의 미로를 그와 더불어 통찰하지 못하면 그는 우리를 멍청이들이라고 생각하죠.

건축에서도 비슷하게 오도된 예술가들을 봅니다. 하지만 그런 경우는 별로 없다는 것을 저는 인정합니다. 그리고 우리 현대의 건축적 개념 대부분이 아무런 관념도 선포하지 않는다는 것을 고려할 때 저는 위의 일탈적인 탐구자들에게 매우 관대해지고 싶어집니다. 그들은 적어도 무엇인가를 탐구하는 이들이니까요. 그럼에도 우리의 보다 젊은 학생들은 그들에게 주의해야 합니다. 그들은 위험합니다. 중편이나 장편 소설 작품이 처음부터 끝까지 지지분한 정원 한구석이나 방치되어 쥐가 들끓는 계단 아래를 기술하고 있다면 아무짝에도 쓸모없는 것입니다만 그래도 견딜 수 있습니다.

경쾌한 문체, 적절한 표현 방법, 단어들이 울리는 소리, 짜릿한 대조 등이 여전히 독자를 깨어 있게 만들 수 있습니다. 그러나 건축에서는 그런 자원을 쓸 수 없을뿐더러 그런 전환은 무리입니다. 종이 위에 그렸을 때조차도 이 예술은 엄격한 법칙에 정해진 대로 도출된 상식적 방법[佛. 실증적 절차]에 의해 사유를 표현할 의무를 가집니다. 또한 조형 예술의 영역 외부에 놓여 있는 모호한 관념을 돌이나 나무나 철로 표현해야 할 때 그 결과는 조롱거리에 가까운 것이 됩니다.

특정 유파의 작가들이 으레 어떤 장소, 어떤 방, 어떤 엉망진창인 집을 낱낱이 묘사하는—그렇게 해서 서사에 흥미로움과 사실성을 부여하는—반면, 자신들의 예술의 부득이한 물질적 측면을 우습게 알고, 대부분의 가장 평범한 요구들과 마찬가지로 재료의 본성과 그 사용법이라든지 그 소재의 비용과 중요성의 상대적 균형을 신경 쓰지 않는 건축가들은 돌과 철을 가지고서 가장 정교한 분석으로도 제시하기 어려운 복잡한 사유를 표현하는 체한다는 것은 이상하지 않습니까?

건축은 이런 흉내는 낼 수 없습니다. 그것은 오로지 조형 예술의 언어로만 말합니다. 건축가가 개구부 없는 벽을 세운다면 그는 엄격하게 고립되고 보호되어야 할 장소의 관념을 전달하는 것임이 분명하고, 결과적으로 불신을 암시하는 것입니다. 반대로 그가 파사드에 여러 개의 개구부를 만들고 그것을 조각으로 장식한다면 그는 자신의 건물에 환대의 외관을 부여하고 편안함과 풍요로움의 관념을 덧붙이게 됩니다. 불신과 그 반대—편안한 환대—는 나아가 조형 예술에 의한 표현에 어울리는 매우 단순한 개념들입니다. 물질적이고 가시적이며 감각 가능한 사실들과 관련된 것들이니까요. 그러나 건축적 표현에 어떻게 조국에 대한 **사랑, 의무감,** 인내 혹은 **동포애와 통합**의 관념을 부여할 수 있습니까?

방금 거론한 것들은 마음과 이성적 반성의 복합적 감정들로서 전적으로 조형 예술의 영역 바깥에 존재합니다. 그러므로 어떤 예술가가 이런 형이상학적 관념들을 돌이나 쇠로 표현하려 든다면 그는 진정한 수수께끼를 만들어 내게 되거나 철학적 관념의 절대적 본질들과 명령적 필연들을 희생시키게 되고 맙니다. 그리하여 할 수 있는 모든 작업이 완료되었을 때 아무도 그러한 관념을 발견하지 못하고, 몇 페이지에 걸친 설명이나 그것을 알려 주는 안내인의 도움이 필요하게 됩니다.

그러나 조각으로 이야기를 되돌려 봅시다. 기념비적 조각이라는 이름은 일반적 관념에서나 세부의 제작에서나 모든 부분이 건축과 접속되어 있는 경우에만 적용 가능한 것으로 보입니다. 이집트의 조각과 그리스의, 중세의 조각은 상이한 수단으로 이런 명령적 조건들을 충족시키는 데 성공했으며, 그중 시기상 가장 늦은 중세는 그 원리를 저버리지 않으면서 아마도 얻을 수 있는 가장 다양한 표현을 제공했습니다. 12세기 중반부터 13세기 말까지 프랑스 미술이 견줄 데 없을 만큼 양산해 낸 건축 작업들에서는 그저 그런 수준으로 만들어진 조각조차도 이론의 여지없이 장엄한 효과들을 산출했습니다. 무아삭과 베즐레 수도원 교회의 입구, 샤르트르 노트르담과 부르주 대성당, 보르도 생 쇠랭 교회의 측면 현관들, 아미앵 대성당의 중앙 현관과 파리 노트르담의 파사드를 거론할 필요가 있을까요? 건축과 조각 모두에서 그토록 경이로운 이 개념들—도상학이 너무나 잘 디자인되어 있고 척도 관계가 너무나 현명한 것이 관찰되는 개념들의 판화나 사진을 익히 접하거나 가지고 있지 않은 사람이 있습니까? 그러나 이보다 덜 거창한 사례들을 생각해 봅시다. 예술의 어떤 스타일의 장점은 모든 종류의 자원이 아낌없이 베풀어진 휘황한 개념들이 아니라 2등급의 작품에서 드러납니다. 비할 데 없이 찬란하고 과도하리만치 화려한 건물들,

과장되게 부를 과시하는 건물들과 나란히 야만족들에게나 걸맞은 혐오스러운—너무도 잘못 설계되고 잘못 시공되고 형편없는—구축물들을 세우는 시대는 예술의 시대로 통할 수 없습니다. 예술은 그것이 존재하도록 해주는 분위기를 숨 쉴 필요가 있습니다. 예술이 온실에서 길러진다면 그것은 그저 호기심이나 재미 혹은 특권화된 소수를 위한 연구 소재에 지나지 않습니다. 어떤 지주가 근사한 온실을 지었다고 합시다. 자신이 가진 모든 수단을 바치고 동원할 수 있는 노동력을 동원하여 그 온실에 가장 희귀한 식물들을 키웠다고 하죠. 그런데 그가 정작 자신의 밭에는 엉겅퀴며 찔레가 만발하게 내버려 둔다면 우리는 차라리 온실을 허물고 대지에서 좋은 나무와 곡식, 포도를 생산하는 것을 생각해야 하지 않을까요? 건축가로서 우리의 입장은 이 나라에서 그런 지주와 같은 것입니다. 우리는 멋진 온실을 가지고 있지만 그 주변에는 엉겅퀴가 너무 많이 퍼져 있습니다. 이전에 우리 나라 전역에 퍼져 있던 이 예술의 생명은 막대한 비용을 들여 난방을 하고 경작하는 온실에 집중되어 있습니다. 그러나 결국 우리는 유리 안에서 보호받는 나뭇잎 아래를 걷기보다 트인 공간에서 번창하는 수풀 속을 걷기를 더 좋아할 것이 분명합니다.

조각에 관해 말하자면—우리가 우리의 위대한 도시들 두세 군데의 경우를 판단하는 데 지나치게 엄격하다고 하더라도—때때로 우리의 지방 자치 지역들에서 나타나는 것과 같은 모습은 기괴하지 않습니까? 또는 일부 단체의 관대함 덕분으로 조각이 파사드에 나타날 때 그것은 건물과 어떤 연계를 가집니까? 전람회에서 조각상을 구매하고, 그것을 포장해 이삼백 킬로미터 떨어진 곳으로 보내, 뭐든 놓도록 벽에 마련되어 있던 벽감 위에 그것을 세우는 것—이것을 예술을 장려하는 일이라고 할 수 있을까요! 확실히 그것은 예술가가 처음과 같은 행운을 기대하고 두 번째 조각상을 만들도록 장려합니다. ··· 하지만 예술은, 예술이 이 문제와 무슨 관계가 있습니까? 그럼에도 오늘날 대부분의 조각가들은 그것을 위해 작업합니다. 그리고 저는 진정한 재능을 가진 이들에 대해서만 이야기하고 있는 것입니다. 그들은 하나의 입상 혹은 군상을 자신의 작업실에서 느긋하게 만듭니다. 그리고 어느 단체가 어딘가에 놓기 위해 구입한 물품을 봅니다─그것을 판 예술가도 그것을 산 단체도 어딘지는 모르지만 말이죠. 어디든 그것이 놓일 자리가 발견될 것입니다! 그리고 '기성품 조각을 위한 ···' 그런 진행 방법들이 기념비적 조각의 유파를 형성할 가능성이 있나요?

이 방법들이 유행 중인가요 아닌가요? 위에 언급한 내용에 과장이 있나요? 최근에 예술의 영역에서 어떤 개혁이 논의되어 왔습니다. 대중은 그 결과 예술가들 사이에서 제기된 문제들에 대해 알고 있습니까? 그들은 어떤 전람회─즉 대규모 장(bazar)의 조직에 대해 이야기했습니다. 일부는 모두가 자유롭게 작품을 전시해야 한다고 주장하고 다른 이들은 선별 위원회를 원합니다. 몇몇은─그들의 제안이 가장 비논리적인 것도 아닙니다만─예술의 공화국이 오늘날 통치되는 방식이 합리적이라고 여기면서 학사원과 ··· 그 준회원들을 위한 특별 전람회를 주장합니다. 그런 제안이 실제로 있었습니다. 제가 만들어 낸 이야기가 아닙니다. 그러나 아무도, 시도해 보아야 할 보다 다급한 다른 사안은 없는지를 물을 생각은 하지 않았습니다. 국가가 파벌의 감독 아래 계속해서 예술가들의 학교장 노릇을 해야 하는지, 아니면 이 기능을 민간에 맡겨야 하는 것은 아닌지에 대해서는 묻지 않은 것입니다. 자유주의의 충동 속에 예술가들에게 자유를 주는 일을 떠맡은 장관이 있습니다. 예술의 각 파벌들은 어떻게 그들이 그 자유를 자신들의 이득을 위해 조직힐 수 있는지 생각하기 시작합니다. 불론 기관이 먼저입니다. **자유를 조직한다!** 기이한 용어들의 조합입니다. 자유를 조직한다는 것은 누군가에게 이렇게 말하는 것이나 마찬가지입니다. "당신은 아침 일곱 시에 기상해 여덟 시에 이탈리앙 대로로 가서 열 시에 메종도르에서 아침 식사를 하고 12시에 X 씨를 방문해 하루 종일 수업을 받을 자유가 있다."

예술가들이 오랫동안 그 아래서 살며 익숙해진 체제 덕분에, 그들은 이렇게 다양한 형태로 요구하고 있는 것입니다. 그러나 예술가들에게 정말로 자유를 주고자 한다면 가장 자연스러운 방법이 있습니다. 요컨대 정부가 이렇게 말하면 됩니다. "당신은 자유롭소 … 그리고 나도 마찬가지요. 작업하시오. 할 수 있는 모든 성공을 누리고 진심으로 소명에 전념하시오. 나는 그런 재능이 나타나면 가장 먼저 격려할 것이고, 모두가 인정하는 가치를 가진 작품들을 만들어 내는 사람들을 국가에 도움이 되는 시민들로 간주하겠소. 그러나 예술의 이름으로 나는 당신들이 스스로 학습하기를, 교습을 원한다면 원하는 방식으로 가르침을 얻기를 당부하오!"

그러므로 저 예속의 시기들에, 예술이 국가에 의해 조직되지 않고, 국가는 아카데미를 보호하거나 비위를 맞추어야 할 필요도, 학교를 운영해야 하는 것도, 로마나 아테네로 학생들을 보내기 위한 전시를 조직할 필요도 없고, 감독이나 시험관을 지명하거나, 예술가들이나 대중으로부터 예술에 관한 문제로 비판을 받지 않을 때, 조각상들이 아낌없이 장식된 기념비적 건축물들이 세워졌습니다. 이런 건축물 중 일부에는 조각된 형상들이 수백이 아니라 수천으로 추정됩니다. 숫자는 중요한 것이 아닙니다. 다만 조각가들이 할 일이 엄청나게 많았다는 것을 보여 줄 뿐이죠. 그러나 보다 중요한 것은 이 엄청난 양이 전체에 효과를 주도록 배분되어 있다는 것, 전체는 만족스럽고 명료하고 이해하기 쉬우며 그 일반적 성격이 각각의 세부에 반영되어 있다는 것, 이 작품들은 고립되어 있으면 평범하게 여겨질 수 있겠지만 전체 효과에 해를 끼치지 않고 그 안에서 눈에 거슬리지 않고 자리 잡고 있다는 것입니다. 다시 한 번 말하지만 이 거대한 작업들은 모두에게 완전히 잘 알려져 있는 만큼 이 탁월한 조합을 증명하기 위해 그림을 제시할 필요는 없을 것입니다. 부르고뉴와 니베르네 사이 멀리 떨어진 지역에 세워진 수수한 건물을 고르는 편이 우리의 목적에 부합할 것입니다. 이 건물의 제한된 한계 안에서 우리는 조각이 중요한 역할을 하는 건축 구성의 관계들을 좀더 잘 평가할 수 있을 것입니다. 생피에르 수 베즐레(St. Pierre sous Vezelay)*라는 작은 교회 파사드를 살펴봅시다. 도판 30은 파사드의 상부 전체를 보여 주고 있으며, 하부는 보다 최근에 지어진 매우 크게 돌출한 현관에 가려져 있습니다. 이 파사드는 13세기 중반에 지어진 것으로 아름다운 금빛의 견석으로 만들어졌습니다. 원래는 전체적으로 채색되어 있었습니다. 전체 주제는 별로 설명할 필요가 없습니다. 정상에 앉아 있는 그리스도에게 두 천사가 왕관을 씌우고 있으며, 그의 발아래 교구의 수호성인 성 에티엔이 자리합니다. 그의 양편으로는 성모와 성 안나, 그 옆으로 성 베드로와 사도 바울, 성 요한과 성 앙드레, 그리고 다른 사도들이 있습니다. 이 구성에 부족한 것은 아무것도 없습니다. 건축 라인과의 완전한 연계는 방해받기는커녕 강조되고 있으며, 조각상과 전체 구성의 적절한 관계도 명료함도 시공도 갖추어져 있습니다. 지붕이 가려지도록 [위의] 장면이 배치된 박공 아래로 장미창이 있어 신랑에 빛을 들이고 있습니다. 박공을 지탱하는 강력한 아키볼트가 수반된 이 장미창은 이전에 세 점의 조각상으로 장식되어 있었던 아름다운 입구 위로 나 있습니다. 두 개의 첨탑은―둘 중 하나만 완성되었습니다만―장중한 구성을 마무리하며

---

* 욘에서 출발하면 [남쪽으로] 아발론에서 16km 떨어진 곳에 있습니다.

도판 30 베즐레 생피에르 교회 정문

그 중심 라인들과 결합됩니다. 뒤에 관찰하겠지만 모든 형상은 지붕 아래 있어서 현대의 건물에서 너무도 자주 나타나는 현상인 비로 인한 얼룩을 막을 수 있습니다. 모든 예술 작품에서 가장 중요한 필수 조건인 명료성이 여기에 논란의 여지없이 실현되어 있습니다.

이 건물의 스타일이—자신들에게 완전히 결여된 탁월함들을 가지고 있다는 이유로—일부 건축가들의 취미에 맞지 않는다는 점은 인정하지만 그로 인해 문제의 핵심이 달라지는 것은 아닙니다. 저는 전체 배치, 척도 관계, 건축의 라인들과 조각의 성격의 조화 등에 주목하고 있습니다. 저는 어떻게 그 중세의 예술가들이 가장 미천한 등급의 예술가들조차 서로를 이해할 수 있었고, 그리하여 두 예술이 일치해야만 가능한 전체 효과를 얻어 낼 수 있었는지를 보이고자 하는 것입니다. 바로 이것이야말로 관찰되어야 할 원리입니다. 여기서 조각은 추가된 것이—처음부터 관조되지 않는 것이—아니며, 여러 작업실에서 가져온 작품들의 모음이 아닙니다. 조각은 건물의 부분들 자체가 그러하듯 건축에 속합니다. 이것이 우리가 보이고자 하는 전부입니다.

중세의 작업자들 사이에서 자취를 찾아볼 수 있는 두 예술의 이런 긴밀한 통합—양자의 효과를 모두 강화하는 경향이 있는 통합—은 건물만이 아니라 그들이 확실히 중요성을 부여하지 않았던 많은 작품에도 있습니다. 이를테면 필사본의 삽화들에서 그것을 발견하게 됩니다. 우리가 그것들의 진정한 가치를 평가할 수 있는 것은, 그리고 그것들이 일종의 관습이 되어 모두가 인식하고 이해했던 하나의 원리로부터 발산된다고 말할 수 있는 것은 여러 예술이 모든 종류의 작업에서 그 표현을 재생산할 때입니다.

제국 도서관에는 15세기 말의 필사본이 한 권 있습니다. 거기에 가득 실려 있는 세밀화들은 제작의 관점에서 대단하지는 않지만 예술가는 그 그림들을 통해 엄청나게 많은 건물을 소개하고 있습니다. 그것은 흡사 불어로 쓰인 티투스 리비우스의 저작입니다. 화가는 의심의 여지없이 고대 로마의 건물들이 조각으로 뒤덮여 있다는 인상을 가지고서 자신의 건축에 많은 저부조나 입상들을 놓아야만 한다고 생각했습니다. 나아가 그가 그려 내는 건물들은 전적으로 그 자신의 시대에 속하는 것들로 북프랑스 스타일을 가지고 있습니다. 이 세밀화가는 모든 경우에 자신의 집, 궁전, 신전, 탑 등에 가능한 한 가장 만족스럽고 회화적인 방식으로 조각상들을 놓는 데 성공했으며, 그리하여 그렇게 하는 습관이 오늘날 우리의 예술가들에게도 남아 있을 정도입니다. 예를 들어 종탑을 그려야 할 때, 조각을 얼마든지 많이 적용할 수 있었던 세밀화가는 이 탑의(그림 1) 두 구역을 고부조로 장식하는 착상을 했습니다. 이것은 명료하고 솔직하게 표현된 진정한 관념이 아닙니까? 확실히 이 예술가는 엄청난 천재는 아니었을지언정 이 디자인을 고안하기 위해 머리를 쥐어짜지는 않았습니다. 그것은 말하자면 당시에 통용되던 예술-관념의 무의식적 표현일 뿐이었고, 이 관념들은 정당했던 것입니다. 그 외에 그는 자신이 본 것들과 유사한 구성들을 재생산했을 뿐입니다. 페르테밀롱 성의 문이 이를 입증합니다. 이 문은 중세 봉건 건축의 가장 훌륭한 개념 중 하나로서, 매우 다양한 성격을 가지며, 장식적 부분들이 방어에 절대적으로 필수적인 요소들과, 이런 종류의 건물들에 적당한 엄격한 외관과 매우 잘 조화됩니다. 도판 31은 이 입구의 투시도이고, 그림 2에는 그 평면과 입면이 주어져 있어서 전체를 보다 잘 이해할 수 있습니다. 이 소묘를 통해 두 개의 커다란 탑을 통합하는 넓은 아치가 바깥쪽에서는 성모의 대관을 재현한 저부조가 장식된 거대한 돌출 총안(machicolation)이라는 것을 보게 됩니다. 1400년 무렵에 루이 도를레앙이 지은 성들에는 언제나 성모의 생애에서 택한 디자인이 파사드

그림 1 중세의 조각 장식

도판 31 페르테밀롱 성 입구

를 장식합니다. 피에르퐁 성에는 수태 고지가 묘사되어 있습니다만 이것은 별로 중요한 것이 아닙니다. 우리가 여기서 다루는 것은 조각적 관점에서의 구성입니다. 각각의 탑은 나아가, 피에르퐁에서 탑들이 아홉 남성 영웅들로 장식되었던 것과 같은 방식으로 아홉 명의 여성 영웅들*의 거대한 조각상 중 한 명씩으로 장식되어 있었습니다. 이것이 그 탑들을 가리키는—각각에 이름을 붙이는 방식이었습니다. 이 조각상들이 들어가 있는 벽감들은 측면으로 나 있으며, 탑들이 침식되지 않도록 강화하고 측면들을 튼튼하게 만드는 두드러진 돌출부나 버팀벽들과 같은 면에 있다는 것을 관찰하게 됩니다. 방어를 위한 예방책으로 제시된 배치로 인해 이 버팀벽들은 비스듬하게 놓여 있으며(평면도 참조), 건축가는 조각상들을 성이 거의 다 보이는 인근을 향한 쪽에 놓았습니다. 우리가 여기서 만나게 되는 예술가들은 대칭은 별로 고려하지 않는 대신, 그리스 인들이 무시하지 않았던 회화적 효과를 놀랄 만큼 잘 알고 있었습니다. 이렇듯 탑의 벽면을 치장하는 스타일은 어떤 이들에게는 낯설게 보일 것이고, 상상력의 어떤 위대한 노력도 필요하지 않은 것으로 보일 것입니다. 그러나 오류 없이 확실하게 효과를 연출하는 것은 바로 이런 (이렇게 말해도 된다면) 대담함, 디자인의 이런 도전적 단순성입니다. 이것이 자신들이 무엇을 하고 있으며 자신들이 성취하려는 것이 무엇인지 매우 잘 알고 있는 사람들 특유의 천진성 (naïveté) 중 하나입니다. 그리고 천진해진다—이 말의 현대적 의미에서—

---

* 중세의 아홉 명의 여성 영웅들을 말한다. 그들의 이름은 (일부는 고전 이야기에서 발견되는) 이집트의 여왕 타마리스, 데이필레, 람페토, 아마존의 여왕 이폴리테, 세미라미스, 펜테실레아, 탄쿠아, 데이실레, 메날리페입니다. 남성 영웅들은 여호수아, 다윗, 유다 마카베오, 알렉산더 대제, 트로이아의 헥토르, 율리우스 카이사르, 샤를마뉴, 아서, 고드프로아 드 부이용이다. —영역자, 역자. 여성 영웅들의 경우 지역이나 저자에 따라 구성 인물들에 차이가 있어 위의 아홉 명으로 고정되어 있는 것은 아니다.

그림 2 페르테밀롱 성 입구

는 것은 많은 사람들이 생각하는 것처럼 쉬운 일이 결코 아닙니다. 자칫하면 모든 가식 중에서도 가장 견디기 어려운 거짓된 단순성으로 전락해 버리기 쉬우니까요. 프랑스의 중세 전성기에 공공건물에 적용된 조각의 구성이 설계에 담긴 솔직함과 구조와의 완벽한 일치라는 점에서 주목할 만하다면, 언제나 장소와 대상에 조화를 이루는 시공 또한 못지않게 뛰어납니다. 그 예술가들은 자신들의 작품이 차지하게 될 위치를 시야에서 놓치지 않은 채 건물 자체에 작업을 하거나 건물 가까이에서 작업했습니다. 그리고 자신들의 작품이 건축과 조화를 이루도록 주의하면서 그들은 하나의 단일한 관념의 영향 아래서 착상하고 제작한 것으로 보입니다. 저는 건축가가 조각의 디자인과 제작을 스스로 감독할 만한 권위나 지식을 가지고 있었다고는 감히 주장하지 않을 것입니다. 그러나 건축가와 조각가들 사이의 이해가 단일한 방향으로 맞추어진 힘의 관념을 제시하기에 충분할 만큼 완벽했다는 것은 결과를 통해 드러납니다. 우리는 그리스 인들 역시 그와 같은 점을 이해했으리라는 것을 의심할 수 없습니다—조각의 가치를 결코 손상시킬 수 없는 환경이었습니다. 그러므로 조각가들이 자신들에게 맡겨진 한 점의 조각상에 관심을 한정하고 그들 작품의 가치가 그것이 놓인 장소와는 별개로 성립한다고 생각한다면 그것은 착각입니다. 하지만 전체 배치에 대해서는 충분히 논의했으니 제작에 관해 이야기해 봅시다.

조각에서 한 작품의 규모가 커질수록, 그리고 그것이 놓일 장소가 눈에서 멀리 떨어져 있을수록 단순하게 다루어야 합니다. 거대하고 단순한 것을 만드는 일이 쉽지 않다는 것은 압니다만 그런 결과를 얻기 위해서 매우 단순한 제작 수단이 필요하다는 것은 정당한 이야기입니다. 고대로 되돌아가 봅시다. 이집트 인들은 조가을 규모에 비례하는 단순성을 가지고 다루었습니다. 또한 우리에게 남은 얼마 안되는 그리스의 작품에서도 같은 원리를 관찰하게 됩니다. 그 놀라운 예술가들은 제작에 있어 형태를 표현하는 데 불가결하지 않은 모든 것을 희생시키는 기예를 극한까지 밀어붙였습니다. 그들의 기념비 중 누비아의 나일 강변에 지어진 아부 심벨 대신전 입구를 형성하는 산을 깎아 만든 조각상들만큼 고대인들이 거대 조각을 다룰 수 있었던 방식에 대한 명료한 관념을 제공하는 예는 없습니다.[*] 인물상들 특유의 거대한 윤곽선만이 보존되어 있습니다. 온전히 남아 있는 것은 그 유형뿐이죠. 단순한 세부에 불과한 모든 것은 억제되어 있습니다. 그러나 이 거상들을 조심스럽게 살펴보면 우리는 그것이 매우 섬세하게 제작되었음을 보게 됩니다. 형태는 커다란 동시에 섬세하고 애정을 담아 다루어졌으나, 예술가는 그 자신 끌의 명수이면서도 절대적으로 필요한 것이 아니면 손대지 않았습니다. 분리되어 영국 미술관에 안치된, 화강암을 깎아 만든 이집트 거상들의 일부 파편들은 보다 높은 수준에서 마찬가지 탁월함을 보여 줍니다. 단순한 윤곽은 언제나 지각되고 기억에 각인되기 쉬우며, 세부를 하나의 외피로 감싸는 듯합니다. 그럴 때 이 외피는 세부를 짐작하게 해 주면서도 오로지 형태들만을 명료하게 드러내 보입니다.

우리는 판테온의 팀파눔을 장식하는 누드 형상들에서도 이 본질적으로 기념비적인 특성들을 발견합니다. 거기에는 형태들의 선별에서 인간의 재능으로 넘어설 수 없는 아름다움이 담겨 있습니다.

나아가 고대 최고의 기념비적 조각들에서 우리는 결코 거칠거나 거짓된 몸짓을 혹은 찌푸린 표정을 볼 수 없습니다. 이것은 말하자면 자연의 작품들을 체로 걸러 낸 것으로, 거기서 무의미한 세부와 천박한 점들은 배제되

---

[*] Felix Teynard가 출판한 *Atlas des Photographies de l'Égypte* 참조.

고 중심적인 관념―정신을 사로잡을 자격이 있는 것, 그리고 가장 단순한 절차로 개념을 드러내는 것―만이 표현될 수 있습니다. 이런 조건을 충족시키기 위해서 예술가는 손재주만 가져서는 안 되며, 말하자면 그의 예술의 철학적 측면을 이해하고 있어야 합니다. 그는 본능, 정념, 느낌에 의해 생동하게 된 존재들에 연출된 효과들을 분석해야 했으며 그런 효과 가운데서 개별적인 유기체와 직접 연계된 것들, 사회적 관습에서 초래된 것들을 식별하는 방법을 알아야 했습니다. 하등 동물들은 결코 거짓된 몸짓을 하지 않습니다. 그러나 교육과 사회적 환경, 의복, 당대의 유행 등에 의해 종종 교묘하게 조립된 인형으로 환원되는 인간에 대해서는 그와 같이 말할 수 없습니다. 그러나 이 인형 내부를 들여다볼 수 있는 사람이라면―그리고 우리는 아테네에 그런 사람들이 없었으리라고는 생각할 수 없습니다―인간을, 현실을 발견할 수 있을 것입니다. 변덕과 기벽, 악덕 아래서 우리는 인간의 양심을 발견할 수 있습니다. 조각가의 일은 심리학자의 경우와 같아서 전자의 경우 감정의 진정한 몸짓, 진정한 물질적 표현을 찾고 발견하는 것이 그 기술이라면 후자는 변화하지 않는, 우리가 양심이라 부르는 영혼의 가장 내밀한 곳을 찾아내야 합니다. 어떤 비평가들은 **사실주의**를 혹독하게 비판하고, 또 어쩌면 그들의 가혹함은 정당한 것일 수 있습니다. 그러나 그들은 어떤 관점에서 그것이 비난받아 마땅한지 밝혀야 함에도 좀처럼 그렇게 하지 않습니다. 실제로 **사실주의**는 단순한 관학적 본보기에 비해 자연에 근접해 있지 않습니다. 전자는 외양만을 지각하고 복제합니다만 그것은 진실이 아닙니다. 후자는 외양 대신에 전통적인 형태를 내세웁니다. 그런데 그것을 이해할 수 있는 것은 그 형태에 익숙해진 사람들뿐이고, 그들에게 있어서 그것은 자연을 대체할 수 있습니다. 예를 하나 들어서 설명하도록 하겠습니다.

외견이 천박하고 이목구비가 반듯하지 못한 사람이 있습니다. 그러나 이런 이목구비와 외모 아래에는 습관의 결과이자 전체를 지배하는 표정이 있습니다. 우리는 인상학이라 불리는 것을 가지고 있습니다. 재능 있는 화가나 조각가는 표정을 지배하는 그 인상학을 포착한다면 이 사람의 진정한 초상을—자연 그 자체보다 진정한 초상을—제작할 수 있습니다. 그가 어려움을 발생시키는 천박하거나 혐오스러운 세부들을 무시하고 그것[인상학]을 부각시킨다면, 그러면 그는 예술 작품을 제작하게 됩니다. 사실주의자 혹은 적어도 이 별칭이 적용되는 사람은 그 거친 외견에 자신을 맡길 것이고, 그것을 너무나 절대적인 물질적 진실—너무나 절대적인 회의주의—과 더불어 묘사함으로써 그 결과물은 때때로 원본을 비추어 주는 한순간의 불꽃의 자취를 드러내지 않게 될 것입니다. 그가 전통적인 유형으로 원본을 대체하지는 않으리라는 것은 사실입니다. 그러나 그는 랜턴을 그리되 그 안에 담긴 빛은 그리지 않을 것입니다. 예술가의 가장 심오하게 축복받은 즐거움 중 하나는 소박하다든지 서툴다든지 교양이 없다든지 하는 식으로 통하는 어떤 사람에게 주목하여 이 모델로부터 그가 우연히 엿보게 된, 대부분의 사람들은 알아채지 못한 아름다움과 품위의 원천들을 발견하고, 이렇게 불완전한 요소들을 가지고 놀랍도록 아름다운 작품이 완성될 수 있었다고 스스로에게 말하는 일입니다. 그리고 어떠한 연속된 노력에 의해서, 어떠한 제거와 선별의 노동과 더불어 자신이 이런 결과에 도달할 수 있었는지를 생각해 보는 것이지요. 이것이 그리스 인들이 따랐던 관찰의 방법입니다. 그들은—이를테면 그들의 전성기에—거친 사실주의만큼이나 흔해 빠진 인습으로부터도 멀리 떨어져 있었기 때문입니다. 그들은 혐오스러운 것에서조차 아름다움을 추구하고 발견하는 방법을 알고 있었지만—그리고 아름다운 것을 발견하기 위해서는 아름다운 것을 열렬히 사랑하기만 하면 됩니다―그저 모방하기만 하는 것을 경멸했습니다. 아름다운 것은 그리스 인들 안에 살아 있습니다. 그것은 방부 처리되어 보존되어 있는 것이 아니라 가식과 통속성으로 그것을 변색시킬 수 있는 것, 즉 경멸스러운 세부와 유치한 치장을 배제하는 조심스러운 선별 덕분에 살아 있습니다. 또한 그리스의 조각은 구성은 물론 제작의 관점에서도 처음으로 상고적 전통을 버리고 예술을 그로부터 해방시키면서 이 길에 들어섰습니다. 실제로 이 고귀한 위치를 유지할 수 있었던 기간은 길지 않았지만 예술의 한 시기의 가치는 그것이 지속된 기간에 한정된 것이 아닙니다. 그것은 우리에게 남아 기념비적 조각이 사전에 형성된 어떤 효과들을 산출하는 조건들을 처리하게 해 줍니다.

조각의 효과를 좌우하는 것이 빛이라는 점은 독자들에게 굳이 상기시켜 드릴 필요도 없을 것입니다. 따라서 조각가는 빛이 자신의 작업에서 낳게 될 결과를 고려해야 합니다. 이를테면 태양 광선을 직접 받는 조각상이 반사광으로 조명되는 조각과 매우 다른 모습으로 나타나리라는 것은 명백합니다. 조각상의 제작은 그러므로 위의 두 경우에 서로 다르게 이루어져야 합니다. 그러나 종종 그렇듯이 조각가가 어느 자리에 놓게 될지 모르는 채 조각상을 깎는다면 제작하는 과정에서 이런 차이를 어떻게 계산해 넣겠습니까? 또한 그가 그 차이를 계산하지 못한다면 우연에 의지하는 것으로 충분할까요? 저는 그리스 인들이 로마의 지배기 이전에는―즉 예술에 대한 취미보다는 허영을 가지고 있었던 로마의 아마추어들이 침공하기 전에는 정확하게 결정된 작품의 위치를 모른 채 작업했으리라고 믿지 않습니다. 현존하는 사례들을 볼 때 저는 중세에 조각가들은 작품이 어디 놓일지 모른 채로는 결코 입상이나 저부조를 깎지 않았으리라고 확신합니다. 이런 관점에서는 그들이 우리를 야만족으로 여기는 것이 정당할 것입니다. 아티카의 하늘 아래서 대기는 완벽하게 투명하고 광선이 너무나 빛나서 그 나라의 예술가들은 음영의 일관된 효과를 예상할 수 있었을 것입니다. 그다지 기후가 좋지 못한 우리로서는 할 수 없는 일이죠. 그러나 흰 대리석으로 깎은 조각상에조차 완전한 효과를 주기 위해서 그들이 채색의 도움을 필요로 했다는 점도 관찰해야 합니다. 따라서 메토프와 팀파눔의 바탕은 언제나 채색되었고 형상들 자체도 최소한 채색이나 도금이나 금속 장식들로 부각되고 장식되었습니다. 그러므로 이 조각들을 멀리서 본다고 해서 코니스의 돌출로 인한 그림자 속에 묻힐 염려를 할 이유는 조금도 없었습니다. 게다가 우리는 그 조각가들이 위치와, 직사광선과 반사광의 차이를 형상이 다루어지는 방식에서부터 계산했다는 것을 쉽게 볼 수 있습니다. 이것은 예컨대 반사광 외의 빛을 절대 받을 수 없고, 바로 아래서 올려다볼 수밖에 없는 파르테논 포르티코의 안쪽 프리즈에서 분명하게 나타납니다. 빛을 받아 형태를 적절히 두드러져 보이게 하는 표면들은 종종 자연스러운 형태와 반대로 만들어지는 경향이 있습니다. 완전히 빛에 노출되는 판드로세이온의 카리아티드들은 자세를 강력하게 보여 주는 부분들을 넓고 부드러운 표면으로 다루고, 뒤쪽으로 물러나 보여야 하는 부분들을 섬세한 세부 표현으로 뒤덮어 빛이 어느 쪽에서 오든 그림자가 드리워지도록 하는 방식으로 다루어졌습니다.* 날개 없는 승리의 여신의 작은 신전에서 가져온 아름다운 파편들에서도 마찬가지 원리를 관찰할 수 있습니다. 이 조각 역시 완전히 빛에 노출되도록 만들어졌죠.

그러나 북부 프랑스는 그런 혜택받은 기후 조건을 갖고 있지 않습니다. 태양이 종종 사라지고 두터운 안개가 태양 광선을 미약하고 창백하게 만

---

* 제7강, 그림 15 참조.

듭니다. 저부조가 우리 건물에서 판테온 포르티코의 프리즈들과 같은 위치에 놓였다면 우리는 아마도 연중 2주일 정도만 그것을 보게 될 것입니다. 나머지 기간에 이 조각들은 희미하게 가라앉아 있겠지요. 그러므로 우리 나라에서 조각가들은 매우 다른 계획을 도입할 필요가 있습니다. 광선의 강렬함을 계산하여 그리스 인들이 저부조들의 배경을 채색함으로써 빛에 노출되었을 때 형상이 배경과 뒤섞이지 않게 할 필요가 있다고 생각했다면 우리 나라에서 이런 방편은 정반대되는 이유, 즉 광선의 흐릿함 때문에 충분치 못합니다. 배경의 채색과는 별개로 형상들 자체가 바탕으로부터 두드러져 보일 만큼 충분히 강하게 두드러져야 합니다. 아니면 배경 자체가 압형 문양이나 잔무늬들로 형상과 구별되는 강도를 가져야 합니다. 이 배경에는 여백이 가능한 한 없어야 형상의 강력한 돌출로 인해 만들어진 그림자들이 그 부분을 뒤덮게 됩니다. 12세기와 13세기의 조각가들은 이 문제에서 결코 실패하는 법이 없었습니다.

이 예술가들은 벽의 외장면을 따라 고립된 조각상이 우리의 기후에서는 곧 배경보다 어두운 색을 띠게 된다는 것을, 그 조각상이 밝게 두드러지는 대신 어두운 지점을 형성한다는─매우 유쾌하지 못한 효과를 관찰했습니다. 그리하여 그들은 조각상들을 좀처럼 그런 위치에 놓지 않았고, 불가피하다고 생각될 때는 언제나 이 조각상들에 받침대나 매우 돌출한 수직 부재와 천개를 덧붙였습니다. 그렇게 함으로써 조각상 주변을 충분히 어둡게 하고 조각상이 분명히 두드러져 보이게 한 것입니다. 우리는 또한 조각상들이 마침 매끈한 벽면 앞에 놓여 어두운 바탕을 마련해 줄 부속물들이 없더라도 형상 자체가 벽면에 드리우는 그림자로 인해 형상이 구분되고 충분히 두드러져 보이는 상황을 상상할 수도 있습니다. 그러나 이를테면 창들이 나 있는 벽면 앞에 조각상들을 놓는다면 어떤 효과를 기대할 수 있겠습니까? 이 조각상들은 습기로 얼룩지고 멀리 떨어진 벽에 그림자를 드리우지 않으며, 때로는 창들 사이의 피어에서, 때로는 빈 공간(windows/vide)에서 돌출함으로써 원근법적으로 혼란스럽고 불유쾌한 점들로 보이게 될 뿐으로 눈에 거슬릴 것입니다. 이런 불행한 효과는 포르티코 위로 지어진 새로운 루브르의 안쪽 파사드에서 너무나 명백하게 드러납니다. 또한 우리는 이 건축에서 값비쌀뿐더러 부적절한 장식을 제거하는 편이 나으리라고 확신할 수 있습니다. 그렇게 놓인 입상들의 제작은 어떤 경우든 극도의 단순성을 가지고 이루어져야 합니다. 그것은 태양 아래 넓은 표면들을 드러내 태양 광선을 집중시켜야 합니다. 이 형상들을 작업실에서 제작한 조각가들은 그런 조건에 적절히 순응하지 못하고, 다른 문제들에 사로잡혀 자신들에게 주어진 그 조건을 제대로 생각하지 못합니다.

우리는 고대에 대한 연구를 최우선이자 가장 필수적인 것, 가장 풍요로운 결과를 가져오는 것으로 여기는—이것은 옳은 생각입니다—건축가들과 조각가들이 최소한 고대의 작업자들이 가장 명료하게 보여 주는 원리들을 실천하기를 바랄 수 있을 것입니다. 그러나 그들이 하는 일은 그와는 거리가 멉니다. 고대에 대한 이 사랑은 순수하게 플라토닉한 것입니다. 혹은 차라리 일종의 선입관이나 독점을 수립하며, 이를 틈타 정부의 승인 아래 이 독점을 자신의 것으로 만든 이들이 가장 특이한 기벽들을 스스로에게 허용합니다. 그들은 고대를 내세우면서 아카데미의 담론들에서 고대 미술에 대한 과장된 찬사를 늘어놓습니다—그러나 그 예술의 장점을 검토하지는 않는데, 이는 불행한 비교로 이어질 수 있으며 그들에게 위험한 것일 수 있습니다. 그들은 말하자면 고대 예술에 대해 말할 배타적 권리를 찬탈하며, 검토 없이 믿어야만 하는 교의로서 구현된 예술의 울타리 바깥에 있는 모든 것을 경멸하도록 영향을 미칩니다. 그들은 로마와 아테네의 유파들을 예술 교육의 초석으로 삼을 것을 주장합니다. 그러나 실천에서는 그렇게 도출된 가르침이 그것을 그토록 극찬하는 이들에게 거의 쓰이지 않은 듯합니다. 이것은 오늘날 성행하는 종류의 위선을 떠올리게 합니다. 그것은 겉으로는, 즉 어린이와 마을의 가난한 사람들과 하인들 앞에서는 종교적 의무를 준수하지만 우리와 대등한 사람들의 사회에서는 가면을 벗어던집니다. 고대 미술을 숭배한다면 어째서 자신들의 작품에 그 가장 본질적인 원리들을 도입하지 않는 것입니까? 반면 그것들을 도입하지 않는다면 어째서 그 예술의 최고 사제, 그 비의의 유일한 참가자를 자처하는 것입니까? 제가 고대를 엄격하게 모방할 필요성을 주장하는 것이 아니라 다만 그 원리들, 나아가 예술의 모든 전성기의 원리이기도 한 그것에 입각하여 건물을 지을 것을 주장하고 있다는 것을 알아주십시오. 그러나 우리는 이 문제를 명료하게 이해해야 하고, 계속해서 얼버무려서는 안 됩니다. 저는 사람들이 의도적으로 대중의 맹신이나 무지, 무관심을 예측하고, 자신의 집 앞에 내건 믿을 만한 겉모습 뒤편에서 온갖 사치를—그들을 위해 비용을 댄 단순한 대중을 비웃으면서—하고 있다고 말하지는 않겠습니다. 그러나 우리는 실제로 그러하리라고 쉽게 생각할 수 있습니다. 왜냐하면 고대나 르네상스 시기의, 그리고 확실히 중세의 어떤 건물에서도 오늘날 사람들이 건축에 일반적으로 도입하는 것과 유사한 방식의 장식적 방편을 발견할 수 없을 것이 분명하기 때문입니다. 오늘날의 건축에서 저는—저만이 아닙니다만—다만 그 장엄함과 통일성을 상실한 17세기 작품의 희미한 자취만을 볼 뿐입니다. 그리고 당시 예술에 내재한 결함들은 악화된 채로 설계는 절대적 혼돈 상태이고, 장식적 효과에 대한 이해는 전무하다시피 합니다. 예컨대 너무 왜곡돼서 습기와 이끼의 노움으로도 몸과 사지의 뒤엉킴을 어떻게 할 수 없는, 갓돌 위의 비틀린 인물군의 무더기는 무슨 의미를 가집니까? 고대의 작품에서 이런 것을 볼 수 있습니까? 분명 아닙니다. 하늘을 배경으로 윤곽이 드러나도록 의도된 모든 것은 전체로 보나 세부를 보나 가장 단순하고 가장 쉽게 이해할 수 있는 방식으로 다루어집니다. 여기 새로운 점이 있습니까? 이것이 우리에게 약속되어 온 미래의 미술에 속합니까? 아닙니다. 우리는 르네상스의 쇠퇴기에 이탈리아 미술 최악의 설계들이 유사하게 오용된 것을 발견했으니까요. 이것이 로마까지 가서 배워야 하는 것입니까? 그럴 수도 있을 것입니다. 하지만 그렇다면 고대 미술에 대해서, 적어도 그리스 미술에 대해 논해서는 안 됩니다! 그럴 때 우리의 원리들은 무엇입니까? 어디서 그것을 얻었습니까? 어디서 얻은 것도 아닙니다. 그 원리들은 우리의 상상력의 소산입니까? 그것은, 우리는 아무런 원리도 갖고 있지 않다고 말하는 것이나 다름없습니다! 그럴 때 위대한 전통과 그것을 보존해야 할 필요에 대해 말하지 마십시오. 그런 전통을 앞장서서 무시하면서 스스로 그것의 수호자를 자임하지 마십시오. 대신 정부의 비호 아래 자신의 이익을 위해 고대에 대한 무비판적 연구를 독점하고 있다고 솔직하게 고백하십시오. 정부는 너무 단순해서 그를, 그의 공인되지 않은 주장을 그가 실천하지 않고 그저 가면처럼 겉으로 내보이기만 하는 교의들의 불가결한 수호자로 여깁니다.

우리 시대만큼 공공건물에 조각을 많이 이용하고 오용한 시기는 좀처럼 없습니다. 대중에게 섬세한 취미와 예술의 문제에 대한 보다 확실한 판단을 제공했습니까? 유감스럽게도 그 반대 효과가 발생했습니다. 대중은 어느 특정한 작품들에 주목할 것을 크게 요청받지 않는 이상 작업실들이 매달리는 제각각의 설계들에 관심을 갖지 않습니다. 그들은 다만 전체 구성을 보고 판단합니다. 여기에 명료함이나 조화가 결여되어 있다면 그들은 무관심하게 지나쳐 가고, 이는 대중으로서는 당연한 일입니다. 예술가들은 이를 흠잡고 [대중의] 무지함을 경멸하고 취미의 퇴락에 대해 탄식하지만 그들이 틀렸습니다. 대중이 요구하는 것—그리고 언제나 정당하게 요구하게 될 것—은 자신들을 위해 만들어진 것을 애쓰지 않고서도 이해하는 것—다시 말해 건물의 부분들이 전체로부터 유리되어서는 안 된다는 것입니다. 대중은 전체에서 만족하기를 원하며, 보기에도 생각하기에도 혼돈스러운 작품에 칭찬할 만한 부분이 있는지 어떤지 찾아볼 여유가 없습니다. 그것은 마치 전체는 잘못 착상되고 혼돈스럽지만 그중에 두세 장은 훌륭하다는 이유로 5막짜리 연극에 인내심을 갖고 귀를 기울이지 않는 것이나 마찬가지입니다.

대중을 헐뜯는 것은 손쉬운 비평 방법입니다. 그러나 프랑스 같은 나라에 예술 아카데미가 있고, 막대한 비용을 들여 예술의 한 학파를 유지할 때 그 대중이 그러한 학파들과 아카데미들이 제공하는 작품들에 관심을 갖는 대신 다른 곳에서 그들의 취미를 만족시키고자 한다면—그들이 자신들이 보기에 일종의 시간의 축성을 받은 골동품들에 나날이 증대되는 가치를 부여한다면, 유행이 2류의 작품들로 돌아선다면, 그것은 당신들—아카데미들과 유파들—이 주어진 소명을 수행하지 않은 탓입니다. 사실 당신들 자체가 쓸모없는 것입니다. 그러므로 국가가 당신들을 계속해서 지원한다면 그것은 예술과는 상관없는 동기에서입니다. 국가가 그 가치를 오해하고 있는 특정한 전통들을 존중하기 때문이거나, 좀 더 분명하게는—훨씬 더 분명하게라고 할 수 있겠죠—사적 고려에서 비롯한 것입니다. 우리는 이 문제에서 자신을 속이지 말아야 합니다. 국가가 정치적 영역 외부의 지적 영역에 관한 문제들에 사로잡힐 때는 언제나 개인들만을 고려하는 것입니다. 국가의 관심은 문젯거리를 불러일으킬 수 있는 어떤 단체들과 다투는 데 있는 것이 아니라 그들의 비위를 맞춰 주고 필요할 때 이용하는 데 있습니다. 정치와 공공 도덕의 영역 너머에 있는 원리들로 말하자면 국가는 사소한 관심만을 가지고 있거나, 아니면 전혀 그것들을 이해하고 있지 않습니다―국가는 그것들이 골치 아프다고 생각합니다. 국가는 결국 스스로 보호하겠다고 공언하고 후견한 단체들에 의해 도구로 이용되고, 그렇게 볼 때 국가는 모든 시민에게 마땅히 돌아가야 하는 것 이상의 도움을 그 단체들에 주어서는 안 됩니다.

17강

주거 건축

이제 막 일어난 끔찍한 사건들[1]은 견고하기보다는 찬란한 부에 현혹되지 않은 사람들이 오래전부터 예견해 온 것입니다. 이를 계기로 우리의 도덕적·사회적 실존이, 그리고 우리의 불행한 국가가 신속한 몰락의 길을 걷는 것을 보지 않으려면 우리의 교육 체계가 근본적인 변화를 거쳐야 할 것입니다. 우리는 이제 사치스러움이 진정한 위대함을 구성하지 않는다는 것을, 공적 교육 체계에 따른 특권이 책임에서 벗어나면 우리 시대의 모든 요구를 충족시키기는커녕 위기가 닥쳐왔을 때 우리의 자원들에 대해 현실직 실험으로 입증하지 못한 확신을 부여함으로써 결과적으로 우리가 경쟁

1) 프로이센-프랑스 전쟁을 둘러싼 일련의 사건들을 말한다.

자들에 비해 열등함을 보증할 뿐이라는 것을 확신하지 않을 수 없습니다. 통탄스러운 계산 착오로 점철된 이 불행한 시대에 얼마나 자주 우리는 그 특권화된 단체들의 무능력을 목격해 왔습니까? 신봉자들에 따르면 그 단체들은 모든 부문에서 이웃들에 대한 우리의 우월함을 보장해 주었어야 할 텐데 말입니다. 정부, 전쟁, 예술, 과학, 사실상 모든 것이 자신들의 교의와 규칙에 대한 확신에 빠져 있는 무책임한 단체들의 통제 아래 있습니다. 그들은 민간 기업의 도움을 거절하고 자신들이 모든 것을 해내고 우리를 모든 위험으로부터 보호할 능력이 충분히 있다고 믿습니다. 차례로 우리를 압도한 재난들을 맞이해—스스로를 유럽의 선망의 대상이라고들 주장했던—우리의 기관들은 우리를 위해 무엇을 했습니까? 그들은 나라가 모든 것을 잃게 했을 뿐 아니라 민간 기업의 행동을 막았습니다. 적이 출현했는데도 그들에게는 여전히 사적인 입씨름들을 전면에 내놓고 특권과 인습을 결사적으로 지킬 시간이 있었습니다. 이런 재난들을 막기는커녕 예견조차 하지 못했을 뿐 아니라 모든 개혁을 오만하게 거부하고 자유로운 정신의 모든 호소에 저항하면서 그들은 그들의 전제적 교의에 맞서 싸운 사람들까지 모두 끌어들여 함께 몰락해 갔습니다. 그들이 생각하는 것이라고는 그들 자신의 안전뿐이며, 우리는 그들이 자신들이 가장 큰 원인으로 작용했던 재난들에 대한 책임을 우리들만의 것으로 뒤집어씌우지 않는 것을 다행으로 여겨야 할 것입니다.

굴욕적인 평화가 주어지고, 부랑아 무리가 프랑스의 수도를 거의 파괴해 버리고 유럽 인들의 눈앞에 어리석음과 야만성이 폭력에 의해 공포의 통치를 만들어 내는 연극을 선보인 지금까지도 자신들의 어리석은 개성을 전면에 용감하게 내세우는 자들이 있습니다. 독일의 발아래 무너져 술꾼 도당들에게 수치를 당한 우리의 조국이 절망에 빠진 참담한 시기로부터 불과 몇 달 후에 똑같은 허세가 벌써 다시 모습을 드러내기 시작하고 있습니다. 폭풍우가 몰아칠 때 모습을 감추었던 자들이 여름 소나기 후의 파리들처럼 다시 나타나 사유의 영역을 지배한다는 끈덕진 주장으로 우리를 괴롭히고 있습니다. 자신들이 단언하는 것처럼 애초에 그들은 공식적으로 사유의 영역을 수호할 것을 요청받았었음에도 그것을 최악의 위기로 몰아넣었습니다. 자신을 속이지 맙시다. 우리의 조국은 갱생을 필요로 하며, 그것은 냉철한 가르침에 의해서만 성취될 수 있습니다. 우리의 실수들, 우리의 무관심과 도덕적 나약함의 무게 아래 무너지고, 그들의 적의만큼이나 막강한 힘을 가진 적에게 굴복당한 지금 우리는 교육, 지도, 노동에 의해 보복할 힘을 우리 스스로 키울 수밖에 없습니다. 심각한 악폐가 오랫동안 조국의 생명을 좀먹어 온 이때 조국으로부터 숨는 것은 악폐를 영속화하기로 결정하는 일입니다—사실상 그것은 문명화된 민족으로서 최저로 몰락하는 것입니다. 우리는 과거 문명들에서 나타났던 그러한 몰락의 시기에 도달했습니다. 최후의 노력을 하지 않는다면 이른바 라틴 인종의 운명은 이미 결정되어 있습니다. 밝은 대낮의 태양 아래 상처를 살펴보고 그 깊이를 헤아려, 필요하다면 시뻘겋게 달구어진 인두를 댈 용기를 가집시다. 그렇지 않으면 괴저가 진행될 것입니다. 사회 상류층에서의 무능력과 인습, 중류층의 우유부단함과 냉담함, 하층민의 시기와 무지, 이것이 지금 우리 상태에 대한 공정하고 일반적인 시각입니다. 그리고 갱생은 가장 아래쪽에서 시작되어야 합니다. 한 국가의 일반적 수준은 오직 하층민의 교육과 지도를 통해서만 올라갑니다. 그들이 상승할 때 나머지 계층도 상승을 강요받게 되는 것입니다. 그러니 일합시다! 그것도 지체 없이! 지금 이 순간까지 값진 전통으로 보였을 수 있는 모든 편견을 버리고, 아무것도 낳지 못하는 토론은 실직자들에게 맡기고, 진지하고 실용적이고 합리적인 연구를 모든 지적 작업의 진정한 요소로 여기며, 이런 종류의 연구에 대한 애정을 주변의 모두에게 확산시키고, 더 이상 대학이나 단체가 아니라, 출신이 어디든 능력 있는 사람들과 거래하는 것은 활력과 지성을 가진—그런 이들이 아직 우리 중에 남아 있다면—사람들의 몫입니다.

그러면 우리 건축가들은 무엇을 할 수 있습니까? 파괴된 조국에서 낡은 과정들을 답습하면서, 이전에 받은 모욕에 여전히 몸서리치고, 체념한 채로 어떤 안전한 길을 찾아 갈까요—(제가 말하려고 했던 것은 지난 세기의—현재로부터 너무도 멀리 떨어진 것처럼 여겨지는 1870년 초의 몇 개월의 과정들입니다)? 우리는—현실적 필요와 공공 재정의 행정을 무시하고—계속해서 가장 어처구니없는 변덕들을 돌로써 구체화하고 시대착오적으로 드러냄으로써 조국의 비통한 광경을 조롱할까요? 또한 우리의 최근의 불행을 외관에 대한 애정, 허식, 한가롭고 태평한 삶에 대한 일시적인 억제로만 보는 일부 대중의 어리석음에 아첨이나 하고 있을까요?

저는 우리 중에 언제나 "나는 돈을 받았다구!!"라는 말 뒤에 숨는 사람들이 있으리라는 것을 알고 있습니다(뚜쟁이들도 돈을 받았을 뿐이죠). 그리고 언제나 가장 도착적인 지성, 가장 어리석은 허영심, 가장 부당한 추정에 아첨하는 자들이, 또한 순응적인 만큼 영리하여 가장 어처구니없는 계획들을 성사시키는 자들이 있다는 것도 압니다. 그러나 저는 지속적으로 과거의 나쁜 경향들에 반대하고 자신들의 직업의 존엄을 존중하는 건축가들 역시 있다는 것을—그리고 그런 사람들만이 거론할 가치가 있습니다—압니다. 건축가가 건축주에 대해 가지는 입장은 단순히 후자의 관념과 망상과 변덕을 실행하는 자인 것이 아닙니다. 그는 또한 조언자이기도 합니다. 그리고 그가 가진 재능은 결코 거짓되고 어처구니없는, 혹은 건축주의 진정한 이해에 손해를 입히는 관념을 수행하는 데 썩혀서는 안 될 것입니다. 이 재능은 절대로 자신을 낮추어 어리석은 조건들을 만족시켜서는 안 됩니다. 재능은 모종의 존엄을 부여받아야 합니다. 또한 지조 있는 작가가 자신의 펜을 불건전한 경향을 가지고 있거나 그가 보기에 오류인 사상을 표현하는 데 빌려주지 않는 것처럼, 저는 어떻게 한 사람의 건축가가 설령 돈을 준 사람의 주문을 표현하기 위해서라 할지라도 건축주가 준 돈을 써 가면서 자신에게 의탁된 이해를 손상시킬 수 있는지 모르겠습니다.

우리가 겪은 슬픈 경험 이후로, 오랫동안 침체되었던 조국의 지적 활기를 고무하는 데 모두가 노력해야 한다는 이야기를 어디서나 합니다. 그러나 우리의 불행은 상당 부분 도덕감의 약화 때문—부끄럽게도 우리의 양심이 실제로 반대한 것을 선택한 때문임이 확실합니다. 건축가가 이 불가결한 개혁에서 맡아야 할 역할이 아무리 하찮은 것이라 할지라도 그는 그것을 잘 수행할 것을 약속해야만 합니다. 그리고 우리 중 조국에 대한 사랑을 지켜 온 모든 사람, 어떤 의뢰가 그들에게 제공하는 이득을 우선하여 취하지 않은 모든 사람—어떤 인격적 존엄을 간직하고 있는 사람—이 우리 직업에 필요한 의무들을 이해한다면, 그들은 아마 변덕스러운 건축주들을 일부 잃겠지만 우리가 취해야 할 입장을 굳힐 것이고, 조만간 광대와 기생충 같은 인간들을 압도하게 될 경멸에 빠지는 것을 피할 수 있을 것입니다.

지난 20년간 프랑스에서 국가나 지방 자치 단체들과 개인들은 양쪽 모두 상당히 많은 건물들을 지었습니다. 그 결과가 우리의 사회적 조건에 정확하게 부합합니까? 성찰하는 사람이라면 누구든 즉각 부정적인 대답을 하지 않을 수 없을 것입니다. 그러나 그 사회적 조건 혹은 차라리 그 드러나 외양을 조심스럽게 검토해 본다면 우리는 곧 우리의 공공건물과 사유 건물에서 드러나는 거짓됨, 천박한 사치, 수치를 모르는 허영의 과시에 대한 애호가 최근의 가장 강력하게 드러난 경향 중 하나와 상응한다는 점을 관찰하게 될 것입니다. 실로, 수단을 가리지 않고 쉬운 성공에 달려드는 경향에 저항하기 위해서는 활발한 기질과 매우 견실한 성격이 요구됩니다. "시선을 끌라"는 것이 시대의 명령이었습니다. 외양은 쉽사리 실재로 여겨졌고, 다른 어떤 시대보다도 의복으로 그 사람을 판단했습니다. 문제는 누가 가장 눈에 띌 것이냐 하는 것이었습니다. 이런 인위적인 볼거리들 속에서 기꺼이 눈에 띄지 않은 채로 머무른 일부 사람들이 있었던 반면, 세상을 좀 더 잘 이해한 혹은 덜 양심적인 많은 사람들은 이 번쩍거리는 표면에 만족했습니다. 고도로 세련된 사회의 중심에서 어느 때보다 갑작스러웠던 몰락은 이런 사회적 조건의 악덕들을 적나라하게 드러냈습니다. 그리고 파리는 그 영광의 정점에서 부분적으로 몰락해 버린 한 도시의, 역사상 전무후무한 특이한 광경을 드러내고 있습니다. 동시에 그 잔해 속에 새로운 공공건물들, 저택들, 일반 주택들을 (우리에게 실존의[佛. 시대의] 현실을 환기시키는 것을 임무로 했던 야만족들의 손이 닿지 않은 채) 선보이지만 그 존재 이유는 더 이상 없습니다.

역사 속에서, 부유하고 번영한 도시들이 망각 속에 점차 사라져 갔습니다―그 도시들은 마치 서서히 생명이 사라져 가는 듯했습니다. 그것은―예컨대 베니스와 같이―여행자들의 눈앞에 텅 빈 황폐화된 궁전들이, 다른 것들에 대한 생각에 정신이 팔려 행동을 멈춘 인간들에 의해 버려진 채로 시간 속에 부식되는 것을 보여 줍니다. 그런 도시들의 현재 모습은 우울한 것입니다. 그러나 이 궁전들은 지금은 비어 버린 무덤처럼 보이지만 한때 젊고 활기찬 존재들로 북적였습니다. 그것들은 화려한 과거―굳건하게 수립되었던 장관을 회상합니다. 그리고 지금과 같은 황량함을 마주한 우리가 자연스럽게 인간적인 것들의 무상함에 대해 명상하게 되기는 하지만 우리의 정신에는 여전히 우리가 보아 온 모든 것이 존재의 합리적 근거를 가지고 있었다는—진정 살아 있었다는 확신이 있습니다. 우리 앞에 있는 낡고 지저분한 책은 부식하여 많이 변색되었지만 우리는 아직도 그것을 읽고 도움을 얻을 수 있습니다. 그러나 우리의 가련한 파리는 철학자의 눈에 훨씬 더 우울한 광경을 보여 줍니다. 방화로 그을린 폐허 속에서 시대착오적으로 보이는 장관을 펼치며 공적이고 사적인 새로운 건물들이 세워집니다. 우리는 누구를 위하여, 그리고 왜 이런 사치스러움을 과시하는지 자문하기 시작합니다. 도시 전체를 파괴하지 못한 것을 후회하는 내부의 야만인들을 위해서일까요? 아니면 소멸된 종족—철폐된 귀족을 위한 것입니까? 폐허와 나란히 서 있는 이 장관의 의미는 무엇일 수 있을까요? 그것은 왜 늘어 세워졌을까요? 이 저택들은 비어 있고, 이 공공건물들은 분명히 규정된 어떤 목적을 위한 것도 아닙니다. 이 사치스러운 집들에는 그곳에 사는 것을 부끄럽게 생각하는 듯한 소수의 흩어진 입주자들만이 은거하고 있습니다. 웅장한 입구들은 닫힌 채로 있습니다. 침묵이 신축된 이 저택들을 지배하고 있습니다. 그 저택들에는 어떤 유서 깊은 연합도 없으며, 다만 우리에게 보이지 않는 정령들이 지키고 있는 고요하고 버려진 마법의 궁전들을 연상시킬 뿐입니다. 이것이 천박한 성격의 사치스러움이라는 점을 인정해야만 합니다. 그것은 우리의 사회적 조건의 현실들에 상응하지 않았으며, 그 표면의 대부분을 차지하는 부패한 부분을 가리는 베일을 형성했습니다.

우리는 이것에 논쟁의 여지가 없다고 볼 수 있습니다. 그러니 [그런 건축을] 더 이상 석재를 가지고 시대착오를 만들어 내지 말라는 경고로 삼읍시다.

과거의 역사를 조회해 보면 우리는 아무리 천박한 시기라고 해도 민간 주택이 그 건설을 원조한 문명의 요구들에 응하지 않은 경우는 없다는 것을 발견하게 됩니다. 고대 세계에서, 중세의 아시아와 서방 모두에서, 주거는 요컨대 그곳에 사는 이들의 관습과 풍속, 생활 양태를 드러내는 진정한 의복이었습니다. 문화의 모든 분야에서 혼돈을 보이고, 일상의 업무와 사람들의 요구와 그들의 주거의 성격 사이에 종종 설명할 수 없는 간극이 발생하는 것은 우리 시대에 이르러서의 일입니다. 저는 우리를 이 지점까지 몰고 온 거짓된 관념들로서 이 문제를 계속 이야기하지는 않겠습니다. 우리가 짓는 주거들 열의 아홉은 우리의 요구, 관습, 수입에 부합하지 않는다는 점을 증명하는 것으로 충분합니다. 이것을 입증하기는 쉽습니다.

우선 그 시기의 주거들의 다양한 종류를 분류해야 합니다.

우리의 도시들에는 첫째로 저택(mansion/hôtel), 즉 부유한 사람들이 사는 한 가구를 위한 집이 있으며, 둘째로 그보다는 수수하지만 역시 중간 정도 수입의 한 가족을 위한 집이 있습니다. 세 번째 집들은 복수의 세입자들을 위한 것으로 파리의 사적 주거 대다수를 이룹니다. 교외의 주거들은 첫째로 빌라, 둘째로 시골집으로 이루어집니다. 성은 이 책에서 이미 다룬 만큼 살펴볼 필요가 없습니다.

이 다양한 종류의 주거의 배치가 본질적으로 서로 다르며 결과적으로는 그들의 외관이 다양한 모습을 보여야 한다는 것은 말할 필요도 없습니다.

그러나 보다 이른 시기의 주거 건축을 살펴봅시다. 이 강의들에서 이미 충분히 살펴본 고대로는 절대로 되돌아가지 않아도 될 것입니다. 또한 그 형태들은—비록 폼페이와 같은 지방 도시의 주택들에 관해 확실한 자료들이 있고, 로마에 여러 층으로 이루어져 여러 세대가 살 수 있도록 방들이 마련된 집들이 있었다는 것도 알고 있지만—우리가 그것에 대해 가지고 있는 정보가 매우 모호한 것들뿐인 만큼 우리의 관심을 끌지 못합니다.

임대용의 큰 주택들은 그리 오래전부터 있었던 것이 아닙니다. 16세기까지 프랑스의 모든 주택은 단일 가구를 위한 것이었습니다. 자기 집을 갖지 못한 사람들은 봉건 영주나 교구, 수도원에 속한 여인숙이나 집들에 살았으며, 여기에는 종종 가구가 비치되어 있었습니다. 사실 세를 낸 주거에는 특별한 배치가 없었습니다. 그런 목적으로 건물의 세를 놓는 관습은 17세기 이전에는 없었습니다. 그러한 건물의 요구들이 만족스럽게 마련된 적이 있었습니까? 분명 없습니다. 이런 점에서야 우리의 현대 주택들이 그와 같은 요구들에 관한 한 루이 13세 시절보다는 낫게 마련되어 있습니다. 그러나 그것들이 필요한 것을 완전히 제공한다고 말할 수 있을까요? 아직은 아닙니다. 문제를 해결할 수 있을까요? 물론입니다. 그러나 우리는 여기에 설 자리가 없는 인습과 미적 전통을 버려야 그 문제를 풀 수 있습니다. 하지만 방금 제시된 순서를 따라서 우리가 저택이라 부른 것에서 시작합시다.

저택들은 일반적으로 고립되어 있습니다. 다시 말해서 이웃한 건물과 연계되어 건축되지 않습니다. 혹은 연계점이 있다고 해도 별로 중요하지 않습니다. 저택에는 거기 속한 도로와 종종 정원이 있습니다. 16, 17, 18세기에 세워진 많은 저택은 거주자들의 요구들을 완전히 만족시켰습니다. 여전히 일부가 남아 있긴 합니다만 우리는 가장 오래된 것들—대칭에 대한 열광이 아직 궁정과 도시를 사로잡기 전에 지어진 것들이 가장 잘 배치되어 있다고 주장할 수 있습니다.

저택은 뜰(courtyard)과 정원(garden) 사이에 세워졌으며, 채광창들은 모두 안쪽을 향해 내고 출입문과 일부 바깥채들만을 당시에는 종종 협소했던 공공 도로 쪽으로 만들었습니다. 그 건물들이 한 칸 이상의 두께로 지어지는 일은 드물었기 때문에 본채의 방들이 뜰과 정원으로 열리는 일도 좀처럼 없었습니다. 사생활은 오늘날 상류층 사람들의 그것만큼 숨겨진 것이 아니었고, 그 복잡한 배치들에 사생활을 보장해야 할 필요도 없었습니다. 오늘날 우리의 요구들에 속해 있는 사생활은 때때로 요구되는 기념비적 장엄함과 조화를 이루지 않습니다. 그러한 저택들의 배치는 매우 단순했습니다. 현관방이 있고, 그로부터 본채 계단이 올라가고, 그 집의 친구들이 모이는 홀, 준비실과 거기서 이어지는 침실들, 침실에 딸린 탈의실과 반침으로 이루어집니다. 영주의 주거지의 오래된 배치는 언제나 두 부분으로 나뉘어 있었습니다. 공공에 보다 노출된 부분과 주인 가족의 주거를 위한 부분이 있었던 것입니다. 이런 관습은 고전 고대로까지 거슬러 올라갈 수 있습니다. 익부에는 식료품 저장실, 부엌, 하인방, 집사방 등이 있었습니다. 부엌은 주인 가족이 쓰는 방에서 가능하면 멀리 떨어져 있었고 환기가 잘 되게끔 만들어져 있었습니다. 하인용 계단이 여러 개 마련되어 수행인들이 언제나 상층의 방들에 쉽게 도달하도록 했습니다. 르보(Louis le Vau, 1612-1670)[2]가 프티샹가에 지은 리온 저택(Hôtel de Lionne)은 17세기에 이런 체계에 따라 지어진 전형적인 주거입니다. 이 저택의 평면도는 『그랑 마로』(grand Marot)[3]에 실려 있습니다.*

이 평면도를 보면 그러한 주거에 살았던 사람들의 관습과 풍속을 생생하게 일별할 수 있습니다. 1층이 매우 넓은 것으로 미루어 상당히 많은 하인들이 필요했으리라는 것을 관찰하게 됩니다. 사적인 방들이 바깥 거리와 하인들이 만들어 내는 내부의 소음으로부터 차단되도록 매우 주의한 것이 나타나며 전용 계단들을 이용해 이 방들 사이를 쉽게 오갈 수 있습니다. 마구간과 마차 보관소는 완전히 떨어져 있고, 거리와 앞뜰로 향하는 도로

---

* *Architecture française*, Paris, 1727.

2) 영어본과 불어본에는 모두 le Vaux로 표기되어 있으나 le Vau의 단순 오기로 보인다.

3) 프랑스의 건축가이자 판화가인 장 마로(Jean Marot, 1619-1679)가 당대의 주요한 건물들을 삽화로 제작해 펴낸 두 권의 선집, *petite Marot*와 *grand Marot* 가운데 하나이다.

로 출구들이 나 있습니다.

전면부는 정원이 잘 내려다보이도록 배치되어 있고, 측면부들은 외관에 변화를 주면서 태양 광선을 최대한 활용하도록 해 줍니다. 사각형 모서리들은 각 부분에 필요한 빛을 제공하도록 잘 다루어져 있고, 칸막이 벽들을 독창적으로 배치하여 경간이 너무 커지는 것을 피했습니다. 파사드들의 장식은 수수하고 라인들은 시각적으로 쾌적합니다.

오늘날 우리가 짓는 저택들은, 백 가지 유사한 사례 가운데 골라 방금 제시한 저택에 대등한 크기와 중요성을 가집니다. 그렇다면 이 새로운 구축물들이 미래 세대들에게 우리의 상류층들의 관습에 대해 완벽하게 정확한 개념을 제공하게 될까요? 유감스럽게도 저는 아니라고 생각합니다. 그 건물들에서 과거에 대한 회상을 많이 관찰합니다. 종종 평범하게 제작되었지만 엄청난 호화스러움의 가식, 비난받아야 하기는커녕 오히려 감추지 말아야 할 부르주아 관습을 감추고 기념비적 외관을 보이는 외부, 오늘날 우리 사회가 무엇보다 탐내는 사치스럽고 안락한 사생활에는 상응하지 않으면서 단순한 장엄함을 보이는 외부 아래 자리 잡은, 그다지 품위는 없는 유형의 편안함 등을 말이죠. 우리의 현실적 관습의 진실한 표현을 조금도 보이지 않는, 다만 창의력이 부족한 형태들만을 관찰하게 됩니다. 이런 비판의 참모습은 단 하나의 사례로 보일 수 있습니다.

지난 세기의 중반에 가깝도록 상류층은 가마를 타지 않고는 거의 돌아다니지 않았습니다. 마차는 시골로 여행을 가거나 도시를 횡단할 때만 사용되었죠. 방문이나 초대에 응할 때는 남성이나 여성이나 통상 가마를 이용했습니다. 이 가마들이 현관으로 들어가고, 그곳에서 내린 방문자나 손님은 몸치장이 흐트러지거나 비를 맞을 염려가 없었습니다. 따라서 당시에는 방문객이나 손님이 험악한 날씨에 몸을 피하도록 차양을 만들 필요가 없었고, 파사드는 뜰과의 당당한 비례를 과시했습니다.

가마 대신 마차를 이용하게 되자 후자가 현관으로 들어갈 수는 없었기 때문에 주출입구의 배치도 바뀌어야 했습니다. 현관에서부터 차양을 내어 방문객들이 비바람을 피하도록 할 필요가 생겼고, 그렇게 했습니다. 이런 차양을 **마르키즈**(marquise)라 불렀습니다. 장엄한 파사드는 그런 변화로 인해 얼마간 손상되었지만 가발과 값비싼 치장을 흐트러뜨리지 않아야 했기 때문에 건축적 요구들이 그 필요성에 굴복할 수밖에 없었습니다. 1792년 혁명이 뒤따르고, 저택들은 세워지기보다는 철거되고 약탈당했습니다. 그러나 사태가 정상을 회복했을 때—즉 빈곤의 평등이 늘 그렇듯 부의 불평등으로 대체되었을 때—누군가는 다소 덜 비참하게 가난하고 다른 이들은 매우 부유하게 되었을 때, 다시 후자들을 위해 저택이 지어지기 시작했습니다. 이것은 총재 정부의 종말을 향하고 있었습니다. 그때 예술에 어떤 충동이 일었습니다. 그것은 매우 강력한 것은 아니었지만 적어도 새로운 어떤 것을 시도하려는 방향성을 가지고 있었고, 특히 혁명 직전의 스타일을 모방하지 말 것을 주장했습니다. 그러나 건축가들은 페스툼의 원주식 **주범들**을 너무 많이 도입하려고 했고, 그 때문에 편의가 희생되었습니다. 하지만 따뜻한 선의 덕분에 어느 정도 참을 만한 성공적인 시도들이 이루어졌습니다. 그리고 마르키즈를 대신하여—그것들을 달아 놓을 필요와, 그 결과로 원주들의 열을 망칠 필요를 없애기 위해서—그들은 마차가 드나드는 통로들 아래로 현관으로 들어가는 입구들을 만들었습니다. 그것으로 비는 충분히 피할 수 있었지만 환기가 잘 되지는 않았습니다. 그리하여 폐질환이 크게 유행하게 되었습니다. 왕정복고 즈음에 점차적으로, 그러나 그 이후로는 신속하게, 포부르 생제르맹의 오래된 저택들을 닮지 않은 모든 건물은 저택이라 불릴 가치가 없다는 의견이 지배적이 되었습니다. 건축가들은 다시 그 옛 주거들을 모방하는 데 열중했습니다. 그러나 마르키즈는 어떻게 되었습니까? … 사람들은 그것을 계속 도입했습니다만 단지 저택을 지을 때 그것이 보이지 않게 하는 방식으로 만들었습니다. 마르키즈는 상황이 허락하는 대로 건축물에 부착되었습니다. 이 부수적인 구조를 일관되고 긴급한 필요성에 따른 절대적 요소로서 설계 초안에 집어넣으려고 노력한 건축가들은 거의 없었습니다.

너무나 멋진 저택들을 지은 루이 14세 시대의 위대한 건축가들이 그들의 평면도에 마르키즈를 포함시킬 것을 고려하도록 요청받았다면 그들은 석조 건물에 너무도 어색하게 결합되어 있는 그 유리와 철제 케이지보다 나은 어떤 것을 발명해 냈을 것입니다. 이것은 그저 하나의 세부에 불과하다는 것을 저는 기꺼이 인정합니다. 그러나 이 세부 자체가 우리의 창의력이 얼마나 형편없는지, 건축가라는 이름을 얻기가 얼마나 쉬운지 보여 줍니다. 건축가라는 이름은 우리와 다른 습관을 가진 시기에 속하는 형태들을 모방하고, 누구라도 자신의 개인적인 취향에 따라 나뭇가지로 땅바닥에 그릴 수 있는 그 형태 뒤에서 배치와 분배를 모색하기만 하면 충분히 가질 수 있으니까요.

건축주가 찾아와 도면을 보여 주면서 그에게 다음과 같은 말을 하는 것을 들은 경험이 없는 건축가가 있겠습니까. "선생님, 이것이 아무개 부인과 제가 생각한 저택의 도면입니다. 우리가 바라는 것이 정확히 이런 것입니다. 건물 각 부분이 우리의 생활 습관에 필요한 장소로 적합하게 마련되어 있습니다. 그러니 모쪼록 이대로 건물을 지어 주세요. 그리고 우리는 그 부분들이 루이 16세 스타일로 지어지고 실내는 르네상스 스타일로 만들어졌으면 합니다." 이런 건축주에게 그가 가져온 배치들이 완전히 말이 안 된다거나, 벽난로에 연통이 없다든지 계단이 연결되지 않는다고, 혹은 르네상스와 루이 16세 스타일은 서로 전혀 관계가 없다고 말하지 않도록 주의합시다. 그렇지 않고 이런 식으로 훈계를 한다면 그 건축주는 분명히 좀 더 고분고분하고 비판을 자제하는 다른 건축가를 찾아 나설 것입니다.

사실 모든 건축주에게 이런 낙인을 찍을 수는 없습니다. 그리고 많은 이들이 (그들의 요구를 담은 프로그램을 건넨 후에는) 건축가가 그것을 가지고 할 수 있는 최선을 다하도록 내버려 둡니다. 그런 경우에 건축이 그 프로그램을 따르게 만들려고 노력하고, 루이 14세나 15세, 심지어 16세 시기에 지어진 저택들을 모방하지 않도록 애쓰는 것은 건축가의 의무입니다.

우리는 이런, 모방에의 열광이 초래한 실수들—절대적으로 새로운 성격을 가진 배치들이 더 이상 충분한 근거를 제시할 수 없는 복제된 외관에 따르게 해야 하는 이런 의무에 대해 긴 목록을 작성할 수 있을 것입니다. 우리보다 조금 허세가 적은, 그리고 좀 더 실용적인 영국인들은 비록 타고난 취미는 평범할지언정 자신들의 일상의 습관이 제시하는 조건에서 최선을 다하는 방법을 우리보다 잘 이해하고 있습니다. 적어도 그들은 [건물] 외부에 우리 시대의 주거 습관과 너무나 들어맞지 않는 기념비적 장엄함을 적용하는 일은 좀처럼 없습니다.

런던에서 실내가 호화롭게 장식되고 거주자들의 요구들에 부합하도록 훌륭하게 잘 배치된 저택들을 지나쳐 갈 확률은 [프랑스에서보다] 열 배쯤 더 높습니다. 또한 그럴 때 우리는 너무나 단순하며 어떠한 건축적 가식도 없는 그 전면부들이 탁월하게 배분되고 장식된, 그리고 그 안에서 생활이 매우 편리하게 영위되는 방들을 포함하고 있다는 점을 의심하지 않습니다.

각 민족은 나름의 특수한 취미를 가지며, 우리는 우리가 저택들 외부에 우리의 본성적 기질에 상반되는 청교도적 단순성을 부여해야 한다고 주장하지 않습니다. 하지만 적어도 우리의 주거들이 엄청나게 휘황찬란해진다고 하더라도 (결코 해로운 것일 수 없는) 상식을 완전히 배제하는 것만은 피하도록 합시다. 그리고 그 외관이—우리는 외관을 중시하니까요— 내부의 배치들에 상응하도록 합시다. 우리들만큼이나 외적 화려함을 애호하고 자신들의 취미, 또 어쩌면 자신들의 허영을 드러내는 경향이 큰 민족들이 그러한 합의를 도출하는 데 성공해 왔습니다. 우리 자신도 언제나 이성과 상식을 거부해 온 것은 아닙니다. 우리는 창의력을 선보이고, 우리의 필요와 습관에 건축 예술을 신중하게 적용할 수 있었습니다. 베네치아의 대운하에 가면 우리는 같은 시기에 지어진 궁전들이 놀라운 유사성을 보이고 있음을 관찰하게 될 것입니다.

내부의 배치를 즉시 예측하거나 거주자들이 그 안에서 어떻게 사는지, 혹은 그들의 일상의 풍습이 무엇인지 알기 위해 이 주거들에 들어가 볼 필요는 없습니다. 해당하는 경우의 요구들이 이보다 성실하게 준수된 경우는 없었습니다. 베네치아의 저택이나 궁전이 한편으로 운하를 내려다보고 다른 한편으로는 **칼레**(calle), 즉 보행자들을 위한 거리를 향하고 있다는 것은 잘 알려져 있습니다. 긴 현관이 건물의 양 끝을 가로지르고, 한두 개의 입구는 물 쪽으로, 또 하나는 육지 쪽으로 나 있습니다. 오른편과 왼편에는 편의 공간들이 있어서, 수위실, 하인들의 방, 부엌, 식료품 저장실, 창고 등이 마련되어 있습니다. 한쪽으로 혹은 때로는 현관의 끝으로 거대한 계단이 있고, 그것은 현관에 상응하는 2층의 넓은 홀로 이어집니다. 홀의 오른편과 왼편으로 개인실들이 늘어섭니다. 이런 배치는 다른 층들에서도 반복됩니다.

그림 1의 평면도들은 얼마니 솔직한 단순성으로 그 조건들이 충족되었는지 간결하게 보여 줍니다.* 이 궁의 주정면은 넓은 운하를 내려다보고

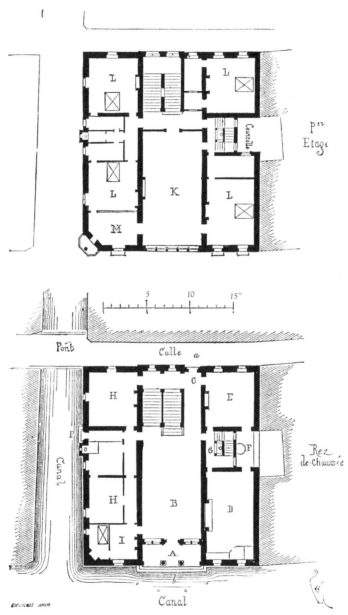

그림 1 베네치아 궁의 1층과 2층 평면

있고, 뒤쪽 정면은 칼레를 향해 있으며, 측면들 중 한쪽 옆으로 좁은 운하가 지나갑니다. 이것은 종종 채택되는 배치입니다. A의 포르티코는 승선 장소로 사용됩니다. 큰 현관방 B가 그 바로 뒤에 자리하여 대형 계단으로 곧장 통하게 됩니다. C로는 뒷문이 칼레로 나 있습니다. P는 좁은 운하를 위한 샛문으로 배를 이용해 식량을 조달하게 됩니다. F의 작은 뜰에는 수조가 딸려 있어 지붕에서 떨어지는 빗물을 받습니다. E에는 식료품 저장실, D에는 부엌이 있습니다. 수위실은 I입니다. H에는 사무실들, 식량 창고, 저장고 등이 있습니다. 뒤쪽 계단은 G에 자리합니다.

2층 평면도를 보면 K에 큰 홀이, M에 서재 또는 작은 응접실이, L에 부속실이 딸린 침실들이 있습니다.

이 평면도는 매우 단순하며—매우 쉽게 이해되죠—베네치아의 귀족 가문의 요구들에 완벽하게 부응합니다. 그리고 이 아름다운 도시의 상류층들의 주거 습관은 이 시대로부터 분명 변화했지만 약간 변화했을 뿐입니다. 우리는 홀을—외부인들이 들어갈 수 있는 주인 가족의 모임 장소를 관찰합니다. 그리고 바로 옆에는 그 중앙 홀과 완전히 분리되어서 보다 사생활을 보호하도록 만들어진 방들이 자리합니다. 식사는 옛 중세의 관습에 따라 후자의 공간에서 이루어집니다. 겨울 저녁이면 식사 후에 재빨리 치워진 테이블 주위로 다시 한 번 주인 가족이 모입니다. 여름에 그들은 곤돌라를 타고 밤의 시원함을 즐기죠. 큰 홀 주변으로 접시에 담긴 뷔페가 차려집니다. 또한 그 벽에는 가족 초상화들과 가문의 영화를 기리는 장식물들이 걸려 있습니다. 입면도는 이런 내부 배치들을 매우 명료하게 보여

＊ 이 평면도는 15세기 초에 속하는 특정한 수의 그러한 주거들에 대해, 요컨대 개요를 제공합니다. 그 주거들은 다양한 크기에도 불구하고 동일한 유형으로 설계되었습니다.

줍니다. 넓은 회랑 형태의 채광창이 큰 홀 끝 부분에 있습니다. 부속된 방들의 경우는 방의 크기에 비례하는 창들로 채광되었습니다.

도입된 건축 방법의 전체적 측면을 보다 명료하게 제시하기 위해서 ab를 가로지르는 절단면이 들어간 투시 입면도를 도판 32에서 살펴봅시다. 이 그림은 외부와 내부 배치들이 얼마나 정직하게 상응하는지 잘 보여 줍니다.

베네치아에서는 지면을 조금이라도 경제적으로 활용하는 것이 중요한 문제였습니다. 뜰이나 정원은 모든 부지를 석호(潟湖)에서 얻어 낸 도시에서는 거의 생각할 수 없는 것이었죠.

건물은 언제나 평면도상에서 구축물들의 집적된 매스—우리가 **파빌리온**이라 부르는 것을 보여 주어야 합니다. 이 넓은 실내의 공기 저장소는 한쪽 끝 부분에 넓은 채광창을 갖추고 있어서 열기가 찌는 듯한 여름에는 시원하고 추위가 꽤 혹독한 겨울에는 따뜻합니다. 이것은 뜰에서는 얻을 수 없었던 이점입니다. 그리고 그것은 부지가 그토록 귀한 곳에서 무엇보다 중요하게 활용되었습니다. 16세기 말엽에 베네치아 인들은 이런 평면을 중심으로 하는 배치에서 벗어나지 않은 채, 당시의 유행에 따라 대칭의 파사드들을 세우기로 결정했습니다. 그것은 한 끝에서 반대편 끝까지 끊이지 않고 원주들이 줄지어 서 있는 구조입니다.

결국 '주범'에 대한 이 애호로 인해 그들은 평면도를 왜곡했습니다. 중앙의 홀과 측면 방들의 채광에 같은 크기와 유사한 형태의 창문들을 도입한다는 것은 황당한 일이었습니다. 그러나 끊임없이 같은 일을 하고 있는 우리로서는 이런 모순을 가지고 흠잡을 자격이 없습니다.

이탈리아에서 가족 간의 유대는 예나 지금이나 강력합니다. 이런 고유한 특징은 매우 솜씨 좋게 수행된 그 프로그램에 강하게 각인되어 있습니다. 우리 프랑스의 중세 성처럼, 그리고 보다 멀리는 로마의 주택에서처럼 모

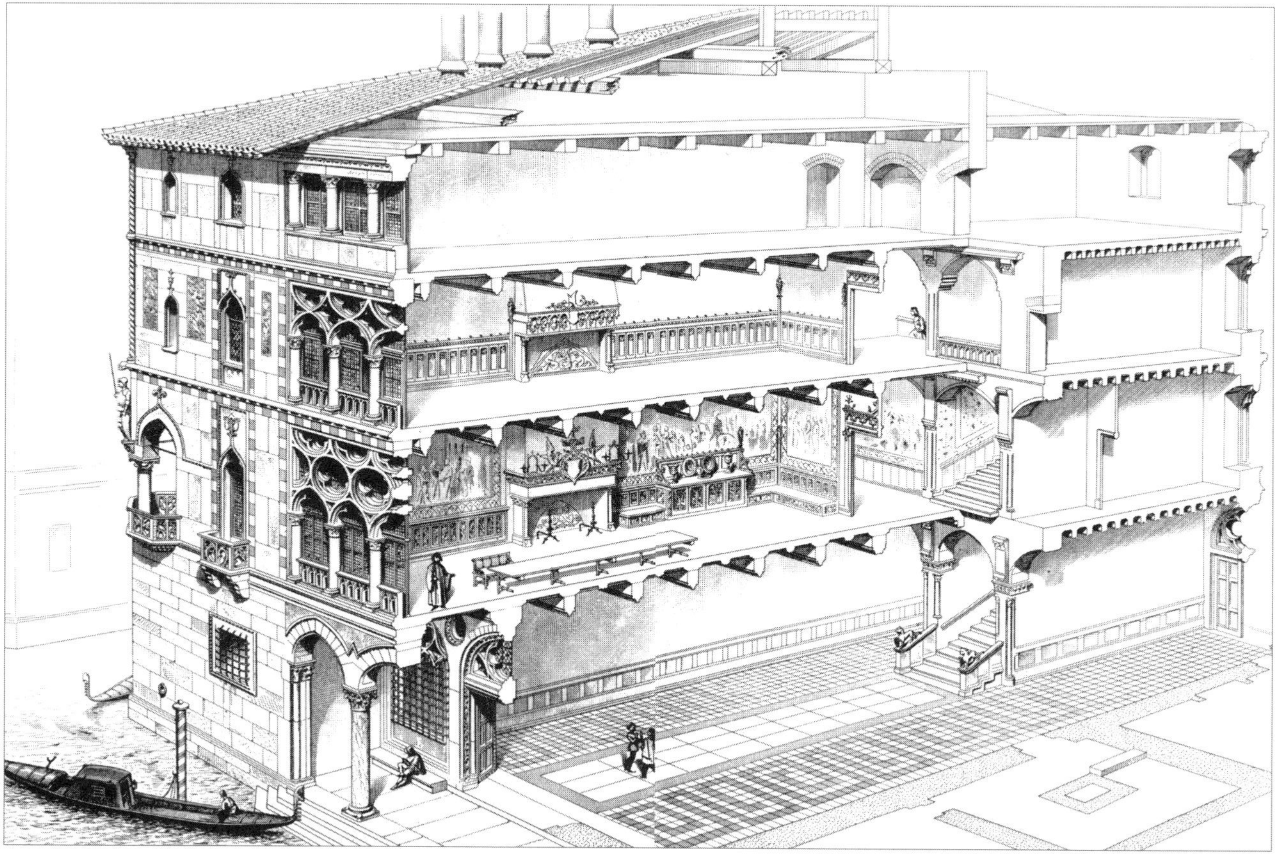

도판 32 베네치아식 궁의 투시 단면

두가 모이기 위한 장소를 관찰하게 됩니다. 비록 부유한 로마 인들 중에 부인과 어린아이들을 주거의 분리된 부분에 살도록 한 경우가 있었던 반면, 여기서는 모든 가족 구성원이 공통의 난로 주변에 모이게끔 했다는 차이는 있지만 말이죠. 그러나 우리는 이런 베네치아의 궁전들에서 각자의 자유가 완전히 보장되어 있었다는 것을 보게 됩니다. 출구는 많고도 편리했으며, 육로나 수로로 빠져나갈 방법들이 있었기 때문에 거주자들은 시선을 피해 드나들며 외출할 수 있었습니다.

15세기의 로마 궁은 완전히 다른 평면도에 근거합니다. 로마에는 공간이 부족하지 않았고, 또한 고대의 전통이 훨씬 활발하게 지속되고 있었습니다. 로마의 궁은 통상 한 칸짜리 방들이 빙 둘러 이루어진 주랑 안쪽의 실내 정원으로 이루어져 있으며, 그 방들의 문은 모든 층에 마련된 주랑 쪽으로 열리게 되어 있었습니다. 우리는 사실상 고전 고대 주택들의 임플루비움(impluvium)에 부합하는 배치를 보고 있습니다. 여기서도 큰 홀을 발견하게 되지만 그것은 갤러리의 형태로, 베네치아의 큰 홀과는 기능이 다릅니다. 이 갤러리는 과시를 위한 것입니다. 공식 연회와 행사가 그곳에서 열립니다. 주인 가족을 위한 모임 장소가 아닙니다. 갤러리는 본채 위치에 자리 잡지 않으며, 반대로 개인용 방들과는 가능하면 연결되지 않도록 배치됩니다. 우리는 웅장한 계단들이 전체 건물에 견주어 상당한 공간을 차지하고 있는 것을 보게 되며, 돌출부가 없는 대칭의 파사드들은 그 따분한 단조로움이 눈에 거슬릴 수 있습니다.

피렌체와 대부분의 이탈리아 남부 도시에서 같은 배치를 보게 됩니다. 편안한 모습은 아니지만 명백하게 휘황찬란하게 보이려는 의도가 드러납니다. 사실 문제의 주거들은 모두 장엄함을 흉내 내고 있습니다. 이 건물들에서 비난받아야 할 부분은 그것들이 거주자들의 습관의 흔적을 보여 주지 않는다는 점입니다. [폼페이의 주거들의 경우] 우리가 실제로 폼페이의 시민들과 함께 사는 것 같고, 몇 시간 안에 그들의 일상의 습관과 관습들에 친숙해질 것처럼 여기게 되는 것과는 달리 현대 로마의 이 궁들은 그 안에서 사람이 생활한다는 것을 고려하여 지어지지 않은 것으로 보입니다. 이것들은 넓고 때로는 웅장한 건물들입니다. 그러나 이 건물들은 결코 모습을 드러내지 않을 인류의 세대가 그 벽면에 살아 있는 인류의 흔적을 남겨 주기를 기다리고 있는 것처럼 보입니다. 그런 흔적이 없이는 어떤 건물도 보는 이들을 차갑고 무관심하게 남겨 두게 됩니다. 우리 프랑스 고대의 주택들에 그토록 사실적인 매력을 부여했던 것이 이런 흔적입니다. 여기 마레의 옛 영주 저택에서 우리는 자신이 과거에 실제로 살아 있었던 어떤 사회의 한가운데로 이동하는 것을 발견합니다. 그들은 자신들의 습관, 정념, 노력들을 곳곳에 남겨 두었습니다.

과거의 예술들이 갖는 가장 강력한 매력 중 하나는 그것들이 보는 이로 하여금 그것을 만들어 낸 문명을 체험하게 해 줄 수 있다는 것임을 부정할 수는 없습니다. 많은 위대한 예술 작품은 단순히 그것들이 태어난 환경을 떠올리도록 해 준다는 이유로, 그리고 그것들을 살펴봄으로써 먼 옛날 그것들을 호기심 어린 눈으로 살펴보았던 세대들이 우리 앞으로 지나가는 것을 보게 된다는 이유로 우리를 매혹하고 깊은 감동을 줍니다. 이런 매력이—만에 하나라도—제거된다면 그 작품은 아무리 아름답다 해도 그 매력의 상당 부분을 잃고 말 것입니다. 이런 점에서 단순한 모방은 경이롭게 보일 수는 있을지언정 결코 정신에 큰 인상을 남기지 못하며, 출처가 불분명한 회고록 이상의 감동을 줄 수 없습니다. 또한 이런 점에서 자신의 고유한 습관에 따라 건축을 빚어낼 만한 결단과 활력이 없는 시대는 미술사에 한시적인 흔적밖에는 남길 수 없습니다. 그 시대가 지성을 쥐어짜 전 시대의 가장 뛰어난 창조물들의 모음을 재생산해 낸다고 해도, 그 건축은 우리의 옛 도시들에 속하는 수수한 목조 주택보다 못하다는 후대의 판결을 받게 될 것입니다. 그리고 그러한 판결은 정당할 것입니다. 상상력이 결여된 저자가 자신의 동료 작가가 쓴 멋진 구절들을 빌려다가 자신의 글을 장식할 수는 있어도 우리는 그에게 고마워하지 않습니다. 그러나 그가 진정성을 가지고 자신이 본 것과 아는 것을 담담하게 이야기한다면 우리는 그에게 감사할 것입니다.

17세기까지 우리 프랑스 건축가들의 주거 건물들이 가지고 있던 가장 중요한 매력은 그들이 결코 자신들의 본성을 거스르지 않았다는 사실에서 기인합니다. 그들은 자기 시대의 요구들을 솔직하게, 그리고 가장 단순한 수단으로 만족시켰습니다. 그러나 예술에서 독창적이고 단순해지기 위해서는 반드시 강해야 합니다. 그리고 사실 우리 시대가 자화자찬하는 빌려온 영광들―그 혼성적 세련됨―은 모두 과장 없이 말하건대 치유할 수 없는 허약함을, 그리고 종종 뿌리 깊은 무지를 감추고 있습니다.

이 주제에 관해 공부해 볼 수 있는 가장 흥미로운 저작 가운데 하나는 피에르 르뮈에(Pierre Le Muet, 1591-1669)의 책입니다.* 이 건축가는 정면에 창이 나 있는 보다 가난한 시민들[佛. 소시민 계급]의 집을 제시하는 것으로 시작합니다. 그러고는 점차 더 과시용 주택으로 옮겨 가서 작은 저택들로, 그 다음엔 그가 생트 아보이가에 지은 다보 저택(hôtel Davaux)과 같은 좀 더 큰 저택들을 다룹니다. 가장 빈곤한 계층을 위한 것이든 엄청난 고소득자들을 위한 것이든 우리는 이런 주거들에 시대의 관습이 성실하게 각인

---

* *Manière de bâtir pour toutes sortes de personnes*; par Pierre le Muet, architecte ordinaire du roi, et conducteur des dessins des fortifications de Sa Majesté; Paris, 1681, In-folio en deux parties.

되어 있음을 발견합니다. 가장 밑바닥에서 맨 꼭대기까지 사회 전체가 이 창의적인 건물들의 모음집에 나타납니다. 그것들은 전부 연관되어 있습니다. 각각이 실제로 있어야 할 위치에 자리 잡고 있으며, 저마다 그에 적당한 중요성을 가집니다. 건물들은 일반적으로 한 칸 두께입니다. 그 단순하고 장중한 배치들은 우리의 습관에는 적합하지 않겠지만 당대의 요구들에는 매우 적합했습니다.

당시 파리에서 가장 넓은 거리들조차 폭이 10m에 불과했다는 것은 누구나 아는 사실입니다. 그러므로 집들은 협소하고 통풍이 잘 안됐으며, 그렇기 때문에 건강에도 좋지 않았으리라고 추정됩니다. 다른 많은 것들에 대해서와 마찬가지로 여기서도 우리는 너무 서둘러 판단하고 있습니다.

주요 도로가 좁았던 데 반비례하는 공간이 주택들 자체를 위해 사용되었습니다. 이들 저택 중 다수, 그리고 심지어 마차 두 대가 지나가기에도 어려울 만큼 좁았던 거리를 따라 늘어선 보다 작은 주거들조차도 다수가 뜰과 정원을 가지고 있었습니다.

우리의 근대 자치 당국이 지저분한 집들로 이루어진 듯했던, 그리고 조명이라고는 좁은 거리에서 새 나오는 것뿐인 듯했던 도시 구역들 사이로 저 대로들(그 실용성과 바람직함에 있어 우리는 겨룰 수 없는)을 냈을 때, 사람들은 해체하는 것이 마땅한 이 건물 더미들 뒤쪽에 정원들이, 혹은 그 주거에 사는 거주자들만이 알고 있던 충분한 공간들이 있는 것을 보고 놀랐습니다. 가장 혼잡한 구역들에서조차 인근의 건물―예컨대 생 자크 탑―에 올라가면 악취가 진동하는 좁은 거리로 다니는 행인들은 좀처럼 있는 줄도 몰랐던 나무들을 볼 수 있었습니다. 옛 파리를 기구에서 내려다보면 곳곳에 무수히 많은 초목이 점점이 보입니다―과거에 노시에 주택들을 배치한 흔적들이지요.

파리는 지금 인구가 가장 많은 구역들을 순환하는 공기의 넓은 흐름들과 특히 개선된 주택 배치들과 거리 배수로 덕분에 더 건강한 도시가 되었습니다. 그러나 종종 뜰이 없는 혹은 경계벽들 사이에 통풍구밖에 없는 우리의 거대하고 높은 구축물들이 시간이 지나 그것을 지은 재료들이 분해되는 효과가 나타날 때도 건강한 상태를 유지할 수 있으리라고 생각할 수 있을까요? 저는 위생 문제를 전공한 사람들이 이 주제에 대해 회의를 표현하는 것을 들었습니다―또한 저 역시 이에 공감합니다. 모든 환경을 고려해 볼 때 우리의 거대한 근대 도시들, 특히 파리의 주택 블록들은 너무 조밀하고 획일적으로 지어진 집합체를 드러내고 있어서 그러한 건물들의 매스들은 충분히 자유로운 공기의 순환이 되지 않습니다. 거주자들의 건강에 치명적인 나쁜 공기가, 다양한 종류의 재료들로 이루어진 매스들에서 시간이 지나면서 발생한 발효 작용의 결과로 이 매스들로부터 퍼져 나가지 않을 수 없습니다.

비슷한 이유로 17세기 말까지 지어진 우리 저택들을 구성하는 한 칸 깊이 건물들은 공기가 잘 통한다는 장점이 있었습니다. 도입된 평면도는 내부 배치의 난점들을 드러냈지만 우리의 옛 건축가들이 그것들을 극복하는 솜씨를 보였다는 것, 그리고 우리가 오늘날 환기가 잘될 리 없고 어느 모로나 불쾌한 칙칙한 통로들 때문에 희생해야만 하는 공간을 그들은 잃지 않았다는 것은 부정할 수 없습니다.

그러한 옛 평면도들을 연구하면서 우리는 그것들이 얼마나 정확히 상류층의 습관에 따른 프로그램인지 관찰하게 됩니다. 대칭적인 개구부들과 축선상의 배치들에 대한 열망이 우리의 건축가들을 사로잡았던 17세기 초에 그들은 자신들의 평면도의 단순성 덕분에 새로운 요구들을 따를 수 있었습니다. 한 칸 깊이 건물들은 물론 그러한 대칭적 배치에 맞출 수 있었습니다. 그리고 건축가들이 종종 예술적 요구를 충족시키기 위한 장치들을 도입하긴 했지만 그들은 평면도를 왜곡하고 내부 배치를 어지럽히는 정도에는 이르지 않았습니다.

이러한 배치들은 그러나 16, 17세기에 거의 수정되지 않았습니다. 우리는 그것을 15세기 말의 클뤼니 저택(hôtel de Cluny)과 트레무이유 저택(hôtel de la Trémouille), 루이 15세 치세 때 세워진 저택들에서 관찰할 수 있습니다.

그림 2의 평면도는 프랑스 북부의 저택들에서 발견되는 배치의 유형을 제시하고 있습니다. 본채는 가능하면 뜰과 정원 사이에 세워집니다. 곁뜰은 앞뜰과 직접 통하도록 측면에 자리합니다. 넓은 현관방인 A가 뜰의 축선상으로 열립니다. 가마는 이 현관방 내부까지 들어갔습니다. 한쪽에는 중앙 계단과 방 a가 있고, 그 방에서 용무를 보러 온 사람들을 맞이하게 됩니다. 다른 쪽으로는 방들로 이어지는 준비실이 B에 있습니다. 그 옆으로 C가 사적인 응접실로 쓰였습니다. D에는 식당이, 그에 딸린 E에는 식료품 저장실이 자리합니다. 부엌은 F에, G에는 근대의 하인 방에 해당하는 '살 뒤 코묑'(salle du commun)이 있습니다. H에는 커다란 알코브와 탈의실, 부속실이 딸린 침실이 있습니다.

마차용 차고 R, 마구간 I는 뒤뜰을 향해 있었습니다. 부엌 근처의 K는 식량 창고이고, L은 손님의 출발을 기다리는 마차나 가마가 대기하는 차고입니다. M은 수위실입니다.

결국 1층은 가사용 방들이 차지하고 있었습니다. 이 시대에는—매우 특별한 경우들을 예외로 하면—친한 친구들만이 식사에 초대받았기 때문에 키다란 접견실은 없었고, 식당은 작았습니다.

응접실은 2층에 마련됩니다. 그림 3을 보면 응접실은 A의 홀과 B의 준

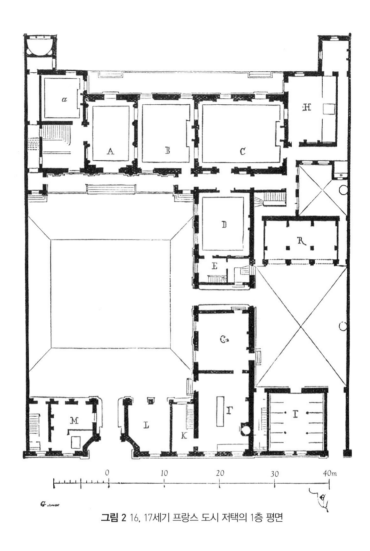

그림 2 16, 17세기 프랑스 도시 저택의 1층 평면

비실로 이루어집니다. 그것은 평소에는 일반적인 응접실로 쓰이다가 잔칫날이 되면 큰 접견실로 바뀌었습니다. 갤러리 G와 기도실 C, 주인 가족이 사용하는 두 개의 방 D가 접견실과 연결되어 각기 다른 편의를 제공했습니다.

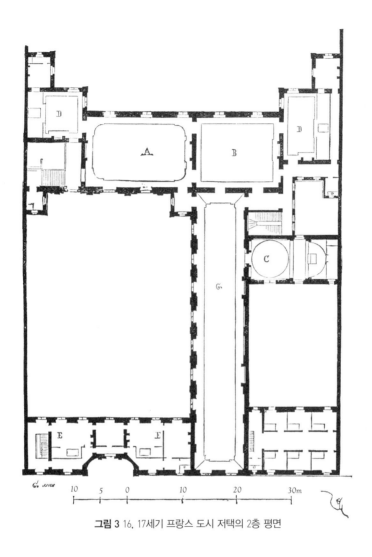

그림 3 16, 17세기 프랑스 도시 저택의 2층 평면

다른 방들은 입구쪽 건물 위의 E에 자리했으며, 친구들을 위한 사랑(舍廊) 이있습니다. 하인들은 보꾹층에 실있고 마부는 마구간 위에 실있습니다.

이런 배치는 17세기 저택 대부분에서 사소한 변형과 더불어 통용되었습니다. 바깥 세상과 접해 있는 방들과 가정 내 사생활을 위해 안쪽으로 물러나 있는 방들은 뚜렷하게 구별됩니다. 모든 방에는 전용 계단이 있고, 2층의 큰 응접실들은 이 개인 방들을 이어 주는 역할을 합니다. 주인 가족을 위한 방과 접대를 위해 마련된 홀은 정원과 앞뜰 쪽으로만 위치합니다. 이 모든 것이 솔직하고 명료하게 표현된, 17세기에 도입된 대칭적 건축의 거창한 배치는 이러한 배치의 단순성에 부합합니다.

현재의 요구들은 명백히 더 복잡합니다. 보다 특수화된 배치와 보다 많은 사적 통로들과 부속물들을 내포합니다. 그것은 결과적으로 외견상으로는 덜 거창하지만 그 배치는 덜 단순하며, 대칭적 구성에 쉽게 맞출 수 없습니다.

르 뮈와 드 마로의 저작들은 모든 건축가의 서재에 꽂혀 있습니다. 그러므로 17세기의 훌륭한 저택들의 건축 배치에 관한 논의를 더 이상 확장시키지 않으면서 이 주거들의 구축에 도입된 과시적인 스타일을 이해하기는 쉽습니다.

현재 우리의 요구들에 부응하기 위해서는 우리가 조금 전에 제시한 평면도들은 분명 중대한 수정을 거쳐야만 합니다. 오늘날 우리는 부엌과 식당을 연결하기 위해 마차로를 낼 수 없습니다. 우리는 적어도 1층에 두 개의 응접실이 필요하며 각 침실에 부속된 탈의실과 부속실, 여기 생략되어 있는 수많은 자잘한 배치들을 원할 것입니다. 전 시대 상류층 사람들의 삶을 특징짓는 폭넓은 연속성은, 말하자면 여러 가지 소소한 용무들과 그에 따르는 필요들로 분해되어 그것을 완전히 만족시키는 것은 한눈에 파악되는 통일성을 가진 거창한 배치들에는 적당하지 않습니다.

귀족적 특성의 사회적 조건은 모종의 친밀하고 친근한 관계들을 주종 간에 도입하며, 이것은 민주주의 사회에서는 사라졌습니다. 주거 건축은 관습에서의 이런 변화의 인상을 간직하고 있습니다. 사회의 계층들은 거스를 수 없는 거리에 의해 분리되어 있으며, 상류 계급들은 인간적 장점도, 음모나 폭력도 자신들에게서 그 특별함을 빼앗아 갈 수 없으리라고 확신한 나머지 자신들과 하인 계층들 사이에 불필요한 장벽을 세우지 않습니다. 반대로 교제의 필요로 인해 가장 아래서 맨 위에 이르기까지 모든 계급을 연결하는 친밀한 관계들이 곧 발생합니다.

성에서나 저택에서나 귀족의 삶은 노출되어 있었습니다. 가까운 이들이 하층 계급 사람들까지 건물 어느 곳이든 드나드는 것은 이상하거나 잘못된 일로 여겨지지 않았습니다. 하인들이 자신들과 주인들을 갈라놓고 있는 사회적 간격을 잃을 걱정은 결코 할 이유가 없었기 때문에 불편 없이도 공동의 생활이 영위되었습니다.

민주주의 사회에서는 그렇게 되지 않습니다. 상류층은 하류층의 노림수와 침해에서 스스로를 보호하기 위해 물리적 장벽을 필요로 합니다. 사회적 습관의 그런 심각한 변화들은 주거 건축에 반영됩니다. 집주인의 독립을 보장하고 그의 가정 내 사생활을 가문에 도덕적으로 결부되어 있지 않은, 혹은 그들이 비우호적이거나 시기심이 많다면 가문의 이해에 별로 헌신적이지 않은 하인들의 호기심으로부터 보호한다는 관점에서 수많은 예방적 세부 장치들이 고안되었습니다.

이로부터 귀족 사회의 주거 건축은 그 배치에 넓음과 단순성을 간직할 수 있었지만 그것은 법 앞에서 주인과 하인이 평등해짐에 따라 주거의 각 부분이 명확히 구별되어야 하는 민주주의적 조건에서는 관용될 수 없으리라는 결론을 내리게 됩니다. 고대에는 노예가 가문에 속하는 것으로 여겨졌고 주인은 법이 노예를 거의 보호하지 않는 만큼 그와의 친근한 관계를 보다 자유롭게 인정할 수 있었습니다. 그리고 노예제는 옛 프랑스의 사회

생활에 법적으로 존재하지 않았지만 하인들은 실상 주인에게 너무나 절대적으로 의존하고 있었기 때문에─그들이 너무도 절대적으로 주인의 동산이었기 때문에─주인은 곧 자신의 집에 속한 하인들을 가문의 부속으로 여기게 되었습니다─말하자면 16세기까지 사람들이 권속(maisonnée)이라고 부른 것을 보존하는 데 관심을 가진 것처럼 말이죠.

도시에서나 시골에서나 저택은 바깥 세상을 향한 것이 아니면 어떤 경계도 할 필요가 없었습니다. 내부에서는 요컨대 모든 것이 공동의 것이었습니다.

이런 상태는, 하인이 주급을 받는 이방인이고, 급료만이 함께 사는 가문과의 유일한 관계를 형성하는 사회적 조건에서는 불가능합니다. 그렇게 되자 집에 담을 둘러치는 것뿐 아니라 주인 가족 각자의 삶에서도 돈만으로 고용된 이 이방인들의 호기심으로부터 사생활을 지켜야 하게 되었습니다. 이전 세기의 저택들에서는 문 너머로 준비실이나 뜰에서 종자들이 나누는 이야기를 듣는 것이 요즘으로 말하면 이웃한 방에서 어린아이들이 놀이하며 재잘대는 소리를 듣는 것만큼이나 전혀 이상하지 않았습니다. 그러나 지금 그런 일은 관용되지 않고, 될 수도 없습니다. 그러므로 아무리 막으려고 해도 우리는 사회적 조건 속에서 한편으로는 잃고 다른 편으로 얻는 것입니다. 피상적으로 판단하면 우리의 옛 '저택들'은 민주주의적 관습에 맞추어진 듯하며, 각각의 방이 남의 눈을 피해 고립되고 독립된 일종의 성소가 될 것을 요구한다는 점에서 현재의 저택들은 귀족적 관습을 극단으로 밀어붙인 것처럼 보입니다. 그렇게, 시민들 사이에 평등을 수립하고 계급과 신분에 따른 차별을 없앨 것을 의도하는 민주주의 제도는 많은 점에서, 특히 부유한 사람들의 주거에서 정반대의 효과를 산출합니다. 우리가 더 이상 노예 진압전을 두려워할 이유는 없다고 해도, 우리는 봉사에 대한 급료를 지급받는 사람들이 그들에게 돈을 지불하는 이들에 대해 가지는 적대감을 확인하게 됩니다. 그리고 과거에는 많은 주인들이 자신의 집에서 태어나 어릴 때부터 가문에 봉사해 온 노예들에게 헌신을 기대했다면, 오늘날 자신이 고용한 하인이나 노동자 가운데 적을, 혹은 적어도 그의 이해에 냉담한 사람을 갖지 않은 주인이나 고용주는 거의 없습니다.

　결론적으로—저는 골치 아픈 사회적 문제에 관한 논의로 들어가고 싶지는 않기 때문에—우리는 풍속의 이런 상태—불신의 과잉을 보여 주는 이런, 복잡하고 종종은 조금 시답잖은 고려들과 요구들에 부합하는 주거 건축 스타일을 도입해야 합니다. 또한 우리의 옛 저택들의 장엄함과 현대의 주거 편의의 까다로운 섬세함을 결합하려고 애쓰는 것은 불합리한 일일 것입니다. 대칭은 16, 17세기에 저택 평면도에서 나타난 장중한 배치들과 어울리는 것으로 인정되었습니다. 그러나 대칭은 우리가 평면도를 왜곡하게 만들고, 불편한 거짓 배치들을 도입하며 귀중한 공간을 잃도록 만들기 때문에 우리 현대 구축물들에서는 지독한 난망함의 원천이 됩니다. 예를 들어 거의 같은 크기의 방들이 파사드를 따라 자리할 경우 이 방들은 같은 크기의 창들로 채광을 하는 것이 자연스러울 것입니다. 그러나 저택의 거주자들의 요구들에 따라서 매우 넓은 방과 매우 작은 방들이 인접하여 배치되게 되었을 때, 이 방들의 천장을 모두 같은 높이로 만들고 같은 크기로 창을 내는 것은 매우 나쁜 취미일 뿐 아니라 매우 불편합니다. 논쟁의 여지없이 중요하고 값진 진정한 원리가 16세기까지 솔직하게 적용되었습니다. 이럴 때는 건물의 몇몇 부분 배치에서 매우 큰 홀들을 아주 작은 방들과 인접시켜 만들었습니다. 아무리 찬양해도 모자란 자유를 가지고서 그들은 내칭을 위해서가 아니라 용이한 이동과 자유로운 시야를 수립하기 위해 코벨과 돌출부들을 아낌없이 사용하여 열리거나 닫힌 로지아들, 밖에서 꽤 눈에 띄는 중이층, 방들의 개구부들의 다양한 조망과 유리한 위치들을 확보했습니다. 그런 자유는 저택을 짓는 일을 의뢰받은 건축가들이 그것을 이용할 수만 있다면, 그리고 그들의 건축주들이 다른 것은 모두 제쳐 두고 건축의 외관에서 요란한 대칭을 선보이려고 들지만 않는다면 건축가의 일을 크게 단순화시켜 줄 것입니다. 그러면 오늘날 비합리적 원칙들에 준해 지어진 것들보다 낫고 비용은 덜 드는 건축을 확보하게 되리라는 점을 덧붙일 수 있겠습니다.

저는 선의를 가진 많은 사람들이 이른바 **대칭의 법칙**을 무시하는 것을 일종의 불경함으로, 고대의 건전한 전통에 대한 경멸로 본다는 것을 알고 있습니다. 그들은 마치 대부분의 고대 전통들, 즉 결과적으로 전통에 대한 신봉자들이 가장 숭배해야 할 것들이, 실은 매우 최근의 것인 이른바 이 법칙에 명백하게 모순되지 않는다는 듯한 태도를 취합니다. 이런 의식과 관념 가운데 어떤 것은 각자가 혼자 판단하거나 조금만 성찰해 보면 부조리하고 거짓된 것임을 알 수 있습니다만, 아무도 그것을 감히 위반하려고 하지 않습니다. 서로 이웃의 누군가가 필요한 도덕적 용기를 보여 주기만 기다리고 있습니다. 모두가 그 운동을 기꺼이 따르겠지만 이를 [스스로] 먼저 유발하지는 않도록 매우 조심합니다. 대칭은 그로 인해 주거에 관한 한 우리의 안녕을, 때로는 우리의 상식을, 그리고 언제나 상당한 돈을 희생하도록 만드는 불행한 관념 가운데 하나입니다.

명성 있는 건축가들이 공정하고 합리적인 생각을 가진 건축주를 만났을 때 개혁의 시작을 자임할 기회를 취하는 것이 바람직합니다. 그들의 허세에 찬 어리석음들을 버리고 얻게 되는 장점들이 곧 드러나게 될 것이므로 이내 많은 사람들이 그 사례를 따르게 될 것입니다. 많은 이들이 시골에 집을 지으면서 대칭의 법칙을 무시하는 일을 감행했습니다. 그러나 도시 저택의 경우는 보다 어려움이 많아 보입니다. 사실 그것은 유행의 문제입니다. 사람들은 도시에 있는 그들의 집이 대칭의 관점에서 나무랄 데 없는 것이어야만 한다고 생각합니다. 흡사 그들이 외출할 때는 꼭 중산모를 쓰고 관례적인 의상을 입는 것이 양심의 문제라고 생각했던 것이나 마찬가지로 말이지요. 우리가 최근에 경험한 불시의 충격이 우리를 보다 바른 생각으로 되돌아가게 만들고 유치한 편견을 버리도록 이끌게 될까요? 저는 그것을 기대하기보다는 소망합니다. 우리의 돈을 빼앗아 가면서도 예술과는 전적으로 무관한 이런 편견들을 버림으로써 얻게 될 이점들을 보여 주려는 노력도 못지않게 필요합니다. 건축에 관한 한 예술의 본질은 모든 대상에 그에 적합한 형태를 입히는 방법을 아는 것이지, 휘황찬란한 껍데기를 만들어 놓고 나중에 그 껍데기 안에 필요한 배치를 어떻게 수용할 것인지 생각하는 것이 아닙니다.

자신을 위한 저택을 지으려는 사람들은 모두 자신의 요구들이 담긴 프로그램을 제시합니다. 그가 그럴 능력이 없다면 그가 원하는 것으로 여겨지는 것을 설명해 주고 스스로 프로그램을 준비하도록 함으로써 그의 무능력을 혹은 그의 관념의 불명확함을 메우는 것은 건축가의 몫입니다. 그리고 이름값을 하는 건축가가 잘 작성되고 명료한, 어떤 거짓된 해석의 영향도 잘 받지 않는 프로그램을 가지면 이미 절반은 끝난 일입니다. 단 [성공에는] 그가 상세한 모든 부분에서 그 프로그램을 준수한다는 조건, 그가 그것을 완전히 충족시킨다는, 즉 그가 적당히 하지 않고 건축적 처방의 유혹적인 외관 아래 특정한 조건들을 실행하지 못한 자신의 실수를 눈가림하고자 하지 않는다는 조건이 따릅니다.

많은 건축주들은 이런 술수에 속아 넘어가서는 건물이 완성되고 나서야 [건물] 소유주로서의 자신의 허영에 아첨하는 겉모습에 현혹되고 말았다는 사실을 후회합니다.

자신이 원하는 것이 무엇인지 정확히 아는 건축주는 극히 소수에 불과합니다. 반면 그들이 **관념**이라고 부르는 것—때로는 실현될 수 없는 한낱 몽상적인 개념을 가진 사람은 매우 많습니다. 혹은 (저택들이 문제가 되는 만큼) 이 관념이 L 씨나 N 씨가 살던 집의 외관을 닮은 집을 만들겠다는 식일 수도 있습니다. 그런 경우에 자신들이 필요로 하는 것들이 그런 외관 안에 적절히 포함될 수 있는가 하는 의문은 머릿속에 떠오르지도 않습니다. 그들은 … 저택의 원주, 코니스, 창문을 원하며 마찬가지로 정면에 계단을, 보꾹층과 굴뚝을, 타원형의 응접실과 중앙 계단을 원하는 것입니다. "그렇다면 당신이 바라는 것은 … 저택의 복제입니다"라고 건축가는 말합니다. "아니에요, 그건 저한테 너무 넓어요. 게다가 저는 단지 2층짜리를 원하는데 그 집은 3층이 아닙니까. 더구나 그 집에는 정원이 있지만 제게 주어진 대지로는 정원은 안 되죠. 그 집 응접실들은 2층에 있지만 저는 1층에 만들고 싶습니다. 더구나 저는 하인들과 아이들 등을 위한 중이층을 원합니다." "그러면 부디 당신이 원하시는 프로그램을 주십시오."—이쯤 되면 이 프로그램이 바알베크 신전만큼이나 … 저택과 양립할 수 없다는 것은 분명합니다. 건축가가 약간의 양식과 양심을 가지고 있다면, 그리고 건축주가 언제까지나 고집을 부린다면—그런 일이 간혹 있습니다—둘은 아무것도 못 한 채 헤어지게 될 것입니다. 그러나 놀라운 것은 방금 이야기한 것과 같은 건축주가 그가 원하는 모든 것을 해 주고, … 저택과 유사한, 타원형의 응접실과 원주들을 갖춘 평면도를 만들어 줄 … '건축가'를 발견하게 되리라는 사실입니다. 그는 요청받은 중이층과 지하의 부엌, 그 밖에 원하는 모든 것을 영리하게 처리할 것입니다. 지어진 물건은 주거 불가능한 것이 되겠지요. 구조에 근본적인 결함들이 있을 것이고, 소유주는 그의 말 잘 듣는 건축가를 고소하고는—전문가로서—그만큼 고분고분하지 않았던 다른 건축가를 찾아 상대에게 맞설 증거를 요청하겠죠. 그러나 너무 심하게 견책하지는 말기로 합시다. 지성과 상식을 가진, 능력 있는 건축가들을 청해 전적으로 신용하고, 프로그램을 결정할 때 그들에게 전권을 일임하는 건축주들도 일부 있습니다. 그리고 합리적인 어떤 시도가 가능할지를 알아볼 가치가 있는 것은 그런 건축주들과 더불어 작업할 경우입니다.

현대의 저택들은 복잡한 세부—고대에 견주어 볼 때 훨씬 단속적인 일련의 배치—를 가지고 있기는 하지만 어떤 근본적인 유사성들을 드러냅니다. 방문객들을 맞이하고 바깥 세계와의 관계를 위해 마련된 부분이 있고, 다른 부분은 가정의 사생활을 위해 쓰입니다. 양쪽은 특정한 경우에 연결되지만 일상생활에서는 완벽하게 구별됩니다. 편의를 위해서나 경제적인 이유에서나 두 부분은 뒤섞이지 않는 편이 좋습니다. 전 시대의 저택들에서 이것은 지배적인 원리였음을 알 수 있습니다—이 원리는 어쩌면 과거보다 오늘날 더욱 절대적인 것입니다. 저택이 두 부분으로 나뉘어 한쪽은 응접실들을, 다른 쪽은 주인 가족을 위해 쓰이든, 아니면 한 층은 전자에 다른 층은 후자에 할당되든 이 둘이 나뉜다는 것이 지배적인 조건입니다. 그러나 상대적으로 작은 방들과 복잡한 배치들을 넓은 방들 위로 놓는 데는 언제나 구조적 불편과 어려움이 따릅니다. 이것이 아마도 옛 저택들에서 응접실들을 2층에 위치시키고 주거용 방들을 1층에 놓은 이유 중 하나일 것입니다. 칸막이들의 숫자를 고려할 때 상대적으로 가벼운 것이 무거운 것 위에 놓이는 편이 건물을 위해 바람직했습니다. 그러나 여러 개의 방들이 있는 1층에 요구되는 벽난로 굴뚝들은 위층의 훨씬 더 큰 방들을 쉽게 지나갈 수 없었습니다. 게다가 현대의 습관상으로는 응접실이 1층보다는 2층에 있는 편이 적합합니다. 1층에서의 생활을 쾌적하게 만들어 주는 넓은 뜰과 정원을 과시할 수 있는 저택들은 별로 없으니까요. 그러므로 건축가에게 주어진 프로그램에서 1층에 응접실, 다른 층에 주거용 방들을 요구할 가능성은 9 대 1 정도로 많습니다. 일반적으로 맞이하는 손님의 숫자가 많은—사람들의 사교 범위가 넓은—것이 우리 시대인 만큼 우리는 접근이 편한 널찍한 방들을 필요로 하므로 16, 17세기에 그토록 유행했던 갤러리들은 우리에게 더 이상 맞지 않습니다. 많은 손님들을 고려해 [실내에서 각 부분으로의] 왕래가 용이해야 하고, 방들을 가로지르지 않고서도 어느 부분에든 갈 수 있어야 합니다. 이런 요구들은 처음부터 건물의 폭이 두 칸이라야 함을 암시합니다. 다른 한편으로 사적 주거에 이렇게 매우 넓은 건물들은 상당히 불편합니다. 그런 건물들에서 방들 혹은 적어도 통로들은 어둡고 환기 안 되는 채로 방치되고, 평면도상에는 **통로**(dégagements)라는 말로 은닉되어 있는 그 침침한 장소들을 버려둔 채 건강에 해로운 방향으로 자리 잡게 됩니다.

평면도에서 **통로**라는 글자를 보면 경계하십시오! 이 말은 일반적으로 유용하게 사용될 수 없는 공간을 암시합니다. 파리와 다른 도시들의 저택들에서 이 **통로**가 차지한 지면들만 아꼈어도 수백 가구는 잠자리를 찾을 수 있었을 것입니다. 혹은 적어도 그 공간들이 문제의 저택들에서 현명하게 이용되었다면 입주자들에게 훨씬 편안한 숙소를 제공했을 것입니다.

그러므로 이 짧은 리뷰를 통해 우리는 1층에 응접실을, 상층에 사적인 방들을 배치한 저택의 프로그램이 사실상 작은 어려움조차도 발생시키지 않는다는 것을 알 수 있습니다. 지지되는 부분과 지탱하는 부분이 배치는 물론 구조에서도 아무런 유사성을 갖지 않기 때문입니다.

우리가 이 문제를 해결하기 위해서는 1층만이 있는 폼페이의 주택들을 연구해서는 안 됩니다. 최근 세기의 건축을 모방해서 될 일도 아닙니다. 그림 2와 3의 평면도가 현재 우리의 요구를 충족시킬 수 없다는 것은 명백하니까요. 그러므로 문제의 해결을 위해 우리가 동원해야 할 것은 우리 자신의 상식과 이성이 제공하는 자원들입니다. 이를 위해 우리의 선조들이 작업을 진행할 때 그러했듯 현명하게 진행해 나가야 할 것입니다. 다시 말해지금 우리에게 주어진 것과 다른 조건 속에서 적용되었던 형태들은 잊고새로운 배치들을 도입해야 한다는 것입니다.

우리는 파리와 지방에 지어진 많은 저택에 대해, 그것을 설계한 건축가들의 재능과 신중한 배려를 보여 주는 그런 사례들에 대해 이야기할 수 있을 것입니다. 그러나 현대의 요구들에 정확히 부합하는 저택은 아직 발견되지 않았습니다. 최고의 저택들 가운데서도 오늘날에는 매우 당혹스러운 전통의 속박으로부터 진정 해방된 것을 저는 보지 못했습니다. 우리가 그런 전통을 존경해야만 할 이유는 없으며, 그것을 고수해 보았자 각 시대가공공건물보다는 이런 종류의 건물들에 훨씬 더 각인해야 하는 특징을 이사적 주거들에서 없애는 결과만 낳을 뿐입니다.

공공 건축이 고유한 특성을 모두 잃고 쇠약해진 예술을 뒤따랐던 시기들이 있었습니다. 하지만 바로 그런 시기들에 정부나 아카데미의 편협한관념들에 종속되지 않은 주거 건축은 여전히 그 고유한 인장을 설계에 남겨 놓을 수 있었습니다.

독창성의 이 마지막 자취를 상실하게 된 것은 우리의 시대에 와서입니다. 그러니 기관의 자리를 지키려는 야망을 갖지 않은, 완전히 특권화된단체의 통제 아래 있는 위원회의 문을 스스로 열려고 마음먹고 있지 않은능력 있는 건축기들이 오늘날의 주거 건축이 가시고 있는 이 문제들의 해결에 착수하여 그 답을 구하도록 합시다. 우리가 저택들에 관해 이야기하는 내용은, 이제 살펴보겠지만 도시와 시골의 일반적인 주택들에 적용됩니다. 이 주택들의 프로그램은 조금도 만족스럽게 다루어지고 있지 않습니다. 여기에 방대한 연구와 노동의 장이 있으며, 이 문제들을 명료하고 실용적으로 해결하는 것이 우리의 공공건물 건축에서 드러나는 원리들의 몰염치한 왜곡을 방지하는 최상의 수단이라고까지 말할 수 있습니다. 그렇게 해서, 우리의 도시들을 채우고 있는 공공건물들이 선보이는 건축적 천박함의 광경으로 인해 완전히 타락해 버린 상류층의 취미를 [다시] 형성해야 할 것입니다.

우리는 올바른 방향을 찾아보고 지금까지 이 강의에서 채택된 평면도에 따라 그것을 발견하는 수단을 제시하는 데 만족할 것입니다.

실용적인 민족인 영국인들은 우리가 소중하게 여기는 우리에게 친숙한 고전적 편견들을 가지고 있지 않습니다. 그들이 많은 경우 시골 주택들에, 그리고 때로는 도시 저택에도 도입한 배치는 나름의 장점들을 가집니다. 이것은 위쪽에서 조명하는 큰 중앙 홀을 도입하고, 그 주변으로 주인 가족의 방들과 하인들의 방들을 묶어서 놓는 식으로 이루어집니다. 이것은 사실상 무어식 주택인 파티오(patio)에 지붕을 씌운 형태입니다.

그러나 영국인들은 제가 조금 전에 언급한 가사에서 공동생활을 위한 배치를 어느 정도까지 보존했습니다. 영국에서 하인의 생활이란 모든 귀족제 사회에서 그렇듯, 엄격하게 이른바 일가의 생활에 인접한 조건 속에 유지되었습니다. 그것이 내적 안녕과 평안을 가장 잘 보장해 줍니다. 위쪽으로 갤러리나 발코니를 마련해 개인의 방들 사이의 왕래가 잘 이루어지도록 한 큰 중앙홀은, 따라서 시골이나 도시 저택의 모든 하인들의 눈앞에 드러난 장소로 남았습니다. 이것은 모두가 접근할 수 있는 '홀' 또는 뜰로, 모두에게 개방되어 있었습니다. 이런 것은 프랑스의 관습에는 들어맞지 않습니다.

그 밖에 위쪽으로부터 조명이 되는 그런 큰 홀들은 어둑어둑한 데 반해—
조금은 감옥을 떠올리게 합니다—호기심 많은 민족인 우리는 눈앞에서
벌어지는 사태를 잘 보고 싶어 합니다. 우리 프랑스 인들이 눈높이에 바깥
으로 트인 창이 하나도 없는 사면의 벽에 에워싸이게 된다면 우리의 첫 번
째 충동은 가능한 한 빨리 탈출하는 일일 것입니다. 그러므로 영국식 저택
의 배치는 연구할 가치가 있고, 모방하기에 좋은 일부 세부 사항들을 제공
하긴 하지만 우리의 관습에는 어울리지 않습니다.

우리 프랑스 인들은 하인들과의 이런 접촉을 좋아하지 않습니다. 우리
는 각자가 고립을 원하며, (이렇게 표현해도 좋다면) **개인주의**가 이보다 활발
하게 작용하는 나라는 없습니다. 우리의 습관과 풍속을, 그것들이 불쾌한
것이든 좋은 원리든 지나치게 극단적으로 개혁하는 것은 건축가들의 임무
가 아닙니다. 그들은 다만 건물들이 그 습관과 풍속에 합치하도록 하거나,
구체적으로 어떤 경우였는지를 언급할 필요는 없겠지만 실제로 그런 상황
이 있었던바 이를 완수하는 것이 자신들의 이성과 양심을 거스를 것으로
보일 경우 그것을 거부하면 됩니다.

현대의 요구들은 복수적이고 복합적이며, 어떤 점에서는 품위 없는 것
이기도 합니다. 게다가 우리는 친구나 지인들을 자신의 저택에 초대할 때,
비록 그들이 일반적으로 그저 이방인들일 뿐이거나, 사교계에서 한두 번
보았을 뿐인 사이임에도 호사스럽게 보이고 싶어 합니다.

그러나 되풀이하여 말하지만 이런 점에 대해 자신의 건축주에게 항의하
거나 이런 이상한 관습에 저항하는 것이 아니라, 합리적으로 할 수 있는
한 자신이 의뢰받은 건물들이 그에 상응하도록 만드는 것이 건축가의 일
입니다. 이것이 쉬운 일이 아니라는 것은 인정합니다. 그러나 그것을 하기
위해 힘껏 애써 본 적이 있습니까?

말이 나온 김이니 하는 이야기입니다만 일상의 복잡한 요구는 물론이고 [건축주들에 의해] 요청된 과시적 측면은 가장 낮은 비용으로 제공되어야만 한다는 점에 주목합시다. 사람들은 과시하고 싶어 하고 또한 편안함도 원하지만 비용이 너무 많이 나오지 않아야 한다는 점도 알아주기 바랍니다―또 다른 난제입니다. 대지가 m²당 최저 500프랑이고, 저택의 건축 비용이 m²당 평균 1000프랑일 경우 건축물과 그것이 세워지는 대지에 드는 비용을 양쪽 모두 절약해야 합니다. 그러므로 중요한 것은 불필요하게 소모되는 대지가 없도록 하고 작업에 도움이 되지 않고, 편의에도 전혀 도움이 되지 않으면서 건축주의 돈만 크게 축내는 외적 사치는 피할 수 있도록 하는 일입니다. 이것은 평면도가 매우 단순하고, 복잡하지 않은 배치 덕분에 비용이 많이 들지 않은 옛 저택들을 지을 때 가능했습니다. 아울러 그 옛 저택들의 외부는 드문 예외를 제외하고는 아주 화려하거나 장식이 많은 외관을 보이지 않는다는 것도 깨달아야 합니다. 하물며 오늘날 파사드를 휘황찬란하게 과시할 이유는 실제로 없으며, 아무도 그런 데는 관심이 없습니다. 그러나 저는 이 마지막 말을 철회하지 않을 수 없습니다. 그런 치장된 파사드들은 실제로, 덜 부유한 계층들이 부유한 사람들이 화려함에 대해서, 그리고 특유의 편견에 따라 어리석게 부를 과시한 사람들에 대하여 간직하고 있는 음울한 적개심을 유지시키는 경향이 있습니다. 저는 우리가 동방에서 그랬던 것처럼 궁전 내부의 화려함을 아무것도 없는 흰 벽들로 위장해야 한다고 주장하는 것이 아닙니다. 하지만 그런 위선적인 가난한 겉모습과 시기하는 사람들의 정신에만 인상을 남기는 사치스러운 과시 사이에서 합리적인 중도를 발견할 수 있으리라고 저는 생각합니다.

대칭에 대해서도 같은 이야기를 할 수 있을 것입니다. 대칭을 남용하는 것은 비난받아 마땅합니다. 하지만 그렇다고 해서 대칭을 완전히 금지하고 오로지 불규칙성에 대한 애호를 위해 불규칙한 평면도를 설계한다는 것은 한층 더 어리석은 일이 될 것입니다. 프로그램의 취지가 대칭적 배치에 적합한데도 그것을 이용하지 않는 것은 바보 같은 일일 것입니다. 대칭적 배열이 정신과 눈을 만족시키는 상황이 종종 있다는 사실을 못 본 체할 수는 없으니까요. 오히려 정신과 눈은 공공건물에서나 사적 건물에서나 대칭을 이해할 수 있습니다. 그 결과는 종종 주택의 내부에서 드러나지만, 특히 대형 저택과 같은 주거의 경우 외부에서는 전체적으로가 아니라 부분적으로만 나타납니다. 하지만 어쨌든 절대적 요구들 혹은 그러한 요구들을 준수해야 하는 배치들을 대칭 때문에 희생시키는 일은 결코 하지 않는 것이 합리적인 일일 것입니다. 나쁜 배치는 계속해서 불편을 느끼게 하지만 대칭적 배치가 주는 즐거움은 곧 잊히고 맙니다.

그럴 때 우리는 대칭에 관해 합리적 중도를 따라야 할 것입니다. 그리고 그 중도를 발견하는 것은 자신의 일을 잘 알고 있는 재능 있는 사람들이 할 일입니다. 어떤 경우에도 관용되어서는 안 될 것은 내부 배치에 따라 층과 칸막이와 계단에 의해 분할되어야 할 파사드에서 대칭에 입각해 창문들을 줄지어 놓는 일입니다. 건축가들은 이런 위선과 상식과 우리 예술의 가장 기본적인 법칙들에 대한 모욕을 사람들이 얼마나 과도하게 탐닉했는지 증언할 수 있습니다.

우리 저택의 건설에는 언제나 따를 수는 없지만 중요한 또 다른 조건이 있습니다. 그것은 방위, 즉 건물이 자리 잡는 방향입니다. 우리의 온화한 기후에서 북향이나 남향은 심각한 불편을 야기합니다. 남향으로 지으면 몇 달간 심각하게 더울 것이고, 북향으로 지으면 또 다른 몇 달 동안 춥고 햇볕이 전혀 들지 않을 것입니다. 그러나 특정한 내시에 선물을 지어야 하는 건축가는 종종 공간에 제한을 받고, 도시의 경우 입구가 공공 도로를 향하게 되므로 가장 적합한 위치를 자유롭게 고를 수 없습니다.

이런 경우에 우리는 교묘하게 주의해서 작업을 진행하고, 이런저런 위치로 인한 장점들을 활용하되 불편을 피할 수 있는 배치를 발견하려고 노력해야 합니다. 어떤 장소가 남북으로 길게 펼쳐져 있다면, 예컨대 뜰과 정원 사이에 그곳을 가로질러 세워진 건물은 한쪽 면으로 연중 아홉 달은 햇볕이 들지 않고, 그 반대편은 정초부터 연말까지 태양 광선에 노출되게 될 것입니다. 북향으로 창을 낸 방들은 난방이 매우 어려울 것이고 겨울에 건강에 좋지 못할 것인 반면, 남향으로 난 방들에서는 여름 동안 지낼 수 없을 것입니다.

마지막으로 주목해야 할 것은 우리의 요구들에 부응하는 저택을 짓는 것에 관해서입니다. 우리는 하인들이 우리의 일상에 끼어드는 것을 막고 그들이 가능한 한 일상에 접촉하지 않도록 하고 싶어 하는 반면, 다른 한편으로는 과거에 그랬던 것처럼 저택 안에 많은 수의 하인들을 고용할 수는 없습니다. 사실 예전과 비교하면 지금의 하인 수는 최소한으로 줄었다고 말할 수 있습니다. 그러므로 우리는 그들이 먼 거리를 돌아다니지 않도록 할 필요가 있습니다. 그들의 시중이 필요하지 않을 때 그들의 존재는 달갑지 않습니다. 그러나 하인이 필요할 때는 지체 없이 명을 내리고 싶어 합니다. 이런 습관은 쉽고 빠른 서비스의 집중과 이를 위해 특별히 마련된 [공간의] 소통을 요구합니다.

이런 프로그램의 완전한 달성은 아니라고 해도—그렇게 하겠다고 한다면 터무니없는 주장이 되겠지요—최소한 이를 만족시키기 위해 따라야 할 방법을 제시해 보도록 합니다. 이를 위해서 우리는 명확한 평면도를 제시해야 합니다. 이것이 막연함과 모호함을 배제하는 표현 형식입니다. 비판하기는 쉽지만 첫눈에 가장 단순하고 명료한 질서를 갖춘 것처럼 보이도록 관념들을 실현한다는 것은 사소한 과업이 아닙니다.

오늘날에는 저택의 응접실들이 사생활을 위한 방들과 멀리 떨어져 배치되어야 할 필요가 예전보다 더 강력하게 요구됩니다. 순전히 우리가 약간의 친분만 있는 많은 사람들을 맞이하게 되었다는 것이 그 이유입니다. 그러므로 저택의 1층은 그런 접대용으로, 그리고 2층이 주인 가족의 사생활을 위한 공간으로 마련됩니다. 그러나 때때로 많은 손님들을 접대하는 일이 있으므로 그들을 맞이하도록 만들어진 방들은 그 안에서 돌아다니기 쉽고, 출입의 수단이 용이하도록 배치되어야 합니다. 그리고 대개 그렇듯 우리가 초대한 사람 중 보다 친밀한 소수의 사람들이 있을 경우 별도로 [격리된 공간에서] 이야기를 나눌 수도 있어야 합니다. 사람들은 자신들의 이해나 사정에 관해 이야기하고자 할 때 문간보다는 좀 나은 장소를 발견할 수 있을 것입니다. 만찬을 연다면 그를 위한 홀은 저녁 접대를 위해 마련된 방들과는 꽤 떨어져 있어야 할 것입니다. 9시나 10시경에 도착하는 사람들에게 커다란 테이블을 치우는 광경을 곁눈으로라도 보게 되는 것은 무엇보다 불쾌한 일일 것이기 때문입니다. 그러나 식당은 응접실들과 매우 가까워서 전자에서 후자로 곧장 이동할 수 있어야 합니다. 그 밖에도 많은 것이 필요합니다. 비바람을 피해 마차를 세워 놓을 차양이 있어야 하지만, 걸어서 오고 가는 사람들이—민주주의적 사회에서는 마차를 타는 사람뿐 아니라 걸어다니는 사람도 접대하게 되니까요—말들의 코 밑을 지나지 않고서도 현관으로 들어갈 수 있어야 합니다. 또한 외투를 맡겨 놓을 수 있는 닫힌 현관방도 있어야 합니다. 이 현관방과 응접실들 사이에는 숙녀들이 화장을 점검하고 손님들이 소개될 준비를 하는 방이 있어야 합니다. 이 준비실들은 다양한 용노를 가진 하인들의 방들에서 쉽게 드나들 수 있어야 합니다. 외투를 받고 손님들이 떠날 때 마부를 불러야 하는 종복들을 위한 준비실도 있어야 합니다. 숙녀들이 약간 흐트러진 복장들을 가다듬기 위해서는 탈의실이 필요합니다. 그러나 이 준비실은 응접실들과 서로 곧장 바라보이는 위치에 있어서는 안 됩니다. 손님들은 개방된 살롱의 한편에 갇혀 있어서는 안 되며 원하는 대로 자리를 피할 수 있어야 합니다. 또한 잔치의 소음과 빛이 행인들의 주목을 끌지 않도록 해야 합니다.

2층에 배치하는 것으로 상정한 개인용 방들의 경우, 중앙 계단 외에도 하인용의 계단들이 충분히 여러 개 마련되어서 부엌과 하인방에서 빠르고 쉽게 연결되도록 해야 합니다. 반침과 탈의실이 딸린 침실들 외에 대기실과 준비실, 주인 가족과 친한 친구들을 위한 식당과 응접실이 있어야 합니다. 햇볕과 공기와 조명이 모든 부분에서 가능한 한 쾌적하게 마련되어야 하고, 쉽게 이용할 수 있는 출입구가 있어 거주자들 모두가 눈에 띄지 않게 드나들 수 있어야 합니다.

하인들의 방의 경우 지하의 부엌은 그곳에 사는 사람들의 건강에 좋지 않으므로 피해야 하고, 조리하는 냄새가 온 집 안으로 퍼지기 때문에도 바람직하지 않습니다. 그러나 부엌이 식사를 위해 마련된 방들에서 너무 멀어서는 안 됩니다. 식료품 저장고는 부엌과 식당으로 직접 연결되는 곳에 넉넉한 규모로 마련되어야 합니다. 물론 마구간과 마차 보관소, 부엌을 위한 뒤뜰이 있습니다. 그것들은 마차를 닦거나 말을 빗질해 주는 모습이나 부엌방에서 하는 일이 앞뜰에서는 보이지 않도록 배치되었습니다.

현재까지 잘 계획된 저택의 요구들은 이런 것들입니다. 그리고 저는 공화적 형태의 정부가 (프랑스에 그것이 수립되었다고 한다면) 이 프로그램을 조금이라도 축소시켰으리라고는 생각하지 않습니다. 반대로 공화주의 정부는 개인의 차이가 전개되고 발휘되는 것을 허용하고, 결과적으로 막대한 부가 축적되는 것을, 또 그에 따른 호사, 상류 생활, 축제, 접대 등의 형태를 허용한다는 조건하에서만 그 위치를 유지할 수 있습니다. 공화국은 법 앞에 시민들의 평등을 수립하고 유지할 수 있습니다. 그러나 정신적 능력 이나 부, 그로부터 도출되는 개인의 영향력 등을 똑같이 만들려고 하는 것은 아닙니다. 그리고 이런 근거에서 우리는 우리 자신이 공화국에 별로 들 어맞지 않는다고—적어도 아직은—생각하지 않을 수 없습니다. 자신이 공화주의자라고 주장하는 우리 동포 중 다수의 관점에서 공화국이란 법 앞에서의 평등이 아니며—우리 모두가 법의 지배로부터 달아나려고 하니까요—평등은 평범함을 의미합니다. 그것은 시기심의 승리로, 불가피하게 전제주의로 이어집니다. 전제 군주는 위대한 능력들을, 그리고 진정 문명 화된 국가에서 그 능력들로부터 초래된 풍부하고 독립적인 부를 호의적인 눈으로 바라보지 않습니다. 능력 있는 사람들은 타르퀴니우스가 양귀비꽃 을 베어 내듯 숙청되고,[4] 이는 우월한 천성에 대한 질투에서 조만간 절대 주의의 편에 서게 되는 자칭 공화주의자들을 크게 만족시킵니다.

건축가와 시공자는 우리가 진정한 공화주의적 정부—즉 지적 가치의 발전에 족쇄를 채우지 않는 정부를 수립한다면 두려워할 필요가 없습니다. 그런 정부 아래서—분열된 우리 나라에 공화주의 정부가 수립되도록 신의 가호를!—저택들은 어느 때보다 많이 지어질 것입니다. 조상의 이름 과 재산 외에는 다른 어떤 명목으로도 남보다 나을 것 없는 공작과 후작들을 위해서가 아니라면, 태생이 미천하든 고귀하든 자신의 지성, 노동, 공사 (公事)에 대한 헌신을 통해 부는 물론 국가에 대한 막강한 영향력과 상승된

---

4) 리비우스의 『로마사』 1.54에 따르면 오만왕으로 불리는 타르퀴니우스(Lucius Tarquinius Superbus, 535-496 BC)는 가비를 정복한 아들 식스투스가 전령을 보내 지시를 요구하자 그 를 데리고 정원으로 가서 양귀비꽃 중 키가 큰 것들을 칼로 베라고 했다. 이 이야기를 전해 들은 식스투스는 가비의 요인들을 모두 숙청했다.

사회적 지위를 획득한 이들을 위해서 말이지요. 그러나 이런 상태가 실현되기 위해서 공화국은 주정꾼과 게으름뱅이가 아닌 다른 후원자들을 가져야 하고, 공화국의 수립을 군주제나 제국이 떠난 자리들을 차지하는 수단 정도로 보고, 그 자리와 더불어 누린, 과거에 자신들이 그토록 통렬하게 비판했던 모든 권한의 남용을 보전하고 있는 사람들에게 휘둘리지 말아야 합니다.

그러나 우리가 조금 전에 간단한 형태로 프로그램을 소개한 우리의 저택을 살펴봅시다.

모든 건물에는 하나의 중심적 기관─하나의 지배적인 부분─과 특정한 이차적 기관들 혹은 부분들, 순환 체계에 의해 이 모든 부분에 공급되어야 할 필수적인 수단들이 있다고 할 수 있습니다.

그림 4의 평면도는 이런 원리들에 따라 스케치한 것으로 파리의 저택들을 기준으로 중급 정도의 저택 1층을 보여 주고 있습니다.

이 저택이 놓인 대지는 대도시에서 가장 흔히 볼 수 있는 조건을 가진 것으로─다시 말해 앞쪽이 상대적으로 좁고 뒤로 갈수록 차츰 넓어지는 것으로 가정합시다. 이런 식으로 뜰과 정원 사이에 지어진 건물들이 거리의 소음으로부터 떨어져 있다는 장점을 강조할 필요는 없겠습니다. 그러나 우리가 매우 넓은 대지를 뜻대로 쓸 수 있는 것이 아닌 이상 뜰과 정원 사이에 지어진 저택들은 이 둘을 구분하는 장벽을 형성합니다. 그 결과로 뜰 쪽의 외관이 보통 차갑고 우울한 반면 정원 쪽에는 완전히 고립된, 단조로운 조망과 방향이 나타납니다. 그 밖에 길게 늘어선 방들이나 직각의 모서리들이 집의 배치를 어렵게 하고, 특정한 지점들에서 하인방과의 거리가 길어지며, 주인 가족과 하인들을 위해 자유로운 순환 구조를 마련한다면 버리는 공간이 많아집니다.

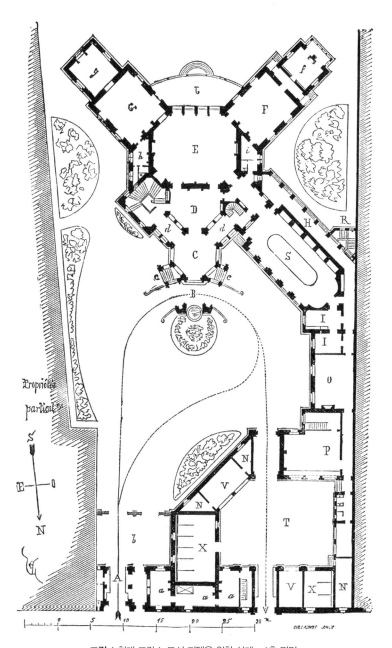

그림 4 현대 프랑스 도시 저택을 위한 설계—1층 평면

대지를 가로지르는 큰 건물—두 칸 깊이의 건물—에서 야기되는 불편을 피하기 위해 파빌리온(block/pavilion)의 배치를 채택한다면 공기와 빛을 중앙에 공급해야 합니다. 그것을 가능하게 해 주는 유일한 수단은 저 불쾌한 영국식 '홀'입니다만, 저는 우리 프랑스의 관습상 이것은 받아들여지지 않을 것이라고 믿습니다.

위에서 언급한 고려 사항들로부터 제시된 것이 그림 4의 평면도입니다. 그것은 직경 20m의 팔각형으로, 정원 쪽에 두 개의 비스듬한 익부가 위치하고, 마찬가지로 비스듬한 세 번째 익부는 뜰을 내려다보고 붙어 있습니다.

대지의 방향이 어떻게 되어 있든 태양이 적어도 벽면의 3/4을 건조하고 따뜻하게 만들 것입니다. 그리고 평면도상에 표시된 저택이 놓일 위치에는 햇볕이 들지 않는 면이 단 하나도 없습니다. 어느 면이든 시간의 흐름에 따라 태양 광선의 혜택을 받습니다.

A에 정문이 있고, a가 수위실, b는 철책으로 둘러싸인 앞뜰입니다. 예를 들어 주인 가족이 부재중이거나, 특정한 시간 이전에는 방문객들을 만날 수 없을 때를 위해 필요한 배치입니다. B에는 마차들을 위한 차양이 세워지고, 현관 C로 들어가는 중앙 입구가 있습니다. 계단이 딸린 다른 두 개의 측면 입구들은 c에 마련됩니다. 이 현관 C는 첫 번째 살롱인 D와 두 개의 갤러리 d로 이어집니다. 둘 중 왼편의 갤러리는 중앙 현관으로 통하고, 반대편 갤러리는 하인용 계단, 식당 로비, 식료품 저장소로 이어지는 통로로 나아갑니다. 중앙 계단 아래 지하에는 손님들을 수행한 하인들을 위한 방이 있습니다. 유리문을 통해 첫 번째 살롱 D로부터 역시 유리로 된 갤러리들로 들어가게 되며, 그리하여 모임이 끝나면 손님들은 현관 C에서 쉽게 흩어질 수 있습니다. 그들은 현관의 세 개의 문 중 하나를 통해 나가게 되는데, 둘은 도보로 온 손님들을 위한 것이므로 이를 통해 나가면 마차와

마주치지 않아도 됩니다. 첫 번째 살롱은 중앙 문을 통해 현관으로 열리는 한편, 두 개의 문으로 중앙의 큰 응접실 E로 통해 있기도 합니다. 두 개의 문은 위에서 언급한 것처럼 [안쪽이] 곧장 보이는 것을 막는 동시에, 손님들이 동일한 출입구를 피해서 들고 날 수 있도록 마련되어 있습니다.

집주인은 통상 응접실 입구에서 손님이나 방문객을 맞이합니다. 더구나 이런 종류의 방문에서 아주 잠시만 머물러야 할 경우가 자주 있는데, 바로 몇 분 전에 인사를 나눈 집주인 앞으로 다시 나가는 것은 매우 어색한 일일 것입니다. 두 개의 통로 덕분에 우리는 다소 무례한 입장에 처하거나 옴짝달싹 못하고 방 안에 갇히는 불편을 피할 수 있습니다.

큰 중앙 응접실 E는 온실 J로 열리고, 익부에 위치한 두 개의 살롱 F와 G가 비스듬히 연결되어 있습니다. 이 두 살롱 또한 온실로 이어집니다. 살롱 G는 좀 더 특별히 숙녀들을 위한 방으로, 끝 부분에 작은 거실 g가 있습니다. 살롱 F는 정원으로 문이 두 개 나 있는 갤러리로, 다시 흡연실 f로 이어집니다. 그러므로 흡연실의 담배 냄새가 다른 방으로 퍼질 수는 없습니다. h에는 숙녀들을 위한 반침이 딸린 탈의실이, i에는 마찬가지 시설이 남성들을 위해 마련되어 있습니다. 이 방들은 몸 상태가 좋지 않을 때 잠시 피해 있을 곳이 되거나, 이곳을 통해 상층으로 올라가는 중앙 계단이나 하인용 계단으로 나갈 수 있습니다. 큰 응접실 E나 첫 번째 살롱 D는 큰 식사용 홀인 S로 연결됩니다. 여기에는 부엌인 H와 그에 인접한 식료품 저장소 I로 가는 통로가 있습니다. 하인들이 식사하는 방은 O에, 이를 위한 부엌과 그 부속 구조는 P에 자리합니다. 하인용 통로인 H는 중이층으로 지나갑니다. 하인용 계단 R을 통해 중이층과 2층의 갤러리로 갈 수 있습니다. 그러나 이 배치에 관해서는 잠시 후에 바로 다시 살펴보겠습니다. 하인용 뜰 T를 둘러싸고 마차 보관소 V, 마구간 X, 마구 보관실 N이 있습니다.

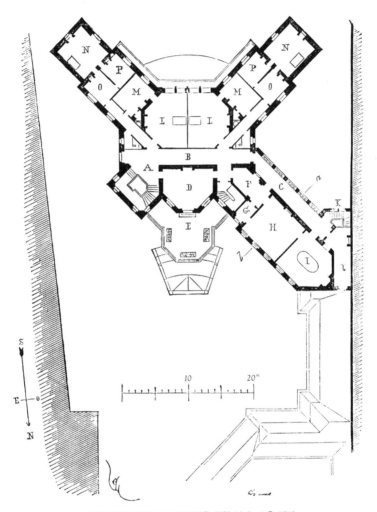

그림 5 현대 프랑스 도시 저택을 위한 설계—2층 평면

그림 5에 그려진, 주인 가족의 사적 공간으로 마련된 2층으로 올라가 봅시다. 중앙 계단은 A에서 건물 중심부를 가로지르는 갤러리 B가 딸린 같은 층의 넓은 층계참으로 이어지고, [佛. 두 개의 하인용 계단을 통해] 하인용 방으로 통하는 또 다른 갤러리 C로 이어집니다. D에는 중앙 계단과 하인용 계단 사이에 집주인에게 걸맞은 큰 서재나 거실이 있습니다. 이 방은 현관과 측면 갤러리들 위로 만들어진 테라스를 향해 있습니다. F에는 작은 대기실 G가 딸린 준비실이 있고, 개인 응접실 H와 식당 I 및 그에 수반된 식료품 저장실 J에서는 하인용 계단 K를 통해 곧장 부엌으로 내려갈 수 있습니다. 그러므로 갤러리 B는 외부인들이 각기 탈의실 M이 딸린 두 개의 방 L과, 각기 준비실–살롱 O와 탈의실 P가 딸린 두 개의 방 N을 나누고 있습니다. 위쪽으로 보꾹층에는 아이들을 위한 방들과 주인 가족과 좀 더 가까이에서 일해야 하는 하인들을 위한 방들이 있습니다. 그림 6의 보꾹층은 이 건물들에서 가장 단순한 방식으로 배치되었고 아무런 복잡한 조합도 없습니다. 익부 A는 박공으로 마무리되며 이것은 굴뚝을 박공벽 위에 올릴 수 있게 해 주고, 천창을 도입하지 않아도 창문으로 보꾹을 채광할 수 있게 해 줍니다.

도판 33은 이 저택을 북동쪽에서 바라본 원근법적 조망도입니다.

내부 배치와 사용된 구축 체계에 관한 몇 가지 세부 사항을 다룰 필요가 있을 것입니다.

우선 그림 7의, 건물 입면도를 봅시다. (그림 5의 ab선상의 절단면인) 이 입면에는 식당과 하인용 통로가 포함되어 있습니다. 중이층 통로 A는 리넨실로 쓰이고, 따라서 어디로나 쉽게 통하도록 되어 있습니다. 2층의 갤러리 B는 주인 가족의 일상용 방으로 연결됩니다. 중앙 계단은 하인용 계단과 마찬가지로 보꾹층까지 도달하고, 그곳에는 위에서 기술한 것처럼 부

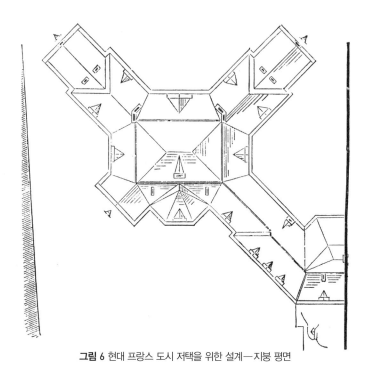

그림 6 현대 프랑스 도시 저택을 위한 설계—지붕 평면

수적인 방들이 마련되어 있습니다. 별채의 보꾹층에는 집 밖에서 일하는 고용인들—마부, 마차꾼, 주방 보조 등을 위한 방이 있습니다.

중앙 건물의 몇몇 부분이 서로 떠받치고 지지하는 방식 덕분에, 건축 면적에 비해 외벽의 길이가 짧은 것 치고는 그 중앙 건물을 짓는 데 아주 많은 비용이 수반되지는 않을 것입니다. 일부 바닥은 매우 넓지만—예를 들면 1층 중앙 응접실의 경우—그것들을 떠받치는 벽들은 극단적으로 육중한 조적조로 회귀하지 않아도 되게끔 그룹지어지고 서로 결부되어 있습니다.

게다가 많은 부분에서, 그리고 주택의 건축과 관련해 주목해 보아야 할 철조 지지대가 사용된 결과로 오늘날 이런 종류의 건물들에 일반적으로

도판 33 현대식 요구가 갖추어진 저택 투시도

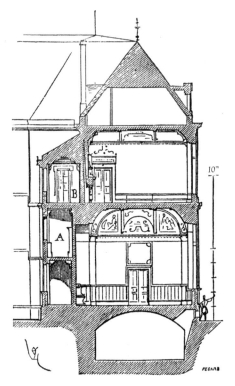

그림 7 현대 프랑스 도시 저택을 위한 설계—식당을 중심으로 한 단면

도입되는 체계에 따라 계산해 보면 상당한 비용이 절감되었음을 깨닫게 될 것입니다. 우리가 지금 적용하고 있는 체계는 다소 낡기도 했고, 우리의 공업적 수단들이 제공하는 자원들과 별로 조화를 이루지 못합니다. 단순히 지난 세기들의 외부만을 모방하는 데 만족하지 못한 우리 건축가들은 과거의 구축 방법까지도 모방하기 때문입니다. 그러나 그 방법은 아무런 장점도 드러내지 못하고 준수되어야 할 복합적인 요구들과 조화를 이루지도 못합니다.

어쩌면 제가 기술한 바와 같은 건축의 비용에 관해 간략히 요약하는 것이 바람직할 수도 있겠습니다.

1층에만 있는 현관을 포함하여 주건물이 차지하는 지면은 (어림잡아) 890m²입니다.

건축비용을 m²당 1100프랑으로 잡고, 이 건물이 지하로 한 층,

1층, 2층과 보꾹층으로 이루어져 있으므로,

본채에 들어가는 대략적인 총액은 97만 9000프랑, 즉   980,000프랑

별채의 건축 면적은 680m²입니다. 이 건물들은 한 부분에만

지하실이 있고, 1층과 보꾹인 2층이 있습니다.

m²당 평균 400프랑이 최대한이므로 총액은 27만 2000프랑, 즉   280,000

배수관, 포장, 물공급, 조명, 차양 등이 대략   250,000

_____

건물 전체에   1,510,000프랑

정원을 포함한 전체 대지는 5500m²가 됩니다.

대지를 m²당 500프랑으로 계산하면 총액은   2,750,000프랑

_____

모두를 합산하면   4,260,000프랑

그림 2와 3에 제시된 저택 평면도는 [본채가] 1610m²의 넓이에 별채가 660m²입니다. 공들여 만든 파사드를 생각하면 평범한 평면도로 지은 도시 저택의 본채는 실내의 매우 값비싼 장식은 차치하고서라도 우리가 그 세부 사항들에 관해 논한 저택들보다 비용이 덜 들지는 않을 것입니다.

따라서 본채의 비용은	1,771,000프랑
별채가 방금 제시한 방식으로 지어졌다고 가정하면	264,000
위에서 거론한 부속 작업들의 총액	250,000
전부 합산한 총액은	2,285,000프랑

그러므로 주거의 몇몇 부분을 중앙부 주변으로 집중시켜 놓으면 집 안의 배치를 크게 편리하게 만들어 주는 이외에도 건축물이 들어서는 대지를 보다 잘 활용하게 되는 경향이 있으며, 따라서 실제적으로 절약이 됩니다. 응접실들이 일렬로 연결되어 있으면 매우 불편하고, 하인들의 임무를 적절히 수행할 수 없게 만들며, 우리 시대에 일반적으로 그렇듯 많은 사람들을 대접하는 관습에 부합하게 만들 수 없다는 것을 관찰을 통해 알 수 있습니다. 여러 건물을 집중시켜 놓으면 열전도에 의해 난방 역시 용이해집니다.

이 이상의 논의는 불필요합니다. 이런 집중 방식에 따라 그린 평면도들을 검토해 보면 그것이 크든 작든 저택들의 건축에 적용되는 데서 얻을 수 있는 장점들이 드러납니다. 이런 종류의 건물들에 사선이나 다각형 평면을 전체적으로 적용하는 것도 가능해 보입니다. 사용할 수 있는 공간에 제약이 없다면 사각형 평면에 구애되지 않아도 좋을 것입니다. 사각형 평면에는 공간을 희생시키지 않는 한 채광과 배치에서 문제가 발생하는 부분이 있습니다.

앞서의 설계들을 따라야 할 본보기로 제공하지—다만 현대적 요구들에 부합하는 체계의 적용으로서 제시하지—않더라도 이 방법을 통해 채광을 위한 수많은 개구부를 배치할 수 있게 해 주고, 또한 버리는 곳이 없게 해 준다는 것을 쉽게 볼 수 있을 것입니다. 모든 건물이 한 칸 깊이일 경우에는 모서리가 직각이라도 아무런 불편이 없습니다. 언제나 적어도 한쪽에는 창을 내서 모서리 방에 채광을 할 수 있으니까요. 그러나 건물을 두 칸 두께로 짓는다면 이런 편리함은 더 이상 없습니다. 그림 8의 A가 한 칸 건물이라고 합시다. 방 a의 경우 안쪽 모서리 b에 창을 내지 못한다면 돌출한 쪽 모서리 c에서 채광을 할 수 있습니다. 그러나 두께가 두 칸인 건물 B의 모서리가 직각일 경우 f 부분을 채광하기 어렵게 됩니다. 그러므로 방 f에 창을 내려면 이 방이 안쪽 모서리의 외벽을 잠식해야 합니다. 즉 그 경계를 g나 h로 이동시켜야 합니다. 그렇게 하더라도 f의 환기나 채광은 불완전한 채로일 것입니다. 그러나 우리가 기하학적 평면도 C를 도입한다면 세 개의 방 i, k, l은 모두 완벽하게 채광될 것입니다. 그러므로 사선의 단면을 가진 다각형 평면도는 두 칸 깊이 건물들을 지을 때 매우 유

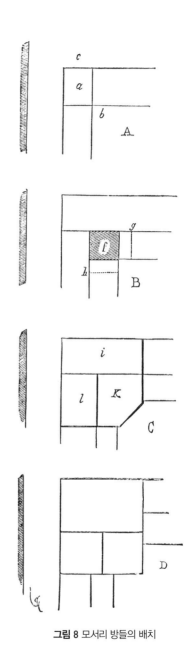

그림 8 모서리 방들의 배치

용할 수 있으며, 어째서 좀 더 자주 도입되지 않는지 자문해 볼 수 있을 것입니다. 모서리 파빌리온을 (D와 같이) 도입할 수도 있습니다. 17세기 건축가들은 그 장점을 어떻게 이용해야 하는지 잘 알고 있었죠.

이 파빌리온들은 안쪽 모서리 쪽으로 돌출하면서 바람직한 건축적 효과를 발생시킵니다. 그것은 계단이나 로비, 부속실 등이 들어가기에 매우 편리합니다. 중간 규모의 도시 저택을 지을 때는 보통 대지가 아주 넓지 않습니다. 건축가는 상대적으로 좁은 공간에 이웃한 건물들에 둘러싸인 상태로 작업합니다. 우리는 옆집의 벽에 기대 건물을 지어야 합니다. 물론 —정원을 가정한다면—뜰에서 이 정원으로 이동할 수 있는 통로 정도는 [옆집과의 사이에] 남겨 놓겠지만 말이죠. 이런 경우 모서리 현관과 계단은 가장 유리한 배치들을 제공합니다.

저택을 위한 협소한 공간만을 제공하는 20m×30m 면적의 대지가 있다고 가정한다면 중앙 출입구나 거대한 대칭적 배치를 만들 생각을 하는 것은 터무니없는 일입니다. 우리는 경계벽 위에 건물을 지어야 하게 될 것입니다. 따라서 가장 편리한 배치는 그림 9의 평면도와 같은 것입니다. 주인 가족을 위해 마련된 뜰과는 별도로 부엌 안뜰이 필요하므로, 마차 출입구를 측면 A에 두면 마차 보관소인 B까지의 이동이 편리해질 것입니다. 마차들은 통로 C를 통해 하인용 뜰 D를 가로질러 나가게 됩니다. 안쪽 모서리인 E의 현관을 통해서 살롱 F와 G로 들어갈 수 있습니다. 식당은 H에 위치하고, 가까이에 식료품 보관실 I와 부엌 J가 있습니다. 마차 보관소, 마구간, 수위실이 K에 하인용 뜰과 나란히 배치됩니다. 하인들은 유리로 된 포르티코 또는 갤러리인 L을 따라 현관으로 가서 집 안의 모든 곳에 쉽게 접근할 수 있습니다. 이 포르티코는 1층 높이보다 낮게 설치되는데, 왜냐하면 그 지붕 위쪽으로 이 익부에 있는 하인들의 방에 환기가 되고 직

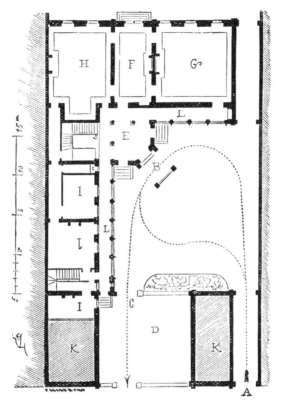

그림 9 작은 프랑스 도시 저택을 위한 평면

접 채광을 하게 되기 때문입니다. 이런 식으로 낮은 포르티코를 만들어 개인 주택에서 이동을 매우 편리하게 만드는 습관은 사라져 버렸습니다. 어째서인지 저는 모르겠습니다. 어쩌면 그것이 충분히 기념비적이지 않다고 여겨졌는지도 모릅니다. 우리는 기념비적 장엄함을 위해 많은 것을 희생하곤 하니까요. 그러나 17세기 중반까지 내려오면 저택을 지을 때 낮은 포르티코는 유용한 것으로 여겨지게 되고 편의상 필요하면 언제든 세워지게 됩니다. 특정한 관점에서는 매우 존경할 만하지만 많은 점에서 우리의 습관들과 조화를 이루지 못하는 전통들의 영향 속에서 우리는 주거 건축에서 많은 수단을 스스로 포기했습니다. 우리는 그러한 전통이 승인하지 않는 방법들, 특히 우리의 상식에 따르는 것들로부터 그 수단을 찾을 수 있습니다. 우리의 저택들, 그리고 보다 수수한 주택들에서조차 모든 단계에 반드시 어려움이 따릅니다. 이는 그 전통들과 우리의 일상적 욕구가 일치하지 않기 때문입니다. 결과적으로 속임수를 쓰면 이는 결코 건축에 이득이 되지 않으며, 입주자들은 결국 그들이 누릴 수 있었던 많은 장점을 잃어버립니다. 어쨌든 대칭에 열광하는 사람과, 지난 두 세기의 스타일을 회고하려는 소망은 우리가 현대의 관습에 따른 배치를 왜곡하도록 강요합니다. 현대의 주택들을 세부적으로 검토해 보면 그 결과들을 분명히 깨닫게 됩니다. 그 결과는 종종 성과를 거두지 못하는 것으로 나타납니다만, 사람들은 부득불 우리와 다른 시대의 요구들, 관습들, 취미에서 기원한 건축 형태들에 맞추어진 현대적 건물의 배치를 만들어 낼 것을 건축가들에게 기대합니다. 그러나 현대적 요구들의 엄청난 복합성은 특별히 그러한 요구들을 만족시키는 데 전념하여 만들어진 건물들에 영향을 미칩니다. 현대의 건물의 복합적 조직에 상대적으로 단순한 욕구를 만족시키기 위해 조직된 건축 형태를 입히는 것은 시대착오를 저지르는 일일 뿐 아니라 양식과, 따라서 좋은 취미에 반하는 결과를 낳는 것입니다.

에콜 데 보자르가 우리에게 준 가르침들과 우리가 오랫동안 소중히 여겨 온 통탄할 만한 습관, 즉 추론하지 않고 선조들이나 이웃들이 해 온 것을 답습하는 습관을 고려해 보건대 우리는 문명의 현 단계에 적당한 건축을 도입하는 데 하루아침에 성공할 수는 없을 것입니다. 그럼에도 불구하고 시작은 해야 하겠지요. 과거의 사회적 상태가 산산이 부서져 아무도 그것을 주워 모으고 싶어 하지 않고, 저토록 완전히 좀먹어 보이는 현 단계는 유리합니다. 그런데 건축가들이 이 난국을 헤쳐 나가는 마지막 사람들이 되어야겠습니까? 그들이 이 과업을 수행하지 않거나 할 수 없다면—전통에 덜 얽매여 있고, 연쇄적 추론의 결과를 따르는 데 좀 더 적극적인—엔지니어들이나 건설업자들이 이를 성취해 낼 것이고, 건축가들은 한낱 장식가의 지위로 전락하게 될 것입니다. 더구나 이게 끝은 아닐 것입니다! 우리는 오래전부터 이런 결과를 예상해 왔고, 상황은 나날이 그러한 현실에 가까워져 가고 있습니다.

건축가들이, 시공자들에게 지속적으로 나타나는 세부적인 문제들을 연구하고 해결하는 데 예전처럼 노력하지 않는 동안, 그들이 지속적으로 특정한 기념비적 과시—취미의 관점에서조차 매우 의심스러운 것이지만, 학교에서 승승장구하고 있으며 자신들이 알지 못하는 것은 아무것도 가르치지 않기를 원하는 여섯 명의 사람들이 밀고 있는 과시—를 최우선으로 만드는 동안, 그들이 진지한 검토나 비판에 대해 이유 없는 혐오를 계속해서 표현하고, 검토도 진지한 비판도 거치지 않는 작품들에 대해 마찬가지로 이유 없는 존경을 표현하는 동안, 이 건축가들 뒤에서 젊은 엔지니어들의 단체가 형성되고 있습니다. 그들은 아무리 심각하게 인습에 사로잡혀 있는 대중이라고 해도, 나아가 행정부조차 어렵지 않게 옛 방법의 불충분함과 예술 작품을 빙자하여 벌어지고 있는 공공의 돈의 낭비에 대해 확신하도록 만들 수 있습니다. 그러면 건축가의 이름은 더 이상 실용적 예술가—자신에게 위탁된 이해를 증진시키고자 노력하는 과학적 구축가를 지칭하지 않게 될 위험에 매우 근접하게 될 것입니다.

건축에서 나쁜 혹은 적어도 낡은 진행 방식들 다수를 개선하고자 노력하는 것이 바람직하지 않을까요? 우리의 주택들의 구조에는, 루이 14세나

15세 혹은 심지어 루이 16세 시기의 건축 스타일들에나 주어져야 할 선호의 문제보다 훨씬 중요한, 그 해결이 나날이 시급하게 요청되는 어려운 문제들이 있지 않겠습니까?

주거의 경우 건설 방법은 현대의 편의에 대한 요구들과 점점 더 긴급한 것이 되고 있는 경제성의 요구에서 비롯한 요구들을 충족시켜야 하므로, 중요한 수정을 거쳐야만 합니다. 폭이 매우 넓으면서 칸막이들을 지지하는 데 적당한 철제 바닥이 발명되어야 합니다. 현재 사용되는 방법은 단적으로 말해 야만적입니다. 바닥은 견딜 수 없을 만큼 소리가 울리고, 벽에 투박하게 결합되어 있습니다. 넓이가 넓고 얇은 칸막이들은 바닥과 마찬가지로 야만스럽게 만들어져 있습니다. 우리의 난방과 환풍 체계는 그 개념이 빈약하며, 실제로는 그보다 더 형편없이 이루어집니다. 그것들은 그저 나중에 덧붙여진 것들로, 그를 위한 가장 필수적인 준비들이 건설 과정에서 이루어지지 않았습니다. 우리가 창을 막는 방법은 특히 그 창이 넓고 높이 있을수록 결함이 큽니다. 실내의 건축적 장식은 마치 태피스트리처럼 구조와 아무런 관계없이, 구조를 따르기보다는 사실상 그것을 은폐하는 방식으로 덧붙여집니다. 철은 강도와 안전성을 제공하고 재료와 공간을 모두 절약할 수 있게 해 주는 유용한 수단이지만 우리가 부끄럽게 여기는 것을 감추는 일종의 속임수에 의지해서만 사용되었습니다. 그것은 감추어지거나 위장됩니다. 그것은 철을 그처럼 유용하게 만드는 속성들과 정반대되는 성격을 가진 외피로 포장됩니다. 목재를 쓰는 소목 일은 점차 드물어지고 있습니다. 더 이상 경험 많은 소목장을 구할 수 없으며, 머지않아 완전히 사라질 것입니다. 건축가들은 이런 사실에 조금이라도 주목하고 있을까요? 오히려 그들은 마치 목재는 얼마든지 있다는 듯 그것을 낭비하는 방식으로 소목 일의 조합들을 채택하는 경향이 어느 때보다 강합니다—그렇게 해서 사실은 목공이 결코 잘 이루어지지도 않았던 특정 시기의 목공을 모방하고자 합니다. 그러나 여러 가지 상황으로 볼 때 지금이 목재를 철재로 교체할 기회입니다. 하지만 그렇다면 묻고 연구할 필요가 있습니다. 우리가 지금까지 익숙해져 있었던 것, 다른 이들이 하고 있는 것과는 다른 것을 해야 합니다. 우리의 건축주들의 편협하고 소심한 정신에, 그리고 인습에 대한 시공자들의 애착에 맞서 싸워야만 합니다. 사람들은 길에 나 있는 바퀴 자국을 따라가기를 더 좋아합니다.

그러나 바퀴 자국을 따라가다가 전복되기 쉽다는 것도 분명합니다.

무지와 그 직접적인 결과인 자만이 나라를 이끌어 갈 임무를 부여받은 사람들, 국가가 모든 권위를 부여한 사람들 사이에 만연해 왔습니다. 그러한 무지와 자만으로 인해 우리는 지금까지도 끝날 기미가 없는 비참함과 굴욕의 연속으로 치달아 왔습니다. 우리의 고귀한 프랑스 미술은 그처럼 확고하게 이성에 근거하고 있었고, 그토록 참되고 독창적이었으며, 우리의 관습과 우리의 재능의 각인을 그처럼 분명하게 간직하고 있었건만 무능한 이들의 손에 시들어 가야 할까요? 우리는 몰락의 시간이 오기 전에 무능한 인습에 맞서 싸울 힘을 갖고 있지 않습니까? 우리는 추론하지 않는, 한낱 느낌이나 감정이 연구와 관찰을 대신할 수 있다고 여기는 해묵은 습관으로 인해 우리가 빠지게 된 무관심을 시간의 흐름 속에서 떨쳐 버리는 감각을 갖지 못한 탓으로 우리 민족의 명예, 유럽에서 우리의 영향력, 우리의 군사적 위상, 지적 영역에서 우리의 우세함이 시들어 가는 것을 보아야만 합니까?

우리에게 감정적 공공 정책과 감정적 전쟁이 … 있었던 것처럼 우리에게는 감정적 건축이 있습니다. 이제 우리 시대의 요구들, 즉 산업 기술이 제공한 개선, 경제적 수단, 위생과 건강에 관한 문제들에 냉철한 추론과 실용적 상식을 적용할 때입니다.

주거의 난방을 위한 배치들 대부분, 물 공급과 가스 조명을 위한 배치들은 사후에 추가됩니다—집이 다 지어진 후에야 고려되는 것입니다. 배관들은 가능하면 벽과 바닥을 통과해 지나가도록 마련됩니다. 난방 장치의 열 도관을 만드는 난로공들은 구조의 안정성을 크게 고려하지 않고 구멍을 내고 홈을 파냅니다. 그리고 나면 배관공들과 가스 설치 기술자가 와서 할 수 있는 한 작업을 합니다. 우리는 파리의 대회장의 환기에 너무도 무관심해서 파티라도 있는 날이면 난방 장치에서 발생하는 더운 공기, 빛, 산소의 흡수와 탄산가스의 형성으로 오염된 공기 속에서 모인 사람들 절반은 질식할 지경에 이릅니다. 그러나 이런 문제들을 고려하는 것이 천장에 의심스러운 취미를 가진 스타일로 그림을 그리거나 마리 앙투아네트의 내실에서 다소간 성공적으로 모방한 벽난로 위 선반과 패널들을 설치하는 것보다 훨씬 중요합니다.

우리의 관습으로 인해 응접실에 합리적으로 수용할 수 있는 것보다 많은 군중을 운집시키지 않을 수 없으므로, 그들에게 숨 쉴 공기를 공급하는 것이 우리가 가장 중요하게 생각해야 하는 일입니다. 이전에는 방들이 매우 넓었고, 엄중하게 닫혀 있지 않았으며, 밝게 채광되지 않았습니다. 온열 기구(난방 기구)로 난방하지 않았으며 동시에 맞아들이는 사람의 수가 상대적으로 적었습니다. 우리의 선조들은 군중을 좋아하지 않았습니다. 우리는 이런 식으로 저녁 시간을 보내는 데 열광해 왔습니다. 그리고 그러한 관습의 변화에 영향을 미치는 것은 건축가들이 할 일이 아닙니다. 오히려 그들은 자신들의 배치를 그러한 변화에 맞추어야 합니다.

지금까지 이런 응접실들에 도입된 환기 방법은 창문을 여는 것 혹은 창문의 일부(즉 위쪽으로 미는 여닫이창)를 여는 것이 전부였습니다—사람들이 폐렴이나, 적어도 감기에 걸리는 가장 큰 이유가 여기 있었습니다. 숙녀들의 어깨 위로, 그리고 남성들의 대머리 위로 찬 공기가 내려앉는 반면, 바로 인접한 곳에서 사람들이 섭씨 30도의 유해한 한증막에 들어가는 것입니다. 바다나 온천 등을 방문함으로써 그렇게 신체에 야기된 손상이 회복된다는―적어도 그러려고 한다는―점을 알고 있습니다. 그러나 그런 손상을 전적으로 사전에 막는 편이 좀 더 자연스럽고 합리적인 것이 아닐까요?

상류층의 삶이란, 그렇다면 여름에 보상차 떠나는 만족을 누리기 위해 겨울 석 달 동안 자신을 해치는 것으로 이루어져 있는 셈입니다. 이는 분명 신체적으로, 결과적으로는 도덕적으로 건강한 민족이 만들어 낼 수 있는 것이 아닙니다.

우리 저택의 응접실 환기는 그러므로 심각하게 중요한 문제입니다. 또한 상당한 고민의 대상이 되어 온 만큼, 그리고 크게 상이한 체계들이 제안되어 온 만큼 건축가들은 지금까지 해 왔던 것보다 이 문제에 주목해야 합니다. 그런 본질적인 문제들에 대해 연구한 후에도 여전히 시간이 남는다면 그들은 그들 자신이나 건축주들의 마음에 들 만한 이런저런 스타일을 재생산하는 데 열중할 수 있을 것입니다.

일차적 조건은 숨쉬기 편할 만큼의 공기입니다. 호흡이 곤란한 사람들은 지극히 정교한 스투코라든지 천장에 그려진 투명한 하늘의 매력으로는 조금도 활기를 되찾지 못하니까요. 다만 수 입방미터의 공기가 훨씬 그들의 문제에 도움이 됩니다.

우리의 임대 주택들은 앞서 논한 저택들에 비해 최근 몇 세기 동안 지어진 전례들을 통해 진보했습니다. 보다 건강에 좋고, 보다 잘 배치되어 있고, 좀 더 잘 시공되어 있으며 오늘날의 요구들에 꽤 적당히 부합하는 이

집들은 필요에 의해 탄생한 결과들을 선보입니다. 관심은 강력한 자극입니다. 그리고 잘 계획된 집을 소유한 사람은 불편한 집을 가진 사람에 비해 완벽하지는 않더라도 명백히 완벽에 근접하는 안정성의 최대치를 보장받는다는 장점을 가집니다. 그러나 우리는 더 이상 시도해 보거나 해 볼 것이 아무것도 없다고 믿어야 할까요? 분명 아닙니다. 이야기를 더 진행시키기 전에 우리는 한 가지 사실에 대한 증거들을 제시할 것입니다. 그것은 적어도 파리 시에서 그 번영의 한 측면에 영향을 미치는 만큼 가장 엄중한 중요성을 가지는 사실입니다.

최근의 제국하에서 그처럼 거대한 규모로 자리하게 된 수도를 가로지르는 새로운 간선 도로들이 열리면서 임대 주택들에 대한 과도한 투기가 추동되었습니다. 리볼리가와 세바스토폴 대로와 같은, 최초의 가장 바람직한 도로들에서 이득을 본 투기꾼들은 상당한 이익을 실현했습니다. 그러나 인구가 많고 이동이 활발한 지구들을 가로지르는 중앙 간선들에서는 대지가 아무리 비싸도 투기꾼들은 다른 곳으로 갈 수 없는 이들, 자신들의 사업이 이득을 보리라는 확신으로 높은 방세를 지불할 수 있는 이들, 장기간 임대하려는 이들을 위한 주택 건설에 과감하게 투자할 수 있었습니다. 이런 간선 도로들에서 상업은 때때로 건물 최상층까지도 점령하게 됩니다. 그리고 파리와 같은 도시에서 상업은 공동체에서 가장 높은 임대료를 지불할 수 있는 부류로 대표됩니다. 높은 임대료야말로 높은 이윤의 핵심적 조건 가운데 하나이니까요. 예컨대 어떤 중개인이 해마다 2만 4000프랑의 지대를 내면 한 달에 5000프랑을 받게 되지만 연간 6000프랑을 낸다면 매달 1000프랑밖에 못 받는 것입니다. 그것은 위치─도시의 구역─와 상업적 중심지의 문제입니다. 그러나 새로운 길이 이런 상업적 이점을 제공하지 않는 도시의 지점들까지 뚫렸을 때─투기자는 전혀 다른 상황들을 맞이하게 되었습니다. 대지는 싸지 않았고, 건축 비용은 어쨌든 인구가 밀집되는 구역들보다 적게 들지 않았습니다. 면적에 비해 임대료가 매우 비싼 1층을 세낼 수 없는 경우 낮은 층들에서 좋은 방들을 내놓는 것을 생각해 보아야 했습니다. 처음에 이것은 매우 성공적이었습니다. 문제의 구역은 매력적입니다—샹젤리제와 튈르리, 불로뉴 숲에서 가깝습니다. 이 호화로운 방들은 곧 세를 들이게 됩니다. 그러나 파리의 주민들이 부유하다고는 하지만 한 해에 방 임대를 위해 2만 4000프랑씩 쓸 수 있는 사람은 많지 않고, 또 할 수 있는 사람이라고 해도 그 투기를 통해 계속해서 제공될 방들에 [그만한 돈을 내고] 입주할 세입자는 없습니다. 그 밖에도 많은 사람들이 원금을 갖지 않고서 그만한 액수를 지불하는 것보다는 50만 프랑을 들여 부지를 포함한 자신의 작은 저택을 소유하는 편이 낫다고 생각했습니다. 파리 외곽에 엄청난 수의 작은 저택들이 세워진 것은 이 시점이었습니다. 또한 그것은 샤일로, 뮈에트, 뇌이, 파시, 오퇴유 등 이전에는 건물이 세워지지 않았던 지구들에 지어졌습니다. 자신만의 저택이나 빌라를 소유하는 관례가 중산층 사람들에게 점차 퍼져 나갔습니다. 원금을 가진 사람들은 모두 임대 주택의 방들을 빌리는 데 그것을 쓰느니 자기 소유의 집에 투자하는 편을 선호했습니다.

결국 투기꾼들이 보다 높은 임차료를 받아야만 하는—대지와 건물에 최소한 평방미터당 평균 1500프랑이 드니까요—주택들을 많이 지을수록 이 주거에 입주하고자 하는 세입자들은 점차 줄어들었습니다. 첫째로 연간 6000에서 2만 4000프랑의 임대료를 낼 수 있는 사람들은 모두 이미 살 곳을 가지고 있었기 때문입니다. 둘째로 임대료의 액수를 생각할 때 스스로 주인이 되는 편을—다시 말해 계속해서 자신에게 속하며 언제든 투자한 비용을 다시 현금화할 수 있는 주거를 짓는 데 돈을 투자하는 편을 선호했기 때문입니다.

1870~1871년의 끔찍한 전쟁 이래로 우리 나라, 특히 파리의 상황에서 투기꾼들은 귀족 지구에서 집을 임대할 때 나아진 입장을 가질 수 없었습니다. 이후로 우리는 이런 종류의 부동산 가치가 상당히 하락하게 되리라는 것을 생각할 수 있으며, 공실인 채로 남아 있는 많은 건물이 어떻게 될지, 혹은 결국 파리와 다른 대도시들에서 외국인들의 손에 들어가게 될지 좀처럼 예상할 수 없습니다.

이런 문제들은 우리의 주제와 관련이 있으며, 이런 결론을 내리게 합니다. 즉 주거 방식에 관한 파리 인들의 관습은 변화되고 있으며, 그것은 아마도 시간이 흐르면서 점점 더 변화하는 경향을 보이리라는 것입니다.

개인과 가족은 점점 더 고립을 원하게 될 것입니다. 상업 지구—비즈니스 센터—에서를 제외하면 대형 임대 주택들은 더 이상 필요하지 않게 될 것입니다. 입주자들이 점차 줄어들 것이기 때문입니다. 사분기 말마다 임대료를 내지 않고 자기 집에서 살면서 임대를 끊거나 임대료를 올릴지 모른다는 두려움을 겪지 않고, (때때로 보게 되는 경우처럼) 골치 아픈 이웃이나 무례한 수위를 견디지 않아도 되는 것이 습관이 된 사람은 임대 거주지에 다시 들어가고자 하지 않을 것입니다. 그는 설령 일 때문에 날마다 수도로 출근해야 할지라도 파리의 범위를 벗어나서 인근 도시 중 한 군데서 사는 편을 선호할 것입니다.

파리를 좀 더 살기 좋고, 건강하고, 매력적으로 만들기 위해 간선 도로들을 만든 데서 초래된 폐단들은 파리 인들의 습관을 변화시키고, 최근에 막대한 비용을 들여 건설된 일부 구역들이 입주되지 않은 채로 방치되거나, 적어도 일부만 입주되는 결과를 낳게 될 것입니다. 결국 여전히 건물이 없는 땅이 많이 남아 있는 구역들은 인위적으로 만들어 낸 종전의 가치가 심각하게 하락하는 일을 겪게 됩니다. 그리고 그 가격이 충분히 떨어져서 중산층들이 매입할 수 있을 정도가 되면 그곳에 지어지게 될 것은 오층 높이의 석조 주택들이 아니라 한두 가구가 살기에 충분한 작은 주거들입니다.

우리가 조망하고 있는 미래는 아주 먼 훗날이 아닐 듯합니다. 그렇지 않다면 이 위대한 도시는 몰락을 겪을 것입니다. 이것은 바람직한 완성입니다. 우리의 도덕이 그로 인해 개선될 것이고, 파리 인들의 삶은 더 나아질 것입니다. 한 가지 본보기—완벽한 사회적 상태는 대다수의 구성원들이 각자 주인이 되어 자신의 가정에 애착을 갖는 것일 터입니다. 그것은 보다 따뜻한 가족애, 일에 대한 의지, 보다 신중한 친구 선별, 헛되거나 건전하지 못한 오락의 포기 등을 낳게 될 것입니다.

그럴 때 우리는 건축가들이 아마도 곧 만족시킬 것을 요구받게 될 새롭고 매우 바람직한 프로그램을 접하게 됩니다. 이미 이런 방향의 시도들이 이루어져 왔습니다. 단순하고 검소한 외관의 매력적인 몇몇 주택을 거론할 수 있을 것입니다. 파리에서 서쪽으로 떨어진 지구들에 지어진 그 집들에는 중산층이 살고 있습니다—극장과 연회에 오랜 작별을 고하고, 자녀들의 교육에 전념하는 조용한 가족들입니다. 그곳에서 규칙적인 작업이 평온하고 유쾌하게 유지됩니다. 그러나 이 새로운 프로그램은 아직 개선의 여지가 있습니다.

그런 집들은 축소판 저택들일 수는 없습니다. 그것들은 언급된 습관에 따라 만들어져야 합니다. 그것은 아직 완전히 형성되지는 않았지만 곧 그렇게 될 것이고—적어도 그렇게 되는 것이 우리의 희망입니다. 현대 사회의 활력인 우리의 중산층들이 프랑스에서 그들만의 어떤 유행이나 관습도 갖고 있지 않다는 것은 놀라운 사실이기 때문입니다. 그들은 전 시대의 부르주아 계급이 아닙니다. 그들은 최근에 있는 힘을 다해 귀족의 부의 외형들을 모방하려 했고, 자신들의 가정의 편의를 고려하기보다는 허영을 위해 희생했습니다. 우리는 파리 서부 외곽에서 멀리 떨어진 지구들에서 훌륭한 작은 주거들을 많이 봅니다만 그 집들의 평면도는 휘황한 저택들의 축소판 모방입니다.

영국이나 독일에서 이런 종류의 것은 전혀 볼 수 없습니다. 그곳에서 수입이 적어 과시하지 않는 습관을 가진 가족들을 위한 집들은 실제로 그 소유주들의 사회적 지위에 맞추어져 있습니다. 물론 건축가들은 건축주가 찾아와 그 자신이 쓸 주거의 건축을 요청할 때 그 문제에 도덕적 고려를 끌어들일 수 없습니다. 그러나 많은 경우에 그들의 판단과 분별 있는 견해는 그런 건축주들에게 일정한 영향을 미치게 됩니다. 아주 터무니없이 도덕적 개혁가를 자임하지 않더라도, 건축가는 이런저런 배치에 관한 자신의 관찰 결과를 매력적인 방식으로 제시할 수 있습니다. 그러나 그는 그런 관찰들을 자신의 머릿속에 축적해 놓고 있어야 하며, 그것들을 적절하게 밀어 볼 수 있을 만한 신중함과 지성을 가지고 있어야 하고, 자신을 고객의 어떤 요구에도 기꺼이 따르는 종속된 도구가 아니라 그가 스스로 손해를 부르는 오류들을 저지르는 것을 막아야 할 상담인이자 인도자로서 인식해야 합니다. 건축가들은 불행히도 그들이 해야 할 역할에 대해 다른 개념을 오랫동안 향유해 왔습니다. 그리고 우리는 상류층의 지구에서 독립성과 존엄을 특징으로 하는 사례들이 보이지 않는다고 해서—그와는 거리가 멀다고 해서 놀랄 수는 없을 것입니다. 사실 그런 습관이 고질병이 된 사람들에게 그것을 바꿀 수 있으리라는 희망은 없습니다. 예속은 인간의 정신에 지울 수 없는 흔적을 남깁니다. 이런 의견을 호소하게 될 상대는 그러므로 지금 부상하고 있는 세대, 우리의 청년들입니다. 판단의 정확함과 성격의 견고함을─자신의 건축주들을 가장 하찮은 변덕에 빠뜨리지 않고 계몽하는 것으로 성립하는 건축가의 참된 역할을 회복하는 것은 그들을 위해서입니다.

18강

주거 건축 — 계속

과도한 임대료로 인해, 그리고 자기 소유의 주택에 거주하려는 경향이 나날이 커져 감에 따라 대도시, 특히 파리의 관습에서 일어나고 있는 변화는 건축가들이 그런 경향을 만족시킬 수 있는 가장 적당한 수단을 찾게끔 하는 자극이 되었을 것입니다.

건축 방법에서 경제성은 확실히 이 새로운 프로그램이 요구하는 가장 핵심적인 조건 중 하나임이 분명합니다. 그런데 우리 프랑스에서는 일반적으로 너무 많은 비용으로 건물을 짓는 방식에 익숙해져 있습니다. 세습된 선대 재산의 분할과 관습의 빠른 변화로 인해 사유 주택들은 여러 세기 동안 존속할 수 있는 방식으로 지어질 필요가 없어졌습니다. 백 년은 비교적 긴 지속 기간입니다. 한 세기 안에 한 채의 주거용 주택에 사는 사람들이 대여섯 번 정도 바뀌게 되어 있고, 이 기간이 끝날 때쯤이면 내부 배치들은 종종 전체적인 재건축에 맞먹을 정도로 대대적인 변경을 하지 않고서는 좀처럼 새로운 세대들이 살기에 적당하지 않게 됩니다.

건축가들이 목적으로 해야 할 것은 원금 1만 2000프랑에 임대료 4프랑, 즉 24만 프랑에 80프랑에 해당하는 집들을 짓는 것입니다.[1] 우리의 큰 소도시들에서의 지가를 고려하면 이것은 어려운 문제입니다. 그러므로 그런 건물들은 인구와 거래가 많은 구역들이 아니라 대도시들의 외곽에 세워져야 합니다. 보기 흉한 파리의 성곽들이 해체될 운명에 처하게 되면—머지 않아 그렇게 되기를 희망합니다—이 가장 바람직한 목적에 잘 부합하는 대지들을 발견하게 될 것입니다. 그것들은 수수한 금액으로 거래될 테니까요. 200m² 정도면 한 가족이 살 만한, 뜰과 작은 정원이 딸린 중간 규모의 주택을 짓는 데 충분할 것입니다. 지가가 m²당 50프랑이라고 하면 대지를 구입하는 데 필요한 돈은 1만 프랑에 불과할 것입니다. 혹은 기껏해야 6만 이나 7만 프랑이면 대규모 가족이 살 만한 주택을 지을 수 있습니다. 사실 m²당 600프랑으로 100m²의 건축을 한다면 6만 프랑이 될 것이고, m²당 600프랑의 비용이면, 우리가 합리적인 경제성을 넘어서거나 허영심에 지지 않는 이상 지하실과 1층, 그 위로 두 층과 보꾹층의 건물을 짓는 것이 어려운 일은 아닙니다.

그러나 임대료로 한 해에 3에서 60프랑의 여유를 쓸 수 있는 혹은 건축 목적으로 원금 4000에서 8만 프랑을 가질 만한 집안은 별로 없습니다. 투기적으로 건설하는 사람들에게 도움을 청하게 되는 것은 이런 경우입니다. 그들은 충분히 넓은 대지에 분할될 수 있는 건물들을 짓습니다. 그리고 지

---

1) 영역본에는 원금 3200~9600파운드에 임대료 160~480파운드로 환산되어 있다.

붕에서 바닥까지 그 건물의 각 부분을 단일 가구에 할당하여 임대료를 일시불로 지급하거나 일정 기간 안에 상환하도록 합니다. 런던에서는 장기 임대를 원칙으로 이런 방법이 채택됩니다. 즉 집들이 지어진 대지가 일시불로 99년 장기 임대하거나 지대를 내는 방식으로 주어지는 것입니다. 우리가 이런 관습을 채택하지 않았다는 것은 프랑스야말로 유럽에서 제도는 물론 재산이 가장 안전하지 못한 나라인 만큼 더더욱 놀라운 일입니다. 우리는 적어도 이론상 영속성을 좋아합니다만 실제로는 그것에 대한 믿음을 갖고 있지 않습니다. 우리 시대에 한 집안의 가장은 [자신의] 집이 향후 백 년간 자신의 후손들의 것으로 존속되리라는 점을 보장할 수 있다면 마음 편히 영면할 수 있을 것입니다. 이런 점을 고려할 때 파리의 성벽이 있는 곳의 대지와 외딴 지역의 영토 합병 이후로 건축물이 들어서지 않았던 상당량의 대지를 쓸 수 있다면 무엇인가 시도해 볼 수 있을 것입니다.

지적인 관찰자들은 어느 정도 타당성을 가지고 주거의 양상이 수용자들의 도덕성에 영향을 준다고 주장해 왔습니다. 이런 관찰이 정당하다면 개인이 인성을 상실하게 되는 저 거대한 임대 주택들만큼 사람을 도덕적으로 타락시키기 쉬운 것은 없다는 점을 고백해야만 합니다. 그런 집에서 따뜻한 가정의 사랑이란 거의 불가능하고, 결과적으로 거기서 얻을 수 있는 이점은 없습니다. 층마다 똑같은 외양을 가진 이런 집들의 입주자들은 모두 한시적인 방문자들로, 다만 몇 달이나 몇 년만 살게 될, 그리고 이전에도 이후에도 다른 입주자들이 들고 나는 이 집의 벽들에 정을 붙일 수 없습니다. 누구라도 들어가 살 수 있는 벽들에—입주자의 취미의 흔적이 조금도 담겨 있지 않은 실내에 어떻게 정이 들겠습니까? 반면 개인 주택은 아무리 수수해도 언제나 소유주의 취미의 자취가 남아 있습니다. 런던에서처럼 그런 주택들이 외견상으로는 획일적으로 보일 수 있어도, 그 내부 배치들은 그것을 소유하고 그곳에 거주하는 사람들의 개인적 취미와 습관에 따라 변경되어 있습니다. 그리고 자신의 인성의 일부를 반영하는 대상들에 애착을 갖게 되는 것은 인간 본성의 특징입니다. 사람들은 언제나 자신을 위해 스스로 만든 것에 애착을 품습니다. 그리고 그런 애착은 그것이 따뜻한 가정으로 향하게 될 때 유익한 것이 됩니다. 그러므로 우리는 대중들 상당수가 임대 주택을 포기하고 개인 주택을 선택하는 경향을 매우 열렬히 환영해야 한다고 생각합니다. 그리고 건축가들은 중산층 사람들이 자신의 집에서 살 수 있을 만큼 가장 경제적인 건축 수단을 연구함으로써 우리 관습의 이런 변화에 일정 정도 기여할 수 있습니다.

프랑스에서는 상당수의 공장주들이 자신이 고용한 노동자들을 위한 주거를 건축해 왔습니다. 분양된 이 주거들은 상환에 의해 노동자들의 소유가 될 수 있습니다. 그 결과 규칙성, 질서, 정직의 습관들이 이런 종류의 거주 지역들에 급속도로 확산되었습니다. 그리고 이 산업 공동체들이 이 체계가 채택되지 않은 산업 지구들에서 종종 벌어지는 방종에 빠지는 일은 좀처럼 없습니다.

또한 노동 계급을 위한 이 체계에서 도덕적으로 인정받을 만한 것은 마찬가지로 보다 높은 수준의 교육이나 재력, 직업을 가진 사람들에게도 마찬가지로 바람직한 것입니다.

따뜻한 가정에 대한 애착은 근면한 노동과 질서, 현명한 경제에도 애착을 갖게 만듭니다. 그러므로 우리는 그러한 애착을 향상시키려고 노력해야 하며, 가능한 한 많은 사람들이 그것을 가질 수 있도록 만들고, 이를 진척시키는 데 관련된 문제를 해결하도록 전력을 다해야 합니다. 건축가들 역시 이보다 영예로운 노역에 참여할 수는 없습니다. 이것은 영국이나 독일에서보다 프랑스에서 더 어려운 일입니다. 우리는 헛된 사치를 과시하는 데 오랫동안 익숙해져 왔고 많은 훌륭한 사람들은 겉만 번드르르하게 장식된 석조 벽들에 둘러싸이지 않으면, 그리고 자신들이 차지한 작은 응접실이 금박으로 뒤덮여 있지 않는 한—복잡한 것은 고려하지 않고—제대로 사는 것이라고 생각하지 않았으니까요.

우리의 임대 주택들은 내부를 구성하는 방들이 누구에게나 똑같이 적합해야 하기 때문에—바꿔 말하면 누구에게도 특별히 맞출 수 없기 때문에 특수한 배치를 허용하지 않습니다. 결국 거기에 포함되는 방들은 한결같이 대기실, 응접실, 식당, 부엌, 식료품 보관실, 탈의실이 딸려 있거나 그렇지 않은 침실 등입니다. 서재나 작업실은 결코 생각할 수 없습니다. 이 모든 주거는 집에서 떨어져 있는, 하루 종일 매달려야 하는 종류의 업무를 하는 사무실에서 낮 시간을 보내는 사람들을 위해 마련된 것으로 보입니다. 사업가나 변호사, 의사, 공증인, 은행가, 건축가, 토목 기사, 기능공 등은 이런 일련의 방 가운데 하나를 택합니다. 그는 방금 언급한 방 중 하나나 몇 개를 서재나 진찰실 혹은 자신의 업무에 필요한 부속물들을 갖춘 작업실로 만들어야 합니다. 이런 사무실들을 위한 배치는 없으며, 그들은 일반적으로 가족들에게 할당된 방들 사이에 자리 잡게 됩니다. 그로부터, 종종 가정생활을 견딜 수 없는 것으로 만드는 일상의 짜증과 불편이 발생하는 것입니다. 그리고 결국 가장들은 이 불편과 짜증으로부터 가능한 한 자주 도피하는 것을 삶의 지상 목표로 삼게 됩니다. 그런 주거들이 입주자들의 요구에 따라 배치되어 있었다면 그들은 집에 머무르는 것을 좀 더 쾌적하게 느꼈을 것입니다. 그러나 그러한 특수한 배치들은 이런 목적에 맞추어진 건물들에서만 가능하며, 우리가 기술한 바와 같은 임대 주택에서는 그런 특수한 배치 중 이느 것 하나 이룰 수 없습니다.

우리의 관습에 대해 전적으로 무지한 어떤 사람에게 그런 집들을 보여 준다면 그는 아주 당연히 이 주거의 입주자들이 언제 어디서 일을 하는지 궁금해 할 것입니다. 사실 이런 거주들에는 긴급한 업무를 위한 대비가 되어 있지 않습니다. 대부분의 사람들에게는 그것이 이런저런 형태로 가장 중요한 사항임에도 불구하고 말입니다.

우리의 새로운 간선 도로들의 획일성과 규칙성은 주택의 획일성을, 나아가 내부 배치의 일관성을 낳았습니다. 그리고 서재나 사무실을 마련할 수 있는 주거를 찾을 필요가 있을 때 우리가 원하는 것을 얻을 기회가 있는 것은 여전히 낡은 주택들에서뿐입니다.

최근 산책하고 업무를 보는 시민들을 위해 많은 것들이 이루어졌습니다만 그들에게 가정은 불가능한 것이 되어 왔습니다. 자신의 집에서 그들은 불편하게 북적대고, 어떤 일에도 전념할 수 없으며, 가정생활에 염증을 느끼게 되어 일에 파묻혀 있지 않은 시간을 회사나 카페에서 보냅니다.

중산층 사람들도 독립된 주택을 가질 수 있게 함으로써 건축가들은 시대의 필요에 의해 제기된 문제 가운데 하나를 해결하게 될 것입니다. 그것은 지속적으로 제기되는 문제들로서 사유하는 정신에는 나날이 그 중대성이 분명하게 드러나지만, 공식적인 교육은 이에 대해 점차 더 혐오스러운 눈길을 보내는 듯합니다.

[건물이] 건축선 바깥으로 돌출하지 않도록 하는 자치 규정을 준수하더라도(이 규정에 대해서는 더군다나 할 말이 많습니다만)—이것은 간선 도로 뒤쪽으로 어느 정도 거리를 두고 지을 수 있는 개인 주택의 경우 가능합니다—건축가는 코벨이나 내민 지붕, 돌출부와 같이 실내의 배열에 매우 도움이 되는 형태를 도입할 수 있습니다. 저는 이런 종류의 배치들이 일반적으로 엄격한 경제성에 일치하지 않는 것으로 여겨진다는 사실을 알고 있습니다. 그러나 이런 생각에 어떤 진실이 담겨 있든 그것은 일반적으로 채

택되는 건축 체계의 결함에서 비롯합니다—그 체계는 우리의 관습과 우리가 처한 사회적 조건에 결코 부합하지 않는 내구성을 건물에 부여하는 것을 목적으로 한다는 점에서 그 원칙 자체에서 비용이 많이 들도록 설정되어 있습니다.

주철과 연철을 신중하게 사용하면 우리는 드물지 않게 매우 경제적으로, 그리고 일정한 기간—이를테면 백 년이라는 충분한 시간 동안—안정성을 확실히 예상하여 건물을 지을 수 있습니다.

우리는 위에서 지가를 포함해 8만 프랑이면 파리에서 여러 가구가 살기에 충분한 집을 지을 수 있다고 했습니다. 이 문제를 세부적으로 검토해 봅시다. 그림 1이 깊이 25m, 폭 8m, 즉 200m²의 대지라고 합시다. 집은 84m²의 면적을 차지하고 있으며, 부엌을 위해 15.4m² 면적의 별채가 딸리게 됩니다.

집은 지하층, 1, 2, 3층, 보꾹층으로 이루어집니다.
우리가 제시하려고 하는 방식으로 설계된 건물은 파리에서

m² 당 기껏해야 500프랑 정도 듭니다.	42,000프랑
부엌 별채가,	1,500
담벼락, 울타리, 전면 벽, 층계, 정원 등이,	3,500
총계,	47,000 프랑
지가가 m² 당 50프랑이라고 하면 200m²는	10,000
총계	57,000 프랑

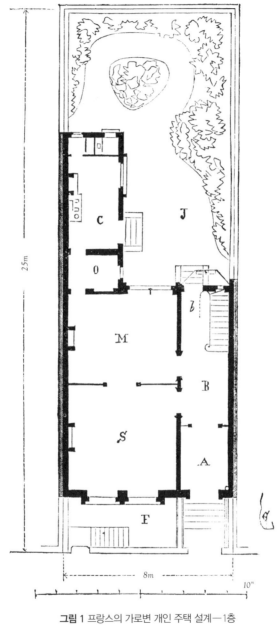

그림 1 프랑스의 가로변 개인 주택 설계—1층

이것은 5%로 치면 2850프랑의 임대료를 제시합니다.

이 집의 1층에는 (그림 1) 현관 A, 준비실 B, 아울러 위층으로 올라가는 계단, 작은 정원 B로 이어지는 통로 b, 부엌 C가 포함되어 있으며, 응접실 S와 식료품 저장고가 딸린 식당 O도 있습니다. 공공 도로와 집 사이에는 지면보다 낮게 형성된 F가 있고 계단을 통해 식량을 들여가고 쓰레기를

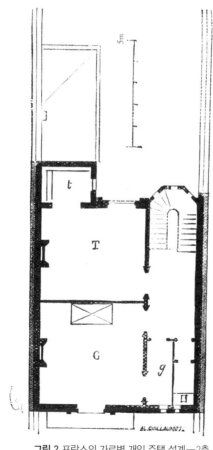

그림 2 프랑스의 가로변 개인 주택 설계—2층

내보내는 등의 일을 하게 됩니다. 2층에는(그림 2) 서재 t가 딸린 사무실 T, 탈의실 g가 딸린 큰 침실 G가 있습니다. 3층에는 탈의실이 붙은 두 개의 큰 침실이 있습니다. 보꾹층에는 두 개의 가족용 침실, 하인들을 위한 두 개의 작은 침실, 리넨실이 있습니다. 지하에는 식량 저장실, 난방 장치, 욕실이 있으며 정면부로부터 채광됩니다. 상층 계단 아래로 지하실로 내려가는 계단이 있다는 것은 따로 언급할 필요 없을 것입니다. 입구 쪽 정면 벽은 이제부터 살펴보겠지만 석재와 벽돌로 지어졌으며, 피어 부분의 두께가 0.33m 정도입니다. 정원을 향해 있는 벽들은 석재와 벽돌로 이루어져 있고, 어느 지점들에서는 두께 0.22m밖에 되지 않습니다.* 벽돌로 채워진 철골 벽은 현관과 큰 방들을 분리시키고, 경계벽 위에 놓이는 바닥을 받칩니다. 바닥의 장선은 철이고, 지붕은 목재입니다.

그러나 우리는 제시된 구축 방법에 대해 좀 더 세부적인 설명을 하겠습니다. 그 방법을 통해 설령 재료들이 상대적으로 비싸다고 해도 일반적인 방식들을 채택할 때에 비해 상당히 낮은 비용으로 건축할 수 있습니다. 도판 34는 거리를 향해 있는 그런 집의 입면도와 전면벽을 따라 자른 입면도

---

* 우리에게서 나타나는 행정적 관습의 영향을 가장 잘 보여 주는 사례 가운데 하나는 파리의 주택들의 외벽 두께에 대한 규제들에서 나타납니다. 일반적으로 잡석 쌓기로 벽을 만들던 과거에는 그 두께가 0.50m 정도로 고정되어 있었습니다. 두께가 그보다 얇을 경우, 즉 석재를 이중으로 쌓지 못할 경우에는 잡석 쌓기로 튼튼한 벽을 세울 수 없다는 것이 그 이유입니다. 이제 튼튼한 벽을 만들기 위해 이 석재들은 겹쳐지는 부분을 0.50m로 하여 0.20~0.30m의 장부가 되어야 합니다. 그런데 도로를 향하여 연석으로 벽을 세워야 하는 것으로 결정되었을 때, 0.40m 두께의 석재 벽이 최소한 잡석 쌓기로 0.50m 두께를 만든 것만큼은 튼튼함에도 불구하고 마찬가지로 0.50m 두께를 유지하도록 규정되었습니다. 그러나 무엇보다 부조리한 규제는 석재의 경우와 같은 요구가 벽돌에는 강제되지 않는 반면, 벽돌로 0.22m 두께는 관용되어도 석재로 만들 때는 0.50m 이하로 만들지 못하게 한다는 점입니다. 도로 건설에 관한 우리의 규제들에 관해서는 이보다 더 어처구니없는 비정상적인 경우들을 거론할 수도 있을 것입니다.

이며, 도판 35는 정원 쪽의 입면도와 측벽을 따라 자른 입면도입니다. 지붕 아래쪽 경사면이 외벽들로 돌출하고, 돌출 코니스를 형성하면서 벽을 비바람으로부터 완벽하게 보호하는 목재 브래킷 체계에 의해 지지되고 있다는 것을 관찰할 수 있습니다. 이 체계는 또한 아래층과 면적이 똑같은 보꾹층을 사각형으로 만들어 주는 장점이 있습니다.

저는 철재 바닥과 칸막이[벽]에 대해 언급했습니다. 파리에서 철재 바닥의 가격은 지금 목재 바닥에 매우 근접해 있습니다. 그리고 제철 산업과 건축가들의 주의 깊은 연구가 철 가공을 개선시켜 나가면 그 가격은 더욱 줄어들 것입니다. 철골 벽에 대해서도 마찬가지 절감 효과를 기대할 수 있습니다. 그리고 이것은 목골 벽보다 비용이 덜 들 것입니다.* 왜냐하면 바닥은 그 전체 표면에 걸쳐 다양한 하중에 대하여 똑같은 저항력을 가져야 하는 반면 목골이나 철골 벽들의 경우는 다르기 때문입니다. 그것들이 직접적으로 지탱해야 하는 하중들은 일정하고, 결국 지지점들은 미리 계산 가능하므로 이 지점들만 강하게 구축되게 됩니다. 다른 부분들은 단순히 채우기로 이루어지고, 이것은 가장 경제적인 방식으로 해결될 수 있습니다.

건축가들이 낡은 방법들을 고집하지 않고 진지하게 관심을 기울인다면 우리 주택들의 구조에 관한 다른 많은 문제도 연구할 가치가 있습니다. 목조 계단들도 철조 계단에 자리를 내주게 될 것입니다. 철조 계단들은 이미 가장 경제적으로 생산되며, 불에 탈 염려도 없고, 현대의 계단들이 제대로 건조하지 않은 목재로 만들어졌을 때—그렇지 않은 목재는 지금은 구할 수도 없습니다만—종종 그러하듯, 목재가 건조됨에 따라 내려앉는 일

---

* 이 주제에 관한 저작으로는 건축가 François Liger, *Dictionnaire histoique et pratique de la voirie, de la police municipale, de la construction et de la contiguité, Pand de bois et pans de fer*, 1867 참조.

도 없습니다. 목재의 본성과 속성을 거슬러, 원형으로 올라가는 계단 옆판을 비스듬한 볼트와 대근으로 고정시킨 경우만큼 원리상 결함이 있는 것이 있습니까? 문제의 볼트는 이 계단 판자들을 결 방향으로 고정시키고 있어 목재가 쪼개지도록 만드는 경향이 있습니다.

덧창(outside window blind / fermeture)[2] 체계는 특별히 주목해 볼 가치가 있습니다. 특히 단일 가구를 위한 주택에서는 임대용 주택들의 경우보다 이 문제가 더 중요합니다. 목재로 만든 미늘발(*persienne*)이 한때 유행했던 적도 있습니다만, 너무 불편하고 약해서 빈번히 수리를 요하고 파사드가 너무나 보기 흉해집니다. 최근 수년 사이에 창 틀받이의 두께 안쪽으로 접히는 철판 미늘발이 도입되게 되었습니다. 그러나 벽이 두껍지 않은 이상, 이 접힌 미늘발이 차지하는 공간으로 인해 창틀이 거의 벽 안쪽 깊이까지 들어가지 않으면 안 되게 되는데, 이럴 경우 커튼을 달 공간이 없어지기 때문에 불편합니다. 그렇지 않으면 나무 대신 철로 살을 만든 베네치안 블라인드로 되돌아가기도 하지만, 이 경우는 충분한 차단 효과가 없습니다. 그러나 매우 간단한 장치를 써서 잘 휘지 않는 베네치안 블라인드를 만들어낸 창의적인 발명이 이미 이루어졌습니다.* 그 블라인드의 살들은 창틀 윗부분에서 실린더에 말리게 됩니다. 그와 같은 롤러가 들어갈 자리를 건축 과정에서 만들면 어떨까요? 그리고 단일 가구들을 위한 주택에서 잘 보호

---

* 1867년의 파리 만국 박람회에서 영국의 전시자들이 이런 종류의 블라인드를 선보였습니다. 그것은 [살들을] 아래쪽으로 내렸을 때 균일한 금속판의 견고함을 갖게 됩니다.

2) 이하 기술되는 창문 체계와 관련한 내용에서 영어본의 용어 번역이 일관되지 않다. 특히 불어본의 fermetre의 경우, 때로는 blind로, 때로는 shutter로 번역되었으나 의미상 일정한 원칙을 가지고 구분한 것으로 보기 어려워 모두 '덧창'으로 옮겼다. 또한 shutter는 volet의 번역어로도 쓰이고 있는데 일반적으로는 이 번역이 많이 쓰이므로 그대로 '셔터'로 옮겼다.

되어야만 하는 1층의 창문들의 경우 상점 앞에 사용하는 것과 유사한 덧문 체계를 도입하면 어떨까요? 이런 경우에도 우리는 혼종적 배치들의 사례를 보게 됩니다. 거기에는 과거의 형태들과, 그것들이 더 이상 부합하지 않는 습관과 관습들을 화해시키려고 하는 불편이 따릅니다. 우리의 건물 파사드에 질리도록 복제되어 있는 그 영원한 로마식 창은 더 이상 현대 주택의 창의 요구에 부합하지 않습니다. 마치 넓은 화덕과 높은 선반이 딸린 거대한 벽난로가 현재의 난방 방식에 부응하지 않는 것처럼 말이죠. 현대의 창은 유리가 끼워진 부분과 보안이나 햇볕을 가리기 위한 부분으로 이루어진 완전한 장치라야 하고, 그것을 위해 외벽에 마련된 개구부에 적절히 위치해야 합니다. 마치 우리가 오늘날 재거르개를 받치도록 맨틀피스를 배치하듯이 말입니다. 창을 보호하는 배치가 제대로 이루어져 그 목적을 정확하게 완수하게 되면 개구부들은 그에 따라 배치될 것입니다. 그러나 반대 방식으로 작업을 진행한다면 상식을 위반하는 것이 됩니다. 그것은 해결할 수 없는 문제를 제기하게 되죠. 그러므로 16세기 로마 궁전을 본뜬 창틀을 놓을 자리가 있는지를 고민하는 대신 창문을 잠그고 가리는 데 적당한 배치를 구축하는 데서 출발하도록 합시다.

17세기까지도 창은 매우 좁았고, 설령 폭이 넓다고 해도 고정된 중간선틀(mullion)로 분할되었습니다. 각각의 구획에는 안쪽으로 셔터가 달린 한 장의 창만이 있었습니다. 이것은 합리적인 구성입니다. 여닫이창은 홈에 끼워져 유리를 넣은 창틀로서 그 수직 부재는 셔터를 받치고 있습니다. 그러나 16세기 말에 주택과 궁의 정면 벽에 고정된 중간선틀 없이 넓고 높은 개구부를 만들 때 사람들은 가운데에 덧창이 부착된 쌍여닫이창을 만들었습니다. 그때 그들은 실내에 유리창과는 별개로 셔디를 달았으며, 그러고는 외부의 태양 광선을 차단하기 위해서 스페인과 이탈리아 주택에서 모방해 온 베네치안 블라인드를 썼습니다. 사용된 창틀은 이 블라인드 체계와 전혀 조화를 이루지 않았습니다. 그러나 어느 건축가도 블라인드라는 새로운 방법에 맞추어 고전적 형태를 수정하려는 생각은 하지 않았습니다. 조적이 끝났을 때 창틀에 구멍이 뚫려 있어 미늘발을 지탱하고 있었고, 여닫이의 틀은 L자 못으로 그럭저럭 부착되어 있었습니다. 이것은 야만적인 방법으로, 일련의 모색과 방편들이었을 뿐 연구와 추론은 거기에 들어 있지 않습니다. 창의 개구부는 덧창 체계를 고려하여 구축되어야 합니다. 우리는 이제 합리적 방법들을 창안하고 더 이상 단순한 방편들로 되돌아가기를 멈추어야 합니다. 우리 시대에 적합한 건축을 시작하려고 한다면 체계적이고 논리적으로 진행하려고 노력해야 합니다. 우리의 요구와 화해할 수 없는 전통적 형태들로부터 정신적으로 해방되려고 애써야 합니다. 시각적으로 만족스러운 형태들을 단번에 발견할 수는 없다고 해도, 실용적 요구가 적절히 충족되었을 때 유쾌한 형태는 자연스럽게 그에 따른다는 점을 확신합시다.

저는 1층의 창을 위해서는 상점에 사용되는 것과 유사한 금속판 덧창 체계가 그런 경우의 현재 요구에 부합하면서 안전한 동시에 덧창을 닫기위해 창을 열 필요가 없다는 점에서 적어도 매우 만족스러울 것임을 이야기하고 있었습니다. 그러나 이 체계를 완성하기 위해서는 유리를 끼운 부분과 보안창이 결합되어야 하고, 전체가 하나로 개구부에 놓일 수 있어야 하며, 필요하다면 건축 중에도 그래야 합니다. 현대적 수단은 필요한 철조를 모두 제공할 수 있고, 소수의 건축가들이 웬만큼 완전한 체계를 도입하기 시작한다면 제조업자들은 곧 시공자들에게 필요한 부품을 적당한 가격으로 공급할 수 있는 상황을 조성할 것입니다.

우리는 목제창이 목제 덧창과 마찬가지로 유행이 지났으며, 이제는 그것을 포기해야 하는 것이 분명하다고 생각합니다. 또한 그것들은 철제 창으로 대체되어야 하고, 이는 몇 번의 시도를 거치다 보면 목제 틀과 같은 가격으로 생산되리라고 봅니다.* 그것은 다른 재료들에 비해 내구성과 힘은 훨씬 월등하고, 더 많은 빛을 들어오게 해 주죠. 이 창틀은 한 장이든 몇 장으로 이루어지든 덧창을 위한 틀이기도 하며, 인방이나 창 개구부의 평아치를 지지할 수 있을 만큼 강해야 하고, 이 평아치나 인방 아래에 묻혀 통상 그 힘에 손상을 입히는 철을 대체할 수 있어야 합니다. 이 철제 틀은 벽을 쌓으면서 끼워질 경우 연결용 계재를 형성할 수조차 있습니다. 가벼운 구조물에서 그것들은 피어의 두께를 줄일 수 있을 만큼 견고할 것입니다. 그것들은 사실상 전면 벽의 뼈대를 이룰 것이고, 그렇게 되면 필요할 경우 벽면상에서 서로 매우 가까운 위치에도 개구부들을 낼 수 있게 될 것입니다.

그렇게 해서 창틀은 그 기능을—그것이 원시적 구조에서 가졌던 기능을 되찾을 것입니다. 즉 단순히 채워 넣기로 이루어진 벽의 나머지 부분에 비해서 훨씬 큰 힘을 지지할 수 있게 되는 것입니다. 철은 조적과 결합되더라도 그 독립적인 기능을 보존할 것이고, 체결부의 산화로 인해 조적조에 손상을 입히지도 않을 것입니다.

그림 1과 그림 2, 도판 34와 도판 35에 재현된 작은 건물의 다양한 부분을 세부적으로 검토해 봅시다.** 계단의 다각형 부분은 주철 기둥과 1층의

---

* 이미 이러한 시도가 있었으며, 철제 창은 1867년 만국 박람회의 출품자 중 하나였던 모리에 의해 목제보다 아주 조금 비싼 가격에 성공적으로 생산되어 왔습니다.

** 매우 수수한 건물을 전형으로 삼는 것이 바람직해 보였습니다. 건축의 문제들에서는 단순한 것에서 복잡한 것으로 진행하는 것이 유리해 보이고, 막대한 자금을 가지고 좋든 나쁘든 온갖 사치를 아낌없이 부리면서 거대한 공공건물을 세우는 것보다 작은 주택을 예산에 맞추어 그 목적에 완벽히 부합하도록 짓는 것이 더 어려운 일입니다.

그림 3 프랑스식 가로변 빌라 설계—정원 쪽 입면

건축선을 넘어서 있는 돌출부로 지지되고 있음을 그림 3의 원근법적 스케치에서 볼 수 있습니다.

다각형의 한 변을 떠받치고 있는 이 기둥 위에 혹은 차라리 그 캡 위에 앵글 플레이트 받침대가 놓이고, 거기에 코너커플링을 이용해 계단실의 (역시 철제인) 직각 받침을 고정시킵니다. 그 받침에는 창의 가새와 내부에서 계단 수직면을 받치는 철제 계단옆판들을 부착합니다. 그 사이사이는 벽돌로 메워집니다. 그러므로 계단실의 이 부분은 전적으로 철과 벽돌로 구축되며, 두께를 0.11m 미만으로 잡을 수 있습니다. 도판 35와 그림 3에서 보듯 돌출 지붕이 그 윗부분을 덮고 있습니다.

창의 보호를 위한 배치에 관해서는, 여기서 제시된 특수한 경우에 대해 이야기하기에 앞서 일반적인 건물에서 어떻게 적용될 수 있는지 살펴봅시다.

예컨대 석조나 잡석 쌓기로 만들어진 0.50m 두께의, 일반적인 강도의 외벽을 상정합니다. 우선 그림 4를 통해 안전하게 차단되는 1층의 창을 살펴봅시다. 석재로 만들어진 틀받이는 A에서 외부로 두 개의 돌출부를 형성하며, 금속제 밸런스 B 뒤편으로 감아 올라가는 철판들을 올리고 내리기 위한 기계 장치(끝없는 나사 또는 사슬)를 담고 있는 철제 덮개를 떠받치고 있습니다. 이 장식 뒤에는 석재 인방 C가 단 0.17m 두께로 자리합니다. 그것은 한 장의 슬래브를 세워 놓은 것으로, 철제 타이로드로 연결된 창틀 위에 놓입니다. 남은 0.33m 공간에는 벽돌 아치 D가 들어가며, 그것은 바닥 장선이 전면 벽에 의해 지지될 경우 그 바닥 장선을 받치게 됩니다. 이 아치는 입면도에서 점선으로 표현되었습니다. 틀받이의 돌출부 A는 인방 높이에서 석재 캡 E[3]를 포함하는 코벨에 의해 강화되며, 그것은 금속

---

3) 영역본의 F는 E의 오기이다.

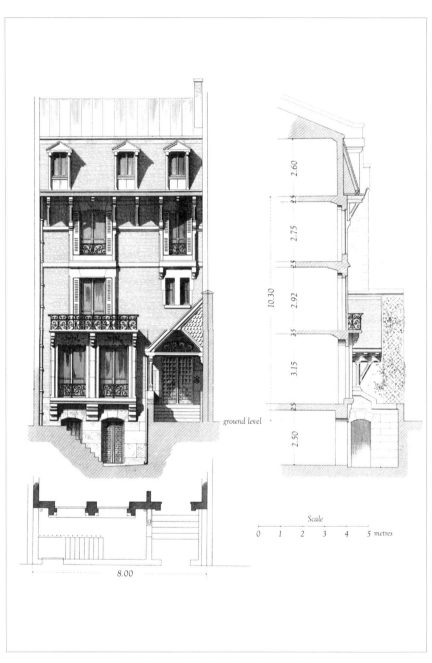

ground level

10.30

2.60
2.75
2.92
3.15
2.50

8.00

Scale
0   1   2   3   4   5 metres

도판 34 프랑스식 소규모 도시 주택: 대로 쪽 정면

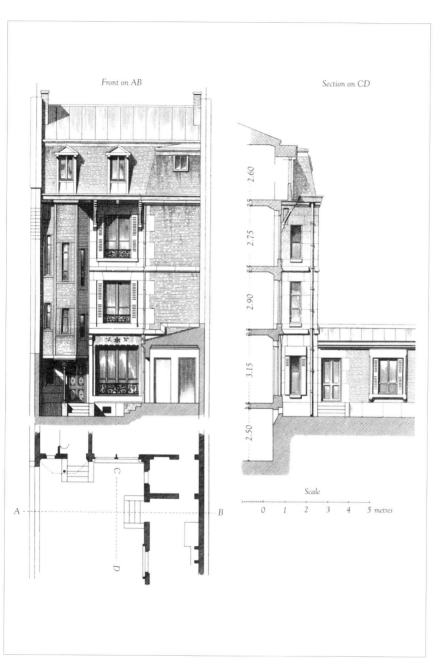

Front on AB

Section on CD

2.60

2.75

2.90

3.15

2.50

Scale

0   1   2   3   4   5 metres

A ----- B

C

D

도판 35 프랑스식 소규모 도시 주택 : 정원 쪽 정면

그림 4 프랑스식 가로변 빌라 설계—창문 세부

제 밸런스와 움직이는 판들을 완전히 돌출하도록 만듭니다. 그러나 위에서 지적한 것처럼 덧창을 구성하는 체계 전체가 결합되어 있다면 좋을 것이고, 창, 창틀, 금속제 밸런스의 기계 장치는 주철과 철판으로 만드는 것이 좋을 것입니다. 그것은 건물의 견고함을 더하고, 베이들 사이의 피어들을 들어낼 수 있게 해 줄—그럼으로써 가구를 놓을 공간을 마련해 줄 것입니다. 그림 5가 두 개의 창이 나 있는 방의 외벽이라고 합시다. 그렇게 강화된 창의 틀받이 체계 덕분에 창들 사이에 매우 널찍한 파인 공간을 제공하고, 그것은 창 자체와 마찬가지로 아치로 만들어질 수 있습니다. 전면 벽을 위한 진짜 지지부는 그러므로 창 틀받이일 것입니다—벽의 강도가 떨어지지 않지만 재료를 덜 사용하게 되고, 따라서 더 가벼워지므로 합리적인 체계입니다. 물론 우리는 벽과 틀받이의 두께가 0.50m를 유지한다는 것을 전제하고 있습니다. 피어를 없앤 이 부분들 뒤편은 벽돌을 쌓아 0.22m 두께로 만들 수 있습니다. 창들 사이의 파인 공간은 그러므로 0.28m가 될 것입니다—그것은 한 치도 남김없이 매우 유용한 공간입니다. 그렇게 해서 피어들의 두께가 줄어든 외벽의 강도가 충분하지 않으리라는 반대가 있을 수 있습니다. 그러나 이에 대해서 우리는 이 창들이 아치들과 난간 바들에 의해(그 기능은 구조에 있어 그처럼 유용합니다) 잘 받쳐지고 있으며, 종축으로는 창의 인방들의 높이에서 잘 고정되어 있다고 답할 것입니다. 그것은 추력과 인력이 동시에 작용하면서 상쇄하는 만큼 전체를 균일하게 구성하고 있으며, 수직면에 절대적 견고성을 부여할 것입니다. 반면 무게를 줄인 이 외벽들은 비용이 덜 드는 기초 위에 세워질 수 있고, 압축성 토질의 경우 그다지 값비싼 하부 구조를 필요로 하지 않을 것입니다.

그림 4로 되돌아가서 금속 미늘발이 어떻게 바깥쪽에 달려 있으면서 L

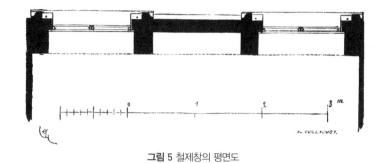

그림 5 철제창의 평면도

에서 보이는 창 바깥의 남은 공간에서 돌출하는 틀받이 H에 걸리지 않고 접힐 수 있는지 살펴보겠습니다. 평면도로 보면 이 창들은 그림 6의 단면 A와 같이 나타납니다. 입면도상으로는 스케치 B가 바깥에서, D가 안쪽에서 본 모습입니다. 수직 단면은 스케치 E입니다. 우리는 이 금속 미늘발들이 석재 선틀의 모서리가 아니라 창과 미늘발의 틀을 이루는 금속 선틀에 달려 있다고 가정합니다. 이 창 배치는 그렇게 모두 완전히 고정될 수 있고, 창의 인방들은 피어들을 통과해 가는 타이로드의 끝 부분과 연결됩니다. 이 타이로드들은 보조 아치의 도약점 높이를 통과해 지나가므로 그렇게 해서 완전히 제자리를 잡습니다. 석재 인방들은 더 이상 약화되지 않으며, 다만 외장을 형성합니다. 돌림띠는 그것들을 실내의 보조 아치들과 연결합니다. 철제 바닥 장선의 양 끝은 그러므로 안전하게 이 보조 아치들 위에 놓일 수 있습니다. 그림 3에서 보는 것과 같이 정원을 향해 난 1층의 이중창 개구부에 관해서는 상층의 창 개구부보다 훨씬 넓은 만큼 두 개의 보조 아치들을 지지하는 철제 중간선틀로 분할되어 있으며, 이 창의 여닫이를 받치는 역할을 합니다. 이 중간선틀은 아치들의 바깥쪽 수평면을 넘어가지 않는 위치에 있어서 금속판 덧창을 달 공간이 남게 됩니다.

그림 6 철제창 세부

그러나 이 수수한 건물에 대해 더 이상 이야기할 필요는 없어 보입니다. 이를 통해 가장 검소한 개인 주거에 적용할 수 있는 몇몇 세부 사항을 알 수 있었습니다. 그러나 철이 중요한 요소를 구성하는, 언급된 종류의 혼합된 구축은 대도시에서만 적당한 가격에 시공될 수 있습니다. 우리의 금속공학 시설이 그런 건물에 적당한 철제 부품을 대폭 낮은 가격에 대량으로 자유롭게 공급할 수 있게 되기 전까지는 말이지요—우리는 이런 상태가 곧 실현되기를 희망하고 있습니다.

임대 주택을 포함하는 대도시 주택의 배치들에 대해서 말하자면 매우 중대한 변화는 일어나지 않습니다. 목재 벽을 철로 대체한 것, 그리고 창의 형태가 크게 자유로워진 것은 이 임대 주택들에 결정적인 특성을 부여하지는 않습니다. 그 위치와 우리의 자치 규제들이 그들의 건축이 독창성을 드러내는 모든 경우에 대해 장애물을 제공하기 때문입니다.

그러나 이 규제들이 덜 엄격했다면 대도시의, 특히 파리의 건축가들은 임대 주택들에서 어떤 개선을—지금으로서는 달성할 수 없는 어떤 편리한 배치들을 해낼 수 있었을 것입니다. 예를 들면 도로의 폭이 12m 이하일 경우 돌출부, 코벨, 지붕이 있는 로지아 등은 공기와 햇볕을 차단하기 때문에 금지시키는 것이 바람직할 수 있지만 그런 규제는 도로 폭이 20m 이상이 되면 불합리합니다. 이런 식의 코벨 위에서 돌출하는 형태들로부터 입주자들이 얻게 되는 이점과 즐거움과는 별개로, 이 거리들의 외관이 개선될 것입니다. 우리의 대로만큼 단조로운 것도 없으니까요. 우리의 건축가들은 파사드를 벽기둥과 온갖 종류의 장식들로 꾸미는 데 재능을 헛되게 쓰고 있습니다. 멀리서 보면 이 주택들은 똑같이 보일 뿐이고, 눈길을 잡아끄는 어떤 특별한 점도 없습니다. 정면의 세부 장식에 대한 세심한 연구가 이루어져 온 그런 집들의 외벽은, 상식을 무시하고 장식된 외벽들이 있는 집들보다 조금도 나은 효과를 연출하지 못합니다. 매스 자체, 창들의 배치, 층들의 높이, 돌출부가 모두 똑같고, 이런 세부들은 좋든 나쁘든 더 이상 보이지 않게 되고 누구의 관심도 끌지 못합니다. 그러나 자치 규제들이 충분한 이유 없이 연석 벽의 두께를 0.50m로 고정시켜 놓은 덕분에, 돌출 로지아들과 코벨들은 더 넓은 도로에서 허용될 수 있었던 것입니다. 그 정도 두께라면 그런 요소들을 완벽하고 안전하게 구축할 수 있을 테니까요. 그리고 그런 돌출부만이 길게 늘어선 획일적인 파사드들의 지루한 단조로움을 깰 수 있을 것입니다.

우리 나라의 행정 당국들이 도입될 당시에는 훌륭한 것이었을지 몰라도 변화된 조건 속에서 더 이상 쓸모없게 된 조치들을 되돌리도록 할 수 있는 희망은 거의 없습니다. 그러나 우리는 결코 거부당할 것이 예상되기 때문에 개선의 노력을 하지 않음으로써 격언에서 말하듯 '손해에 손해를 거듭할' 수는 없습니다. 프랑스에서 우리가 반대해 보았자 소용이 없다고 판단해 인습의 폭정 아래로 떨어지게 된 것은 그와 같은 방침의 결과입니다. 보다 총명한 이들은 관심을 잃게 되고, 둔재들은 깊은 통찰을 흉내 내며 회의적인 껍질 아래 자신들의 나태와 무능을 감춥니다. 거칠고 공상적인 자들만이 경기장으로 뛰어들어 곧 그들의 괴이함으로 인습을 정당화합니다. 그것은 탐구와 타당한 비판을 차단함으로써 어김없이 손쉬운 승리를 최대한 이용합니다.

우리의 도시 주택에서 건축가들이 감행하는 혁신들은 그다지 광범위하지 않습니다. 얼마 전부터 건축가들은 우리의 큰 간선 도로 모퉁이에 접하는 부분을 잘린 면으로 만들기보다는 원형 탑 모양으로 바꾸는 것이 좋다고 생각하게 되었습니다. 그런 방식은 삽시간에 유행하게 되어 이런 위치에 모서리가 놓이는 백 채의 집들이 원형 탑으로 대체되었습니다. 이것은 혁신으로 여겨질 수 있지만 그렇지 않습니다. 다만 특정한 경우에 장점이 있지만 마찬가지로 불편도 초래하는 어떤 배치의 부활일 뿐입니다. 원형의 방은 가구를 놓기에 적당하다고 할 수 없습니다. 그런 형태는 내실이나 작은 개인용 방에는 적합할 수 있지만 응접실로서 편리한 것은 아닙니다. 반면 우리의 현대 주택들에서 특권적인 위치를 차지하는 것은 응접실—즉 많은 손님을 맞이할 목적으로 만들어진 방인 것입니다. 원형의 응접실이 특정 파벌에게 유행하며 받아들여지는 것은 온 세상이 하고 있는 거추장스러운 치장이 받아들여지는 것이나 마찬가지입니다. 유행의 문제인 것입니다.

자치 행정부가 매우 넓은 도로에서조차 돌출 구조를 건축할 때 발코니를 세울 경우와 마찬가지로 허가를 받도록 하는 것이 왜 정당한지 저는 이해할 수 있습니다. "당신은 공공 도로의 일부인 공간을 향유하고 있으니, 그 대가를 지불하시오." 어디까지나 정당한 얘기입니다만 그것이 이 거리의 행인들에게 어떤 불편도 끼치지 않는다면야 전적으로 금지할 필요가 있습니까? 또한 행정부가 이런 세입의 원천을 잃어버려야 할 이유가 있습니까?

이런 돌출 구조들이 위험하다는 주장이 제기될까요? 이런 걱정에 별 근거가 없다는 것을 입증하기는 쉽습니다. 게다가 자치 행정부에는 건축의 결함을 잡아내고 부적당한 건축에 거부권을 행사할 수 있는 조사관이 있지 않습니까? 오늘날 우리가 그토록 많은 혁신을 허용하고, 심지어 고무하기까지 하는 기기들을 가지고서도 지난 세기에 했던 것과 정확하게 똑같이 건축을 해 나가야 한다는 것은 이상하지 않습니까? 철제 바닥이 유행하기 전에 세워졌던 것과 같은 무거운 피어들을 계속해서 세워야 하고, 동일한 높이와 동일한 무게를 지지하는 벽들이 정원을 향해서는 아무 문제없이 절반 이하의 두께로 세워지고 있는 반면 [대로를 향해 있는] 주택의 정면에는 석재를 쌓아 올려야 한다는 것이 이상하지 않습니까? 사실 파리와 파리를 모방해 세워진 대도시들의 주택들은 그곳에서 사는 사람들을 위해서 세워진 것이 아니라, 거기에 별 관심도 없는 행인들에게 어떤 기념비적 외관을 보이려는 목적으로 지어졌습니다. 즉 다른 어떤 고려보다도 우선 보여 주기 위해 지어진 것입니다. 우리는 그처럼 우리 자신과 이방인들에게 협소하고 건강에 좋지 못한 방들을 감추고 있는 대궐 같은 정면부들을 과시합니다. 겉으로 보기에는 휘황찬란하지만 안에서는 불편하죠. 우리의 임대 주택 대부분은 이런 계획에 근거하여 구축된 것이 아닙니까? 그리고 이것이 우리를 급속한 몰락으로 이끌어 가고 있는 도덕적 나약함의 물질적 표현이 아닙니까? 진정한 가치는 거의 없고, 허영심과 과시욕은 크며, 이 결과로 시기심이 원동력이 되는 사회적 조건이 형성되었습니다. 즉 우리의, 실제보다 더 위대한 민족으로 보이고자 하는 부단하고 과도한 욕망과, 우리가 과시할 수 있는 것보다 우월한 것을 만들어 내는 [다른 민족들] 모두에 대한 비밀스러운 증오가 생겨난 것입니다.

우리의 자치 규제가 개정되고 수정되어 우리의 습관과 요구에, 그리고 우리의 건축 기기들이 제공한 새로운 편의들과 조화를 이루게 되었다고 가정해 봅시다. 이 규제들이 어느 정도 예술의 문제를—대도시 거주민들의 취미에 부합하는 다양한 외관을 고려하며, 우리의 주거들을 각각의 구성원들이 동일한 적성, 동일한 직업, 동일한 취미, 동일한 욕망, 동일한 수의 자녀, 동일한 수입, 그리고—동일한 권태를 가지고 사는 일종의 사회주의적 공동 생활체(phalansterium / phalanstère)로 만들려는 시도를 포기한다고 가정해 봅시다. 수년간 자치 당국의 일을 위탁받아 온 사람들, 자신들이 공산주의의 적이라고 말하는 사람들이 가장 저열한 공산주의를 위해 (가장 기이한 모순에 의해) 도로를 닦는 작업을 멈춘다고 해 봅시다. 우리의 행정부가 모든 것을 위한, 그리고 모든 것에 대한 규제를 만들어 내는 체계의 반대자가 된다고, 그리고 그 조치가 공공의 선에 모순되지 않는 한 개인의 주도권을 보호하고 정신적 독립성을 확대시키려는 경향을 가진다고 해 봅시다. 행정부가 모든 혁신, 판에 박은 과정을 멈추게 하려는 모든 노력, 편견과, 자신들이 공인되었다거나 행정적 책임을 가지고 있다고 주장하는 이런저런 단체들의, 독재를 제거하려는 모든 시도에 대해 눈살을 찌푸리는 대신 미소로 환영한다고 가정해 봅시다.

행정부가 시간의 가치를 평가하고, 하루에 20프랑을 버는 납세자에게 재무국에 75상팀(=1/100fr)을 내도록 하기 위해 하루치 노동을 하지 못하게 한다면 당국 자체의 이해—우리는 그것이 국가의 이해라고 믿어야 합니다—를 놓고 볼 때도 매우 경제적이지 못하다는 점을 이해한다고 가정해 봅시다. 그들이 족쇄를 채우고 당혹스럽게 만드는 대신 편리하고 단순하게 만드는 것이 자신의 임무라고 생각한다고 가정해 봅시다. 요는, 그들이 자신들이 결코 틀릴 수 없고 바뀌지 않는다는 생각을 더 이상 하지 않게 되고, 모든 것이 그토록 빠르게 변화하는 시대에 수년에 걸쳐 대중의 요구를 받도록 기다리다가 마지못해 따라가는 것이 아니라 변화를 예견해야 한다는 필요성을 인식한다고 가정해 보자는 것입니다. 그렇다면 아마도 우리의 넓은 간선 도로를 향해 지어진 주택들에 돌출 구조들을 덧붙이는 것이 허용될 것입니다. 이런 상태가 실현되는 날 우리는 조국이 새로운 시대로 진입하고 있음을 확신할 수 있을 것입니다. 프랑스는 더 이상 양치기에게 절대적으로 복종하는—온순하거나 경우에 따라서는 분노한—양 떼이기를 그칠 것이고, 혹은 파뉘르주의 일화[4]에서처럼 저마다 미친 듯이 바다에 몸을 던지는 일을 멈출 것입니다.

하루아침에 우리는 정부를 갈아 치우고 혁명을 일으킵니다. 우리는 군

주제를 공화제로 혹은 공화제를 군주제로 눈 깜짝할 사이에 교체합니다. 그러나 행정적 규제를 변경하거나 새로운 사태에 있어 불가해한 구식의 관습을 철폐하는 데는 보다 오랜 시간이 걸립니다.

어떤 행정 당국이 개인 주택에 연석으로 거의 0.50m에 달하는 전면 벽을 세우는 것이 쓸데없는 일이라는 사실을 과감하게 인정하게 될까요? 이 벽들에 실제로 필요한 것 이상의 강도를 부여하지 않음으로써 건축에 들어가는 비용을 절감하는 것을 과감히 허용하게 될 사람은 누구일까요? 혹은 한 발 더 나아가 코벨의 돌출부를 용인하게 될 사람은 누가 되겠습니까? 저는 모릅니다. 그러나 그런 용인과 이러한 사태의 변화들로부터 축적될 장점들을 보여 주고자 노력해 봅시다.

우선 현대의 건물들을 검토해 보고 그 결함들에 주목합시다. 삼십 년 전에 파리에서 주택들은 여전히 석재, 잡석 쌓기, 목재로 지어지고 있었습니다. 이런 구축 스타일에는 석재가 목조 브레스트서머 위에 놓였다는 단점이 있었습니다. 목조 브레스트서머는 상태가 아무리 좋아도 벽 아래서 불가피하게 부식되기 때문에 몇 년 후에는 반드시 밑동이음(underpinning)을 해야 했습니다. 그것은 종종 위험한 작업으로 입주자들에게는 늘 매우 골치 아픈 일입니다. 트리머, 틀장선, 늑근 등을 수반하는 바닥 전부가 목재였습니다. 이것은 그리 좋은 계획이 아니지만 다른 수단을 쓸 수 없었고, 사용된 굵은 장선들을 고정시키기 위해서는 매우 두꺼운 벽들이 필요했습

---

4) 『팡타그뤼엘 제4서』의 6~8장에 나오는 이야기를 말한다. 파뉘르주는 양 장수 댕드노에게 모욕당한 후 앙심을 품고 그에게서 양을 한 마리 사서 바다에 던져 버린다. 그러자 나머지 양들이 이 양을 따라 바다에 뛰어들었고, 이를 구하려고 함께 뛰어든 댕드노까지 모두 물에 빠져 죽고 만다는 내용이다. 프랑수아 라블레, 『팡타그뤼엘 제4서』, 유석호 옮김, 한길사, 2006, pp. 77-87.

니다. 게다가 목재 브레스트서머들 위로 두꺼운 층들이 놓여야 했으며, 그 것들은 폭이 0.50m에 달하는 표면 위에 잘 지지되어야 했습니다. 안전성 을 높이기 위해서는 두 부분이 결합된 형태의 브레스트서머를 만들고, 각 부분이 0.20~0.25m 두께가 되도록 해야 했기 때문입니다. 그러나 철 브 레스트서머가 목재를 대체하자 두께를 그렇게까지 줄 필요가 없어졌을 뿐 아니라, 철을 과도하게 사용하지 않고도 그 체계가 완벽하게 버티도록 하 기 위해서는 결합된 부분들의 두께가 0.30~0.40m면 되게 되었습니다. 그 러므로 두께 0.50m의 벽은 그것을 지지하도록 되어 있는 브레스트서머보 다 튀어나오게 되고, 이런 지나침은 유용하기보다는 해로웠습니다.

철 바닥에 관해서는, 화재의 위험이 없고, 각기 경간 0.04~0.05m에 불 과한 장선들이 0.70m 간격으로 놓이며, 벽을 약화시킬 염려 없이 벽 안에 심어질 수 있습니다. 그렇기 때문에 벽을 예전과 같은 두께로 유지할 필 요가 없었습니다. 그러나 구축의 조건이 변화되고 있었음에도 규제는 동 일하게 남아 있었고 이런 변화를 알아채지 못하고 있는 것처럼 보였습니 다. 그러므로 건축가들은 이런 첫 번째 시도를 그 자연스러운 결과로까지 수행하지 않았습니다. 하지만 얼마 전에 그들은 이런 단순한 결론을 이끌 어 냈습니다. "철 바닥재가 목재 바닥 대신 쓰이고 있는데 목골 칸막이 대 신에 철을 쓰면 어떨까?" 이 제안은 대담한 것이었지만 일정한 결과를 낳 았고 몇몇 철골 벽들이 파리에 세워졌습니다. 그러나 겁 많은 사람들과 목 공들은 여기에 너무 많은 비용이 들어갈 것이라고 주장했습니다. 비용은 거의 같고, 이런 체계가 일반적으로 도입된다면 철 가격은 줄어들 것인데 도 말이지요. 이런 추론을 확대할 수 있을 것으로 보입니다. "이전에 목골 로 만들어진 정면벽들은 목적에 매우 잘 부합했습니다. 다만 화재 시에 불 붙은 잔해들을 간선 도로에 떨어뜨림으로써 거리의 한쪽에서 반대편 끝까지 불을 옮길 뿐입니다. 그리고 이런 이유로 해서 목골이 정당하게 금지된다면, 철골은 불에 타지 않으므로 그것을 외벽에 쓰는 것을 막을 이유가 없으며, 따라서 그 사용을 허용해야 할 것입니다. 게다가 철골이 목골보다 강력하므로 목재로는 불가능했을 성과를 철을 가지고 이루어 낼 수 있을 것입니다!" 우리는 2, 3세기 정도 된, 석재 1층 위의 목재 코벨을 봅니다. 그것은 여전히 건재합니다. 그렇다면 지금 석재 1층 위에 유사한 철 코벨을 세우면 안 되는 이유가 무엇입니까! 첫째, 행정 규제상 허용되지 않고, 둘째 우리가 잘 고려된 합리적인 구축 체계의 습관을 잃어버리고 형태들을 무한히 복제하기만 할 뿐이기 때문입니다. 그 형태들은 고전적일 수는 있겠지만 우리의 요구에는 확실히 별로 부합하지 않고, 지겨울 정도로 단조롭습니다.

철 구조는 비용이 많이 든다는 반대가 있을 것입니다. 그러나 일단 이 주장에 의문의 여지가 있습니다. 철 구조가 비싼 경우는 사람들이 그 재료를 어떻게 쓸지 모르고 쓸모없이 그것을 낭비할 때입니다. 저는 이런 공공 건물을 한 채 이상 거론할 수 있습니다. 건축가들이 그 문제를 연구하는 것을 거부하고, 철을 사용하는 방법에 따른 그 속성에 대해 아는 사람이 열에 한 명도 안되기 때문입니다. 이런 종류의 것들을 아카데미 데 보자르에서는 가르치지 않습니다. 혹은 그곳에서 가르친다고 해도, 학생들이 지금처럼 너무 많은 경연에서 전시될 예쁜 소묘들을 그려 내는 데 열중하는 이상 그런 가르침에서 별 이익을 얻지 못합니다. 그러나 그것이 일반적으로 사용되게 되면, 건축가들이 이 문제에 진지하게 주목하고 진지한 연구를 통해 그것을 해결하려는 입장에 선다면 공장주들은 곧 지금보다 나은 상황에서 연철을 확보할 수 있도록 조처를 취할 것입니다. 공급은 수요에 비례하며, 이십 년 전에는 어마어마한 가격을 지불해야만 얻을 수 있었던 정도의 철이 지금은 적정한 가격에 공급되게 되었습니다. 제작자들이 더 많이 생산할 것을 요구받을수록 지금은 특수한 기계 장치가 필요한 것으로 여겨지는 형태들로 만들어지는 철이 적당한 가격에 엄청나게 많이 공급될 것입니다. 수요를 예측하거나, 독창적이고 과학적인 건축가들이 요구하게 될 다양한 종류의 철 부품을 예상하는 것은 공장주의 일이 아닙니다. 그 문제를 연구하고, 자신들의 계획이 실현되려면 무엇이 필요한지 보여주는 것은 지금 말한 건축가들이 할 일입니다. 서로가 남들이 시작하기를 기다린다면, 요컨대 건축가는 무엇인가 새로운 일을 시도하기를 피하고자 제조된 기기들의 불충분함에 의지하고, 공장주는 주문을 받을 때까지 생산을 미룬다면, 현 상황이 오래도록 지속될 것입니다. 불행히도 지금까지 건축에 적합한 철제 부품 생산을 요구한 것은 건축가들이 아니라 토목 기사들과 소수의 특별한 부류의 시공자들이었음을 고백해야 합니다. 따라서 T자 쇠, 앵글 플레이트, 늑재용 철, U자 쇠, 넓고 두꺼운 철판들이 생산되었습니다. 건축가들이 이런 제품들을 이용은 했지만 별다른 안목 없이, 그리고 경제성은 더 없이 이용했다는 점을 고백해야 할 것입니다.

우리는 공공건물의 창에 평삭기로 자른 철이 사용되고, 그 때문에 그 부품이 압연 철을 결합해 만들어진 경우에 비해 네 배나 높은 비용을 발생시킨 것을 보지 않았습니까? 철을 소목장이 목재를 다루듯 다루는 것은, 특히나 그 공정에 드는 비용을 감당해야 하는 사람들의 입장에서 얼토당토 않은 일로 보이지 않습니까? 그러나 자신들의 고귀한 예술의 기둥을 자처하는 건축가들은 아직 철을 인정하지 않고 있습니다. 그들은 철을 사용하면서도 그것이 사용된 것을 감춥니다―그들은 철이 그 실제 존재로서 나타날 권리를 허락하지 않습니다. 이것은 내밀한 결합일 뿐입니다. 그리고 이런 건축적 헛짓에 돈을 지불하는 것은 납세자들과 고용주들입니다. 위대한 예술의 기둥들이라는 카스트에 받아들여지지 않은 단순한 토목 기사나 건축가가 경제적이고 합리적이며, 따라서 목적에, 그리고 사용된 재료에 가장 부합하는 구축 체계를 발명해 냈다고 해도, 위의 카스트 구성원들에게 맡겨진 건물들에 이 체계가 받아들여질 것이라고 생각하면 안 됩니다! 이런 조직적인 거부의 많은 사례 가운데 철제 외(椳)의 경우에 대해 이야기하겠습니다.

우리가 철제 지붕의 골조를 만들기 시작했을 때 그 덮개를 지지하는 데 목재 사용을 기피한 것은 당연합니다. 지붕의 골조를 철로 구축한 후 이 철골에 목재 서까래와 누름대를 올려 슬레이트를 고정하는 것은 좀 상식에 위배되는 일이며, 철의 불연성이라는 장점을 무시하는 것입니다. 이에 관한 우울한 사례로 튈르리의 강변 쪽 익부와 [루브르 궁의] 플로르관이 있습니다. 이 건물들의 루핑은 철골 위에 놓인 누름대에서 누름대로, 서까래에서 서까래로 전파된 불로 전소되었습니다. 철제 외를 썼다면 일어나지 않았을 일입니다. 그 건축물들의 지붕을 짓기 전에 그 방법이 발명되었고, 건축가에게 추천되었더라면 그렇게 될 수 있었습니다. 그러나 이 방법은, 고전주의 카스트에 속하는 건축가의 감독 없이 세워진 어떤 건물에서 완전히 성공적으로 도입되었다고 하는 큰 문제를 가지고 있었습니다. 그리고 이런 이유로 납세자들은 그 지붕의 파괴 결과에 대해서는 물론 복원을 위해서도 돈을 내게 되는 것입니다. 우리는 철 지붕과 그것이 필요로 하는 덮개 체계라는 주제로 되돌아가야 합니다.

우선 철골이 외벽에 어떻게 활용될 수 있는지와 당국이 넓은 간선도로에 코벨을 허용하게 된다고 할 때 그것이 어떤 목적으로 쓰이게 될지를 살펴봅시다.

장사를 편리하게 하는 데는 포르티코는 도움이 되지 않고, 파리나 다른 대도시들에서 상인들은 거리에 가까이 자리 잡고 싶어 하기는 하지만 그렇다고 해서 차양도 마찬가지로 거부되는 것은 아닙니다—그 증거로 차양을 다는 것에 대한 허가를 요청했을 때 행정 당국은 상점에 온 손님들의 편리와 상품을 햇볕으로부터 보호한다는 점을 고려하여 이를 승인했습니다. 게다가 많은 상인들은 1층과 더불어 중이층을 세내어 매장을 추가하거나 그곳에 거주합니다. 또한 중개인들은 자신들의 상점들이 가능한 한 널리 개방되어 있기를 바라는 만큼 매우 많은 공간을 차지하는 거대한 석조 피어들을 매우 싫어합니다. 그러므로 건물 평면도상에서 가능하면 그 숫자를 줄이려고 노력합니다. 우리가 벽돌이나 석재 혹은 심지어 철골을 써서 정면벽을 적절한 두께 이상으로 짓지 않는다면 그런 거대한 석조 피어들을 모서리와 경계벽 외에서는 완전히 없앨 수 있을 것으로 보입니다. 경계벽들 사이에 짓눌리고 있는 그런 중간 석조 피어들은 주철 원주들로 대체할 수 있을 것이고, 이미 이런 일은 드물지 않게 일어나고 있습니다. 주철 원주들은 필연적으로 지금 매우 불편하게 석재 피어들 위에 놓여 있는 주철 브레스트서머들을 지지하게 됩니다. 이 주철 브레스트서머들은 석재 피어들을 약화시키는 경향이 있는데, 그것들을 받치도록 적절히 배치된 주두들 위에만 놓이게 된다면 훨씬 안정감을 갖게 될 것입니다. 이 브레스트서머들이 2층의 장선들을 받친다면 그 장선들은 브레스트서머들의 외장면 너머로 돌출할 수 있으며, 그 끝 부분에서 까치발로 파사드의 철골을 받게 됩니다. 고대 주택의 목조 장선들이 목골의 돌출 벽들을 받쳤던 것과 마찬가지입니다. 그러나 이 오래된 목조 주택들은 일반적으로 그리 높지 않았습니다. 그 집들의 목골 파사드들은, 그러므로 별로 무겁지 않았습니다. 넓은 간선 도로 위에 5층 높이로, 즉 보도에서 코니스까지 20m에 달하는 높이로 세워지는 우리의 철골 전면벽은 경우가 다를 것입니다.

이런 경우 우리는 까치발이 매우 강력할 것이라고 가정해야 합니다. 반면 예를 들어 우리가 20m 높이의 파사드에 단일 석재 피어를 세우지 않는다면, 그리고 경계벽들 사이에 주철 원주들이나 판철 관(tube)들만을 지지체로 세운다면 이 지주들의 직립이 보장되어야 합니다. 그것들은 안쪽으로도 바깥쪽으로도 휘어지지 않도록 마련되어야 합니다. 까치발은 이런 위험을 쉽게 피하도록 해 주며, 그것을 피하는 동시에 정면벽이 놓이게 될 돌출부에 필요한 모든 힘을 부여합니다.

상점-정면들만큼 현대적 건축 방법의 경험주의적 성격을 잘 보여 주는 것은 없습니다. 그것은 건물 내부에 남아 있는 주철 원주나 석재 피어들에 대해서는 고려하지 않은 채 사후에 마련된 것입니다. 두 개의 구조가 그것을 결합하거나 통합하려는 어떤 시도도 없이 병렬된 채로 연속되는 이런 경우만큼 우리가 받는 인습의 영향을 명백히 입증하는 것도 없습니다. 어째서 필수적인 지지대인 이 철제 원주들을 문제의 상점-정면을 위한 수직 부재로 쓰지 않습니까? 어째서 이 상점-정면들이 그 자체로 1층의 안정성에 기여하지 못하고 무관한 장치가 되어야 합니까? 자치 당국들은 정면벽들이 0.50m 두께가 될 것을 요구하고, 결과적으로 1층의 피어들이 같은 규모로 만들어질 것을 요구하고 있습니다만 가게 파사드가 구조의 일부가 되는 것을 금지하지 않으며, 혹은 불편하고 볼품없는 독립 수직 부재를 선보이는 대신 그 지지하는 원주들과 상점 파사드가 결합되는 것을 금하고 있지 않습니다. 주조 공장에서는 절단면이 둥근 기둥은 물론 사각형인 기둥들도 주조해 낼 수 있습니다. 이 기둥들이 상점-정면의 철골이나 목골에 필수적인 장붓구멍과 장부촉을 지지하지 못하게 하는 것은 아무것도 없습니다. 그러나 이 복적을 위해서 그것들은 외상면에 수식으로 놓여야 하는데, 이는 0.50m 두께의 벽으로는 거의 불가능한 일입니다. 그러므로 어떤 구조적 원리가 아니라 그때 그때 도입된 방편들의 계승에서 기원한 이런 전통들을 버리도록 합시다. 그것은 새로운 요구들에 부합하는 자연스럽고 단순한 해결책을 결단코 찾겠다는 활발한 노력을 기울이지 않은 채 그저 누적되어 온 방편들인 것입니다. 자치 당국들이 현재의 필요와 현대 산업 기기를 참조하지 않고 집적되어 온 규제들을 깨끗이 쓸어 버렸다고 다시 한 번 가정해 봅시다. 사기업이 시공자들과 그들을 고용하는 사람들에게 모두 금지된다고 가정해 봅시다. 몇 번의 시도를 통해 우리는 곧 지지대의 형태로 만들어진 주철은 적층철과 결합되었을 때 불편과 어려움을 발생시키며, 현명하게 쓰인 판철이 훨씬 더 쓸 만하고 훨씬 강력한 결합을 가능하게 해 준다는 것을 알게 됩니다. 이런 첫 발을 디디고 나면 우리는 막 제기된 프로그램을 이 재료들을 가지고 어떻게 수행할 수 있을지 검토하게 됩니다.

우리의 대도시 주택 대부분에서 요구되는 것은 가능한 한 견고한 매스, 피어, 벽이 없는 1층입니다. 이것은 업무 때문입니다. 우리 시대가 요구하는 상점들은 바닥면이 완전히 비워진[즉 상점이 들어가는 공간에 건축 요소들이 걸쳐지지 않고 전체가 뚫린] 상태로 제시되고, 가로(街路)와는 유리가 끼워진 칸막이만으로 분리되어 가능한 한 밝게 채광되는 것입니다. 어중간한 조치로는 그런 프로그램을 보통의 규모로도 만족스럽게 수행할 수 없습니다. 칸막이벽들을 지지하도록 되어 있는 피어들은 물론 전면벽을 지지하는 피어들도 세워져야 하기 때문입니다. 그리고 이 칸막이벽들은 반드시 상층의 바닥과 벽난로를 떠받쳐야 하는데, 그 상층은 오늘날 모두가 아는 것처럼 여러 개의 작은 방들로 분할되어 있습니다. 그러므로 준수되어야 할 원칙은—1층은 공간을 분할하지 않고 상층들에서 많이 분할한다는 것입니다.

반면, 예컨대 m² 당 지가가 1000프랑이라고 할 때, 면적의 상당 부분을 구입한 공간을 깎아 먹을 수밖에 없는 벽들로 채워야 하는 것은 난감한 일입니다. 칸막이벽들은 0.50m 두께를 유지한다는 규정을 준수해야 하기 때문입니다. 그러므로 평균 깊이가 12m인 건물에서 각각의 벽들은 6m²를 차지하는 반면, 두께 0.12m의 철골 칸막이벽이 차지하는 면적은 1.44m²에 불과할 것입니다. 그러나 굴뚝 연통은 이 얇은 철골 칸막이를 따라서 어떻게 올라갈 수 있을까요? 우리는 이 문제를 직접 검토해 보고 연통들을 만드는 데 각 층마다 0.32m²만 있으면 된다는 것을 입증하겠습니다.

1층에서 시작합시다. 이곳은 내부에 두꺼운 지지대가 없고, 간선 도로로 가능한 한 넓게 열려 있습니다.

그림 7은 주택 전면의 경계벽들 사이에 3m 간격으로 반복되는 지지대 가운데 하나를 보여 줍니다. A가 이 지지대로, 판철의 사각형 관으로 이루어진 그 측면입니다. B는 코벨 브래킷 아래의 수평 절단면입니다. 이 판철 관들은 거더 C를 받는데, 그것은 바닥의 이중 T자 쇠 장선들을 지지하는 판철과 앵글 플레이트로 이루어져 있습니다.

주철 원주들에 의해 한쪽 정면벽에서 다른 벽까지의 경간이 줄어든 이 거더들은 또한 철골 칸막이 D도 받습니다. 코벨 브래킷의 돌출부는 브레스트서머를 지지하고, 그 위로 벽돌이나 심지어 석재로 0.33m 두께의 정면벽 혹은 철골을 쓸 경우보다 얇은 벽이 올라갈 수 있습니다.

이 정면벽들이 벽돌이나 석재로 만들어져 있다면 그것은 정면 G의 일부에서 보듯 브레스트서머 두 장 사이의 벽돌 아치들 위에 놓이게 됩니다. 상점-정면은 b(단면 B 참조)에 고정되고, 덧창 장치를 위한 덮개는 a에 놓입니다. 이 덧창의 철판을 받는 밸런스가 F에 그려져 있습니다.

이것은 전반적인 조망입니다만 이런 종류의 훌륭한 구축에서는 세부에

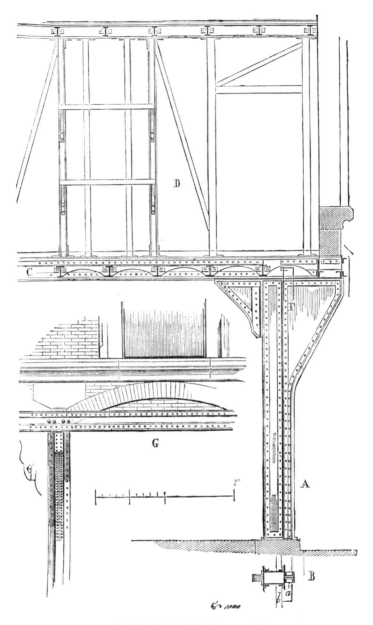

그림 7 철골 가로 주택의 사례—구조 세부

대한—철제 부품을 조이는 방법에 대한—연구가 핵심입니다. 그러므로 이 체계의 다양한 부분의 시공을 그림 8에서 검토해 봅시다.

A에는 지지부의 수평 절단면이 그려져 있으며, 코벨 브래킷 아래 a에는 덧창 장치를 포함하는 덮개가 놓입니다. B에서는 브래킷 C가 L자 쇠들인 D 사이에 어떻게 고정되는지, 덧창의 차양 뒤쪽 부분을 형성하는 철판 F가 어떻게 L자 쇠 G에 고정되는지 볼 수 있습니다. 이 밸런스의 앞부분은 H에 고정되어 있어 그 체계에 견고함을 부여하는 데—관들이 전면벽과 나란히 수직성을 잃지 않도록 하는 데 기여합니다. 판철 E의 두 측면은 관의 위쪽 끝 부분 위로 나와 있으며, 거더의 클립 K가 여기에 끼워집니다. K의 앞쪽 끝인 L은 브래킷의 끝 부분인 I 위에 놓입니다. N에서는 앞판의 코너커플링을 볼 수 있습니다. 그것은 다른 뒤판 M과 밑면 P와 더불어 브레스트서머를 형성합니다. 거더의 끝 T, 밑면 P 위에 놓이는 기공석 R은 그림 7에서 G에 나타난 벽돌 아치들의 시작점을 제공합니다. 철골 칸막이의 수직 부재가 O에 그려져 있습니다. 우리는 이 철골 칸막이를 따라 올라가야 하는 난로 연통들에 대해 이야기했습니다. 이런 구조의 건물에서 두꺼운 석재 분리벽들을 쓰지 않을 수 있다는 전제하에서 말이죠. 우리는 각각의 벽난로에 저마다 특수한 통풍관을 수반하여 연통을 배치하는 것은 구식의 야만적인 방법이라고 생각합니다. [나란히 있는 두 개 방에] 벽난로들이 서로 등진 모양으로 아래층에서 위층으로 쌓듯 올라가면 단 하나의 통풍구를 이 전부에 적용할 수 있으며, 이것이 최선의 방법입니다. 마찬가지로 단 하나의 연통이면 서로 등지고 위아래로 쌓아 올린 여러 개의 굴뚝들에 적용할 수 있습니다. 단, 이 연통이 많은 벽난로를 모두 수용할 수 있을 만큼 넓다는 것을 전제로 합니다.

연통들의 단면을 정확히 계산하고 조심스럽게 적용한 무스롱 체계

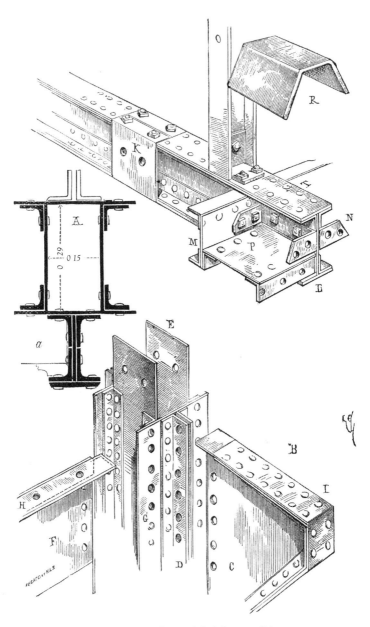

그림 8 가로변 철골 주택의 사례—구조 세부

(Mousseron system)는 문제를 해결해 주었습니다. 그에 관한 실험들의 결과는 만족스러운 것으로 입증되었습니다.

일반적인 크기의 벽난로들에는 저마다 가로, 세로 각각 0.15m, 즉 0.0225m² 단면적의 관이면 충분합니다. 그러므로 두 개의 벽난로가 각 층마다 서로 등진 모습으로 5층까지 올라가는 열 개의 관이 있다고 하면 0.30m에 0.75m인 평행 사변형에 포함된 단면적 0.225m²가 필요합니다. 공기를 공급하는 것도 마찬가지일 것입니다.

철골 칸막이를 사이에 두고 배치된 벽난로들은 그림 9에서와 같이 그려질 수 있습니다. 깔때기 모양 통풍구 중 하나가 모든 벽난로의 연기를 받아들이고 다른 하나는 모든 벽난로에 공기를 공급하도록 되어 있습니다. 연통들을 분할하고자 한다면—즉 등을 마주대고 있는 것이 아니라 위로 쌓아 올린 굴뚝들을 위해서만 연기를 내보내고 환기하는 데 필요한 통로들을 마련하고자 한다면—여기 제시된 단면도의 절반이면 충분할 것입니다. 그림 10은 L자 철판으로 부착되고 버팀대로 받쳐져 수직 부재 B에 부착된 철 띠 A의 도움으로 통풍구가 철골 칸막이에 기대 세워지는 방식을 보여 줍니다.*

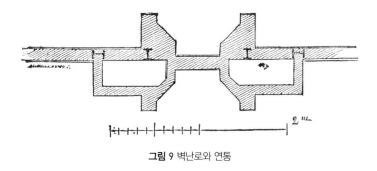

그림 9 벽난로와 연통

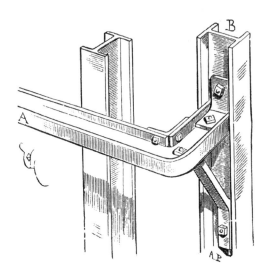

그림 10 벽난로를 지지하는 방식

　우리는 석재나 벽돌로 만들어진 전면벽들이 코벨 브래킷의 돌출부에 세워질 수 있음을 보였습니다. 그러나 그 원리를 그것의 최종적인 결과로까지 가져가지 않을 이유는 없으며, 이런 종류의 구축과 더불어 철골을 외벽에도 사용하는 것이 보다 논리적으로 보이게 될 것입니다. 그러나 이 철골은 두께가 0.18m 이상이 될 수 없으며, 0.18m의 벽은 냉기나 열기를 거의 막아 주지 못할 것입니다.**

　건강한 주거를 위해서는 0.30m의 두께가 요구됩니다. 벽의 철골은 더구나 창틀과 결합될 수 있으며, 창틀은 이런 조건하에서 역시 철로 만들어질 것입니다. 그러므로 이 문제는 다음과 같이 해결될 수 있을 것입니다. 취

＊이 띠들의 전체 배치는 그림 7, D 참조.
＊＊이것이 고대 목골 벽들의 통상적인 두께였습니다.

향에 따라 광택을 주거나 몰딩으로 장식을 한, 두께 0.05m의 테라코타 외장을 상상해 봅시다. 이 외장 뒤쪽의 벽돌 벽은 0.22m이고, 여기에 접합부와 내부에 칠해지는 도료 등으로 0.02m가 더해진다고 하면 전체적으로는 0.29m(즉 0.30m가량)가 됩니다. 그림 11의 철골 두께는 따라서 외장의 두께 0.05m와 벽

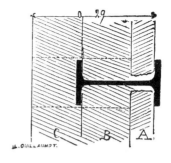

그림 11 철골 주택의 외벽

돌의 폭 0.11m, 즉 플랜지들 사이가 0.16m 이하이며, 전체적으로는 0.18m입니다. 플랜지들 사이에 외장 A와 벽돌의 폭이 있으며, 두 번째 벽돌의 폭은 실내의 내벽이 됩니다. 이 구조는 물론 가로로 길게 쌓은 벽돌로 결합되어 있습니다. 이제 그림 12를 통해 이 경우에 창틀과 관련하여 적용할 수 있는 체계를 검토해 봅시다. 외부는 X와 같습니다. A는 이 창들에 딸린 두 개의 틀받이 가운데 하나의 횡단면입니다. 이중 L자 쇠가 철골의 수직 부재 중 하나를 형성하고 있습니다. 창틀은 바깥으로 돌출하며, 금속 창틀을 형성하고 있어 거기에 창틀이 부착됩니다.

문틀의 단면이 C, 인방의 단면이 B입니다. G는 아치로, 금속 창틀 자체를 통해 수직 부재 a에 고정된 이중 L자 쇠의 플랜지들에 의해 가볍게 상승하여 곡선을 그립니다. 이것이 앵글 플레이트의 역할을 하고, 동시에 수직 부재들로서 문틀과 창틀의 인방에 고정되어야 하기 때문입니다. 창틀의 수직판에는 작은 L자 쇠로 차양 P가 고정됩니다. 거기에 금속 블라인드의 롤러가 끼워지게 되고, 그 블라인드의 금속판들은 홈 R을 통해 내려집니다. 그렇게 해서 모든 것이 결합됩니다. 각 부분은 이 철골 체계 안에서 전체의 안정성에 기여하며, 창틀은 구조에 속해 있습니다. 도판 36은 이런

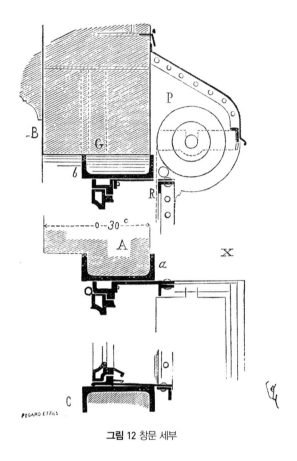

그림 12 창문 세부

구조의 외관을 보여 줍니다. 발코니들은 창문의 차양에 부착된 철판 브래 킷들에 의해 지지되며, L자 쇠로 철골의 수직 부재에 고정됩니다.

벽돌이나 석재로 만들어진 얇은 벽에 수반되는 불편은 주로 그 벽들이 외부의 냉기나 온기를 실내로 빠르게 전달하는 데 있습니다. 철 수직 부재 들은 [벽을]그대로 관통해 지나간다면 안과 밖의 온도가 같습니다. 그러므 로 철골 외벽은 실내에서 덧바르지 않을 경우 혹독한 추위 속에 각 부분에서 수증기 방울이 줄지어 맺히게 되고, 그것은 회벽마저도 통과하는 감당할 수 없는 양의 습기로 모여 벽지나 벽화 위로 철 구조의 형태가 드러나 보일 정도가 될 것입니다. 여기서 제시한 외벽들은, 그러므로 그림 11에서 보는 것처럼 실내에서 덧발라져 있습니다. 나아가 실험을 통해 외장에 방습을 하고, 매끈하게 광택을 내거나 심지어 광택제를 바를 경우 열기나 냉기가 뒤쪽의 재료로 전달되는 것을 막을 수 있다는 것을 알게 되었습니다. 이런 이유로 철골의 충전재에 유광 타일로 외장을 해야 하는 것입니다.

이와 관련해 곁길로 조금 새도 될 것 같습니다. 영국은 건물에 테라코타를 사용하는 데서 얻을 수 있었던 장점을 인식하고, 지난 십 년 사이에 이런 형태의 재료 생산을 엄청나게 확대해 왔습니다. 독일 역시 건물에 대규모로 테라코타를 공급하기 위해 공장들을 수립해 왔습니다. 이 두 나라에서 모두 건축가들은 이 유용한 재료의 도입에 유리한 조건을 발견하는데 최선을 다했으며, 두 경우 모두에 매우 중요한 결과를 이미 확보했습니다. 최근의 박람회들에서 독일과 영국이 특히 테라코타와 압형 광택 타일 생산에서 거둔 완성도가 두드러지게 나타났습니다. 우리의 공장들 역시 이 분야의 생산을 이웃 나라에서 이루어진 수준으로 늘리려고 애써 왔습니다. 그들은 상당한 노력과 희생을 치러 왔습니다. 많은 경우에 만족스러운 결과를 이미 얻기도 했습니다. 그러나 노력과 희생은 이 경우에, 프랑스에서 늘 그렇듯 꿈쩍 않는 인습에 부딪히게 되었고, 예외는 조금 있었지만 우리의 시공자들은 그것을 소홀히 대접하고 그들에게 제공된 생산품들을 좀처럼 사용하지 않았습니다.* 석재는 여전히 순조롭게 공급되고 있

---

* 그러나 건축가 솔니에(Jules Saulnier, 1817-1881)가 얼마 전에 마른에 철골과 오지벽돌로 세운 공장 건물은 특별히 주목할 필요가 있습니다. 이 놀라운 구축물에 대해서는 『건축사전』에서 곧 기술하게 될 것입니다. 이 건물은 프랑스에서 인습을 벗어나는 것이 느리기는 하

습니다. 사람들이 지난날 연석으로 건물을 지었다는 것이 미래에도 연석으로 건물을 지으리라는 이유로 충분하게 여겨집니다. 엄청난 돌덩어리들이 쌓여 있지만 그중 적어도 1/4은 연마 과정에서 깎여 나갈 것입니다. 그것으로 겨우 백 년 동안 존속할 불만족스러운 주거를 짓는 것입니다. 그리고 무한하지 않은 값진 재료들을 아낌없이 써서 어느 모로 보나 보잘것없는 결과를 얻어 냅니다. 그 결과란 고작해야 1층의 상점들이 차지하고 있는 빈 공간에 놓이는 파사드들을 장식하는 '주범'을 연구했다는 만족감일 뿐입니다.

석재에 대한 이런 열광을 접하여, 건축가들과 그들의 고용주들의 양식을 신뢰할 용기를 가지고 있던 프랑스의 공장주들, 자신들의 노력과 희생이 건축주들의 손에 여러 상황에서 유용한, 가장 바람직하고 쉽게 다룰 수 있는 재료를 쥐어 주게 될 것이라고 생각했던 공장주들은 대부분 작업을 계속하는 데 어떤 어려움을 겪게 되었습니다. 또한 그들이 주문에 따라 공급해야 하는 양은 자신들이 예상했던 것의 1/3에 불과합니다. 우리는 만국 박람회가 건설에 관련된 공장들에 큰 판로를 열어 주었다고는 생각할 수 없습니다. 그런 일은 전혀 없었습니다. 실제로 벌어진 상황은 다음과 같습니다. 박람회의 번영을 위해서 일부 프랑스 공장주들은 상당한 노력을 기울이고, 실용적 목적에 부합하는 새로운 상품들을 제공하는 데 막대한 비용을 들입니다. 박람회의 위원들은 그들에게 메달을 수여합니다. 외국인들은 그런 제품들을 연구하고 거기서 이득을 취합니다. 우리 자신으로 말하자면 박람회가 끝난 다음날에도 이 상품들에 대해 생각하는 사

지만 우리가 일단 달리기 시작하면 적어도 곧 경쟁자들을 따라잡을 수 있다는 것을 보여 줍니다.

람이 있으리라고, 혹은 그것을 실용화하려는 시도가 있으리라고 믿는 사람이 있습니까? 절대 없습니다. 우리는 박람회가 시작되기 전에 지배적이었던 인습으로 되돌아갑니다. 반면 외국인들은 우리의 시도들에서 이득을 취하고, 그것들을 연구하고 개선하며, 얼마간 시간이 흐른 후에는 우리가 그들에게 가서 우리 자신은 상식이 부족하여 고국에서 장려하지 못했던 바로 그 상품을 사들여 옵니다. 1867년 만국 박람회에서 이와 같은 사례들이 수없이 발생했습니다. 프랑스의 산업 천재들이 그토록 영예롭게 두각을 나타내는 이 불운한 박람회로부터 우리를 제외한 모두가 이익을 챙겼습니다. 모두가 그곳에서 자신들이 즉각 도입하게 될 창안들을 발견했습니다. 우리 나라에서는 이전과 마찬가지로 인습이 자신의 제국을 재접수했습니다. 순간적으로 탁월함을 과시한 데 만족한 우리는 싹트는 위대한 노력을 따라잡는 데 신경 쓰지 않았습니다. 그러나 제가 틀렸습니다. 이 주목할 만한 박람회는 부정적인 결과만 낳은 것은 아닙니다. 우리는 시기하고 탐욕스러운 현학적인 이웃 나라들에 우리의 부, 우리의 자원, 우리의 창조적 재능을 선보였습니다. 그 후로 삼 년 후까지 이 이웃 나라들은 우리에게로 내려와 그 부를 취해 갔고, 우리의 부 이상으로 그들의 시기심을 자극하고 앙심을 품게 한 그 지성을 파괴하려고 애썼습니다.

우리는 이웃 나라들이 해묵은 증오에서 비롯한 감정을 품는 것을 막을 수 없습니다. 그러나 우리가 예전처럼 우리 자신의 창의적이고 다양한 재능에서 시작된 노력들을 먼저 수행하려 하지 않는다면 우리는 상식을 결여하게 되고, 우리에게 주어진 모욕들을 받아도 할 말이 없어집니다.

이런 노력들을 우리 자신의 이익을 위해 이용하는 것을 억제하는 것은 이처구니없는 일이며, 더구나 우리는 그렇게 해서 부의 원천을 파괴하고 있습니다. 얼마나 많은 분야의 산업이, 우리가 그것들에 친숙해지려는 노

도판 36 프랑스식 도시 주택 파사드(철과 법랑을 입힌 테라코타)

력을—그 생산품들의 본성을 알려는 노력을 기울였다면 조국의 부를 증대시켜 주었을지 저는 말할 수 있습니다. 그리고 그것들은 고국에서의 격려가 없었던 탓으로 우리에게서 사라져 버린 반면, 이웃의 영국과 독일에서는 그것들을 이용하고 있었으며, 그 결과물을 우리에게 팔고 있습니다! 그렇게 해서 우리는 프랑스 덕분에 발명된 수많은 산업 기기 분야에서 변경으로 밀려났습니다. 이에 대해서는 건물을 짓는 사람들, 국가 자체, 그리고 우리 건축가들에게 책임이 있습니다. 그들이 그런 식으로 우리의 공장주들의 패기를 꺾어 버리고 국부에 상당한 손해를 초래했기 때문입니다.

이제 우리의 수수한 주거로 되돌아갑시다. 도판 36에서 그 일부를 볼 수 있는 이 집의 1층은 앞의 제안에 따라 지어졌습니다.

외부로 철골의 윤곽선이 드러납니다. 벽돌 충전재는 유광 테라코타 타일로 외장되어 있으며, 간간이 수평의 벽돌 띠들의 도움으로 철제 플랜지들이 이 타일들을 건물에 부착되어 있도록 합니다. 코벨 위에 놓여 있는 돌출된 층들은 가게 정면에 비바람을 피할 곳을 마련해 줍니다. 상점 정면은 건물 파사드 전체에 걸쳐 방해물 없이 펼쳐지며, 유일하게 연석으로 세워진 공유벽들 사이에 자리합니다.

저는 이 단편을 이제부터 지어질 임대 주택의 본보기로—미래의 건축으로서 제시할 작정은 아닙니다. 다만 회고가 아니라 현대 산업이 건축을 위해 우리에게 제공한 기기들에 대한 연구로서 제시하려는 것이며, 그리하여 우리 시대의 요구를 만족시킬 수 있도록 하고자 할 뿐입니다. 저는 이것이 로마나 피렌체의 궁 또는 르네상스나 루이 16세 시대 저택과 닮지 않았다는 것을 잘 알고 있습니다. 그러나 이 사례가 어쨌든 철의 사용을 감추고 있지 않다는 것—솔직하게 드러내고 있다는 것은 인정될 것입니다.

각자 이런 식으로 자신의 솜씨를 시험해 봅시다. 그러면 우리는 곧 가장 적당하고 유쾌한 형태들을 찾아낼 수 있을 것입니다. 이 유광 테라코타 외장은 앞에서 언급한 장점들 외에도, 지난 십 년간 유행했던 것처럼 집 앞에 비계를 세우고 올라가 박박 긁어내거나 증기를 쐬어 청소하면서 행인들과 상인들에게 폐를 끼칠 필요 없이 스폰지로 간단히 닦아 내기만 하면 영구적으로 좋은 상태를 유지할 수 있습니다.

이런 종류의 건축이—사소한 문제가 아닌—시공 이전에 작업실에서 설계되고, 완전히 수행될 필요가 있는 것은 분명합니다. 오늘날에는 집이 하나 지어지고 있으면 적어도 한철 내내 짐수레와 비계 등으로 통행에 지장을 주게 됩니다. 거대한 매스들은 큰 소란과 비용을 수반하여 올라갑니다. 그리고 석재들이—거의 다듬지 않은 채로—제자리에 놓이면 수많은 인부와 미장공이 그것을 마무리해야 하고, 그러는 과정에서 먼지와 돌과 석회가 이웃에 온통 흩날리게 됩니다. 이웃의 입장에서는 집이 하나 세워지는 것이 재앙이고, 인근의 상인들에게는 재난이며, 행인들에게는 최소한 골칫거리이자 방해물이고, 종종 심각한 사고의 원인입니다.

우리가 세계에서 가장 통치하기 어려운 민족이라는 주장이 때때로 제기됩니다만 저는 어떤 문명화된 국가가 우리만큼 달관한 태도로 인습의 독재를 받아들이는지 모르겠습니다. 프랑스에서 사람들은 석재 운반용 수레나 낡은 석고 파편에 깔리는 위험을 무릅쓰는 한이 있어도 그런 불편을 방지할 수단을 찾으려고 하지 않습니다. 이것이 지금까지의 상황이었고, 따라서 우리는 장래에도 이런 상황이 계속되리라고 예상할 수 있습니다.

우리의 건축주들은 그렇게 공공 도로의 일부를 8개월이나 1년 동안 자신들의 것으로 만들어 모든 이웃을 성가시게 만들고, 쓰레기와 건설 자재들을 거리에 늘어놓은 채 행인들 모두에게 돌 부스러기들을 뿌리는 것이 편리하다고 생각합니다. 그러나 작업실과 목공장, 공장에서 집을 구축하는 것, 그것을 마치 한 점의 가구처럼 기성의 상태로 운반해 와 접합하기만 하면 되게 하는 것은 모든 것을 사전에 맞추어야 하고, 모든 것을 예상하고 모든 것을 시간과 장소에 따라 그 목적에 맞게 배치해야 하는 일입니다―그것은 성찰, 연구, 예견을 요구할 것입니다. 임기응변의 계획을 도입하여 집의 파사드를 거칠게 올리고 석재들은 현장에서 다듬고, 상자 모양을 만들어 세운 후 두세 달에 걸쳐 사방으로―창, 문, 난방 기기용 도관, 가스와 물을 공급하는 도관, 상점-정면, 간판, 철제 발코니 등등을 위해―개구부와 구멍들을 뚫는 것이 더 간단합니다.

우리의 행정 위원회들이 우리를 그런 진행 방식들의 사례로 삼고 있는 것은 아닐까요? 길을 내고 포장을 합니다. 사람들은 그 길로 다니면서 그것이 완성되었다고 생각합니다. 하지만 그렇지 않죠. 그들은 포장을 걷어 내고 하구도 공사를 합니다. 그러고는 다시 포장을 했다가 재차 걷어 내고 이번에는 지선 하수관이나 수도관 공사를 합니다. 가끔씩 이런 진행 방식에 불만이 제기되지만 거기에 대해 공무원들은 이렇게 대답합니다. "이 다양하게 갈리는 공공 도로들의 운영은 서로 다른 위원회들이 맡고 있습니다. 그들이 각자의 편의와 수단에 따라 일을 진행합니다." 그러면 모두가 이 반론의 여지없는 이유에 만족하고 맙니다. 우리의 주택 건축도 마찬가지 방식으로 지휘됩니다. 우리는 조적공이, 배관 배치의 감독관이, 열쇠공과 소목장이 저마다 순서대로 건물에 오고 서로의 요구에 대해서 그다지 고려하지 않기 때문에 만들고 다시 만들게 됩니다. 순서와 통합된 목적을 도입하는 것은 건축가의 업무입니다. 그러나 건축가 자신이 인습을 따르고 있고, 조적 작업을 진행시키면서도 거기에 접속되어야 할 것들을 미리 조절하지 않습니다.

우리가 여기서 하나의 견본으로, 단순한 연구로 지시한 것과 유사한 체계에 따라 설계된 구조들은 그러므로 다음과 같은 장점들을 가집니다. 그것들은 합쳐지기 전에 건설 현장과 공장, 작업장에서 거의 마무리가 되어 있고, 결과적으로 경미한 사고나 방해, 이웃에게 큰 불편을 끼치지 않고 매우 신속하게 세워질 수 있습니다. 그러나 다시 한 번 말하지만 [이런 방식이 가능하려면] 모든 것이 미리 정해져 있어야만 하는데 우리의 건축가들은 여기에 익숙하지 않습니다.

우리는 난관을 벗어나기 위해 자신의 편의에 너무 의존하는 경향이 있습니다. 이것 때문에 우리가 상당한 대가를 치러 왔고, 여전히 그러고 있다는 점을 기억해야 할 것입니다.

우리의 대도시 주택 건축에서 급진적인 혁신에 대한 이런 제안들에 대해 제기될 수 있는 진지한 반대(다른 언급에 대해서는 신경 쓰지 않습니다)가운데 비용에 관한 것이 있을 수 있습니다. 현재와 같은 상황에서는 새로운 종류의 것들이 우리가 익숙하지 않은 과정들을 요구하기 때문에 비용이 상당히 올라가리라는 점을 인정합니다. 그것은 방법과 예견의 정신이 없기 때문이기도 하고, 모두가 자신의 이웃이 앞장서기를 기다리기 때문이기도 하며, 우리의 거대한 공장들이 새로운 제조 조건에 수반되는 제품들을 제공하지 않고 주문이 올 때까지 기다리는 반면 건축가들은 이 새로운 제품들을 도입하지 않고 그것을 기다리고 있기 때문이고, 우리의 인부들이 훌륭한 시공의 전통을 상실했고, 그들이 주장하는 권리가 그들의 무능함과 정확하게 비례하기 때문, 우리가 임시변통과 타협을 선호하고 그동안 수립되어 온 것을 아무것으로도 바꾸지 않은 채 모든 것을 내던져 버리는 방식이 아니고서는 결코 행동하지 않고 말로만 단호한 개혁을 하기 때문, 모두가 비난하고 남용하지만 아무도 고양이 목에 방울을 달 용기가 없기 때문, 우리가 고집도 끈기도 없으며 사회 계층의 맨 아래서 가장 꼭대기에 이르기까지 인내심을 가지고 연구하기를 싫어하기 때문입니다.

그러나 이 모든 것에도 불구하고, 완벽하게 사전에 설계되고, 모든 부분이 순차적으로 작업실이나 주물 공장에 주문되어 접합하기만 하면 되는 구조는 설령 사용된 재료가 값비싼 것이라고 할지라도 상대적으로 적당한 가격에 세울 수 있다는 것은 의심할 바 없는 사실입니다.

파리에서 최고 비용, 즉 m²당 800 내지 1000프랑이 드는 주택들을 지을 때 들어가는 쓸모없고 비생산적인 액수를 계산해 보았던가요? 그런 엄청난 석재들에 얼마나 많은 돈이 낭비되는지 우리는 알고 있습니까? 그것은 시행착오 때문에 계속해서 변경되는 가운데 작업과 마감 과정에서 1/4이 잘려나갑니다. 거기에 상호 공통된 이해 없는 서로 다른 작업조들에 의해 이루어진 작업은 계속해서 수정됩니다. 이런 식으로 해서 들이는 비용의 1/5은 아무 소용없이 버려지는 것이라고 해도 과언이 아닙니다. 모든 부분을 미리 마련해 그 각각이 정해진 시간에 옮겨져 적절한 위치에 놓이게 되는, 그래서 아무것도 바꿀 필요가 없는 구조는 이 점만을 고려해도 그 버려질 뻔했던 1/5을 메우는 것입니다. 사실 건물의 견고한 구조에 견주어 보다 넓은 공간을 확보할 수만 있어도 그것은 가치가 있는 일일 것입니다. 그러나 제자리에 놓이기 전에 마련되고 준비된 첫 번째 구조들에 비용이 많이 든다고 하더라도 금속, 테라코타 등의 작업이 곧 수요의 확대에 비례해 점차 더 저렴한 가격에 제품을 제공하게 될 것이 확실하지 않습니까?

1840년에 목수들이 파업을 결의했습니다. 무시무시한 파업이었죠. 단 한 명의 목수도 구할 수 없었습니다. 그때까지 철 바닥은 일부 공공건물에서만 사용되고 있었고, 이것들은 공정의 특성상 매우 높은 가격으로 아주 복잡한 철 가공을 통해 만들어졌습니다. 목수들 없이 해 나가야 한다는 필요성 때문에 건축주들은 바닥재를 목재에서 철로 교체하기로 결심했습니다.

그들은 기지를 발휘해서 우선 철판을 가장자리에 가새로 놓고 회반죽 또는 회반죽과 도토를 채웠습니다. 그러고는 어떤 공장에서 이중 T자 쇠를 제조해 내서 철재 바닥의 문제는 해결되었습니다. 처음에는 목재 바닥보다 비쌌지만, 조적의 특정 부분들에서 절약하고 시공을 신속하게 할 수 있었으므로 파리에서는 곧 [목재와] 거의 같은 수준까지 비용이 내려갔습니다. 그리고 이제는 파리의 모든 바닥은 철로 만들어집니다. 이 경우 일의 시작은 목수들에게서 비롯되었습니다. 그만큼 긴급한 필요가 발생해 현재 수행되고 있는 우리의 건축 과정 대부분을 단념하지 않을 수 없게 되면 좋겠지요. 목재는 여전히 우리의 공공 및 개인 건물에서 너무도 중요한 위치를 차지하고 있습니다. 그리고 골조용 목재와 소목공용 목재는 지구상에 산재한 철광이 고갈되기 훨씬 전에 부족하게 될 것입니다. 모든 나라에서 문명의 불가피한 결과는 숲의 소멸과 유용한 재료들의 막대한 저장량이 고갈되는 것입니다. 오래되고 탁월한 문화를 가진 민족이 살고 있는 모든 나라는 숲을 잃었습니다. 소아시아, 그리스, 이탈리아, 갈리아 남부에는 더 이상 건축에 쓸 만한 나무가 없습니다. 프랑스 북부의 숲은 나날이 줄어들고 있습니다. 다음 세기가 되면 우리나라의 이 지역에 떡갈나무 숲은 사라질 것입니다. 이런 불가피한 소모를 계속 염두에 두어야 하며, 값진 재료들을 낭비하지 말아야 합니다. 30년쯤 전에 우리 나라의 소목공용 목재는 모두 샹파뉴에서 생산되었습니다. 이제는 더 이상 그렇지 않아서 우리는 이 재료를 외국에서 사 와야 합니다. 엄격하고 완고한 법규와 현명한 예견으로 우리 땅에 남아 있는 떡갈나무 숲들을 보호하고 보존한다고 하더라도 상황의 압력을 받으면 불가피하게 대지가 낳은 이 산물들은 줄어들게 될 것입니다. 또한 말이 난 김에 하는 말이지만 우리는 숲들이 복원될 수 없다는 것을 깨달을 수 있습니다. 숲이 번성하려면, 요컨대 국가의 원시적 상태가 필수적이며, 고도로 문명화된 상태에서는 바로 그 원시의 손상되지 않은 상태가 선사하는 이점 자체를 거부하지 않는 이상 그것을 되돌릴 수 없습니다. 늪이 건강해지고, 물의 흐름이 일정한 수로로 제한되며, 토지의 아래쪽 지층으로 물을 빼내게 되면―진보된 문명과 솜씨 좋은 경작에 필수적인 결과인 상태가 되면―숲이 번성하는 데 필요한 조건들은 그에 비례해 줄어듭니다. 그리고 이 조건들이 억제되면 인간의 힘으로 그것을 재건할 수는 없습니다. 문명에 의해 도입된 토양의 개선을 파괴할 수 있는 무질서와 방치가 오랜 재난의 시기 동안 지속되면 결코 자연 상태를 복원할 수 없기 때문입니다. 남프랑스를 대로를 피해 여행해 본 사람들은 이런 현상을 아플 정도로 분명하게 느낄 수 있습니다. 과거에 숲으로 뒤덮여 있던 지방들은 주민들의 경솔함으로 그 숲이 파괴되었고, 오랫동안 방치되어 있던 지역들에서 고대의 푸르름을 다시 볼 수는 없습니다. 덤불과 거친 풀들이 영구적으로 숲을 대체해 버렸습니다. 심장을 찔린 자연은 인간의 경솔함이 파괴해 버린 것을 원래대로 되돌리지 못합니다.

세벤느 지역, 몽타뉴 누아르, 카르카손과 루시옹, 아르데슈의 상당 부분은 근래까지 떡갈나무 숲으로 뒤덮여 있었습니다. 13, 14세기에 파괴의 대상이 된 이 수종은 이 지역들에서 완전히 사라져 버렸고 그 옛 숲들의 희미한 흔적은 성장이 위축된 나무들과 장작으로만 쓸 수 있는 찔레 숲뿐입니다.

그러므로 우리는 얼마 남지 않은 떡갈나무 숲을 반드시 필요한 용도를 위해 남겨 두어야 하며, 그것이 재료로서 절대적으로 필요한 경우에만 조심스럽게 사용해야 할 것입니다―해군이나 공장 등이 그런 경우입니다. 우리가 예상할 수 있는 범위가 아무리 좁고 우리가 조국의 미래의 빈영을 위해 돌볼 수 있는 것이 아무리 적어도, 잃고 난 다음에는 인간의 능력이

나 부를 가지고 복원할 수 없는 나무들을 진지하지 않은 목적에, 어쩌면 매우 하찮은 목적에 쓰는 것은 깊은 회한을 안고 지켜보지 않을 수 없습니다.

철에 대해서는 이런 논리가 적용되지 않습니다. 철광은 무한합니다. 적어도 인류가 지구상에 존재하는 한 철광에서 이 재료를 계속 얻을 수 있을 것입니다. 게다가 숲의 파괴가 조국을 황폐화시키는 반면, 철 생산은 산업 발전과 부에 등가적인 노동량을 필요로 하기 때문에 국가를 살찌웁니다. 나무가 한 그루 잘려 나가면 결코 비슷한 것으로 그것을 대체할 수는 없을 것이므로 절대적 손실이 발생합니다. 그러나 철근을 제조한다고 해서 토양에 손실이 생기는 것은 아니며, 그 생산에 필요한 대가는 노동 이외에 아무것도 없습니다. 그것은 임금을 지불한 노동의 산물로서 가격이 매겨집니다. 즉 그것은 국가의 부의 한 부분을 대표하는 것입니다. 철근이 더 많이 필요해질수록 그것을 공급하는 국가의 부는 증대됩니다. 목재가 숲에서 잘려 나갈수록 우리가 절대적으로 필요하지 않은 이상 써서는 안 되는 종류의 부가 파괴될 위험성이 커집니다. 인간의 능력으로는 복원할 수 없으니까요. 어떤 식으로 생각해도 이후로 건축에는 반드시 철을 사용할 수밖에 없습니다. 강도와 내구성, 불연성이라는 관점에서 철의 장점들을 총체적으로 연구해 볼 때, 우리의 떡갈나무를 보존해야 한다는 점차 긴급해지는 필요성과 실제 경제성에 부합하는 것은 철의 사용입니다.

그와 관련된 모든 문제가 해결되었다고 주장하지는 않겠지만 우리는 철이 좀 더 빈번하게 보다 합리적으로 사적 건축에 사용될 수 있는 방법을 제시했습니다. 오늘날 프랑스의 대도시들에서, 특히 파리에서 철재로 바닥이 건축되지만 지붕에는 그다지 일반적으로 사용되어 오지 않았습니다. 이 중 T자 쇠 덕택에 철재 바닥을 까는 것이 매우 쉬워졌습니다. 지붕의 건축에는 신중함과 연구가 보다 더 필요합니다. 이것이 철재 지붕이 드문 이유일까요? 저는 그렇게 생각하는 편입니다. 우리는 바닥의 경우와 같이 널찍하고 간단한 공식을—모든 경우에 적용될 수 있는 실용적인 수단을 발견하지 못했습니다. 시도들이 이루어져 왔고 온갖 방편이 사용되어 왔습니다. 특히 목재는 서까래의 재료로만 보자면 개인 주택과 심지어 공공건물의 지붕에서조차 철과 지속적으로 결합되고 있습니다. 위에서 언급했다시피, 탁월하고 실용적이며 경제적인 계획—훅으로 고정시킨 슬레이트나 타일에 적합한 철제 외의 사용이 약 8년 전 이래로 도입되어 왔지만 신뢰할 수 없다고 여겨진 탓으로 이 체계는 그 이래로 세워진 일부 공공 건축의 지붕에 도입되지 않았습니다. 일부 공인된 건축가들이 그들이 보기에 공신력이 떨어지는 동료들의 솜씨로 발견되고 적용된 수단들을 사용하는 데 대해 가지는 이런 이상한 편견은 센 강변 쪽으로 난 루브르 궁의 익부 일부를 해체하는 데 기여했습니다. 이런 편견이 여전히 지속되고 있으며, 같은 건축가들이 예전처럼 목재 서까래와 누름대들을 중심 철골과 뒤섞어 이 지붕을 재건하게 되리라고 추정하게 됩니다. 너무나 간단히 없애 버릴 수 있었을 가연성 재료들의 존재를 통해 건물에서 건물로 불이 옮겨 붙는 것을 볼 위험을 감수하면서도 말이죠. 그러나 그들은 이렇게 말하는 것이 합당하다고 생각합니다. "파리의 모든 공공건물들과 그 안에 들어 있는 보물들이 모두 불타 버리는 편이, 숭고한 예술의 진정한 수호자들의 성소 밖에서 발명되고 쓰이게 된 구축 방법의 가치를 인정하는 것보다 낫다."

철제 외가* 목재 서까래와 누름대들을 대체하게 되는 일이 있을 법할 뿐 아니라, 그렇게 되면 철골에서의 새로운 조합이 도입될 것입니다. 사실 이

---

* 이 외의 특허권은—그 가치로 인해 메달을 받은 매우 주목할 만한 그 견본이 1867년에 전시되었습니다—대장일 도급업자인 라샹브르에게 있습니다.

체계는 지붕 표면에 완벽한 강도와 응집력을 부여한다는 장점이 있으며, 따라서 그 안정성에 크게 기여합니다. 이 외를 사용한 덕분에 중심 부분들의 무게를 줄일 수 있습니다. 또한 일반적인 누름대보다 비용은 더 들지만 현명하게 사용하면 중심부의 하중을 줄인 대가로 그만큼의 비용을 상쇄할 수 있습니다. 현재 도입된 체계들에서는 목골이든 목재와 철재를 혼합한 것이든 서까래는 건축물의 안정성에 기여하지 않는 사하중이며, 사실상 금속이나 슬레이트 혹은 타일 덮개, 루핑의 외와 석회 천장만을 받치고 있을 뿐입니다. 이 석회에 둘러싸여 있는 목재들은 태양으로 인해 발생한 엄청난 열기와 대기 중의 습기에 노출되어 매우 빨리 부식하고 엉성한 단열효과만을 제공합니다. 따라서 그와 같은 지붕 아래서 우리는 여름이면 열기에 숨이 막히고, 겨울이면 추위에 떨게 됩니다. 철과 목재를 섞어 쓴 지붕은 통상 복잡한 체결 구조를 필요로 하며, 그것은 상당 부분 현장에서 이루어져야 하므로 오랜 시간이 걸립니다. 대장장이의 작업이 끝나면 목수와 슬레이트공의 순서입니다. 목재 서까래들을 철골에 고정시키는 데는 종종 매우 불충분한 방편이 쓰이며, 작은 사고들이 불가피합니다.

반대로 우리가 앞서 연구한, 모든 경우에 적용 가능하며 작업실에서 완전히 조정할 수 있는 체계를 도입한다면 보다 균형 잡힌 작업이 보장되며, 건축 자체에서도 작업에 들어가는 시간이 엄청나게 줄어들게 됩니다. 이제부터 살펴볼 배치의 견본들에서 이를 예시할 수 있을 것입니다. 그림 13을 폭이 12m인 건물에 45도 각도로 놓인 지붕 AB의 일부라고 합시다. 전면 벽들이 지어져 있고, 분리벽이나 철골 칸막이들은 파리에서의 관습에 따라 6m 간격으로 놓인 벽난로들과 바닥 부분에 맞추어지도록 배치되어 있습니다. 길이 AB는 사전에 정확히 확인되어 있을 것이고, 그 용마루도 마찬가지입니다. 내력벽 위로 철판 용마루대와 L자 쇠를 제자리에 고정시키기

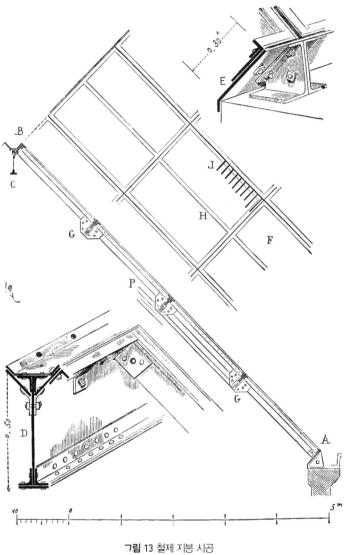

그림 13 철제 지붕 시공

만 하면 됩니다(세부 D 참조). 작업실에서 폭이 최소 1.8m, 최고 2m인 길이 2m 정도의 골조들이 준비됩니다. 이 골조들은 각기 그 외를 받칩니다. 그 골조들의 측면은 0.18~0.20m 폭에 0.006m 두께의 철판으로 만들어지고 위쪽 테두리 안쪽으로 L자 쇠가 들어갑니다(세부 E 참조). 이 부분들은 G에서 보듯 아래쪽에서 돌출한 앵글 플레이트들로 접합됩니다. 이 플레이트의 기능에 대해서 짚어 보겠습니다. 건물에 쓰인 문제의 골조들은 지붕 경사면의 길이 때문에 네 개씩 볼트로 접합되며, 한 쌍의 두발 기중기로 들어올릴 수 있는 견고한 평면을 제공합니다. 골조의 첫 번째 줄이 고정되고, 두 번째 줄을 제자리에 놓은 후 그것을 첫 번째 것에 볼트로 고정시킵니다(F 참조). 이 골조들은 각각 중앙에 서까래 H가 있으며, 그것은 단일한 T자 쇠, 그 위의 플랜지로 구성됩니다. 외 I는 이 플랜지들과, 골조들의 L자 쇠에 고정됩니다. E의 세부에서 보듯 이렇게 접합된 네 개의 골조가 한 장을 이루어 A에서 물받이 위에 놓이고, D의 세부에서처럼 용마루 아래 B에 볼트로 고정됩니다. 두 부분이 서로를 지지하는 만큼 엄밀히 그것들은 용마루가 없어도 됩니다. 용마루는 그저 설치를 용이하게 해 주고 펼쳐지려는 경향을 없애는, 결국은 하나의 분리벽과 또 다른 분리벽 사이에서 만들어질 수 있는 추력을 없애는 역할을 할 뿐입니다.

이 골조들이 결합된 방법, 서로 절대적으로 결합되도록 한 방법을 검토해 보고, 단일한 한 장이 모든 방향에서 견고함을 유지할 수 있다고 여겨지는 넓이만큼 지붕 부분을 만듭시다.

그림 14의 A는 골조 앵글의 체결부 입면도이며, B는 중계 서까래를 이 골조의 횡단 칸막이들의 철판에 고정시킨 것입니다. 앵글 플레이트 C는 0.01m 두께의 철판들로 이루어져 있으며, 투시 도법으로 그린 세부 G에서 보는 것처럼 구부러져 있습니다. 그것은 분리된 채로 네 개의 골조를 이루

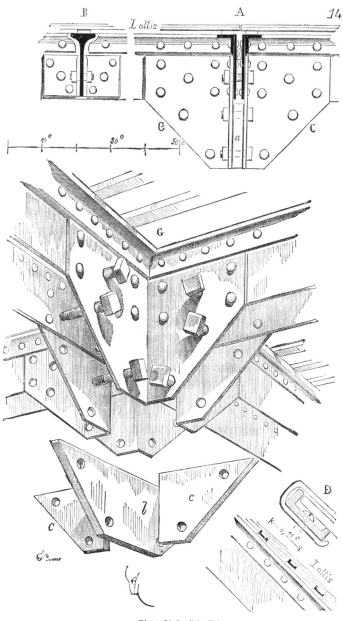

그림 14 철제 지붕 세부

고 이 L자 쇠로 접합해야 합니다. 전체 체계의 견고성이 달려 있는 체결이 완성될 수 있으려면 리벳의 머리 부분이 겹쳐져서 그것을 불완전하게 만들어서는 안 됩니다. 그러므로 a에서 보듯 접합부들은 서로 떨어져 있고, 그 간격은 철판이나 쿠션 b의 길이 방향, 두 개의 쿠션 c를 가로지르는 방향으로 주어집니다. 나아가 L자 쇠 아래에는 A에서 보듯 작은 쐐기가 놓여 위 부분이 단단히 맞추어지도록 고정시킵니다. 체결이 특히 앵글 플레이트의 끝 부분에서 절대적으로 단단하게 유지되기 위해서는 쿠션들을 흰색이나 붉은색 퍼티로 완전히 코팅한 거친 종이로 싸는 것이 바람직합니다. 전체 체계의 강도는 사실 골조들의 앵글에서 볼트를 완전히 조이는 데 달려 있습니다. 몇 개의 볼트는(측면의 두 개, 서까래의 L자 쇠에 두 개) 또한 골조의 견고함에도 기여할 것입니다. 그렇게 작업실에서 마련된 지붕의 부재들은 신속하게 제자리에 고정될 수 있으며, 대장공들에 이어 즉각 슬레이트 공들이 작업을 해 나가게 됩니다. 골조가 그 외를 받치고, 지붕의 같은 부품은 모든 같은 크기이므로 외는 문제없이 끝에서 끝까지 들어맞을 것이기 때문입니다. 이 철제 외들의 단면 절반을 E에서 볼 수 있으며, 그것들은 0.11m(슬레이트의 겹침) 간격으로 떨어져 있습니다. 거기에는 위의 것이 아래에 놓이는 것보다 0.004m 높은 두 개의 플랜지가 제공되어 슬레이트 상단부에 박히고, 각기 구리 후크로 고정되게 됩니다. 이런 슬레이트 체계는 15년 전부터 시도되어 왔으며 매우 만족스러운 것으로 입증되었습니다. 이런 식으로 놓인 슬레이트들은 극심한 돌풍에도 견딥니다. 그것들을 부분적으로 또는 전체적으로 깔고 걷어 내는 일은 매우 쉽고 신속하게 수행되며, 깨진 슬레이트를 하나나 여러 장 교체하는 데 못이나 새로운 후크가 필요하지 않고, 어느 인부든 금방 수리할 수 있습니다. 각각 경간이 0.9m에서 1m 정도 되는 외는 사람이 밟고 서도 휘어지지 않고 유지되며, 슬레이트공들을 위한 사다리 발판 역할을 합니다. 이 외들은 나사로 L자 쇠와 중계 서까래에 고정됩니다. 이 나사의 머리는 아래쪽 플랜지의 돌출 때문에 슬레이트에서 떨어져 있습니다. 두께가 0.004m인 쐐기가 이 외를 L자 쇠와 서까래로부터 떨어뜨려 구리 후크가 들어갈 자리를 마련해 준다는 것을 이해해야 할 것입니다. 지붕을 안쪽에서 붙이고자 한다면 그림 13의 P에 나타난 것처럼 종축의 쿠션 b 대신, 붙여야 하는 지붕의 모든 부분을

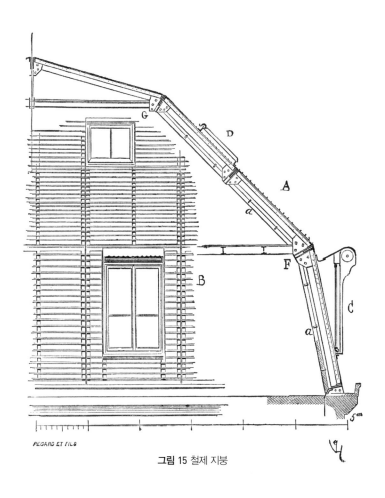

그림 15 철제 지붕

위해 평철 바들을 가로로 놓는 것으로 충분합니다. 그러고는 이 바들을 철제 가새와 꺾쇠로 결합하고 골조 아래로 이 안쪽을 석회로 채우는 것입니다.

이런 골조 체계는 직선 지붕들에 적용될 수 있지만, 골조들이 일종의 아치를 형성하게 되는(그림 15) 다각형 지붕에는 더욱 잘 들어맞습니다. 그림 A는 폭 12m 건물을 덮고 있는 다각형 지붕의 절반을 단면으로 보여 줍니다. 그림 B는 그 외부로서 지붕창, 천창과 외를 볼 수 있습니다. 얇은 철판으로 이루어진 이 지붕창 C를 추가적인 노동과 시간을 들이지 않고서도 지붕 골조에 고정시키는 방법은 쉽게 이해할 수 있습니다. 천창 D에 관해서도 마찬가지입니다. 짝을 이루는 철판 F와 G는 필요할 경우 바닥 장선들을 고정시킬 수 있고, 그러면 연결보를 이루게 됩니다. 그러나 F 높이에서의 바닥을 위해서는 바닥 장선들을 벽이나 철골 내력벽에 묻는 편이 더 유리한 것은 분명합니다. 이 루핑 방법을 이 이상 요구할 필요는 없을 듯합니다. 그 장점은 곧 알려지게 될 것입니다. 작업실에서 신중하게 시간을 들여 준비해야 하기는 하지만 작업은 모든 부분에서 간단하기 때문입니다. 또한 전체가 신속하게 자리 잡아 올라가기 때문에 건축 작업 자체에서 노동이 크게 절약되고, 현재의 방식처럼 여러 부분을 맞추어 보고 수정할 필요가 없습니다. a는 언더실링의 단면으로 지붕을 독립적으로 남겨 둡니다.

우리의 건축가들은 산업의 발전이 가능하게 해 주는 시공 방법들을 빨리 익힐 필요가 있습니다만 간과하지 말아야 할 또 다른 문제가 있습니다. 이 수단들을 기후 조건과 지역의 풍습에 따라 적절히 이용하는 것입니다.

파리에서 건설이 얼마간 작위적인 발전을 선보이기 시작한 때부터—사람들의 머릿속에 완전한 재건이라는 관념이 생겨났고—각 지방의 모든 중심지가 그런 사례를 따라야 한다는 생각에 사로잡혔습니다. 우리의 모든 대도시는 지난 15년간 신작로와 대로를 내는 것만을 생각했고, (파리의 거대한 임대 주택을 모형으로 삼은) 시공자들은 남부와 북부에서 우리가 간선 도로들을 따라 세워지는 것을 보았던 것과 정확히 같은 구조물을 세우기 시작했습니다. 마르세유의 라 졸리에트 항 인근에는 투기자들이 파리풍 주택들을 지었습니다만 그것들은 사람이 살 수 없는 것이었고, 실제로 아무도 들어가 살지 않았습니다. 그러나 어떤 기후에 들어맞는 것은 확실히 다른 기후에 적합하지 않습니다. 파리에서 연중 3/4에 해당하는 기간은 안개가 끼고 기온이 중간 정도입니다. 거친 바람이 좀처럼 불지 않고, 엄청나게 뜨거운 날도 별로 없습니다. 그런 기후에서는 커다란 창을 많이 낼 필요가 있고, 벽들은 수증기와 열악한 환기에 저항할 수 있습니다. 마르세유, 툴롱, 그 밖에 남부 도시들은 일반적으로 그와 다릅니다. 이 지역은 폭풍이 잦고 그 강도가 무시무시합니다. 태양의 열기도 엄청나서 그로부터 보호하기 위한 특별한 예방책을 마련해야 합니다. 또한 순수하고 선명한 빛은 강력해서 창을 작게만 내도 방을 충분히 밝힐 수 있습니다. 비바람을 피할 수 있는 충분한 장소, 상대적으로 좁은 거리들, 때로는 강력한 환기 수단, 미스트랄로부터 거주자들을 보호해 줄 좋은 창문 덮개, 태양 광선도 바닷바람의 수증기도 통과할 수 없는 벽들, 그늘과 평온한 공기가 가장 필요한 것들입니다. 파리의 주택으로는 결코 이런 요구들을 충족시킬 수 없음이 명백합니다. 그런데도 알제에까지 우리의 리볼리가에 있는 것들과 비슷한 건물들이 세워집니다. 기후 조건을 무시하고 모방에 대한 열광을 이보다 어처구니없이 밀어붙이기도 어려울 것입니다. 알제리의 가장 초라한 집이 이 파리풍의 수입 건축보다 그 지역성에 의거해 살기에는 적당합니다. 후지는 바람이나 태양, 먼지나 수증기, 때때로 북아프리기 해안에서 매우 날카로운 추위로부터 효과적으로 보호해 주지 못합니다.

그러나 우리의 젊은 건축가들의 관심을 이런 문제로 돌리는 데 누가 관심이나 있습니까?

유럽에서 프랑스만이 지역성에 대한 합당한 고려에 의해 제안되는 방법들을 버린 나라는 아닙니다. 이탈리아와 스페인, 독일—이 나라는 스스로 누구보다 합리적으로 추론할 수 있으며, 고대의 이스라엘 민족처럼 자신들만의 깨달음과 신을 가지고 있다고 생각합니다만—, 스위스 모두가 많은 경우에 기후 조건을 오랫동안 관찰한 결과 수립된 전통을 제쳐 놓고, 고전을 주장하지만 어느 모로 보나 불편하고 원리에 위배되는 건축을 도입해 왔습니다. 영국은 어쩌면 유일하게 주거 건축에서 어떤 흔한 고전적 형태들에 대한 열병에 걸리지 않은 나라일 것입니다. 그러나 영국인들은 대단히 실용적인 민족이고 앞으로도 계속해서 그럴 것입니다. 그리고 그들이 추론의 기술을 지니고 있음을 독일인들만큼 과시하지 않는다면 그들은 본능적으로 실용적이고 올바른 방법을 따라 나아갈 것입니다. 양식이 그들을 이끌고, 그들은 독일인들의 현학을 모릅니다. 런던의 주택들은 일반적으로 아름답지는 않지만 그 평범함은 허세와 연합되어 있지 않습니다. 그 실내는 편리하고, 주거자들의 필요와 기후 조건에 따라 완벽하게 잘 배치되어 있습니다. 베를린의 집들은 그렇지 않습니다. 독일 제국 수도의 개인 주택들에서조차 우리는 예술의 요구도 지역의 풍습도 혹독한 기후에 대한 대비도 만족시키지 못하는 의사-고전주의 취미에 대한 어떤 양보를 발견합니다. 독일의 건물들에는 공공의 것이든 개인의 것이든 북독일 사람들이 만들어 낸 물건들에서 보는 것과 같은 현학 취미가 있습니다. 북독일산의 그 물건들의 훌륭한 품질은 정평이 나 있으며 지금 이 시점에서 그 누구도 거기에 반론을 제기하지 않습니다.

백이십만(douze cent mille)[5] 명의 사람들과 더불어 그에 비례하는 포병

대, 읍과 마을의 화력의 비호를 받고 있다고 스스로 주장하는 미덕들에 대해서 논쟁하려면 그에 도전하여 논쟁을 이어 갈 준비가 되어 있는 사람들이 백팔십만은 있어야 하는 것입니다.

제네바 시는 한때 그 지방의 특수한 기후에 놀랍도록 잘 맞추어진 주택들을 가지고 있었습니다. 제네바에서는 극단적으로 기온이 오르고 내리기를 반복합니다. 몇 달 동안은 종종 매우 혹독한 추위가 찾아오고, 여름은 일반적으로 매우 덥습니다. 폭풍도 잦고 강력하며, 세찬 돌풍을 타고 날리는 눈은 그 도시에서 때로 1m까지 쌓입니다.

제가 언급하는 옛 주택들은 두세 채 정도만이—지난번 화재로 소실되지 않았다면—남아 있는데, 석조로 된 정면벽 앞에 일족의 목재 비계가 결합된 형태입니다.

그림 16에서 보이는 이 비계는 그것이 떠받치고 있는 지붕 높이까지 솟아 있는 포르티코를 형성합니다. 상점들과 집의 각 층들은 그렇게 해서 거친 바람과 태양 빛을 완전히 피할 수 있고, 전면벽은 건조한 상태를 유지할 수 있죠. 진눈깨비가 창유리를 때리는 일은 결코 없죠. 도로를 가로막는 일도 없고, 포르티코의 높이 덕분에 공기와 빛이 부족하지도 않습니다. 이 특이한 스타일의 구조는 산악 지역 주거의 전통을 유지하고 있습니다. 그 외부의 목조 구조가 각 층에 갤러리를 제공하면서 비바람을 피하게 해 주는 것입니다. 그러나 그와 같은 배치는 전나무가 많이 나는 지역에서만 지을 수 있는 것이 분명합니다. 오늘날 제네바에서는 리옹에 지어지는 것과 같은 집들을 짓는데, 그것은 결국 파리의 집들과 같은 것들입니다.

---

5) 'douze cent mille'은 뤼크 뒤르탱(Luc Durtain, 1881-1959)이 1922년에 출판한 첫 번째 장편 소설 제목이다.

그림 16 비바람을 피하게 해 주는 제네바의 옛 주택

17세기 이래로, 프랑스와 유럽 대부분의 도시에서 기후와 지역의 관습에 따라 채택되었던 옛 배치들은 점차 사라져 가고 있습니다.

이런 획일성에서 예술이 무언가 얻었습니까? 혹은 '특유의 민족성'과 '자주성'에 대해 그토록 많은 것들이 거론되는 한 시대는 각국이 자신의 습관과 기후에 어울리는 건축 형태들을 재개하는 시기여야 하는 것이 아닐까요? 또한 이것은 건축가들이 그러한 지역적 조건들에 대해 연구하고, 대개는 누구도 살지 않았거나 살 수 없는 비놀라며 팔라디오, 로마의 궁들을 잠시 잊고 자신들의 도면을 그러한 조건들에 맞추는 시기여야 하지 않을까요? 그러면서 고대의 미술에 관해서는 그 외적 형태들이 아니라, 공공 건축이든 개인 건축이든 그 건축주를 이끌었던 양식(良識)에 주목해야 하지 않습니까? 이 질문에 대해 아무런 대답도 주어지지 않으리라는 것을 저는 잘 알고 있습니다. 우리의 건축가들은 '위대한 예술'과 '취미'를 들먹이는 데 만족할 것입니다. 그러나 그것으로는 집을 보다 잘, 보다 건강에 유익하게 지을 수 없을 것입니다. 이 문제에 대하여 다른 많은 경우에서와 같이 대중이 주도권을 쥐고 자신들의 진정한 이해가 달려 있는 문제를 스스로 생각하지 않는 이상은 말입니다.

19강

주거 건축 — 전원주택

어떤 종류의 건물에는 피라미드의 원리가 적합하지만 일반적인 주거에는 적용할 수 없습니다. 시장 건물이나 회의실과 같은 공공 용도의 다양한 건물에도 마찬가지로 적합하지 않습니다.

주거에 본질적으로 필요한 것은 가장 효과적이고 단순한 수단으로 충분히 보호받는 공간입니다.

북부의 기후에서 주거 건물의 구축 원리는 그림 1의 형태로—네 개의 벽과 물매 지붕으로 이루어집니다.

지난 반세기 동안 우리의 대도시들에서 그림 2에서 보듯 최상층이 전면 벽의 선상에서 뒤로 물러나도록 하는 배치가 도입된 것은 아마도 상대적으로 좁은 거리에서 공기와 햇빛이 지면까지 도달하도록 할 필요 때문으

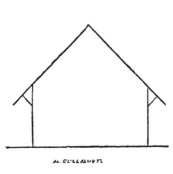

그림 1 돌출식 지붕 그림

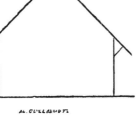

그림 2 후퇴식 지붕

로 정당화할 수 있을 것입니다. 그러나 이렇게 물러나는 층으로 인해 지붕이 전면벽을 보호하지 못하는 상황이 발생하고 아래층들이 눈과 비에 손상을 입게 되는 것은 명백합니다. 도로가 넓을 경우 그림 3에 제시된 배치가 훨씬 바람직하다는 것은 역시 잘 드러납니다.

우리는 전 강의에서 매우 넓은 도로에 인접한 집들에서 코벨의 돌출부가 제공하는 장점들에 대해 이야기했고, 그 주제를 다시 거론하지는 않겠습니다.

그러나 도시 주거들에서조차 명백한 이런 장점들도 모든 경우에 보장되는 것은 아니며, 특히 문제의 주택 높이에 비해 협소한 거리로 공기와 빛을 들여야 할 경우에는 더 그렇습니다. 반면 시골에 지어지는 집들의 경우 우리가 그 장점들을 한껏 이용하는 데는 아무런 장애도 없습니다.

그림 4에서 윤곽선 A의 집이 B의 집보다 효과적으로 기후적 요인들에 저항하고 거주자들을 비바람으로부터 보호하리라는 것은 누구도 의심할 수 없습니다.

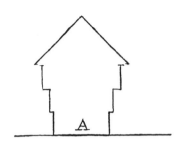
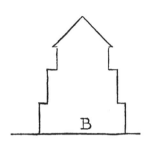

그림 3 주택─기본 원리들   **그림 4** 주택─기본 원리들

　기후적으로 주거의 안전에 너무나 불리한 조건이 조성되어 있어서 그로부터 보호하기 위한 특수한 수단을 도입해야만 하는 상황들이 있습니다. 이를테면 알프스의 고지대 계곡들에서는 연중 너덧 달 동안 1m 이상 눈이 쌓여서 거주자들은 특별한 예방책을 마련해 스스로를 지켜야 하고 폭설에 대비해 가정용품들을 저장해 두어야 합니다. 그러므로 샬레(chalet)의 경우 1m 이상 높이로 네 개의 석재 블록을 쌓아 올려 문간을 쌓인 눈보다 높이 올린 것을 보게 됩니다. 그렇게 되면 눈이 녹으면서 집 안으로 흘러들지 않습니다. 그렇지 않으면 1층을 견고한 조적조로 만들고 그 위로 지하층보다 돌출한 주거용 층을 짓게 되는데, 그것은 목조 혹은 차라리 통나무들을 층층이 쌓아 올리고 모서리 부분에서 장부 맞춤을 한 것입니다. 수 세기가 지나가지만 이 건물들의 스타일은 어떠한 변화도 겪지 않는데, 문제의 지역에서는 기후를 유파의 편견들보다 훨씬 긴급하게 고려해야 하기 때문입니다. 우리는 한니발이 알프스의 고개를 넘을 때 지금도 여전히 그 산맥의 길목에 세워져 있는 것과 유사한 샬레들을 보았을 것이라고 합리적

으로 추정할 수 있습니다. 어쨌든 그곳에는 날씨가 그보다는 덜 궂은 지역들에서 지역적 조건들을 거스르면서까지 했던 것처럼 파리 인근의 저택들이나 영국 교외의 코티지(cottage)가 지어졌던 적은 결코 없습니다. 우리는 칸에서 '교외 주택'을, 마르세유 인근 지방에서 슬레이트 지붕을 얹은 작은 탑들을, 파리 인근에서 (실제로는 잡석으로 쌓은 벽들에 널빤지를 붙여 지은 것이긴 해도) 샬레들을 보게 되지 않습니까? 이런 … 터무니없는 집에 사는 선량한 사람들은 실제로 매우 무관심하게 그곳에 삽니다. 여름이면 구워질 정도로 덥고, 겨울이면 얼어붙도록 추운 데다 해마다 봄이면 엄청난 수리비를 들여야 하지만 그들이 얻는 보상이라고는 센에서 마르세유로, 런던 인근에서 칸으로, 스위스에서 파리로 수입해 온 집에서 산다는 기쁨 외에는 없습니다. 우리는 예의상 그런 만족감이 그들의 건강에 도움이 되고, 편안한 주거를 포기한 것을 정말로 충족시켜 줄 것이라고 생각하지 않을 수 없습니다.

이런 것들이 도시에서 고려함직한 기후의 특정한 조건들이라면 그런 조건들은 고립된 건물들이 특히 혹독한 기후에 노출되는 시골에서는 보다 더 긴급한 문제가 됩니다. 그곳에서는 수리가 어렵고 혹은 어쨌든 수리가 종종 지연되며, 집에서 살 수 없게 되었을 경우 최후의 수단이—가구가 구비된 숙소가—없습니다. 그럼에도 지난 수년간 시골의 주거에 필수적인 조건들은 많은 경우 묵살되어 왔습니다.

이들 주거 중 어떤 것들을 보면 그 집들의 유일한 목적은 풍경을 장식하고 관광객들을 즐겁게 해 주기 위한 것이 아닌가 하는 생각을 하게 됩니다. 마치 예카테리나 대제가 러시아의 스텝 지대를 순방할 때 그의 조신들이 판지로 만들었던 마을들처럼 말이죠. 태양이 너무 강렬하게 빛나지 않을 때, 밤이 온화하고 평온할 때, 비도 바람도 없을 때 널빤지로 지은 수로

변의 샬레들과 지중해 연안의 판지로 지은 성들, 아르카숑의 '시골집들'은 환상처럼 살 수 있는 주거입니다. 그러나 더위와 폭풍, 미스트랄이나 안개가 발생하면 우리는 성은 아니라도 이웃 마을의 작은 여인숙을 아쉬워하게 됩니다.

제가 여기서 언급하고 있는 것은 시골의 일반적인 주택들에 한정된 것일 뿐, 거주자들이 쾌적하게 살고 있는 크고 훌륭한 영주의 저택이나 성을 이야기하는 것이 아님을 이해해 주십시오. 제가 특별히 일반적인 시골 주택들에 주목하는 것은 그 숫자가 많고, 이런 종류의 건물에 대한 취미가 지난 반세기 사이에 매우 널리 확산되어 왔기 때문입니다. 그러나 건축의 영역을 그러한 무질서가 지배하고 있고, 주택을 짓는 사람들이 이처럼 기이하고 유치한 환상들을 가지고 있기 때문에 평균적인 규모의 시골집의 요구를 완전히 충족시키는 집들은 지극히 드뭅니다.

이 요구에 부합하는 두 가지 다른 방법이 있습니다. 저는 그중 하나를 영국식으로, 다른 하나를 프랑스식 방법으로 부르고자 합니다.

영국식 방법은 소유주의 취미나 편의에 따라 한두 개의 방들로 이루어진 작은 건물 블록들을 결합하는 것입니다―종종 1층만으로 이루어지고 대칭성에 대해 전혀 고려하지 않습니다. 이 블록들 각각은 그 안에 배치된 방에 부합하는 높이로 지어지고 선호되는 방향으로 창문을 내며, 각 구역으로의 이동이 상당히 편리하게 구성됩니다. 이와 같이 시골에서 살기 위한 주거의 평면도에서 우리는 영국인들의 특징인 실용적 양식의 인상을 받게 됩니다.

프랑스식 방법은 건물을 하나의 파빌리온으로, 즉 견고한 대칭적 블록 하나로 짓는 것으로 이루어집니다. 여기에는 나앙한 편의 시설들이 영국식 평면도에서처럼 흩어져 있는 것이 아니라 같은 지붕 아래 여러 층으로 통합되어 있습니다. 이것은 프랑스에서 오래된 전통적 방법으로 나름의 장점이 있습니다. 진정한 프랑스의 전원주택은 16세기의 프랑스식 샤토 드 플레장스(château de plaisance)의 축소판입니다. 마치 영국의 전원주택이 중세 영주의 장원의 축소판이고 그 건물 블록들이 거주자의 편의에 따라 다양하게 배치되어 있듯이 말입니다. 프랑스의 일부 부동산 소유자들은 실제로 영국식 스타일을 도입하려고 했습니다만 저는 이런 느슨한 배치가 우리의 관습에 부합한다고 생각하지 않습니다. 후자에 변화가 있다면 모르겠지만 그럴 가능성은 거의 없으니까요. 영국식 방법은 긴밀한 관계들 속에서도 일종의 독립성을—우리에게서는 좀처럼 찾아볼 수 없는 개인적 고립을 보존합니다. 프랑스 인들이 서로 친근한 우정의 바탕을 발견하거나, 아니면 그렇다고 상상할 때 그들은 모든 것을 공유하고 그들의 개별성을 철저하게 희생하는 경향이 있는 듯합니다. 비록 너무 급격히 형성된 친밀성이 의견의 불일치를 낳고 충분히 폭력적인 결과를 초래하는 싸움을 낳고는 하지만 말입니다. 그러나 여기에는 좋은 면도 있으므로 이를 우리가 가진 최악의 결함이라고는 할 수 없습니다. 하지만 한 가족이 혹은 심지어 진정한 벗들이 모일 때, 그들의 공통의 삶이 가능한 한 집중되는 것은 바람직해 보입니다. 주거 공동체를 엄밀히 준수할수록 더 좋습니다. 그러므로 프랑스 인에게 전원주택은 일종의 공동의 텐트로, 입주자들은 모두 동일한 일상의 관습을 따릅니다 우리에게 전원주택에서의 삶은 모두가 서로의 목소리가 들리는 범위 안에 있을 때, 방들이 밀접하게 붙어 있고 칸막이나 바닥을 너머 대화가 오갈 수 있을 때 비로소 활기차고 유쾌한 것입니다. 따라서 시골에서의 은거를 즐기도록 프랑스 인들을 설득하기는 어려울 것입니다. 그곳에서 서로 간에 화목한 이해를 유지하는 최상의 방법은 이런, 하루 내내 강요되는 접촉을 피하고 적당한 독립성을 유지하는 것이니까요. 물론 저는 예외적인 경우에 대해서는 이야기하고 있지 않습니다. 평균적인 수준의 프랑스식 전원주택 유형이 어쨌든 지금까지 파비용(pavillon)이라고 불려 왔고 앞으로도 계속 그럴 것이라는 점은 우리의 생활 습관의 결과입니다. 건축가는 세간의 아첨에 빠지지 않고 [주어진] 환경 속에서 최선을 다해 기존의 관습을 따르고, 동시에 건강에 관련한 문제, 주거를 보존하는 철저하고도 쉽게 활용할 수 있는 수단은 물론 프로그램의 진정한 조건들을 조심스럽게 연구하는 것입니다.

매우 드물게 예외는 있지만 시골집의 1층은 반드시 토양의 습기에 영향을 받습니다. 따라서 가장 세심한 예방책을 도입해 불편을 피해야 합니다. 그리고 이 문제에 관련해 건강에 관한 또 다른 주의 사항이 있으므로 주목을 요합니다.

시골집, 농가를 살펴봅시다. 1층은 바깥의 지면과 같은 높이이거나 심지어 더 낮게 형성되며, 지하실은 없지만 여기 사는 사람들은 고령이 될 때까지 류머티즘조차 앓지 않고 살아갑니다. 하지만 도시 사람은 그곳에서 한 주만 지내며 잠을 자도 온몸의 관절이 아프겠지요. 이런 습한 환경에서 나고 자란 사람들은 확실히 그런 불편을 느끼지 않습니다. 그러나 대도시의 매우 건조한 방에 익숙해져 있는 사람이 문제의 상황에 한시적으로 처하게 되면 이야기는 달라집니다. 그런데 전원주택들은 대도시에서 태어나 그곳에서 주로 시간을 보내는 사람들이 연중 일정 기간만 살게 되는 곳이므로, 그들이 이런 위험한 변화에 노출될 필요는 없습니다. 도시보다 맑은 공기를 원해서 시골을 찾는 그들이 전혀 익숙하지 않은 습기의 발산에 맞닥뜨려서는 안 됩니다. 우리 도시 거주자 중 다수가 고통받고 있는 류머티즘 증상이 상당 부분이 그들이 여름을 보내는 전원주택의 건강에 해로운 상태에서 너무나 자주 기인하는 것은 의심의 여지가 없습니다. 비록 침실은 일반적으로 1층에 있지 않지만 응접실들—낮 동안, 그리고 특히 저녁 시간을 보내는 방들—은 바깥 지면의 높이보다 거의 높지 않습니다. 이 방들의 벽은 종종 바닥에서 1m 높이까지 초석이 생기고 해마다 봄이면 그림을 교체해야 합니다. 밤이면 1층 이 구석 저 구석에서 버섯들이 솟아나는 것을 관찰하지 못한 사람이 있습니까? 그 밖에도 종종 얇고 되는 대로 지은 벽들은 비바람을 거의 혹은 전혀 막아 주지 못하고, 마를 줄 모르는 습기를 잔뜩 머금고 있다가 더운 낮이 지나고 밤이 되면 실내에 그것을 뿜어냅니다. 사실상 텐트에 사는 것이 이보다 나을 것입니다.

이런 불편하고 위험하기까지 한 만일의 사태들을 피할 목적으로 북부의 특정한 고장들에서는 비바람에 노출되는 측면 벽들을 너새 (shingle/bardeaux)나 슬레이트로 덮었습니다. 그러나 벽을 가장 잘 보호해 주는 방법은—그리고 보수가 가장 덜 필요한 방법은—지붕을 충분히 돌출하게 만들어 빗물이 벽을 타고 흐르지 않고, 태양이 벽 전면에 너무 강렬하게 내리쬐지 않을 수 있게 하는 것입니다. 태양 빛으로 엄청나게 달구어진 0.4~0.5m의 연석 벽조차도 비를 동반하는 폭풍이 발생하면 매우 깊이 물을 흡수하게 될 것입니다. 수분을 머금은 석재의 바깥쪽 면은 신속하게 그것을 증발시키지만 벽의 중심까지 도달한 습기는 실내까지 전달됩니다. 격렬한 폭풍이 지나간 후 사나흘이 지나서 우리는 종종 바깥쪽 벽은 완전히 말라서 다시 먼지가 붙어 있지만 안쪽은 너무 습해서 도배지가 젖어 있는 것을 본 적이 있습니다.

우리는 또한 사용된 재료의 성격을 고려해야 합니다. 석재의 경우 결이 거친 석회석이 어쨌든 최고입니다. 다공성이기 때문에 가장 빨리, 가장 깊은 곳까지 건조되기 때문입니다. 반면 사암은 벽이 두꺼울 때도 상당량의 수분을 머금고 있어서 그것이 지속적으로 실내로 스며듭니다. 매우 치밀한 재료들, 예컨대 '프로아드'(froides)[차가운]라고 불리는 종류의 석회석은 심각한 단점을 가집니다. 이 종류의 돌은 외부의 기온이 높아질수록 안쪽은 차갑고 습기가 많아집니다. 벽돌은 사실상 가장 좋은 재료 중 하나로, 특히 벽이 어느 지점에서도 벽돌의 길이보다 두꺼울 경우 그렇습니다. 코팅에 관해서는 모르타르가 회반죽보다 기후에 훨씬 잘 버티지만, 습기를 훨씬 더 빨리 전달합니다. 모르타르 코팅은 비바람을 맞지 않도록 해야 합니다. 이런 조건하에서만 그것이 잘 보존되며, 적절히 다루어졌다면 오래된 것일수록 좋습니다.

시골에서 두꺼운 떡갈나무 혹은 심지어 전나무 널빤지 골조가 적절히 비바람으로부터 보호되고 벽돌로 채워진다면 추위와 습기, 열기를 훌륭하게 막아 주며, 특히 외장을, 그중에서도 수평재들을 너새나 슬레이트, 심지어 겹쳐 놓은 누름대 등으로 덮을 경우 그렇습니다. 섬유질로 저지되는 습기를 머금는 것은 수평재들뿐이기 때문입니다.

지붕 덮개로는 슬레이트가 상당히 두껍지 않은 한 그보다는 언제나 기와가 선호할 만합니다. 함석에 대해서는 이야기하지 않겠습니다. 그것은 바람에 손상되기 쉽고, 수리가 어려우며, 지붕을 냉기나 열기의 효과로부터 보존해 주지 않기 때문에 덮개로서는 최악입니다.

이런 점들을 헤아려 볼 때, 건강과 지속성을 고려해 최고 상태로 시골에 집을 짓기 위해서는 외부의 공기가 어떻든 건조하고 일정한 온도를 유지할 필요가 있습니다. 이런 결과를 보장하기 위해 핵심적인 것은 집을 외부의 토양으로부터 가능한 한 멀리 떨어뜨려 놓는 것입니다. 또한 두 번째로 벽을 충분히 두껍게 만들고 기후와 방위를 고려하여 그것을 세우는 재료들을 선택함으로써 가능한 한 벽을 보호해야 합니다.

창에 관해 준수되어야 할 조건들은 도시의 경우와 시골의 경우가 서로 다릅니다. 도시에서 우리는 좀처럼 수평으로 비쳐드는 일광을 직접적으로 얻을 수 없습니다. 집들이 도로를 사이에 두고 마주 세워져 있으니까요. 결국 창으로 들어오는 광선은 평균 45도 각도가 됩니다. 그러므로 방의 크기에 비해 창이 넓어야 하고, 그 창틀은 가능한 한 빛을 방해하지 말아야 합니다.

그 밖에 바람이 체결부에 강력한 영향을 미치는 일도 별로 없습니다. 집들이 서로 병풍 역할을 하기 때문입니다. 공기에는 시골에서 들이마실 때와 같은 꿰뚫는 듯한 날카로움이 없습니다. 창틀은 그러므로 도시의 집들에서 규모가 커도 됩니다. 손상을 입어도 쉽게 수리할 수 있습니다. 시골은 경우가 다릅니다. 솜씨 좋은 기술자를 신속하게 부를 수 없습니다. 그러므로 넓은 면에 유리를 끼우는 것은 바람직하지 않습니다. 유리창의 크기는 작은 것이 좋고 필요한 경우 수를 늘리는 편이 좋습니다. 영국인들은 그들의 교외 거주지들에서 이런 필요성을 상당히 잘 이해하고 있었습니다. 그래서 그 집들의 창문들은 매우 편리하게 배치되어 있습니다. 그들의 집 정면의 유리를 끼운 돌출부들에서조차 그들은 여러 개의 틀을 만들어서 부분적으로 열거나, 필요하면 한꺼번에 열 수 있도록 했습니다. 프랑스의 주거에서도 17세기까지 유사한 배치들이 많이 있었습니다. 그러나 그 시대에 거창한 것이 대유행하면서 창틀을 두 장으로만 만드는 방식을 채택하는 결과가 되었습니다만 여닫기에 너무도 불편했습니다. 그리고 그것은 규모가 좀 커지면 열기와 습기의 작용으로 특히 휘어지기 쉬워서 엉망이 되는 경향이 있었습니다. 바람과 열기가 심할 때 환기를 위해 그런 창을 열어 놓으면 바람이 거세서 방 안에 머물 수가 없고, 반대로 닫아 놓으면 반쯤 질식할 것 같은 상태가 됩니다. 작은 창틀들은 전원주택에서 반드시 요구됩니다. 그 창들은 모두 안쪽으로 덧문을 달아 혹독한 날씨에 대비했고 그 바깥쪽 덧창[佛. 미늘발]으로서 태양 광선을 피하고 유리창을 향해 불어오는 우박이나 눈의 거친 돌풍을 막도록 해야 합니다.

난방 기기들은 전원주택들에서 겨울이면 실내를 건조하게 유지하고, 해동 시에 증발하는 습기를 막는 데 반드시 필요합니다. 하지만 난방 기구들의 역할은 이뿐일 것입니다. 훌륭한 벽난로들이 방마다 준비되어야 합니다. 여름에도 종종 불을 피워야 하는데, 이는 야외 활동 후의 피로로부터 원기를 회복시키는 데 매우 좋고, 땀을 너무 많이 흘리는 것을 막아 줍니다. 벽난로는 넓고 높아야 하며, 밝은 불을 재빨리 밝힐 수 있도록 배치되어야 합니다. 벽난로 덮개를 마련해 겨울 동안 배관을 통해 공기 중의 습기가 방으로 들어오지 못하게 해야 합니다.

시골의 경우 도시보다 훨씬 더 바닥의 소음을 없애도록 해야 합니다. 도시에서는 거리의 쉴 새 없는 소음에 익숙해진 귀가 집 안에서 나는 소리들을 구별해 내지 못합니다. 그러나 우리가 정적을 찾아가는 시골은 경우가 달라서, 아무리 작은 소리라도 들릴 수 있습니다. 바닥이 철재 장선들 위에 있다면 그 충전재와 널을 깐 바닥 사이에 이들을 서로 떨어뜨려 놓기 위해 남겨 놓은 간격이 있을 것입니다. 바닥이 목재라면 장선들 사이의 공간들 외에도 두 번째 장선들을 통해 마련된, 회반죽 액을 부어 불연성으로 만든 해초나 골풀로 채워진 공간이 있습니다. 그러나 바닥에서 나는 소리를 거의 전적으로 감소시킬 수 있는 방법이 하나 있습니다. 장선들을 바닥에 못으로 박기 전에 거친 펠트제 띠들—한시적인 건물들을 덮도록 싼 가격에 파는—을 강력한 접착제로 붙이기만 하면 됩니다. 이것은 사실 오늬(헤링본)무늬 바닥의 경우에는 거의 해 볼 수 없는 방법이지만 영국식의, 즉 길게 널을 깐 바닥에는 아무런 어려움 없이 적용할 수 있습니다. 그러나 저는 전원주택에서 비단 구축에 관해 약간의 세부 사항들을 살펴볼 필요가 있다고 생각합니다. 인근에 커다란 금속 가공소가 없다면 철제 바닥은 지금까지도 시골 지역에서는 너무 값이 많이 듭니다. 게다가 그것들을 제대로 깔 수 있는 직인을 찾는 것도 불가능합니다. 파리나 다른 대도시들에서 사람을 불러와야만 하고, 특수한 목적을 위해 단조 공장을 세워야 하는데 이 모든 것에 비용이 수반됩니다. [필요한 부속이] 한 조각만 모자라도 그것을 얻기까지 지체됩니다. 프랑스에는 바닥에 적합한 떡갈나무가 있는 지역이 거의 없습니다. 남부 지방과 서부 지방, 중앙의 일부 지역에서 전나무 목재를 구할 수 있을 뿐입니다. 이런 종류의 목재는 게다가 석회나 모르타르로 코팅되어 있지 않다면, 그리고 전나무에 썼을 때 강도를 보장할 수 없게 되는 장붓구멍들을 만들지 않는다면 바닥재로 매우 유용하게 쓰입니다. 저는 3, 4세기 전의 전나무 널깔기 목조가 여전히 훌륭한 상태로 유지되고 있는 것을 본 적이 있습니다. 그러나 목재는 노출된 채로 있었습니다. 전나무 바닥은 특정한 배치들을 통해 내구력을 매우 높일 수 있습니다. 그 방법은 언급할 만한 것으로 경험을 통해 그 가치가 확인되어 왔습니다. 큰 전나무 조각들은 깊게 갈라지기 쉬우며, 이는 종종 위험하기조차 합니다. 그러므로 전나무는 얇은 조각들로 쓰는 것이 바람직합니다. 0.05m 혹은 심지어 0.042m 두께의 이 목재 장선을 가지고 매우 견고한 바닥을 구축할 수 있습니다. 이런 결과를 얻어 내기 위해서는 그림 5에서 보듯 (기껏해야 0.001m 두께의) 철판 띠를 각 장선 측면에 못질하고, 이 철판 띠들이 A의 원근법적 소묘에서 보듯 위쪽 모서리 부분에서 0.025m 폭으로 접히게 하면 됩니다. 이 띠들에서 아래쪽 모서리까지의 거리는 0.04m 이내입니다. 그것들은 작은 송곳으로 이미 구멍을 내어 장선에 못으로 고정하도록 되어 있을 수도 있습니다. 못은 0.07m 길이가 되어서 a에서 보듯 반대편으로 0.02m 정도 빠져나와 고정될 수 있어야 합니다. 띠들이 언제나 경간만큼 긴 것은 아니므로 조각들을 거의 0.10m 정도 겹쳐서 못으

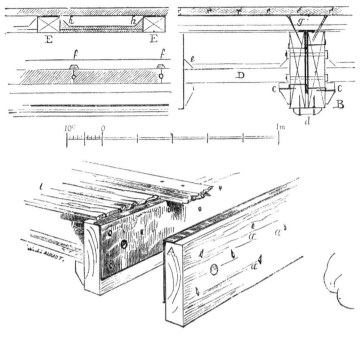

그림 5 전나무 장선들로 바닥 놓기

로 연결해야 합니다. 그렇게 제공된 장선들은 볼트들과, 내부의 철띠와 짝 지어집니다(단면 B의 척도를 참조). 목재 조각 C는 양 측면과 아래쪽의 d에 서 못으로 고정되어 있습니다. 중심축에서 중심축 사이가 0.40m에 접선이 7m인 이 장선들은 집의 바닥이 지지해야 하는 가장 무거운 하중을 떠받칠 수 있습니다. 측면의 목재 조각들 위에는 D에서 보듯 두께 0.04~0.05m의 석고 슬래브나 테라코타, 혹은 다른 재료가 여의치 않을 때는 잘 다진 점 토 슬래브가 놓입니다. 이 슬래브들은 필레(fillet) e와 f에 의해 석고로 고 정됩니다. 장선들 위 E에는 g에서 보듯 못을 사선으로 박아 가는 두 번째 장선들을 고정시킵니다. 나아가 하나의 장선 L에서부터 다른 것까지 얇은 널 i나 갈대를 깔고, 필레 h로 양 측면을 따라 석고나 점토층을 만듭니다. 그러면 쪽매널(parquet)이 두 번째 장선들에 못으로 고정되고, 위에서 언급한 예방책이 바닥의 소음을 막도록 적용되는 것입니다.* 그러나 방의 바닥을 위해서는 굴뚝이 지나가기 위한 혹은 창들의 빈 공간들을 건너뛰기 위한 나무틀을 배치할 필요가 있습니다. 그런 경우에 자작나무가 사용된다면 장부촉과 장붓구멍을 쓰지 말고 그림 6에서 보는 것과 같은 매우 단순하고 튼튼한 늑근으로 대체해야 합니다. 이 늑근들은 두께 0.008m, 폭 0.05m의 철제 조각들로 만들어집니다. 여기서 언급된 크기의 장선들을 위해 각각의 철 조각은 1.10m 길이가 되어야 합니다(A 참조). 그것들을 가지고 a로 나타나는 모든 접히는 부분을 단조해서 이 조각들이 투시도 B와 입면도 C에서 보이는 것과 같은 형태가 되도록 만들어야 합니다. 각각의 장선에 만들어진 노치 e에 늑근의 아래쪽 부분이 끼워집니다. 측면과 위쪽을 못으로 고정합니다(B 참조). 작은 삼각형들인 g가(A 참조) 꺾쇠를 형성합니다. 목재 조각 l이 아래쪽에 못으로 고정되어 있다면 작은 삼각형 부분은 e에 고정되어 빈 공간을 막게 될 것입니다. 이런 종류의 늑근은 매우 얇은 철을 사용하기 때문에 만들기 쉽고, 목재의 전체 깊이를 잡아 그것이 틀장선에 기대 스스로를 지탱하도록 만든다는 점에서 장부촉과 장붓구멍을 이용하는 것보다 훨씬 튼튼합니다. 이런 체계는 이것들이 장선들 양 끝 아래 놓이지 않는 한 벽을 따라 놓인 받침목에 노치를 대신하여 도입될 수 있습니다. 그것이 항상 더 낫습니다.

---

* 0.04m 두께의 단순한 바닥재와 0.40m 간격으로 그처럼 안쪽에 못으로 고정시킨 띠들로 강화된 8m 베어링의 자작나무 널들은 일정하지 않게 배분된 곡식들의 엄청난 하중을 버텨 냈습니다.

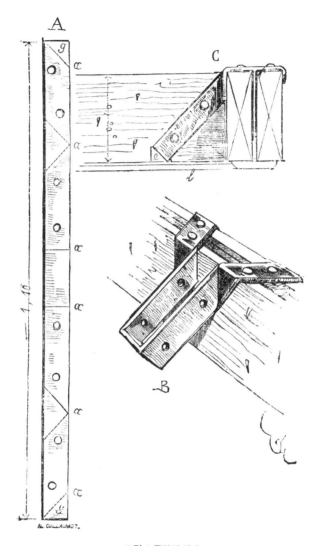

그림 6 틀장선 체계

그림 5에서 우리는 그렇게 구축된 천장들에 아래쪽에서 목재가 보이도록 남겨 둔 것을 관찰하게 되는데, 이것으로 목재가 건조 부패하지 않도록 하는 데 충분합니다. 사각형 몰딩들을 주형해 장선들 사이를 메울 수 있고, 매우 반짝이고 화려한 효과를 얻고자 한다면 유광 테라코타를 쓸 수 있습니다.

벽 안쪽을 습기로부터 가장 잘 보호할 수 있는 방법은 징두리판을 대는 것입니다. 여기에는 비용이 수반되지만 매우 단순하고 (목재가 풍부한 곳에서는) 저렴하게 징두리판을 댈 수 있습니다. 징두리판이 없는 경우, 틀에 캔버스를 씌워 벽을 향한 면에 붓으로 묽은 회반죽을 발라 코팅한 것을 쓰면 습기를 훌륭하게 막을 수 있습니다. 이 캔버스들에는 그림을 그리거나 종이를 바를 수 있습니다.

바닥이 목재일 경우 벽에서 장선들의 베어링이 부패하지 않도록 무엇보다 주의를 기울여야 합니다. 가장 효과적인 수단은 이 베어링을, 목골이 아닌 한 외벽에 끼워 넣지 않는 것입니다. 그러나 이것이 불가피할 경우에는 각 장선의 끝 부분을 얇은 납이나 함석판으로 덮어 돌출부를 흡사 반 잘린 상자처럼 만들고, 그렇게 보호된 장선 끝 부분과 석재 사이에 신경 써서 공간을 띄우는 것이 바람직합니다. 그렇게 함으로써 이 공간과, 주 장선들과 보조 장선들 사이에 남겨진 공간들 사이가 통하게 됩니다. 강력한 벽을 관통하여 바깥 공기에 노출되는 장선의 베어링이 밀폐되어 있는 경우보다 훨씬 느리게 부패한다는 것은 확실합니다. 그러므로 중요한 것은 공기에 자유롭게 접촉할 수 있게 하는 것입니다.[*]

---

[*] 저는 종종 지은 지 최소한 백 년은 된 농가에 그처럼 전면벽 바깥으로 노출된 채 남겨진 베어링을 관찰하곤 했습니다. 그것들은 부패하지 않고 유지되어 온 데 반해, 벽 속에 베어링이 들어가 있는 경우 놓은 지 20년밖에 안된 장선들이 완전히 부패한 것을 늘 보게 됩니다.

시골에 지어진 집들에서 굴뚝과 연통은 종종 간과됩니다. 마치 그것들이 부차적인 문제들인 것처럼 여겨지는 듯하며, 이를 신경 써서 연구하는 건축가들도 별로 없습니다. 솜씨 좋게 배치된 벽난로 굴뚝으로는 빗물이 흘러들 일이 없고, 배출구가 바람에 너무 노출되는 일도 없으며, 그리하여 더 높은 지붕으로부터 공기의 흐름이 역전되는 바람에 연기가 역류하지 않을 것입니다. 그러면서 연통들이 벽난로에 비례해 충분한 폭으로 설치될 수 있도록 보장할 것이고, 집에 화재를 막을 수 있는 위치에 그것들을 놓을 것입니다. 이런 것들과, 유사한 다른 고려 사항들에 대해서 진지하게 주의해야 합니다.

시골집 건축에서 지나치게 사소한 세부들로 들어가는 것처럼 여겨질 수 있겠습니다만, 제가 그런 것들을 폭넓게 다루는 것은 이런 건물들 대부분이 새롭게 건축된 것들임에도, 통상 소유주의 취미와 요구를 반영하는 그 전체 배치들에 비해 그런 세부적인 사항들에서 더 많은 결함을 가지고 있기 때문입니다. 건축가가 언제나 건축주가 지시한, 그리고 그 적합성에 대해 자신은 논할 수 없었던 평면도의 수행 방식 때문에 비난받을 수는 없습니다. 어쨌거나 소유주가 자신의 주거를 자신의 관념들에 따라 배치할 권리를 주장하는 것은 당연하니까요. 그러나 평면도의 몇몇 부분을 시공하는 데 건축가는 자유롭게 행동할 수 있으며 혹은 그래야만 합니다. 예컨대 그는 벽난로 근처의 바닥에 불이 날 것 같은 방식으로 연통을 배치해서는 안 됩니다. 그런 경우 그는 거부하거나 자신의 책임을 포기해야만 합니다. 집에 화재가 날 경우 그런 사고를 불러온 구조상의 결함들에 대한 책임은 마땅히 그에게 돌아갈 것이기 때문입니다.

앞에서 이야기한 내용들에 따라, 가장 소박한 규모의, 성을 표방하지 않는 시골집의 조건들은 다음과 같이 요약될 수 있을 것입니다. 일반적으로

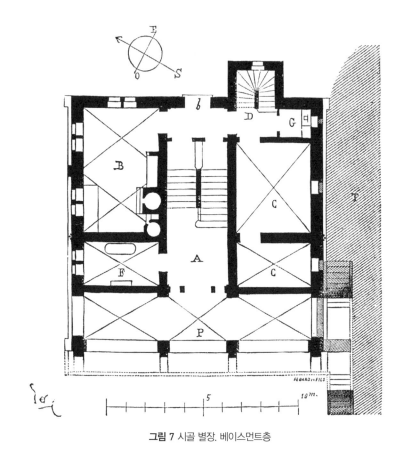

그림 7 시골 별장. 베이스먼트층

가족들이 모이는 방이 배치되는 1층은 대지의 습기로부터 보호되어야 합니다. 벽들은 지붕으로 비바람을 효과적으로 피해야 하며, 방들은 적은 수의 하인들만 있어도 충분하도록 배치되어야 합니다. 가장 건강에 좋고 쾌적한 방위가 채택되어야 합니다. 복잡한 구조는 피하는 것이, 특히 지붕에서는 좋습니다. 가능하면 골과 교차부 없이 짓고, 복잡한 물받이 시설 없이 만드는 것이 좋습니다. 수리하기 가장 쉬운 가장 간단한 배치가 외부에

그림 8 시골 별장. 2층

도입될 것입니다. 예를 들면 굴뚝처럼 말입니다. 다음의 평면도들은 이와 같이 요약된 조건들에 따라 그려졌습니다. 그림 7은 1층 평면으로, 사실상 궁륭의 종석 아래로 2.75m 높이인 베이스먼트층입니다. P의 낮은 현관은 홀 A로 이어지고, 그 끝에 중앙 계단이 있습니다. B에는 부엌과 뒷문 b가 있습니다. 창고와 저장고는 C에 위치하며 욕실은 F에 있습니다. 하인용 계단은 D입니다. 이 방들은 모두 벽돌이나 튜퍼와 같이 가벼운 재료들로 만

그림 9 시골 별장. 입면과 단면

든 궁륭이 얹혀 있습니다. 지면이 T라고 하면 볼트 C와 하인용 탈의실 G 는 반지하에 있습니다. 2층(바깥 지면에서 불과 3m 높이에 있는 1층에 불과한, 그림 8)은 응접실 A, 식당 C, 식료품 저장고 D로 이루어져 있습니다. 당구 장은 B, 흡연실 또는 서재가 F입니다. 발코니 b는 응접실과 당구장을 따

그림 10 시골 별장. 측면 입면

라 전면 벽에 걸쳐 이어지며 그 끝에 지면의 높은 부분으로 내려가는 두 개의 계단이 놓여 있습니다. 베이스먼트층은 모두 석재 조적조로 이루어집니다. 그림 8의 측벽들은 두께의 2/3 정도가 베이스먼트층의 상응히는 벽보다 돌출한 목골로 이루어져 있습니다. 3층에는 가족들의 침실이, 보꾹층에는 하인들을 위한 침실과 리넨실, 위쪽 건조실이 있고, 개방된 그 가운데 부분으로 빛이 들어와 계단을 채광하며 건물 중심 부분의 환기를 돕습니다. 그리하여 그림 8 평면도상의 VX로 자른 단면은 그림 9와 같이 나타납니다. 그림의 B쪽 절반은 건물의 합각 쪽 정면을, 그림 10은 측면부를 보여 줍니다. 지붕은 골이나 교차부가 없이 연속되는 경사면으로 C(그림 9)에 놓인 물받이가 이 경사면의 물을 모아 두 개의 측면 수직 홈통을 통해 지면으로 흘려보냅니다.

이렇게 구축된 전원주택은 건물의 모든 부분이 가장 단순한 방식으로 지어진 지붕 아래서 비바람을 피하도록 되어 있으므로 크게 수리할 필요가 없을 것이라고 확신할 수 있습니다. 또한 가족들이 사용할 모든 방이 지면과 대기 중의 습기를 막도록 되어 있으므로 완벽하게 건강에 좋으며, 방들이 중앙 계단 주변으로 무리지어 배치되어 있으므로 하인들이 업무를 보기에 용이합니다. 그런 집을 세우는 데는 특별히 값비싼 기기들이나 대도시에서 멀리 떨어진 지역에서는 시공이 어려운 종류의 수단들을 사용하지 않습니다. 중간 규모로 지어진 이런 주거는 어쨌든 한 가족이 시골에서 여름을 보내는 데 적합한 빌라일 뿐입니다. 그러나 건축가들이 좀처럼 의뢰를 받게 되지 않지만 그럼에도 연구해 볼 가치가 있는 종류의 전원주택이 있습니다. 제가 이야기하는 것은 취미와 선호하는 소일거리가 전원적인 성격의 것이기 때문이든, 아니면 감시가 필요한 지방에 관심이 있거나 감독해야 할 농경이 있어서든 대부분의 시간을 야외에서 보내는 사람들의 요구에 맞춘 주거들입니다.

랑그도크의 비옥한 평야와 아장(Agen) 부근 지역에는 건축가들이 주목할 만한 이런 종류의 집들이 많이 있습니다. 그런 집들은 요구를 완전하게 따른 만큼 외양이 매우 소박하며, 그 안의 모든 것이 그러한 요구를 충족시키기 위해 희생되고 있습니다. 이곳에 전해져 내려오는 특정한 지역적 전통들은 프랑스의 많은 다른 지역에서 지나치게 자주 보게 되는, 세속적 사치를 향한 열망과 과시욕에서 기인한 변화들을 겪지 않았습니다. 그러나 건축적 세부 사항들에 관심이 있는 사람들은 이 전원주택들에서 아무런 흥미로운 점도 발견하지 못할 수 있겠지만, 그 주인들의 요구에 맞추어 그 집들이 지어진 환경은 그것들에 고유한 특징, 말하자면 고유한 스타일을 부여하고 있으며, 그것은 집 주변의 자연적 특성들과 놀랄 만큼 조화를 이루고 있습니다.

지붕창들로 뒤덮인 복잡한 지붕과 정상부가 날카로운 모양을 한 작은 탑들이 있는 대저택과 성들은 강렬한 자연 환경과 오래된 나무들이 가득한 아름다운 공원들의 효과를 더해 주지만 이를 축소판으로 모방한 집들이 보잘것없는 정원으로 둘러싸인 광경은 웃음을 자아낼 뿐으로 어쩐지 개구리와 황소의 우화를 떠올리게 합니다. 그런데 우리의 시골 지역들에는 이런 작은 성들이 얼마나 많이 지어졌습니까. 마치 장난감처럼 보이는 그 집들에는 개 한 마리도 들이기 어려워 보이는 작은 탑들과 고양이들이 기어오를 만한 흉벽이 만들어져 있고 석고나 테라코타로 만든 건축적 세부들과 함석 풍향계와 용마루 장식이 붙어 있습니다. 어리석고 살기에 부적합하며 과시적인 이 주거들의 유일한 장점은 수명이 짧다는 것, 그리고 그것들이 지각이 있는 사람들에게 단순하고 순수한 형태들을 보다 값져 보이게 만든다는 사실입니다.

빌라이자 농가인 우리의 남부 지역 전원주택 중에 그런 솔직하게 고안된 주거들이 있습니다. 그것은 진정한 시골 사람들인 거주자들이 영위하는 종류의 삶에 따른 깃으로 그 형태에 안락함, 편리함, 안정성의 흔적을 드러냅니다. 우리의 교외 주택들 대부분의 보잘것없고 취미가 나쁜 외관들과는 대조적으로 말이죠. 평면도는 우리의 모든 옛 주거들의 경우와 같이 단순합니다. 주된 목적은 혹독한 기후와 더위를 피하는 것이며, 방위는 전체적으로 조심스럽게 선택됩니다. 문제의 지역에서는 비와 냉혹한 추위를 몰고 오는 북서풍이 가장 경계의 대상입니다. 그러므로 정면이 아니라 모서리가 북서쪽을 마주하게 됩니다. 연중 절반은 정남향이 매우 바람직하지 못합니다. 가장 쾌적한 방향은 그러면 북쪽, 동쪽, 남동쪽이 됩니다. 영국과 북독일의 관습과는 대조적으로 한 지붕 아래 모든 방을 모아 놓고, 두꺼운 벽을 세우되 방들이 저녁 무렵이면 중앙의 공기 순환으로 쉽게 환기되도록 하는 것이 좋습니다. 열린 포르티코나 현관이 필요합니다. 그것은 낮고 깊게 자리잡아야 하며, 두 번째 현관방이 곧장 이와 나란히 배치됩니다. 이런 종류의 집들에서는 부엌이 매우 넓어야 합니다. 이웃의 농부들을 맞이하게 되는 것은 부엌이나 그 곁방입니다. 거기에 식료품 저장고와 창고 형태의 충분한 부속 공간들이 딸려 있어야 합니다. 식당은 가까이 있어야 하되 조리하는 냄새가 전해질 정도로 가까워서는 안 됩니다. 거실 또는 차라리 홀은 입구에서 멀리 떨어진 방으로, 식당으로 연결됩니다. 끝으로 집 건물 가까이에 매우 넓은 헛간이 제공되어야 합니다. 거기에 마구간, 마차 보관소, 빵 굽는 곳, 장작 더미가 있으며, 짐수레를 두고 세탁과 건조 등을 하게 되어 있습니다.

2층에는 응접실 외에도 계단 근처에 집주인을 위한 방이 마련되어 있어야 합니다. 업무가 이루어질 수 있는 거실이나 서재입니다. 이런 종류의 집은 갈리아-로마식 소형 빌라와 매우 비슷한데, 우리는 이것이 후자의 전통을 유지해 온 것으로 합리적으로 추론할 수 있습니다. 툴루즈의 평원과 아장 지역에 있는 많은 그런 전원주택들은 전원의 거주 프로그램을 너무도 완전하게 실현한 것처럼 보였으므로 여기서 일종의 유형 또는 개요를

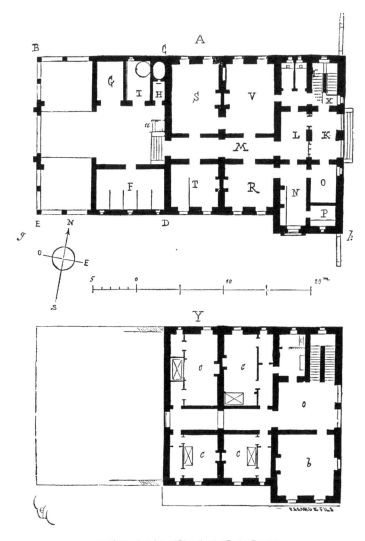

그림 11 남프랑스 전원주택. 지상층과 2층 평면

그림 12 남프랑스 전원주택. 정면 입면

그림 11로 제시하는 것이 바람직하다고 생각합니다. 특히 문제의 이 유형은 그 자체로 우리가 최근 전형적인 전원주택으로 익숙해져 있는 무의미한 건축적 장난감들에 대한 충격적인 비판입니다.

A는 1층의 평면으로, 부분적으로 별로 높지 않은 지하실들 위에 지어져 있으며, 계단 a를 통해 그 지하실로 내려가게 됩니다. 공간 BCDE 전체는 매우 넓은 헛간(pent-house)으로 F에 마굿간, G에 마차 보관소, H에 빵 굽는 곳, I에 세탁실이 들어가 있습니다. 이 헛간이 붙어 있는 주거용 집은, 밤에만 철책이나 목책을 닫아 놓는 현관 입구 K, 현관방 L, 그로부터 이어져 건물 전체를 관통하는 복도 M으로 이루어져 있습니다. 부엌 N은 응접실 O와 함께 입구 가까이에 있어 식량을 들여오기에 편리하게 되어 있습니다. 화장실이 P, 하인들을 위한 방이 R입니다. T로 표시된 방은 욕실이나 다림질하는 방 혹은 리넨실 등 다양한 용도로 사용됩니다. S에는 홀이, V에는 식당이 자리합니다. 계단 X는 방 O(Y 참조)를 바라보며 2층으로 이어집니다. b에는 주인의 방이, c에는 가족들을 위한, 벽장이 딸린 방들이

그림 13 남프랑스 전원주택. 측면 입면

있습니다. 3층에는 한두 개의 침실과 하인용 침실들이 위치합니다. 이런 종류의 집들은 일반적으로 윗부분은 불소성 벽돌로, 1층은 구운 벽돌로 지어지며 목조 부분은 전나무로 만들어집니다. 돌출한 서까래들이 딸린 제노바식 코니스는 두꺼운 벽을 비바람으로부터 완벽하게 보호합니다. 불소성 벽돌—순전한 흙벽돌—은 벽이 충분히 두꺼울 경우 지나친 열기나 냉기가 실내로 전달되지 못하게 차단해 주는 장점이 있으며, 잘 만들어진 것들은 여러 세기 동안 지속됩니다. 구운 벽돌로 창의 앵글과 틀받이를 만들 때는 늘 신경을 써야 합니다.

그림 12는 문제의 집을 gh로 자른 입면도입니다. 높은 느릅나무들이 이 작은 빌라 전체를 너무 강렬한 태양 광선으로부터 보호해 줍니다. 그 가까이에는 갈아 놓은 들판, 채마밭, 과수원이 있습니다.

그림 13은 도로를 향한 건물 정면 입면도인데, 여기는 창문이 거의 없습니다. 집안사람들은 로지아를 통해서만 누가 오는지 볼 수 있습니다. 이것은 이런 집들의 파사드에 특유의 외양을 부여하는 또 다른 전통적 특징입니다.

옛 랑그도크의 성에서도 중앙 복도가 건물 전체를 관통하면서 그 좌우로 방들이 늘어서게 되는 이런 전형적인 배치를 보게 됩니다. 카스텔노다리 부근에는 아직도 17세기 초에 지어진 성이 하나 남아 있어 당시 영주의 집의 가장 흥미로운 표본 중 하나를 제공합니다. 그것은 전체적으로 그 지역의 습관과 당시의 관습에 따른 요구에 부합하게끔 설계되어 있습니다. 그것은 페랄 성으로, 귀족 지주이자 군의 대장이 살던 집입니다. 따라서 요새인 동시에 전원 빌라라는 이중적 성격을 보입니다. 대부분이 개신교도들이었던 랑그도크의 귀족들이 가톨릭 왕권에 저항해 자신들의 입지를 지키고자 애쓰던 시기에 지어진 이 집의 건축은 루이 13세의 몽토방 정복 이후로 중단되어야 했습니다. 실제로 지붕이 마무리되지 않은 채로 남아 있고, 건물의 층들은 그 이래로 지금까지 임시 덮개로 비바람을 막은 채 남아 있습니다. 그림 14는 성 전체의 그림입니다. A가 그 반달형 부분, B가 앞뜰이고, 중심 건물들은 C에 있습니다. 이 중심 건물은 평면에서 보듯 그 전체 길이를 가로지르며 방들로 접근하게 해 주는 넓은 홀로 이루어져 있습니다. 그 방들은 보루(bastion)의 형태로 측면 탑들에 위치한 공간들로 통하며, 그 보루에는 창 외에도 대포를 놓기 위한 총안들이 마련되어 있습니다. D에 도개교가 놓여 있는 넓은 해자는 잘 배치된 정원들로 통하며 성을 완전히 둘러싸고 있습니다. 지하층은 해자 위로 열린 창으로 채광되며, 1층 위로 2층이 있습니다. 2층 위에는 흔적만 남아 있지만 성벽의 보도가 있었을 것이 분명합니다. 두 개의 탑들(앞뜰의 보루들)은 높은 성벽에 의해 중심 건물로 연결되며, 그 벽에 기대어 천장이 있는 통로들이 지어져 있습니다. 절단한 석재와 거대한 귀돌로 이루어진 조적조는 견고한 힘이 드러나는 모습으로, 그것이 내려다보는, 피레네 산맥으로 지평선이 둘러선 지방의 픽처레스크한 거친 형상과 완벽하게 조화를 이루고 있습니다.

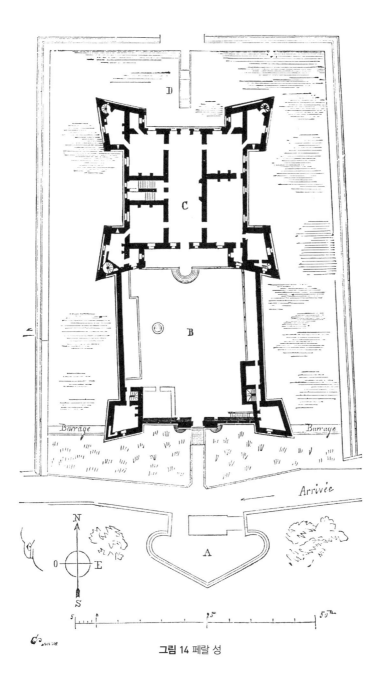

그림 14 페랄 성

이 거대한 건물이 오늘날 아무리 낯설게 보인다고 해도 이것이 남프랑스 전원주택의 가장 진정한 대표작 중 하나입니다. 주거에 적합하게 만들어지면 그것은 지역 관습에 편리하면서 건강에 좋은 주거일 것입니다. 양끝 부분만 열려 있는 거대한 중앙 홀은 이 지역의 찬란한 빛 덕분에 원하는 만큼 잘 채광됩니다. 이것은 가족이 모이는 장소이지만 모두가 같은 방에 있다고 해도 그 안에서 따로 이야기를 나누는 것도 가능합니다. 탑들에 있는 공간으로는 중앙의 방들과 큰 홀 자체를 통해 접근할 수 있습니다. 그러나 도시에 비해 입주자들 사이의 교류가 훨씬 자유로운 시골에서 오늘날에도 불편하게 여겨지지 않는 이런 배치는 남부의 주거에서 관습적인 것입니다. 또한 페랄 성에는 이 방들에 개별 계단들이 있어 아래층으로 이어지고, 하인들은 큰 홀을 통하지 않고 그 방들로 갈 수 있는 만큼 문제의 경우에 이와 같은 배치는 오히려 더 좋습니다. 2층은 동일한 배치이되 큰 홀 양편의 방들은 침실로 이용되고, 탑의 방들로는 큰 홀 양 끝으로 난 개별 출구들을 이용해 접근하게 됩니다.

이렇듯 하나의 지붕 아래 건물들을 모으는 것은 남부 프랑스에서 그토록 성가신 열기와 북풍들을 막아 주는 최선의 수단입니다. 그러므로 이 배치는 언제나 이 지역의 주거를 설계할 때 유지되어야 합니다. 영국의 전원주거들에서 보는 것과 같은 흩어진 건물들은 열기와 북풍, 지중해로부터 오는 습기를 품은 바람을 충분히 막아 주지 못하기 때문에 남쪽 기후에서는 견디기 어려울 것입니다. 뿐만 아니라 온갖 종류의 벌레들을 실내로 끌어들이는 과도한 빛이나 먼지도 막아 주지 못할 것입니다. 그러므로 건축가들은 파리나 런던의 이웃에서 채택된, 그리고 영국 해협에서 피레네 산맥으로, 대서양 해에서 라인 강으로 수입하는 것이 유행인 특정한 형상들보다 이런 기후 조건들에 훨씬 더 주의를 기울여야 합니다. 그러나 저는 묻지 않을 수 없습니다. 파리 인근의 교외 주거들은 기후와 거주자들의 바람을 적절히 고려하여 지어졌습니까? 답은 회의적인 것이겠지요. 그리고 우리가 방금 언급한 카드로 만든 성에 대해 아무 말도 하지 않는다고 해도, 사방에서 불어오는 바람에 전부 노출되어 있는 이 탑들, 이 내민 처마들, 좁은 방들, 채광해야 하는 방들의 면적 차이와 무관하게 전부 같은 크기의 창들, 이것이 목적에 부합하는 전원 건축을 이루게 될까요? 파리의 교외 주택들에서는 방위와 다양한 전망들에 대해서 거의 전혀 고려하지 않습니다. 주된 목적은 거주자들의 일상의 필요를 만족시키는 것보다는 파사드에 요란한 외양을 부여하는 데 있으니까요.

이런 관점에서 영국의 전원주택들은 그 목적에 보다 잘 부합합니다. 그렇다면 그것들을 우리도 모방해야 할까요? 물론 아닙니다. 이미 지적했다시피 영국의 기후와 영국의 관습이 우리와 다르니까요. 게다가 영국에서도 불규칙하게 묶인 건물들의 평면이 언제나 채택되는 것은 아닙니다. 영주들의 저택 중에는 대칭적 묶음을 선보이는 것들도 있습니다. 다른 사례들도 있겠지만 우리는 노섬벌랜드의 워크워스 성을 이야기할 수 있을 것입니다. 이 성의 평면도는 모서리가 잘린 커다란 사각형 모양으로 사면의 가운데에 각각 다각형 돌출부가 있습니다. 각 층에는 가운데 부분으로 올라간 망대탑을 둘러싸고 여덟 개의 방들이 있습니다.

영국의 전원주택들이 우리의 것들에 비해 상당한 장점을 가진다는 점은 인정해야 합니다. 그들이 도입한 건축은 확실히 거주자들의 편의를 첫 번째로 고려한 주거에 적합합니다. 영국인들은—세부의 배치가 특수한 요구에 맞추어진—평면도의 불규칙성을 승인한 중세의 특정한 전통을 보존하는 양식(良識)을 가져왔습니다. 프랑스에서 건물을 지으려는 누군가가 자신이 중세의 '스타일'이라고 여기는 것에 따라 집을 짓겠다는 생각에 사로잡혀 있으면 그의 건축가는 즉각 (실제로는 다른 스타일에 속하는) 파사드의, 15세기의 어떤 영주 저택에서 빌려 온 장식에 매달리고—어쨌든 '고딕식'인 정면 창들을 거기에 도입하며—합각을 뾰족하게 올리고 여기저기 '첨두아치들'을 만들기 시작합니다. 이것은 일반적으로 매우 불편하고 언제나 어처구니없는 설계를 산출하게 됩니다. 중세 주택의 요건은 특정한 형태의 창이나 몰딩 혹은 높은 합각이 아니라 평면도의 운용에서의 완벽한 자유, 그리고 주거와 입주자들의 습관을 조화시키는 데 적합한 독창적인 배치입니다. 중세가 남긴 본보기들로부터 우리가 얻을 수 있는 유일한 이득은 그것들로부터 하나의 건축 프로그램에서 모든 요구에 하나의 예술적 형태를 부여하는 것을 배울 수 있다는 것이지, 특정한 관습적 형태들을 그것들과는 맞지 않는 요구와 강제로 결합시킴으로써 건축을 왜곡하는 것이 절대로 아닙니다.

어느 정도는 이탈리아 미술에서 유래했고, 사실상 매우 넓은 주거에는 적합하지 않은 것이 아니었던 (이른바 고전적) 건축을 도입하고자 하는 불행한 생각이 우리 동포들을 사로잡았을 때, 그리고 잘못된 조언을 받은 모방 정신으로 그들이 그 형태들을 하층 계급의 주거에 도입하는 일을 진행했을 때, 실로 긴 경험의 결과물이었던 지역 예술의 전통은 상실되었습니다. 관습에 따른 참되고 단순한 형태들과 유서 깊은 실천은 [건축적] 요구와 크게 충돌하는 외적 과시를 위해 희생되었습니다. 이를테면 방들의 크기와 배치에, 그것들을 채광하는 데, 그것들을 집 안에서 경제적으로 연결하는 데, 태양의 열기와 추위를 막는 데 궁극의 다양성을 요구하는 평면도에 절대적으로 대칭적인 배치들을 강제했던 것입니다.

물론 전원주택을 짓는 사람들과 건축가들 자신 중에서도 극히 소수는 우리 중세 건축의 진정한 정신을 이해하고 있습니다. 그러나 대부분의 사람들에게 중세의 주거 건축은 그저 취향의 문제—특수한 장식 스타일—로서 흡사 유행 지난 옷을 입는 것처럼 여겨집니다. 상황이 이러하므로 우리는 지적인—사실은 튀고 싶어 하지 않는—사람들의 마음을 끄는 중도를 택하고자 하는 이들이 그런 낡고 과시적이고 불편한 의복으로 나타나기를 꺼리는 것도 충분히 이해할 수 있습니다. 그런 문제들을 진지하게 연구하는 것이 우리의 습관이었다면—그리고 우리가 그런 습관을 들일 의향을 가지기를 저는 바랍니다만—우리의 건축가들은 주거 건축과 다른 모든 종류의 건축에 적용되었던 중세 미술이, 몰딩 문제나 골동 수집 목록에 들어가 있는 별로 일반적이지 않은 형태들의 문제가 아니라는 것을 곧 발견했을 것입니다. 그리고 중세의 미술은 무엇보다 14세기에도 19세기와 마찬가지로 인류의 요구들에 잘 부합되는 시공 수단의 자유를 제일 원리로 삼고 있었다는 것을 알았을 것입니다. 정치학과 마찬가지로 건축에서도, 비록 우리가 자유에 관해 많이 이야기하고 우리의 공공건물들에 그 말을 새기기는 하지만 그 자유라는 말의 진정한 의미를 우리는 거의 이해하고 있지 않습니다. 예컨대 많은 건축가들이 성직자 파에 동조한다고 여겨지고 싶지 않다는 이유로 '고딕' 배치를 도입하지 않습니다. 그들에게 '고딕', '지배하는 교회', '봉건제', '교회 토지', '십일조', '농노제'는 모두 같은 통에 담겨 있어서 그중 하나가 튀어나오면 나머지들도 반드시 한꺼번에 나타나야만 합니다. 이 선량한 사람들에게 그 원리와 진행 방식, 표현에서 본질적으로 자유로운 중세의 세속 미술이 주교, 봉건 영주, 사제, 중세의 제후들, 또는 '종교 재판소'와는 아무런 상관이 없다는 말을 해 봐야 소용없습니다. 그들은 귀를 막을 것이고, 이 유령들을 언급하는 위험을 무릅쓰느니 아카데미의 교의에 속박된 채로 머무를 것입니다. 그 교의란 것은 중세의 미술 유파들보다 훨씬 더 전제적이고 편협하며, 이방의 모든 영향으로부터 완벽하게 격리된 채로 전개되고 있습니다.

　그러나 우리보다 실용적인 방식으로 실천할 능력이 있는 영국인들은 자신들의 옛 주거 건축에서 오늘날에도 적용 가능한 요소들, 즉 자유와 개별성의 정신을 보존해 왔습니다. 그러나 그들은 그렇다고 해서 성직자를 옹호한다는 유의 먹잇감이 되지 않습니다. 그들은 좋다고 인정되어 온, 그리고 오랜 관습에 의해 축성되어 온 장치들을 이용하는 것이 바람직하다고 여겨 왔습니다. 그들은 그것들을 성급히 내던지고 자신들의 습관과 기후에 완전히 낯선 형태들을 도입하여 어떤 파벌이 정통하다고 선언한 스타일로 지은 집에서 삶으로써 자신들과 가족들을 괴롭히는 대신에 개선하는 자유를 스스로 유보합니다. 그들은 자신들의 주거에 적용된 타협 없는 대칭적 스타일이 불필요한 강제를 혹은 적어도 불편을 수반한다는 것을 발견했으며, 그래서 그것을 거부했습니다. 그들은 집의 요구와 편리라는 관점에서 마련된 채광과 환기를 위한 창들, 잘 선택된 방위 등이, 도시에서나 시골에서나 마찬가지로 지어지는, 한결같은 크기의 (때로는 막힌) 창들과 그 사이에 똑같은 공간이 부여된 획일화된 파사드들보다 선호할 만하다고 확신하고 있습니다. 그들은 다양한 방들을 배치하고 채광하는 데 방위와 실내 공간에서의 요구들을 지속적으로 고려해 왔습니다. 그들은 또한 선조들이 전원주택에 적용한 구축 방식에 시공이 쉽고 분명한 단순한 수단들과 주거의 모든 요구에 부합하는 매우 다양한 특징이 있다고 주장해 왔습니다. 그래서 그들은 자신들이 점진적으로 획득하여 확실하게 얻게 된 이점을 존중함으로써 자신들의 시민적 자유가 위태로워질 수도 있다고는 추호도 의심하지 않고 이런 수단을 도입해 왔습니다. 도버 해협 건너편의 우리 이웃은 자유의 행사라는 것을 이런 식으로 이해하고 있습니다. 우리는 매우 다른 관점을 취하죠. 우리가 전제 군주의 식탁에서 술을 마셨다면 그가 퇴위하자마자 우리는 그 잔을 깨 버립니다. 그러나 그렇게 하는 것이 우리에게 더 나은 일이든 아니든, 이 행동은 다음 전제 군주가 나타나 우리에게서 깨 버린 잔 값을 받아 가는 것을 막지는 못합니다.

워크워스 성은 상당히 규모가 큰 시골집의 탁월한 배치 유형을 제공할 수 있습니다. 그리고 이 배치는 영국에서만큼 프랑스에서도 매우 바람직할 것입니다. 그것이 예시하는 원리들이 어떻게 이용될 수 있는지 살펴보겠습니다.

그림 15는 1층입니다. A에 계단 위 현관 입구를 통해 들어가는 현관방이 있습니다. 이 현관방으로부터 중앙 계단 B로 가게 되고, 이 계단은 또한 대기실 역할도 하므로 이곳을 지나면 첫 번째 살롱 C와 큰 응접실 D로 이어집니다. G에 자리한 당구실은 큰 응접실과 현관 A로 직접 통합니다. H에는 하인용 계단실이 아래로는 부엌으로, 위로는 보꾹층으로 이어집니다. 살롱 C에서는 계단 P를 이용해 정원으로 직접 내려갈 수 있고, 이 계단 자체가 발코니를 형성하면서 외부로부터 살롱 C뿐 아니라 식당과 큰 응접실 D로도 곧장 들어갈 수 있게 해 줍니다. 건물의 중심축 선상에서 돌출한 깊은 베이들은 식당 E와 응접실 D에 부속되어 있습니다. 이 부속된 부분은 식료품 저장고와 인접해 있어 식당에 음식을 나르는 데 매우 편리하며, 큰 응접실에서는 내실로서 매우 편리하게 사용됩니다. 굴뚝은 잘린 모서리 부분인 a에 창 앞으로 자리합니다.

중앙 계단은 그림 16의 2층까지만 이어집니다. 그것을 둘러싼 갤러리는 일곱 개의 방들로 이어지고, 각 방은 침실과 작은 거실, 탈의실로 이루어져 있습니다.

중앙 계단은 (그림 17에서 bc를 따라 자른 단면을 참조) 중앙탑을 형성하며, 이 탑은 사면에서 채광창으로 빛이 들어옵니다. 탑 주변으로 넓은 빗물받이가 배치되어서, 계단 모서리들에 마련된 접근성 좋은 네 개의 수직 홈통

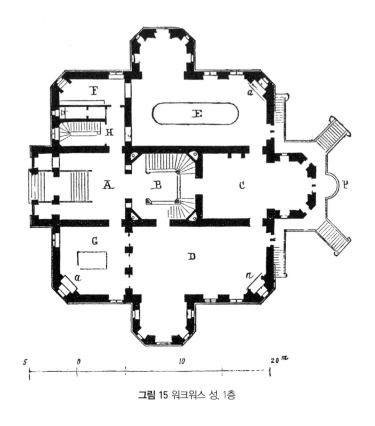

그림 15 워크워스 성, 1층

으로 지붕의 배수를 처리하고 있습니다(평면도 참고). 이 하관(下管)들은 집수용 홈통으로 이어집니다. 겨울이면 중앙의 난방 기구로 따뜻하게 유지되어 하관이 얼어붙을 경우 일반적으로 겪게 되는 불편을 피할 수 있습니다. 나아가 이 하관들이 침실들과 연결된 갤러리들을 지나가므로 탈의실에서 쓴 물을 받게 되고, 한편으로는 물 공급에 쓰이는 도관들과 더불어 꽤 넓은 기둥 안에 넣어지게 됩니다. 이 파이프 기둥들은 필요할 때면 사람이 그 안으로 들어가서 도관을 수리할 수 있을 만큼 넓다는 것도 말해 두

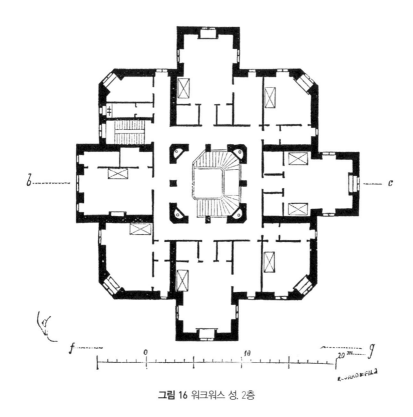

그림 16 워크워스 성. 2층

는 것이 좋겠지요.

　그림 17의 B는 파사드 fg의 입면도입니다. 돌출 베이들의 지붕은 바깥쪽 박공으로 마무리되고 안쪽이 솟도록 만들어져 있습니다.

　채광과 환기가 잘되는 중앙 계단의 이런 배치 덕분에 그 주변으로 상이한 편의 시설들이 무리지어 배치되어도 어두운 방은 없습니다. 사방으로 조명이 확보되며, 이는 시골 생활의 매력을 크게 더해 줍니다. 정면벽이 건축 면적에 비해 그리 넓지 않은 조밀한 건물을 짓는 것은 익부가 수반된

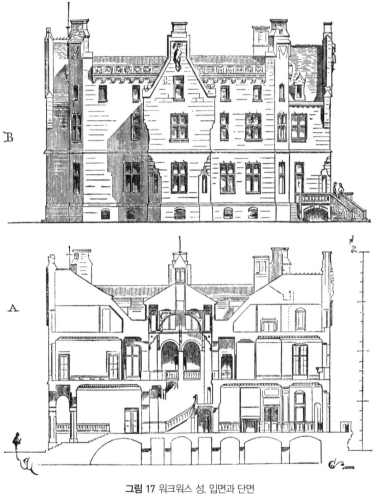

그림 17 워크워스 성. 입면과 단면

통상적인 두께의 건물을 지을 때만큼 비용이 들지 않습니다. 실제로 방들의 이 거대한 집적체가 차지하는 면적이 632m²에 달하는 데 반해 정면벽의 베이스 길이는 112.8m에 불과합니다.

이렇게 조밀하게 밀집된 배치를 도입하면 건축의 경제성 면에서 이점이 있는 한편 이동은 명백하게 보다 쉽고, 저택을 지속적으로 수리하는 비용도 덜 듭니다. 단순한 방법으로 이루어지는 배수는, 도시의 경우보다 혹독한 날씨에 노출되는 일이 많은 시골 주택들에서 그토록 자주 발생하는 어떤 불편도 초래하지 않습니다. 네 개의 중심 빗물받이에 눈이 쌓이더라도, 이 배수관으로부터 매우 빠르게 아래로 떨어지고 수직 홈통들은 온도가 유지되어 위쪽 구멍이 막힐 겨를이 없기 때문에 아무런 손상을 입지 않습니다. 나아가 이 수직 홈통들이 넓은 파이프 기둥들 안에 격리되어 있는 만큼 누수가 있다고 해도 어떤 재난으로 이어질 수 없습니다.

이 실내 지붕들은 바람으로부터 보호되고, 따라서 좀처럼 파손에 노출되지 않습니다. 대개 합각 위쪽을 덮으면서 외벽 위에 놓이는 굴뚝은 견고하고, 통풍에 방해가 되지 않도록 충분히 높게 지어집니다. 지붕은 위험하지 않고 손쉽게 점검할 수 있습니다.

그러므로 이런 중세의 설계 중 일부로부터 가르침을 얻고 그것을 현대 서구의 필요에 맞출 수 있습니다. 17세기에 지어진 장엄한 외관을 한 어떤 성들이나, 대개는 행사를 목적으로 일시적으로 사용하게 되는 이를테면 팔라디오의 것과 같은 이탈리아식 저택들에 적용하는 것보다는 더 낫게 말이죠. 우리의 성들이나 17세기, 심지어 18세기의 대규모 시골집 가운데 다수가 결코 편리하게 배치되어 있지 않다는 사실 때문에 우리가 이 이싱 과거로 되돌아가면 불편이 너욱 눈에 띄게 될 것이라는 결론이 제기되어 왔습니다. 그러나 이것은 사실이 아닙니다. 대칭과 '장엄함'에 대한 열정은 17세기 중반에 일어난 것으로서 그 전 시대를 지배하던 것들이라고 말하기 어렵습니다. 그 먼 과거에 가장 먼저 고려했던 것은 주거가 아무리 넓다 하더라도 그 안에서 생활하는 사람의 편리함이었습니다. 그리고 그 건축에 도입된 형태들은 그러한 편리함이 요구했던 바로부터 추론된 것입니다. 우리의 시대와 같은 실용적인 시대라면 현명하고 자연스러운 이 원리를 선호해야 할 것입니다. 그리고 우리는 건축가들 자신보다 대중이 더욱 집착하는 유파의 편견을 버리고, 다른 어떤 것보다 우선 훌륭한 상식의 지배를 따르려고 해야 할 듯합니다.

대부분의 영국식 전원주택이 선보이는 편리한 배치에 충격을 받은 일부 부유한 개인들은 영국인 건축가들을 성이나 좀 더 작은 집의 건축가로 고용하는 실험을 했습니다. 이 시도는 성공적이지 못했습니다. 건축가들이 멀리 고향에 있을 때와 같은 자유를 계속해서 갖고 있지 못했던 탓이든, 아니면 고용주들이 그들에게 친숙한 것과는 다른 건축 형태들을 채택하도록 만들려고 했기 때문이든, 혹은 그들이 우리의 건축 방법들을 잘 알려고 애쓰지 않았기 때문이든, 이 주거들은 영국에서 본보기로 여겨졌던 집들의 장점을 드러내지도 못했고, 우리 프랑스식 주거의 매력을 갖지도 못했습니다. 잘못 지어지고 우울한 그 집들의 장점은 어지간히 편리한 부수적인 배치들과 전체적으로 잘 마련된 독립성뿐이었습니다. 그러나 우리가 여기서 본보기를 찾을 수는 없습니다.

우리는 프랑스에, 우리의 옛 건축에 (우리가 스스로를 되돌아보려고 노력한다면) 영국보다 훨씬 다양한 건축 방법들을 가지고 있습니다. 그런 사실은 우리의 보다 다재다능한 재능과는 별개로, 우리 나라의 서로 다른 지역의 서로 다른 기후와 건축에 적당한 재료의 다양한 본성에서 기인합니다. 우리가 이 너무나 많은 사례들을 비열하게 모방하려고 해서는 안 된다는 것

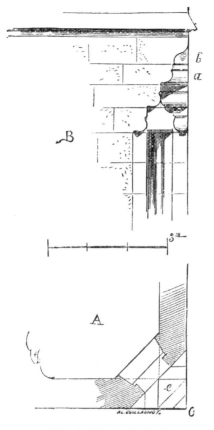

그림 18 워크워스 성. 베이의 잘린 모서리

은 아주 훌륭한 생각입니다. 그러나 우리가 그것들에 주의를 기울이지 말아야 한다는 것—우리가 이미 얻어진 결과물의 장점을 취하지 말아야 한다는 것—은 어떤 합리적 이성으로도 정당화할 수 없는 주장입니다. 특히 이전에 채택된 구조의 다양한 양상에서 두드러지는 것이 커다란 자유, 그리고 해당하는 경우의 필요에서 나타난 모든 어려움을 정복하기 위한 풍부한 원천들이라는 점에서 그러합니다. 그렇다면 우리가 이미 제공된 이점들을 자신으로부터 빼앗아야 할 이유가 있습니까?

이 강의에 주어진 한계 안에서 오늘날 무시당하지만 너무나 쉽게 도입할 수 있고, 심지어 우리 시대에 개선될 수조차 있는 옛 건축 방법들에 대해 많은 이야기를 할 수는 없습니다. 그러나 우리가 제시한 마지막 사례에서 나타나는 몇 가지 점에 대해서는 언급하는 것이 바람직할 듯합니다.

따라서 우리는 이 시골 저택에서 중앙 베이들이 1층의 평면에서는 모두 (사선으로 조망할 수 있고 모서리들을 없앤) 다각형이고, 2층에서는 침실들을 배치하기에 더 좋은 사각형이라는 점을 봅니다.

오늘날에는—이유는 모르겠지만—드물게만 도입되는 이런 배치는 예전에는 매우 흔했고, 문제는 그림 18에서 보듯 매우 단순한 방식으로 해결되었습니다.

1층의 사선으로 잘린 면(평면도의 A)은 폭이 2m입니다. 직각 벽들의 두께는 0.65m, 사선 벽들의 경우는 0.70m입니다. 사선 벽으로 난 창의 너비는 1m입니다. 두 층의 코벨은 각각 벽의 노출면을 창의 인방 위에서 그것들이 만나는 지점까지 직각으로 연장하고 있습니다. 두 개의 다른 층들인 ab는 코벨을 형성하고 그 층의 모서리인 c를 받칩니다. e에는 작은 수평의 삼각형 소피트가 남아 있습니다. 입면도 B는 이 구조를 충분히 설명해 주고 있는데, 이것은 너무도 단순하고 많은 경우에 매우 장점이 많습니다.

이제 시골집의 계단 위에 놓이는 중앙 랜턴의 천장이 가지는 구조 체계를 검토해 봅시다. 그림 15, 16, 17에 전체 조망이 있습니다. 비가 직접 쏟아지는 지붕에 난 천창은 도시에서도 단점이 없지 않습니다. 그러나 수리가 곧장 이루어질 수 없는 시골 지역에서는 불편이 훨씬 더 커집니다. 우박을 동반하는 거친 폭풍이 오면 유리가 깨지고 실내가 물에 잠기며 피해를

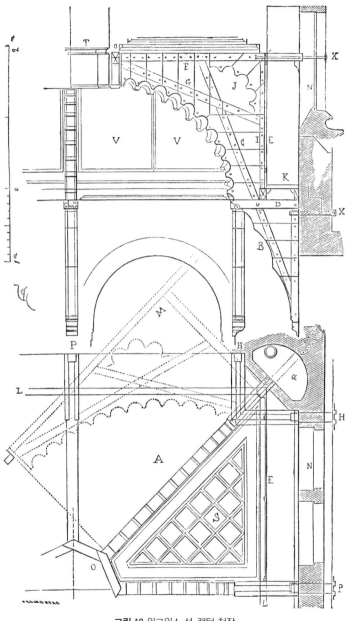

그림 19 워크워스 성, 랜턴 천장

즉각 회복할 수 없습니다. 반면 눈이 내리면 실내가 어두워지고, 거센 빗줄기는 아무리 잘 지었다고 해도 이 유리가 끼워진 지붕을 통과해 집 안으로 들이칩니다. 우리는 결국 천창을 포기해야 할 것입니다. 그리고 우리는 그림 17의 단면에서 중앙 랜턴이 비바람으로부터 잘 보호되고 이중으로 되어 있는 수직 창으로 채광되고 있으며, 둘 사이에는 청소와 필요한 수리를 위해 지나다닐 수 있는 공간이 있다는 것을 관찰하게 됩니다. 그림 19는 이 랜턴의 실내를 자른 1/4 단면입니다. 1/4 평면인 A는 창이 있는 높이에서 본 것으로, a에서 수직 홈통들이 들어 있는 기둥 중 하나를 볼 수 있습니다. 랜턴은 사각형이므로 네 개의 스트럿-트러스 P가 두 개의 축 방향으로 놓입니다. 여덟 개의 브래킷 H는 꺾인 면들의 모서리에 고정됩니다. 이 여덟 개의 브래킷은 각각 두 개씩 짝지어 머리 부분이 결합되어 있습니다. 스트럿-트러스들은 B의 단면에서 보이는 것처럼 골조가 짜여 있습니다. 그것들은 벽의 안쪽 면을 마주하고 코벨 위에 놓여 있는 수직 부재, 사선 부재 C, 두 개의 이음목 D, 천장 부재 F, 첫 번째 사선 부재를 이분하는 두 번째 사선 부재 G, 보 L 위로 받쳐지는 두 번째 지주 I로 이루어집니다. M에서 입면도를 볼 수 있는 대각선 트러스들은 브래킷 H가 받치고 있는 해머빔[1] 위에 놓입니다. 이 여덟 개의 트러스의 양 끝 부분은 팔각형 틀 O를 떠받치고 있습니다. 유리가 끼워진 여닫이창이 석재 창 N에 놓입니다. 역시 유리가 끼워진 두 번째 여닫이창은 E에 놓입니다. 따라서 지붕으로부터 접근할 수 있는 통로 K가 남게 됩니다. 바깥쪽 창인 N은 E보다 훨씬 높이

---

1) 영역본에서 'feet'으로 옮긴 'blochets'는 지붕 골조에 사용되는 수평 부재로, 본서와 동 시기에 출간된 다니엘 라메의 용어 사전을 따라 'hammer beam'으로 옮겼다. 우리말로는 그대로 해머빔으로 쓰인다. Daniel Ramée, *Dictionnaire général des termes d'architecture: en français, allemand, anglais et italien*(Paris: 1868).

나 있어서 빛이 가장 바람직한 방식으로 계단에 비춰지도록 해 줍니다. 트러스 목재들은 0.10~0.12m 각재입니다. 그것들은 그림에서 보듯 양쪽 면을 판자로 덮었고, 그것을 곡선으로 잘라 내 적당해 보이도록 모양을 만들 수 있습니다. 못으로 고정된 이 판자는 이 트러스들의 강도를 크게 높여 주며, J에서 보듯 투조를 할 수 있습니다. 나아가 각 쌍의 판자 양 끝 부분 사이에 그 끝 부분과 같은 단면으로 잘라 낸 전나무 조각을 채워 넣도록 한다면 각각의 트러스는 단일한 늑재의 모습을 가지게 될 것입니다. 물론 이 판자 덮개는 조각이나 그림으로 원하는 만큼 장식할 수 있습니다.

여덟 개의 트러스들(넷은 축 방향으로 넷은 대각선으로 놓인) 위 S에 선택된 설계에 따라 목조 천장이 놓이게 될 것입니다. T에는 환기용 밸브가 위치할 것입니다. 내부의 유리가 끼워진 틀 V는 그러므로 여덟 개의 트러스들 사이에 남겨진 모든 공간을 차지하고 가능한 한 많은 빛을 들여보냅니다.

그러한 건물을 매우 적은 비용으로 세울 수 있다는 것은 쉽게 알 수 있습니다. 지붕을 완벽하게 덮어 비바람을 막은 만큼 습기에 손상될 걱정 없이 회화로 장식할 수 있습니다. 트러스들은 X에 고정됩니다. 그러나 그것들이 무너질 염려는 없습니다. 왜냐하면 그것들은 여덟 개의 각에서 모두 일정한 압력을 받고 있어 형태가 무너질 리 없는 팔각형 틀에 기대 받쳐지고 있기 때문입니다.

시골에 건물을 지을 때는 언제나 가능한 한 목재와 석재가 직접 접촉하는 것을 피하고—위에서 말했다시피—지나치게 큰 창틀과 불필요하게 높은 문을 배제하는 것이 바람직합니다. 습기와 급작스러운 기온 변화에 따른 영향이 도시에서보다 시골에서 더 우려되기 때문입니다. 이런 점에서 고정된 중간신틀로 창을 분할하는 계획은 특히 시골 주거에 적용해 볼 만합니다. 창은 넓게 유지한다고 해도 창틀을 분할하여 그 면의 크기를 작게 유지할 수 있으니까요. 여기서 발생하는 유일한 난제는 외부에 미늘발을 설치하려고 할 때 발생할 것입니다.

그러나 시골에 석조로 지은 집들의 벽은 언제나 상당히 두꺼우므로 아래쪽 중간선틀을 위해 최소한 0.20m 폭의 접이식 금속 미늘창을 창틀에 끼워 넣는 것은 어렵지 않을 것입니다. 석재 중간홈대(transom) 위쪽의 채광구는 사다리가 없으면 안쪽에서 여닫을 수 없기 때문에 미늘창으로 가릴 수 없습니다. 중간선틀로 분할된 이 위쪽에는 그러므로 다른 방법이 도입되어야 합니다. 기계 장치는 특히 시골집에서는 고장이 나거나, 연중 기후가 나쁜 시기에 먼지가 많이 앉아 작동하지 않게 된다는 단점이 있습니다. 따라서 지속적으로 손보지 않아도 되는 간단한 방법을 찾는 것이 매우 중요합니다. 중간선틀과 중간홈대와 더불어 만들어진 창의 윗부분을 가리는 가장 간단한 방법은 분명 내부에서 유리창의 창틀 자체에 경첩으로 고정한 덧창이 될 것입니다. 이 덧창은 필요하다고 생각되면 투조를 할 수 있고, 심지어 금속판들로 만들 수도 있습니다. 걸쇠와 줄 혹은 아주 가는 철 막대를 이용해 아래쪽에서 그것을 쉽게 여닫을 수 있을 것입니다.

그러나 우리는 이 모든 세부 사항에 대해 지금 준비 중인 『19세기 도시와 시골의 주거』(l'Habitation urbaine et des campagnes au XIXe siècle)라는 특정 저서에서 보다 완전히 알아볼 기회가 있을 것입니다. 이 책은 비용이 많이 들지 않는 평면에 따라 시공된, 그리고 오늘날 점차 그 평균이 낮아지는 수입에 맞는 건물들의 사례들에 특히 주목할 것입니다.

우리의 요구가 완벽하게 명확하고 우리의 건축 기기들이 상당히 광범위한 동시에 탁월하기는 하지만 우리는 주거 건축을 공공 건축만큼이나 제대로 수립하지 못했습니다. 우리는 여전히 엄격한 전통과 상당히 영향력 있는 단체들, 그리고 그러한 영향과 전통 대부분과 조화를 이루지 못하는 새로운 요구들을 만족시킬 필요성 사이에서 결단을 내리지 못한 채 머뭇거리고 있습니다. 그렇기 때문에 우리 시대의 요구와 예술의 요청을 매우 불완전하게만 만족시키는 이상한 타협이 발생했습니다. 사실 순수한 예술의 새로운 국면은 건축가의 머리에서 느닷없이 튀어나오는 것이 아닙니다. 그러한 형태는 불가분의 관계로 연결된 일련의 논리적 연역들의 결과로서만 얻어집니다.

대중과 건축계 자체가 우리 시대의 고유한 예술 형태라는 문제에 지나치게 몰두하고 있다고 저는 생각합니다. 이것은 대중이, 그리고 건축가들이 건물을 지을 때 순수하게 지역적 특성에 따른 요구들을, 혹은 충족시켜야 할 필요에서 비롯한 요구들을 충족시키는 것을 주된 목적으로 여길 때 점진적으로 나타날 것입니다. 이런 진행 방법은 예술을 구성하는 조화롭고 완전한 형태들을 즉각 제공하지는 못할지 몰라도 그것을 발견하는 데 공헌합니다. 게다가 그런 형태들을 보장하는 다른 방법은 없습니다. 고유한 예술을 가졌던 모든 문명은 이런 방식으로 시작해야만 했습니다. 그렇기 때문에 최초에 거기에 수반되었음에 분명한 전통이나 영향들은 고고학자들만이 알아볼 수 있을 정도로 변모된 것입니다.

이런 현상은 그리스 문명에서 관찰할 수 있습니다. 그 다양한 표현에 있어 아름답고 완전한 그리스 건축은 그것이 태어난 주변의 아시아적 요소들로부터 점진적으로—형성 중인 사회의 상태에 따른 요구들을 적절히 만족시킴으로써—진화했습니다. 그것은 중세에 세속 미술이 발생하면서 서방의 우리에게서 산출되었습니다. 그것은 갈리아-로마 전통에서 시작되었고, 그 전통에 종속되어 있던 종교적 질서는 8~13세기를 거치며 변화했습니다. 우리 프랑스 중세 미술을 형성한 그 대가들의 최초의 시도를 분석해 보면 로마네스크 스타일로부터 점차 발생하여 진화한 그 새로운 형태들이, 발생하는 필요들을 주의 깊게 경청한 결과이며 그것들을 점점 더 완벽하게 만족시키기 위한 것임을 알게 됩니다. 이런 자연스러운 발전 바깥에서 새로운 형태들을 찾는 것은 모방의 위험으로 달려드는 것이고, 개선할 수 있는 형태들을 결코 만들지 못하는 자료들의 모음 외에 다른 결과를 얻지 못합니다. 형태들은 사용된 재료들의 속성과 그것들이 사용된 방법에 대한 정확한 평가에 의해 제시될 때 비로소 개선될 수 있기 때문입니다. 재료의 다양한 속성이 건물에서 그것들이 사용될 때 거기에 주어지는 형태에서 고려되어야 한다는 점을 이론적으로 부인할 사람은 없을 것입니다. 석재, 대리석, 목재, 주철, 연철, 다양한 형태의 구운 점토는 저마다 매우 상이한 속성들을 가집니다. 이런 다양성과 몇몇 재료의 성질의 대립까지를 고려할 때, 그중 어느 하나에 적당한 형태가 다른 것에는 적당하지 않을 수 있습니다. 여기에 이론이 없으므로, 우리의 건물들에 습관적으로 적용되는 많은 형태가 재료의 속성을 고려하지 않고 있으며 그러한 속성들에 대한 정확한 지식의 결여를 드러내는 특정한 전통들을 참조할 뿐이라는 점을 인정해야 한다고 저는 생각합니다.

현대 과학이 사용된 재료의 다양한 속성에 관한 지식을 고도로 완벽하게 만들어 온 만큼 우리 건축가들이 그 연구들을 이용해 재료들에 그 속성을 적절히 고려한 형태들을 부여할 것이라고 가정하는 것이 정당해 보일 것입니다. 그러나 실제로는 그렇지 않았습니다. 혹은 어쨌거나 이런 방향으로 이루어진 시도들은 소심한 것들일 뿐이었고, 지속적인 불안감을 드러내며 예술의 전 단계로부터 물려받은 전통적 형태들에 아무런 변화도 도입하지 않았습니다. 과학의 영역을 그런 방향으로 확장시키는 데 앞장섰던 이들에 속하는 토목 기사들 자신도, 그들이 재료에 부여하는 형태들이 그 속성과 조화를 이루도록 만들려는 마음은 아마도 다른 이들만 못했습니다. 이것은 예술 교육의 방향이 잘못된 탓입니다. 그것은 이전 문명들에서 빌려 온 사례들만을 제시할 뿐, 그 형태와 그것을 만든 재료가 원래 채택되었던 이유에 대해서는 전혀 설명해 주지 않습니다.

프랑스에서 수행되는 건축 교육은 과학과 비평에 친밀하게 연합하는 대신 그것들을 불신의 눈으로 바라보는 듯합니다. 그러면서 이른바 '고급 예술'이라는 것을 침해하지 않는 조건에서만 과학과 비평을 장려하지요. 마치 건축에서 예술의 주된 조건은 다른 모든 분야에서와 마찬가지로 문제의 분야에 관련된 모든 지식의 조화로운 일치를 통해 제시된 형태를 도입함에 있어 진실에 따르는 것이 아니라는 듯이 말입니다. 그래서 우리는 예전이나 지금이나 철은 기념비적 형태에 부합하지 않는 재료이므로 그것이 사용된 것을 감추지 않고서는 우리의 건물에 사용할 수 없다는 말을 계속 듣게 됩니다. 사용된 기념비적 형태들이 철과는 다른 성질을 가진 재료들을 사용함으로써 발생한 것이므로, 그 형태를 철에는 적용할 수 없다고 말하는 것이 좀 더 진실과 이성에 부합할 것입니다. 논리적 추론은, 우리는 그러한 형태들을 계속해서 쓸 것이 아니라 철의 속성과 조화를 이루는 다른 형태들을 찾으려고 노력해야 한다는 것입니다.

그러나 다시 한 번 말씀드리겠습니다. 건축 교육을 장악하고 있는 저 단체는 추론을 싫어합니다. 그들은 추론을 이단이라고 여깁니다. 추론의 주장들은 거부되고 그것을 반대하기 위해 권위가 동원됩니다. 그러나 이렇게 나가서는 진보의 길로 들어설 수 없습니다.

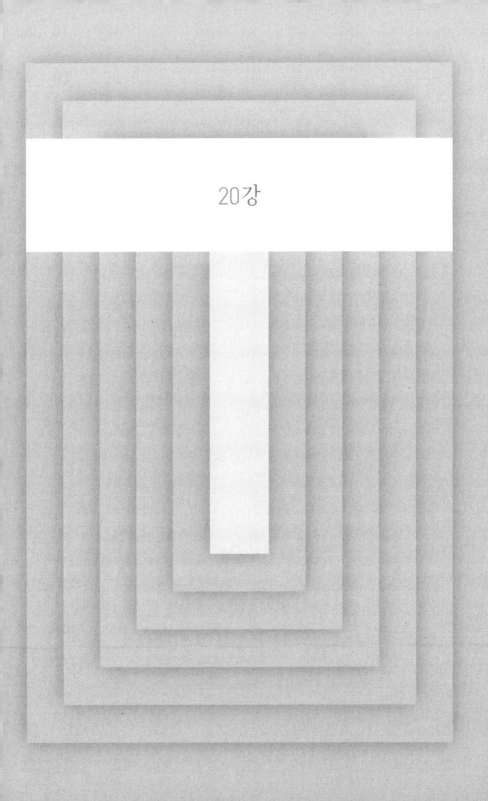

20강

유럽의 건축 상황

특히 예술에 관하여 우리는 지난 전쟁 이전보다 못하지도 낫지도 않은 입장에 있습니다. 그리고 독일의 승리는 침공의 흔적인 방화 행위 이외에 문명 일반의 혹은 특히 예술의 길에서 그 나라를 단 한 걸음도 진보시키지 않았습니다. 아마도 베를린에 우리 돈으로 공공건물을 몇 채 더 세우기는 했을 것입니다. 하지만 그것이 이전에 지어진 건물들보다 아름다울까요? 그것은 의문입니다.

제가 우리의 예술 진흥 기관들과 그들이 계속해서 추구하는 공식적인 교육 수단에 대해 지나치게 관대한 시각을 가졌다는 비난을 받을 일은 없을 것입니다. 그런 교육에서 그들은 특정한 편협한 시각과 더불어 노종의 퇴행적 조치를 취함으로써, 대중의 관심이 다른 문제들에 쏠려 있다는 점

271

과 보자르 교장과 학사원 구성원들의 고분고분함을 이용해 1863년 12월 13일의 칙령을 벌충하려고 했습니다.[1] 사실 이런 환경은 파벌들의 그런 작은 음모에 대해 부정적인 생각을 가진, 모든 것을 밝힐 것을 주장하는 대중의 의견이 지배하는 동안은 그리 중요하지 않습니다. 하지만 우리가 우리의 예술 제도를 차분히 검토해 본다면, 특히 예술가들과 일반 대중의 의견의 진보―우리의 예술 작품들이 기원한 요소인―를 고려하고 그것에 의해 결정된 예술가들의 위상을 유럽 다른 나라 예술가들의 그것에 비교해 본다면 저울은 여전히 우리 쪽에 유리하게 기울어질 것입니다.

예컨대 대중의 시선은 우리 이웃인 영국인들이 미적 연구와 취미를 개발하는 데 들인 노력을 향하게 되었습니다. 그리고 지난 수년간 돈도 어떤 종류의 격려도 부족하지 않게 주어졌습니다. 그러나 결과는 어땠습니까? 기량―재료를 다루는 솜씨에서는 주목할 만한 개선이 이루어졌습니다. 그러나 비판적 식별과 선별―사실상 취미―에 관해서는 그리 대단한 성공을 거두지 못했습니다. 사실 예술이란 즉석에서 이루어질 수 없는 것입니다. 하나의 미적 분야는 여러 세대를 거쳐 전해진 긴 전통이라는 과정의 결과물입니다. 예술가들을 낳으려면 그들을 이른바 전염성 있는 환경 속에 두어야 합니다. 그 증거는 수년간 프랑스를 떠났다가 되돌아온 솜씨 좋은 예술가와 장인들에게서 나타납니다. 그들이 이 방랑에서 돌아와 만든 것은 그 매력과 풍미를 모두 잃어버렸고, 어떤 노력을 해도 그들은 자신들이 유리한 환경 속에 살고 있을 때는 의식하지 않은 채 가지고 있던 명료하고 섬세한 솜씨를 회복할 수 없었습니다.

1) 아카데미 데 보자르의 개편에 관한 황실 칙령을 말한다. 관련한 내용은 뒷부분에서 다루어진다.

프랑스에서 예술은 활발한 생명력을 향유합니다—열린 대지와 자유로운 공기에서 자라나죠. 사실 그래야만 합니다. 그렇지 않았다면 예술은 지난 두 세기 동안 강제되었던 인공적 배양을 견뎌 내지 못했을 것입니다. 온실에서는 그렇게 해서 획일적이고 색이 흐릿한 꽃들을 무수히 만들어 내지만 자연은 때때로 그 우월성을 재개합니다. 그러면 이 식물 중 하나가 다른 것들보다 생생하여 그것을 가두고 있는 온실을 벗어나 본연의 색조로 빛나는 꽃들을 피워 내고, 정원사에게는 안 된 일이지만 바람에 씨앗을 날려 그것이 멀리 넓게 퍼져 자라나도록 합니다. 그것들은 다시 한 번 야생의 식물이 되어 온실의 끈끈한 인공적 향기보다 들판의 생생한 냄새를 선호하는 모든 이에게 큰 기쁨을 줍니다.

　프랑스의 토양은 언제나 예술의 발전에 유리했습니다. 우리가 요구하는 것은 어떤 인위적인 문화도 예술에 강요하려고 시도해서는 안 되며, 다만 성장하고 꽃피우는 수단만을 제공해야 한다는 것입니다. 그러나 우리는 이것을 지켜 낼 수 없었습니다. 왜냐하면 우리는 모든 것을 행정과 규제의 대상으로 만들려는 이상한 열광에 사로잡혀 있기 때문입니다. 정치적 혁명이 우리에게서 그토록 많은 것을, 특히 우리의 사고방식을 전복시킨 데 반해 옳음과 정당함에 대한 우리의 감각은 아직 자유의 실행을 우리의 행동에, 혹은 독립과 개인적 존엄의 감각을 우리의 정신에 도입하지 못했습니다.

　국가는 자신이 예술을 가르칠 의무가 있다고 생각합니다. 국가는 예술의 중요성을 인정하고, 따라서 그 발전을 보살피는 것이 자신의 의무라고 여깁니다. 이 배려가 예술이 다양한 형식으로 발전할 자유를 지켜 주는 데 머문다면 그보다 바람직한 일은 없을 것입니다. 그러나 실제로는 그렇지 않습니다. 국가는—저는 자주 이것을 이야기해 왔고, 다시 한 번 반복합니다만—단지 고급 관료들의 속권(俗權)일 뿐입니다. 상이한 정부들이 예술의 행정 수반으로 올린 사람들 가운데 일부가, 정의감과 그들을 자유주의적인 길로 데려갈 수 있을 만큼의 독립성을 가지고 있는 것이 누구인지 발견했다고 해도, 그들은 곧 이런 보상받지 못하는 입장을 버릴 것을 강요받았습니다. 일반적으로는 예술가들 자신이 먼저 주어진 자유를 거부하고 있기도 했습니다. 그럼에도 불구하고 프랑스 건축은 여전히 유럽에서 최고의 자리를 차지하고 있습니다—그만큼의 생명력을 이 예술은 우리에게서 가지고 있는 것입니다. 게다가 다른 나라들이 자유에 따르는 이익을 우리보다 잘 이해하고 있지 않다는 점에 주목해야 합니다. 예컨대 영국에서 건축가들이, 우리 나라의 경우와 같이 한 예술가 단체의 도구에 지나지 않는, 그리고 자연스러운 섭리에 따라 결코 다른 어떤 것일 수도 없는 행정부에 종속되어 있지 않다면, 그들은 사변적 건축가들의 엄격한 굴레에 매여 있습니다. 그러나 해협의 반대편에는 매우 많은 사기업이 있고 너무도 완전하게 전개된 실용적 양식이 있어서 젊은 건축가들은 노쇠한 기관들에도 불구하고 교육을 받을 수 있었습니다. 영국에는 옛 길드들이 여전히 존재합니다. 물론 이 부유한 단체들이 지금은 자선 목적의 협회들에 지나지 않지만 말입니다.

영국의 한 청년이 건축가가 되고자 한다면 그의 부친은 어느 정도 이름값을 하는 스승에게 도제 수업을 받도록 하고, 한 해 100기니에 이 스승은 아마도 그에게 자신이 아는 것을 가르칠 … 의무를 지게 될 것입니다. 공부를 시작하는 학생은 평일 9시 30분부터 17시까지—토요일에는 14시 30분까지—날마다 사무실에 나가 사장을 위해 자신의 시간을 전부 쓰되, 업무상의 **비밀**을 누설하지 않고, 자신의 사장의 이익에 손상을 입힐 만한 어떠한 일도 하지 않으며, 사장과의 일상적인 관계에서 적절한 존경심을 가지고 행동하고 그의 동의 없이는 '결혼하지' 않는다는 문서상의 합의에 묶여 있습니다.

2년 동안 학생은 건축 드로잉과 시공의 세부를 전사하고 정서하는 일을 합니다. 그것은 많은 경우 그가 시작하고 동료 학생들이 끝내게 됩니다. 그가 건축 현장에 방문하기를 원한다면 그것은 여가 시간—많지 않을 것이 분명합니다만—이나 사장의 부재중에만 허용됩니다.

그럼에도 불구하고 처음부터 자기 직업의 실제 작업에 종사하고 있는 그런 학생은 상당히 빨리 건설 방법에 익숙해집니다. 그는 시공과 감독의 어려움들에 대해 잘 알게 되고, 그가 영리한 데다—영국인들이 일반적으로 그렇듯—노력가라면 그의 경력에서 이 단계는 그를 직업적으로 훈련시키는 데 유용합니다. 이 시기 동안 그는 자신의 스승이 따르는 방법들을 배우고, 도급업자와 인부들과 협의하는 나름의 방법을 터득합니다. 그는 일부 책임을 맡게 됩니다. 왜냐하면 그에게 맡겨진 세부적인 사항들—건축에 수반되어 결합된 상태인—가운데 그가 우연에 맡겨 버린 것이 있다면, 우발적인 사태를 예측하고 충분한 설명을 제공하지 않는다면, 그리고 그 결과로 무엇인가 잘못되면 그 학생이 비난받게 되고 이 경우 그의 장래가 위태로워지기 때문입니다. 이런 과정은 그리 고급하지는 않은 교육을 제공하지만 그를 통해 실용적 능력을 지닌, 그리고 자신의 직업에 정말 진지하게 임하는 사람들을 배출합니다.

최근에 영국의 건축학도들은 이런 오래된 방법에서 부족함을 느껴 왔습니다. 그것은 중세 길드의 전통이지만 그들은 아직 정부에 자신들의 이해를 책임져 달라고 말하러 가지 않았습니다. 그들은 그저 연간 10실링의 회비를 내는 육백 명에 가까운 회원들로 이루어진 협회를 결성했을 뿐입니다. 그 회의와 강의들은 겨울 동안 열립니다. 그들은 2주에 한 번 저녁 시간에 모여 회원들이 제안한 문제들에 대해 논합니다. 이 토론은 일반적으로 매우 세부적인 조건들을 해결하는 것과 관련되어 있습니다.

강의는 우선 기본적인 설계, 즉 주어진 프로그램의 시공도를 다룹니다. 회장이 그 다음 회의에서 자신에게 제출된 건축의 세부, 장식 등의 소묘에 대해 비평합니다. 두 번째는 발전된 설계, 즉 보다 규모가 크거나 보다 어려운 시공을 위한 평면도들로 이루어진 설계입니다. 세 번째가 진정한 의미의 구축으로 설명서와, 칠판에 세부와 도표를 그려 수강생들에게 제시합니다.

여름에는 협회 회원들이 소수로 무리지어 건축 현장을 방문하고, 실용 삼각법을 수강하며, 직접 보고 스케치를 합니다. 그들은 건축에 관한 저작들을 함께 읽고 그에 관해 주석하거나 주어질 수 있는 제안들에 관해 토론합니다. 각 과정마다 상이 주어지고, 그 결과가 연초에 대중에게 공개, 전파됩니다. 회원들에게 개방된 도서관이 있습니다.

이것은 우리 나라에서 유행하는, 새로운 학생들에게 술자리와 맹세를 억지로 받아 내는 **아틀리에에서의 수련**보다 현명하고 유용한 제도임이 분명합니다.

독일에서 건축가의 위상은 지역의 관습에 따라 어느 정도 독립적입니다. 프로이센이 통제 체계를 통합하여 그 아래서 그들의 단체 역시 자신들의 예술을 실천하도록 해 주리라고 믿을 만한 이유는 충분합니다. 그러나 독일은 예술의 지속적인 발전에 별로 유리하지 못한, 차갑게 격렬한 충동에 사로잡혀 있습니다. 그 충동은 어느 때는 중세로, 어느 때는 고대 그리스 미술로, 논리적 연역의 결과로서가 아니라 프랑스에서 우리가 유행이라고 부르는 것에 따라 기울어집니다. 그리고 독일에서 유행이란 것은 집요하고 편협합니다. 현명한 사람들 중에는 바이에른의 왕 루트비히가 40여 년 전에 자신의 멋진 도시 뮌헨에 그리스, 로마, 비잔틴, 중세, 이탈리아, 북구의 건축을 저마다 얼마간 모방하여 건물들을 짓게 한 것을 떠올린 이도 있을 것입니다. 그는 그렇게 자신의 신민들에게 본보기 삼을 수 있는 예술의 모든 건축적 산물을 견본으로 제시하고 이렇게 말한 듯합니다. "이제 고르라." 관조된 그 대상은 뮌헨에서 거의 이해되지 못했습니다. 왜냐하면 독일인의 정신은 결코 절충적이지 않고, 더구나 경제적 측면에서 그들이 복제한 건축 스타일과 여러 모로 조화를 이루지 않는 방법에 따라 세워진 루트비히의 건물들은 사실상 그런 종류의 일반적인 과시보다 조금 더 지속 가능한 작업들의 일종의 '전시'에 지나지 않았습니다.

독일은 수년간 그리스 미술이 낳은 작품들에 대한 취향에 푹 빠져 있었고, 그리스의 위대한 시대의 계승자를 자칭해 왔습니다―급기야 스스로를 아리아 혈통의 마지막 자손이자 유일하게 진정한 적자로 자처하고, 결국 자신의 무력보다는 이성과 재능으로 전 세계를 지배할 소명이 있다고 여기게 되어 왔죠. 그러나 독일은 뼛속까지 중세의 전통으로 가득 차 있고, 유럽에서 아테네가 고대 세계에서 차지하고 있던 위상을 자신들이 확보하는 것은 어렵다는 사실을 발견하게 될 것입니다.

그러므로 독일의 건축가는 자신이 방법이나 과학이 결여되었기 때문이 아니라, 논리적인 원리와 추론에 근거한 체계의 인도 없이 편협하고 배타적인 유행의 변화에 사로잡혀 있기 때문에 불리한 상황에 처해 있다는 것을 알게 됩니다. 그에게는 비판적 지성과 분석적 지성이 없습니다. 혹은 이 지성을―종종 그렇듯―그 개인이 가지고 있다고 해도 그는 그것을 자신이 처해 있는, 그리고 추상적인 관념들을 변화시키는 데 열정적으로 헌신하는 다루기 힘든 매체에 관철시킬 수 없습니다.

철학적 체계는 나날이 변화될 수 있습니다. 그러나 실용적으로 유용하고 습관과 관습에 밀접하게 연관되어 있는 예술　이를테면 건축 예술은 경우가 다릅니다.

하나의 건축 스타일은 오직 기나긴 일련의 전통들의 결과로서만 있을 수 있습니다. 그것은 한 민족의 개인들을 민족적 이해와 정서의 공동체로 묶어 왔습니다. 독일은 아직 이런 조건들을 제시하고 있지 않습니다. 그리고 독일이라는 민족 공동체가 통일된다고 가정해도—역사 철학은 우리가 그것을 좀처럼 예상하게 해 주지 않습니다—독일인들이 그들 문명의 독창적 표현이 될 건축을 소유할 수 있으려면 적어도 2, 3세기는 기다려야 할 것입니다. 이것은 우리에게 얼마간 유예 기간을 줍니다. 그러나 현 시점에서 독일이 힘과 통치권, 그 예술의—어쨌든 그 건축의 독창성에서 우리보다 우월하게 될 것이라 가정할 필요는 없습니다.

반면, 엄밀히 말해 독일 건축은 지금 존재하지 않지만, 독일을 이루는 지방들에서 논란의 여지없는 장점을 가진 지역적 발전을 발견할 수 있습니다. 바이에른은 주거 건축의 훌륭한 사례들을 제공하며, 하노버와 뷔르템베르크에 대해서도 같은 이야기를 할 수 있습니다. 기념비적인 성격을 가지려고 하지 않는 이들 지역의 건물들은 지역의 관습과 거주자들의 필요를 정확하게 반영합니다. 주택들과 학교, 시장, 기차역과 같은 소규모 공공건물들에서는 언제나 경제적이고 조심스럽게 실용적 감각을 가지고 평면도가 시공되었습니다. 그러한 실용적 감각은 조금 수수하기는 하지만 매력이 없지 않은, 일정 정도의 우아함에 가까운 것입니다. 전원 지역의 개인 주택들도 마찬가지입니다. 좀처럼 과시적이지 않은 이 건물들은 사치나 과시를 위해 아무것도 희생하지 않은 집이며, 하지만 거주자들의 가정 생활이 활기차고 독창적인 인상을 남기는 집입니다. 그것들은 일반적으로 매우 단순하지만 매우 잘 지어졌습니다. 독일어권 지역 가운데 빈이 확실히 가장 두드러진 전통적 예술 중심지입니다. 빈에는 아카데미와 공립 학교가 있습니다. 그러나 이 지역의 예술가들의 탁월함은 이들 때문이 아닙니다. 그것은 이탈리아와 프랑스, 북서독일 등의 해외 작품들에 대한 심오한 연구의 결과인 충분히 폭넓은 교육 때문입니다. 또한 빈의 건축가들이 향유하는 그렇게 상대적으로 확장된 교육이 아직 19세기 고유의, 그리고 남독일의 고유한 스타일을 산출하지는 못했지만, 그 덕분에 그들은 적어도 목적에 완벽하게 부합하는, 분별 있게 설계되고 신속하게 잘 시공되었으며 외관이 매우 멋진 건물들을 세울 수 있었습니다. 빈의 언급할 만한 많은 건물 가운데 오페라좌는 짓는 데 8년이 채 걸리지 않았고, 800만 프랑밖에 들지 않았습니다. 이 거대한 건물은 유럽의 같은 종류 건축 가운데 최고이고 가장 완전합니다.

그러나 스타일의 통일성과 독창성이라는 관점에서는 러시아가 아마도 독일보다 먼저 그 위상을 확보하게 될 것입니다. 러시아는 오래전부터 통일성에서 기인한 우호적인 조건에 있어 왔습니다. 그리고 현재 우리 프랑스에서 (외국에서 벌어지는 모든 일에 대한 우리의 습관적인 무관심으로 인해) 거의 알려져 있지 않은, 그러나 매우 열렬한 노력을 기울이고 있습니다. 러시아에는 (표트르 1세 때) 서방 예술을 모방하는 유행이 그들 건축가 사이에 도입되기 전에는 고유의 예술, 거칠고 미숙하지만 지역색과 독창성을, 혹은 달리 말하면 자율성을 가진 예술이 있었습니다. 그것은 동양, 비잔틴, 타타르, 심지어 힌두의 요소들이 혼합된 것으로, 러시아의 귀족들이 17세기의 의사-로마풍에 빠져드는 바람에 완성되지 못했습니다. 오늘날 그 옛 건축의 요소들을 회복하려는, 그리고 현대 비평의 도움으로 그것들을 완전히 발전시키게 될 자연스러운 조합들로 되돌리려는 노력이 이루어지고 있습니다. 이것은 고귀한 관념으로, 러시아의 뛰어난 정신들은 그 중요성을 인식하고 있으며, 그 결과 작업에 착수하고 있습니다. 이미 학교가 마련되고 있고, 교육 체계가 조직되고 있습니다. 또한 이 모든 것이 대대적인 과시 없이, 그러나 러시아 인들 특유의, 모든 장애를 끝내 극복해 내는 느릿한 끈기를 가지고 이루어지고 있습니다. 러시아는 고유의 원천들 안에서 자율적인 예술의 생산에 유리한 요소들을 찾고 있습니다. 이것은 결실이 풍요로운 개념이되, 그렇다고 해서 그들이 다른 나라들에서 벌어지는 일을 꼼꼼하게 연구하는 것을 막지는 않습니다.

이탈리아는 부정할 수 없는 힘을 가진 지역 전통들로 충만하지만, 그것들이 건축가에게 주어진 새로운 조건들의 발전을 저해하는 한 그것들로부터 스스로 벗어나려는 노력을 피하지 않습니다. 이탈리아는 고도로 발전된 비판적 지성과 더불어 고대의 건물들을 복원하고 있습니다. 또한 이것은 같은 비판 정신을 새로운 개념들에 적용하는 것을 향한 한 걸음입니다.

우리가 처한 것과 다른 상황에서 지어졌던 건물들을 조심스럽게 복원하는 것은 우리의 정신으로 하여금 예술의 특정한 발전을 낳은 다른 단계들을 거쳐 가도록 합니다. 그것은 우리의 이성이 과거에는 물론 현재에도 적용 가능한 논리적 연역들을 이끌어 내도록 합니다. 추론의 방법은 하나뿐이기 때문입니다. 이탈리아가 몰두하고 있는 이런 성실한 복원 작업은 그러므로 좋은 결과를 낳을 수밖에 없습니다. 특히 양식 있는 이탈리아 인들이 자신들의 건축가들을 두 부류로—고대 건물들의 복원가와 새로운 요구에 적응한 건축가들로—나누지 않기 때문에 그렇습니다. 그들은 과거의 예술 스타일을 평가하고 추론의 과정을 통해 자신을 3, 4세기 전에 존재했던 환경 속에 놓아 볼 수 있는 예술가가 다른 누구에도 못지않게—보다 잘은 아니더라도—오늘날의 필요를 잘 이해하고 자신의 개념들을 거기에 잘 맞추는 데 적합하다고 판단한 것 같습니다. 이탈리아 인들이 그들이 중세에 도입했던 특정한 건축 방법들이 전적으로 버려지는 것을 허용하지 않았으며, 우리의 경우에서처럼 그런 방법들을 거부하지 않는다는 점 또한 염두에 두어야 합니다.

 북유럽 국가들에서 일어난 한 가지 결정적인 예술 운동 역시 확인됩니다. 벨기에, 네덜란드, 덴마크, 스웨덴 사람들은 지역 전통을 연구함으로써, 그리고 그 전통이 제공할 수 있는 자원들을 이용함으로써 예술을 현재에 이르기까지 더듬어 갑니다. 그러므로 일부 기만적인 운동들을 제외하면 유럽에서 다양한 각 문명을 위한 자율적 예술을 발견하려는 두드러진 경향이 나타난다는 점을 인정해야 합니다. 이 오랜 유럽에서 혁명들에 영향을 미치게 되는, 혹은 우리의 자손들이 아마도 문제로 여기지 않게 될 정치적 발전들을 낳게 되는 민족성들의 원리는 예술의 영역에서조차 나타나고 있습니다. 민족학적이고 역사적인 연구들이 이런 운동에 자극을 주어 왔습니다. 문명의 발전이라는 관점에서 그 운동의 의미는 논쟁거리가 될 수 있지만 그 중요성은 무시할 수 없습니다. 프랑스는 유럽의 민족성들을 처음으로 유도한, 그러므로 자기주장을 한 국가 중 하나였습니다. 그것은 그리스와 벨기에의 재건에 기여했으며, 폴란드의 독립을 플라톤적으로 수호했고, 무장과 정책으로 이탈리아가 유럽에서 자신의 위치를 지키도록 도왔습니다.

 하나의 원리를 고수하면서 그에 따르는 모든 결과를 인정하기를 거부하는 것보다 위험한 일은 없습니다. 프랑스가 자신의 이해에 관한 한 유럽에서 민족성의 원리를 고수한 것은 바른 행동입니까, 그렇지 않습니까? 물론 이 문제는 현재 우리가 다루고 있는 주제와 거리가 먼 것인 만큼 제가 이에 대해 논하지는 않을 것입니다. 저는 다만 사실을 진술할 뿐입니다―그리고 실재하는 이 사실의 중요성은 무시할 수 없습니다. 그로부터 우리에게 어전히 생길 수 있는 이득만을 가장 잘 이용하는 것이, 그런 사실을 놓고 탄식하는 것보다 바람직할 것입니다. 그리고 이런 이득의 진정한 원인은 프랑스가 오랜 시간에 걸쳐 자율성을 수립하도록 해 준 재능, 인종과 취미와 관습의 일치, 생각할 수 있는 지리학적 상황 중 가장 유리한 조건 등입니다. 정치적 음모들과 오랜 기간의 무지로 인해 모호해져 버린 민족성이 다시 요청되는 숱한 사례 속에서, 프랑스는 이웃한 민족성들에 대해 자신을 보호하기에 충분한 힘을 스스로 가져야 하고, 가질 수 있습니다. 결과를 얻기 위해서 프랑스는 자기 민족의 재능과 이 나라가 제공할 수 있는 자원들의 본성을 매우 정확하게 평가해야 합니다. 독일은 지난 66년간 우리가 처한 것보다 훨씬 더 난처한 상황 속에서 이런 일을 해 왔습니다. 그리고 그 결과 견고한 초석 위에 수립된 것은 아니라고 해도 매우 뚜렷한 성격을 가질 수 있었습니다. 프러시아는 어떻게 해서 이 결과를 얻었습니까? 애국의 정서를 발전시킴으로써, 즉 그 영토 내에 체계적이고 경제적으로 국가의 생명력을 조직화함으로써 그렇게 했다고 저는 봅니다. 그러나 이 성공의 주된 원인은 정치적 영역, 평화와 전쟁의 기술, 그리고 몇 가지 과학 분야에서 타국에서 이루어지고 있는 모든 것에 대한 일종의 체계적 조사가 독일에서 수립된 데 있습니다. 비교에 의해서, 이웃한 공동체들과의 부단한 마찰을 통해서 그러한 공동체들의 약점과 결점을 확인함으로써 입증한 자신의 기질에 적합한 형태를 독일은 점차 자신의 것으로 만들었습니다. 독일과 같이 이질적인 정체에서 그런 작업이 가능했다면 우리처럼 모든 요소가 오랜 시간에 걸쳐 그토록 견고하게 통합되어 있는 나라에서 이런 방향의 결과를 가져오지 못할 이유가 있습니까? 그리고 우리가 다루고 있는 주제인 예술로 되돌아와서—우리로 하여금 주변 환경, 민족성, 기후 등과 무관한 코스모폴리탄적 성격만을 예술에서 인정하게 만드는 그런 이상한 추정은 무엇입니까? 저는 우리가 고대와 현대에 자신들의 발전에 유리한 특정한 매체의 영향 아래 만들어진 예술 형식 모두를 연구해야 한다는 점을 충분히 인정합니다. 그러나 우리가 이런 연구들로부터 차별적으로, 그리고 비판적 탐구 없이 민족 예술을 구성하는 요소들을 가져올 수 있다는 것은 어떤 관점에서도 받아들일 수 없습니다. 저는 예술을 한 나라에 한정해 보아서는 안 된다는 데 기꺼이 동의합니다. 그러나 저마다의 예술 표현은 그 고유한 점을 가져야 하고, 이런 조건에서가 아니라면 예술에 대해 생각해 볼 가치가 없는 것입니다.

우리 이웃들이 우리에게 부여하곤 하는 경박함이라는 특징은, 일정 정도 근거가 없지도 않습니다만, 우리의 민족성의 저변이라기보다는 표면에 해당하는 것입니다 우리의 실수는 경박하다는 데 있다기보다는 우리에게서 경박함이 전권을 갖도록 하고, 실제로는 아무런 의미도 없다는 것을 알고 있는 행동과 언동을 진지하게 받아들이는 것처럼 보이게 한다는 데 있습니다. 우리를 웃게 하지만, 우리가 그에 대해 저항하지 않는, 때로는 우리를 즐겁게 해 주는 하찮은 것들[佛. 어떤 허영들]이 국경 너머에서는 우리의 특성을 표현하는 것으로 여겨지고 있습니다. 우리는 그렇게 실제로는 일부 눈에 띄는 개인들에게 속한 극단적인 점들을 떠안게 됩니다. 그런 사람들은 온통 자의식으로 가득한 채, 우리의 무관심이나 너그러움을 발판 삼아 스스로를 과시합니다. 예술에서, 문학에서, 심지어 정치에서조차 특정한 악명들이 추문적이거나 뻔뻔한 행동으로 두각을 나타내는 것은 프랑스뿐입니다.

모든 상황에서 잘난 척하고, 임의로 판단을 말하고, 자신과 자신의 업적, 스스로 장점이라고 주장하는 것들을 쉴 새 없이 말하는 일이 프랑스에서처럼 수많은 게으름뱅이 친구들 사이에 성공을 거두는 나라는 어디에도 없습니다. 그러나 프랑스 민족을 구성하는 3800만의 사람들이 모두 그런 동포의 일원인 것은 아닙니다. 양식과 올바름— 저는 정직성이라고 말할 참이었습니다만—의 기층이 우리 나라에 있어서, 그것이 속이는 쪽이나 속는 쪽의 역할을 하는 데 저항합니다. 거대한 대중 집단은 속이는 자의 협잡 단계와 속는 자의 입에 발린 경탄을 완전히 무관심하게 지나쳐 갑니다. 그러나 이것으로는 충분하지 않습니다. 사악하고 무례하고 혹은 어리석은 것의 존재 앞에서 냉담함을 유지하고 뒤쪽으로 물러서는 것은 우리를 공범으로 만드는 일이며, 사악함과 어리석음과 무례함에 수반되는 불이익들을 반드시 초래하기 때문입니다. 우리는 이런 공모의 결과를 지금 이 순간 더없이 강렬하게 경험하고 있습니다. 지금 벌어지고 있는 일에 대해 무관심하거나 그것에 실제로 속아 넘어간 우리는 우리가 저항하지 않은 채 내버려 둔, 혹은 우리가 승인한 무지 또는 나태한 단순성을 통해 벌어지도록 방치해 버린 어리석음들의 대가를 치러야 합니다. 상황이 언제나 이렇다면 우리는 우리 조국의 미래에 절망하지 않을 수 없으며, 그런 사태에 저항하는 소수의 사람들이 더 이상 공모자나 도덕적 타락의 목격자가 아닐 수 있으려면 망명하는 길밖에는 없을 것입니다.

우리가 경험한 재난들은 유럽에서 우리의 특권을 예술의 생산이라고 하는 단 한 지점에만 남겨 두고 모두 박탈해 버렸습니다. 이것은 확실히 하찮은 이득이며, 위대한 국가라면 자신이 더 이상 문명화된 세계의 연예인에 지나지 않는다는 사실에 어떤 반감을 가져야 마땅할 것입니다. 그러나 이 장점마저도 우리가 가능한 최고의 에너지를 발휘하여 지적 생산의 이 분야를 가르치는 것에 관해 정신에 최고의 자유를 부여하지 않는다면 곧 빼앗기게 될 것입니다. 한 국가의 생명을 표출하는 모든 것이 상호 의존하고 있으며, 지적 탁월함은 모든 종류의 우월성과 함께 갑니다. 고대 그리스와 로마, 중세와 르네상스의 서방에서 나타난 것과 같이 고도의 탁월함에 도달한 예술은 정치적 발전, 심오한 애국적 감정, 도덕적 활력, 철학,

상업, 산업적 활력 등과 연합되어 있었습니다. 또한 프랑스가 문명화된 국가들 사이에서 가장 낮은 등급으로 떨어져 버린 때에 우리는 예술이 우리에게서 번창하는 것을 보기를 희망할 수 없습니다. 침략 전쟁과 시민 전쟁의 종식 이래로 벌어진 사태를 보고 우리 조국의 미래를 짐작해 보는 것은 너무 성급한 일이겠지만, 그리고 우리는 조국이 그러한 위기 이후로 회복할 수 있는 충분한 시간을 남겨 두어야 하겠지만, 그럼에도 불구하고 진보에 유리한 정상적인 상태를 재수립하는 데 치명적인 경향들을 지적하지 않는 것은 잘못된 일일 것입니다.

우리에게는 공화국이 있습니다 … 그러나 그 이름은 아무런 소용이 없습니다. 우리는 현실 없는 이름보다는 이름 없는 현실을 선호해야 합니다. 과두적 공화국이나 민주적 공화국은 지적 노력들의 발전에, 그러므로 예술의 발전에 매우 유리할 수 있습니다. 수립된 것이 민주적 공화국이라면—또한 우리에게는 다른 형태는 있을 수 없습니다—이런 정부 형태에 적절한 조건들이 상정되어야 합니다. 이를테면 국가의 법률에 대한 절대적 존중, 이 법에 굳건히 근거한 정부의 힘, 특권의 부재, 국가의 법적 조치의 정부 모든 부처 전반에 대한 지속적인 통제와 그 각각에 귀속되는 기능들 전반에 대한 책임, 노동, 감독, 그리고 그런 노동이 진지한 것일 수 있기 위해서 공공의 부를 보존하고 결과적으로 그에 이익이 되도록 하는 것—노동의 대가의 불가침성 등이 그런 조건들입니다. 저는 지적인 사람들 가운데 이런 요구들을 가장 열렬히 지지하지 않을 사람은 열 명도 안된다고 생각합니다. 그러나 그 실현은 절대적으로 보장되어야 합니다. 그것이 완수되리라는 데 대한 일말의 의심도 그러한 사회적 조건이 약속한 선을 무산시킬 것이기 때문입니다. 의심은 개인들의 선한 의지를 마비시키는 반면, 그러한 사회적 조건은 어떠한 저의도 없는 그들의 협업을 통해서 수립될 수 있는 것입니다. 그렇다면 가장 큰 확신을 고무해야 할 그들은 누구입니까? 분명 운영을 위탁받은 이들입니다. 그러므로 그들의 행동은 이런 요구들의 달성에 기여해야 합니다—명백히 가장 중요하지만 외관상 가장 무의미해 보이는 것들이죠. 그러나 그 운영진 또는 그들의 대리인들이 특정한 환경에서 그들의 의도가 그러한 요구들을 달성하는 것을 어렵게 하거나 거기에 냉담한 것으로 여겨질 수 있는 방식으로 진행한다면, 가장 우호적인 사람의 마음에서조차 의심이 생겨나고, 그 결과로 좌절이 가장 확고한 자유 의지를 마비시키고 공공의 번영을 복구하려는 최상의 노력을 방해하게 됩니다.

지난 제국 치하에서 예술의 진보에 상당한 중요성이 부여된 듯합니다. 이 진보가 국가의 부의 원천 중 하나임이 공식적으로 천명되었습니다. 많은 '격려'가 예술가들에게, 즉 상당한 금액이 평범한 재능을 가진 이들을 지원하는 데 쓰였습니다. 그들로서는 이 지원 없이는 살아갈 수 없었을 것입니다만, 이른바 아카데미 데 보자르라는 것은 구호 위원회였습니다. 많은 건물이 세워졌고, 가능한 한 많은 수의 지원자들을 만족시키려는 목적으로 그 건물들의 외부는 조각들로 채워지고 내부는 전대미문의 사치스러운 규모로 장식되었습니다. 제국은 자신의 시대를 나타내게 될 예술을 갖고 싶어 하는 듯합니다. 그래서 어느 정도 훗날이 되면 사람들이 마치 지금의 우리가 '프랑수아 1세 스타일, 루이 14세 스타일'이라고 말하듯 '제2제정 스타일'이라고 말할 수 있도록 말이죠. 이런 결과가 확보되었을까요? 저는 그렇게 생각하지 않습니다. 그런 결과를 얻을 수는 있을까요? 어쩌면요. 그러나 세워진 건물들의 화려함에 의해서 얻을 수 있는 것은 아니며, 무엇보다도 그렇게나 많은 돈을, 구걸 행위를 '격려하는' 데 쓰는 것으로는 얻을 수 없습니다. 사용된 돈의 액수와 목적은 아무런 상관이 없습

니다. 중요한 점은 오직 좋은 것을 위해서만—많든 적든—돈을 쓰는 것
이죠. 어려움은 무엇이 정말로 좋은 것인가를 아는 데 있습니다. 힘을 가
진 이들이 그러한 섬세한 문제들에 대한, 게다가 그들이 잘 알지 못하는
문제들에 대한 결정권자라고 한다면, 그들이 기만당할, 그들의 실수로 신
빙성이 없어질 가능성이 있으며, 그것은 예술의 자유롭고 균형 잡힌 발전
에 치명적일 수 있습니다. 그들이 자신들이 가진 권위를 한 단체에 위임한
다면 이 단체가 공동체 전체의 이해와 대중적 취미의 자유로운 표현을 수
호하기보다는 자신들의 특유한 관념들을, 그리고 특히 자신들의 이해를
주장하는 데 훨씬 연연하는 파벌에 지나지 않을 경우를 두려워해야 합니
다. 지난 제국은 두 체계 사이에서 갈팡질팡했습니다. 때로는 루이 14세
치하에서 그랬던 것처럼 하나의 예술 유파가 궁정에서 발생하는 것을 금지
하려고 노력했고, 때로는 프랑스에서 지성의 가장 높은 표현임을 자처하
고 그들이 반박의 여지가 없는 것으로 선언하는 특정한 교의들의 수호자
임을 내세우는 한 단체를 보호하는 데 의지하면서 말입니다. 사실 제국은
어느 쪽도 만족시키지 못했습니다. 학사원에 무제한의 권위를 허용하지
않음으로써 그들의 악의를 부추겼고, 반면 **궁정**이 지적 기획에 대해 어떠
한 영향이든 행사할 수 있었던 시절은 가 버렸습니다. 1863년 11월 13일에
제국은 아카데미 데 보자르를 개편하는 것에 관한 칙령을 공포했습니다.
그것은 심약한 조처였고, 그 진정한 의도에 관한 한 학사원의 적의 앞에서
감히 실행조차 못했습니다. 그리하여 옛 기구는 해체되었지만 그렇다고 해
서 제국이 새로운 기구를 구축할 수 있다고 느끼지도 못했습니다. 무관심
한 사람들이 보기에는 마치 학사원이 잘못 운영해 왔다고 선언했던 권력
을 **국가** 자신이 나서서 단독적으로 통제받지 않고 소유하려고 애쓰고 있
는 것처럼 보였습니다. 그리고 그런 무관심한 사람들은 국가가 예술 자체

의 관점에서 능력 있는 사람들로 이루어진 한 단체보다 예술의 교육을 잘 이끌 수 있을 것으로는 생각할 수 없었습니다.

이때까지도 상당한 힘을 가지고 있었음에도 **제국**이 해로운 체계를 깰 수 있는 수단은 단 한 가지뿐이었습니다. 즉 예술을 그 지배권을 자임한 학사원은 물론 자신의 보호로부터도 해방시키는 것이었습니다. 한마디로 그러한 자유가 반드시 만들어 낼 수 있는 새로운 발전들을 보호하고 그 가운데 선택하는 권리를 스스로 보전하면서 예술의 교육에 절대적 자유를 선언하기만 하면 되었던 것입니다.

제국은 무너졌고, 1863년에 **제국**에 의해 소심하게 진보되었던 자유주의적 관념들[2]과 싸웠던 이들, 7년간 그 효과를 완전히 무력화시키는 데 성공했던—그리하여 가장 완전한 해체를 가져옴으로써 그런 관념들을 해로운 것으로 만든—이들은 분명 그들이 고집스럽게 밀어붙이며 옛 체계의 일종의 복원을 가져오고자 했던 이 해체로부터 이익을 얻었습니다.

상황은 그들에게 유리했습니다. 그런 국가적 불행의 시기에 학사원이 예술가들의 지도와 이해에 대한 최고 결정권자가 되느냐 마느냐가 예술에 이익인가의 여부를 묻는 수고를 누가 떠맡겠습니까? 매우 상이한 성질의 것들이 우리의 주의를 끌어들이고 있습니다. 그리고 그렇게 공화주의라고 불리는 한 **정부**가 퇴행적인 행보를 취하고 있거나 그렇게 하는 것이 용인되고 있으며, 스스로 **제국**보다 덜 자유주의적인 모습을 보이고 있습니다.

특권화된 단체들이 군주의 권력 안에서 평형추를 발견하고 거기에 어느 정도 종속되어 있다는 이유로 절대 군주 치하에서 공공의 이익을 축적하

---

2) 여기서 말하는 제국은 나폴레옹 3세의 제2제정을 가리킨다. 1863년은 총선거가 있었던 해로 이를 통해 반정부 세력이 대거 정계에 진출했다.

는 데 큰 해를 끼치지 않은 채 존재할 수 있었다면, 공화국에서는 그렇지 않습니다. 그런 단체들과 집단들이 구성하는 권력은 무책임하고 불가침의 것으로, 거기에 대항해 평형을 이룰 수도, 그 남용에 대한 치유책도 없기 때문입니다. 우리는 권력 내의 권력(imperium in imperio), 즉 민주주의 공화국 안의 과두적 공화국을 가지고 있습니다. 그리고 아카데미 데 보자르의 경우에서와 같이 그런 단체가 그 자신의 구성원을 선별하게 되면 그 수준은 곧 낮아지게 됩니다─즉 그 단체는 기존의 고정된 습관을 변화시키거나 유용한 개혁을 제안할 수 없는 범재들만으로 자신을 꾸려 가려고 하게 되는 것입니다. 게다가 그 단체는 이내 어떤 솜씨 좋고 야심만만한 정신의 수단이 됩니다. 그런 정신은 자신의 야심과 목적을 위해 그 단체를 어렵지 않게 움직입니다. 이런 일이 벌어지면 그 대표자 중 한 사람이 행정부에 소개되고, 은밀하게든 공개적으로든 행정부를 그 상황에 절대적으로 종속시키게 됩니다. 국가의 우두머리들이나 다른 공인된 당국들에도 불구하고, 또 대중의 의견과 이런 은밀한 독재에 저항하는 소수의 독립적인 정신들의 저항에도 불구하고 말입니다.

이것이 1872년 봄 현재, 프랑스에서 우리의 공화주의적 정부 형태에도 불구하고, 혹은 차라리 그 비호 아래서 예술가와 예술이 처한 입장입니다. 제 입장에서는 조국의 번영과 그 도덕적 존엄, 문명화된 세계에 대한 영향력을 재건하는 것 외에 아무것도 요청하거나 희망하거나 바라지 않기 때문에, 이 문제를 논하는 것이 조금도 난처하지 않습니다. 저는 제 이웃이 제가 입을 열기 전에 말하기를 기다리거나, 제 생각을 제시하기 전에 그들의 생각을 받아쓰지 않을 것입니다. 그러므로 확실히, 그리고 개인들에 대한 어떤 적개심도 없이 말하건대─아카데미 데 보자르의 회원들 다수가 제 친구들이며 그들 개개인에 대해서 높이 평가하고 있으므로─프랑스에서 예술은, 나약함을 통해서든 무관심을 통해서든 교육과 행정에서 아카데미의 지배가 용인되어 온 이래 급속히 몰락의 길을 걷고 있습니다. 이 무책임한 권력은 모든 독립적인 주도권, 모든 개성을 억압합니다. 그것은 개성의 독립과 비판적 탐구에 대한 본연의 적입니다. 본성상 그것은 전통적인 것을 키우고 고분고분한 평범함을 선호하게 됩니다. 도처에 연줄이 있으므로 자신의 권위를 인정하지 않고 독자적으로 행동하는 사람들을 멋대로 배척합니다. 앞서도 말했다시피 무책임하고 불가침인 그것은 결코 어떤 문제를 논하지 않고, 비난에 대해 절대로 직접 답하지 않지만 모든 수단을 동원해 목적을 추구합니다. 개인이라면 그렇게 하는 것을 스스로 수치라 여길 만한 짓도 무책임한 단체는 수치심 없이 시도할 수 있기 때문입니다. 고립된 개인으로서의 그 구성원들 각자는 언제나 전체가 채택한 결정에 대해 자신을 어느 편으로도 여기지 않을 권리를 갖고 있습니다—자신의 양심에서는 비밀스럽게 반대하는 결정이지만 그의 신원과 이름이 그를 지지하는 것입니다.

이런 상태는 오늘날 어느 때보다 유해한 것이 되고 있으며, 지금이야말로 조국의 미래와 그 번영을 진심으로 바라는 사람들이 이에 진지하게 주목해야 할 때입니다.

저는 정치가들이 예술에 관한 문제들을 논하는 것을 삼가고자 하는 것을 이해할 수 있습니다. 그것은 그들의 일이 아니고, 그들이 그런 문제를 말하는 것은 적절하지 않을 뿐 아니라 터무니없는 일일 것입니다. 그러나 저는 공화국의 수장 자리에 있는 사람들이라면 자신의 시민들을 설령 소수자에 속하는 이들이라 할지라도, 최고의 지성들로만 구성된 것일지언정 무책임한 협회의 재량에 맡겨 두지 않는 것이 의무라고 주장합니다. 저는 성격의 독립성을, 그것이 법의 존중을 침해하지 않는 한 보호하는 것이 그런 고급 공무원들의 의무라고 생각합니다. 예술이 국가에 하나의 힘[佛. 가치]임을 인정한다면, 그 예술이 발전하고 비상하는 것은 일종의 비밀스런 권위에 대한 맹목적인 복종을 통해서가 아니라 예술가의 독립을 통해서 이루어진다고 생각합니다. 나아가 우리의 불행의 큰 원인인 도덕적 해이가, 시민적 미덕들을 낳는 개인의 독립성을 존중하고 수호하고 지키는 것에 관한 이전 **정부들**의 부주의에서 상당 부분 초래되었다고 믿습니다. 그런 독립성이 무소불위의 정부 아래서 골치 아픈 것으로 여겨지리라는 점은 쉽게 상상할 수 있습니다. 그러나 공화국이 그런 독립성을 육성하려고 들지 않으리라고, 그것을 천민 취급하거나, 아니면 어떤 단체가 천민 취급하는 것을 허용하리라고는 좀처럼 생각하기 어렵습니다.

특히 건축가들의 경우 어떤 사람들은 '**중앙 협회**'를 구성하는 것으로 충분하다고 생각하고, 또 어떤 사람들은 상당히 많은 숫자를 모아 단체를 만듭니다. 이것은 실책입니다. 단체가 그 이름에 걸맞으려면 독립적인 개인들로 구성되어야 합니다. 그런데 오늘날의 건축가들에게 결여되어 있는 그 **개성**을 구별하게 해 주는 것은 바로 그런 성격의 독립성입니다. 우리가 물리학자들의 단체, 법정 변호사들의 단체, 엔지니어들의 단체에 대해 말하는 것은 이 단체들이 사실상 저마다 각자의 주장과 가치에 대한 감각을 가진 사람들의 모임으로서만 이루어지기 때문입니다. 그들은 어떤 환경 혹은 어떤 맥락 속에서도 자신의 신념이나 성격의 침해를 허용하려는 경향을 갖지 않습니다. 그러나 우리 건축가들의 경우도 그렇습니까?

지난 **제국** 치하에서 우리는 센 지사[파리 지사]가 파리 시의 건축가들을 단체로 편성하는 일에 착수하는 것을 보았습니다―건축가들 자신의 이해뿐 아니라 시의 공공사업과 재성에도 해로운 조치였습니다.[3] 당시의 저명한 센 지사는 조직에 약점을 가지고 있었습니다. 그는 누가 들어주기만 하면 이렇게 말했을 것입니다. "건축이라는 건 행정에 불과해." … 그래서 그 자신 그렇게 다양한 경우들을 떠맡고 있고 우리 중 누구 못지않게 스스로 건축가이면서도 건축가들이 주장했던 것, 즉 그들이 공공건물을 짓는다고 해도 그들 자신에게서는 개인적인 작품을 창조한 것이라는 사실을 결코 인정하지 않았다는 것입니다. 또한 **건물**은 모두의 작업이지만, 특히 그것을 주문하고 비용을 낸 자신의 것이라고 그는 말할 것입니다. 이런 식의 관점은 아스니에르에 자신과 가족을 위한 시골집을 가지고 있는 도시 주민들에게는 아무런 해도 입히지 않겠지만 우리 시대의 건축에 재앙과 같은 영향을 미치며, 센 지사를 그 자신이 원했던 것보다 더 멀리 나가도록 만들 것이 분명합니다. 파리 시의 건축과(service d'architecture)는 그러므로 우리의 군 참모들과 매우 비슷하게 조직되었습니다. 원수가 있었고, 사단과 여단의 장군들, 대령, 중령, 소령, 대위 등이 있었습니다. 오늘 당신, 장군 A는 이런저런 여단을 지휘해야 한다고 말하는 것처럼 이런저런 건물을 지어야 한다는 식입니다. 정부의 편의가 혹은 단순히 권위를 과시할 필요가 우리를 다른 곳으로 호출합니다. 우리는 자신의 여단을―그러니까 우리가 시작한 건물을―이곳에 남겨 둔 채 떠나고 장군 B가 그것을 완성하라는 명령을 받습니다. … **행정적** 수뇌가 그런 식의 관념을 형성하게 되는 것은 충분히 자연스럽습니다. 그러나 이런 보기 드문 **건축** 절차에 기꺼이 가담할 건축가들을 찾아야 한다는 것은 정말 놀랍습니다. 왜냐하면 그런 구도에서 예술가의 책임은 혹은 심지어 법적 책임은 어떻게 되는 걸까요?

---

3) 오스만 남작(Georges-Eugène Haussmann, 1809-1891)을 말한다. 그는 1853년부터 1870년 사이에 파리 지사를 역임했으며, 1851년부터 지사에서 물러난 1870년까지의 기간 동안 '파리 재건' 사업을 지휘한 것으로 유명하다.

둘 중 어느 쪽이 작업에 대해 보장합니까?—일을 시작한 쪽인가요, 아니면 끝낸 쪽인가요?

제가 거론한 센 지사는 진정 우월한 정신을 가지고 있었으며, 사태를 매우 공정하게 평가할 수 있었습니다. 그래서 이런 행정적 제안이 떠올랐을 때 지각, 용기, 재능, 독립적인 정신의 소유자가 나서서 그에게 이런 체계의 유해한 결과들에 대해 지적하기만 했다면 그는 이런 진정의 정당함을 인정하고 물러섰을 것입니다. … 그러나 누구 하나 아무런 말도 하지 않았습니다. 그런 충고자는 나타나지 않았습니다. 모두가 확실히 거기에 대해 불만스러우면서도 이 기괴한 방식에 복종했습니다. 그러나 센 관할부의 건축 위원장은 자신의 조수와 직원들—이 고용인들에게 건축가라는 이름을 부여할 수는 없으니까요—을 에콜 데 보자르의 수상자 중에서 신중하게 골랐습니다. 에콜 데 보자르에서는 행정은 거의 가르치지 않지만 아카데미의 권위에 복종하는 것이 크게 강조됩니다.

그리고 그런 방식은 결코 개인 사업이나 독창적 재능의 발전에 우호적인 것이 아니고, 다른 누구보다 예술가들이 온전히 보존해야 할 성격의 독립성과 별로 조화를 이루지 못하는가 하면 파리 시의 재정적 이해를 보호하도록 마련되지도 않았습니다. 왜냐하면 건축에서 의뢰인의 이해는 오직 그가 고용하는 건축가의 독립성을 통해서만 보호될 수 있기 때문입니다. 그 증거를 이제부터 살펴봅시다.

1864년 1월 20일에 **자치구 건축가**들은—이것이 그들의 명칭입니다—다음과 같은 내용을 통고받았습니다. "1차 교육의 요구로 파리에 50개 이상의 학교 건립이 필요해졌고, 결국 자치구 건축가인 아무개 씨가 그의 관할부에서 필요한 시설을 세공하는 일을 돕도록 요청받았습니다."

안내문은 이렇게 이어집니다. "지사는 이 학교 건물들을 시의 비용으로 사거나 세우기를 원하지 않아 아무개 씨에게 첫째, 학교에 필요한 조건을 갖춘 기존 건물들을 찾아볼 것과, 둘째 해당 목적에 적합한 건물들을 짓는 일을 떠맡을 사람들과의 합의 조항을 준비할 것을 의뢰합니다."

이 학교 건물들은 적어도 20년간 임대하고, 그 기간 동안 시가 그것을 사도록 되어 있었습니다. 시는 **건물을 수리 유지**해야 하고 가구와 기타 비용을 내게 되어 있었습니다. 연간 5%의 임대료가 점유된 대지에 대해, 시의 건축가들이 마련한 건물들에 대해 6%가 지불되도록 되어 있었습니다.

시가 구매력을 제대로 발휘할 것을 생각하게 된다면 제공되는 총액은 한편으로 대지 임대료의 스무 배에 달하고, 다른 경우에는 건축 비용을 변제하기에 충분합니다.

그런 불완전한 지시를 받고, 더구나 거기에 특정할 필요 없을 남용의 여지들이 남겨져 있는 상황에 파리 시의 건축가들만큼 순종에 잘 길들여지지 않은 건축가들, 자신을 직원이 아니라 상담역이라고 여기는 건축가들이라면 분명 자신들의 윗사람에게 가볍지 않은 반대를 제기할 것입니다. 그들은 무엇보다 건물을 세우는 데 들어간 총액을 20년 예정으로 '상환'해야 한다는 것과, 구매자가 되는 세입자에 의해 계속해서 수리가 이루어져야 한다는 것은(총액의 규모는 더구나 건물 각각의 경우에 문제의 사람들에 의해 비용이 지불되므로, 그리고 매입할 경우 공평한 계획으로 여겨지는 평가액에 따라 구매되지 않으므로 정확히 알 수 없습니다) 시에 유리한 거래일 뿐이라는 데 주목할 것입니다. 그 '상환'이 물건의 실제 가치에 비해 매우 큰 금액을 지불하는 일이 된다면 원래 걸었던 내기 돈의 백배를 낸다 해도 안전하다고 할 일이니까요. 또한 위에서 언급한 상환 조건은 그저 투기자들에게 엄청난 이득을 제공함으로써 그들을 끌어들이기 위한 현상금에 불과합니다—그들은 문제의 학교 건물들을 짓는 데 지불되었거나 지불될 것으로 여겨지는 자금에서 일거에 5% 이상을 받게 될 테니 말입니다. 저는 시의 어느 건축가가 이런 고리대금업 스타일의 차용에 저항했다거나 협조를 거부했다는 이야기를 듣지 못했습니다. 그러나 그들이 개인적으로는 저항할 수 없었다고 해도 그들은 그처럼 섬세한 문제에 요구되는 모든 점을 고려하여 하나의 단체로서는 저항할 수 있었을 것입니다. 하지만 회원들이 **연대**를 형성했을 때, 혹은 행정부에 의해 채택된 기이한 체계의 존재를 마주했을 때 어떠한 동요도 드러내지 않은 **중앙 협회**(Socité Centrale)는 그렇게 해서 수립된 사태의 결과들에 대해 신경 쓰는 것 같지 않았습니다. 중앙 협회는 도급업자들이나 공장장들이 보내오는 **안내서**에 관해 보고서를 작성하거나, 회원 중 개혁적 성향을 보이는 이들을 흠잡는 것으로 충분하다고 여깁니다. 그것은 아카데미 데 보자르의 건축 분과에서 한낱 대기실에 불과할 뿐, 그 자체가 하나의 단체는 아닙니다.

혹은 중앙 협회가 제정 치하에서 관할부의 건축가들이 분권화를 명목으로 지사들에 절대적으로 의존하도록 만들어졌을 때는 신경을 썼습니까?

이것이 정부에 이의를 제기했어야 하는, 이것이 건축가에게서 지사에 관한 모든 독립성을 박탈함으로써 가장 끔찍한 남용을 발생시킬 수 있는 정책임을 보여 주었어야 하는 때가 아니었을까요? 사실 전에는 관할 건축가들의 임명, 또는 지사에 의한 그들의 복귀 명령을 내무부에 제출해야 했습니다. 이것이 양심적으로 임무를 수행해야 할 건축가에게 주어진 보장이었고, 그것을 통해 그는 자신으로 하여금 관할구의 이해에 반하는 방식으로 행동할 것을 강요할 의도가 있다고 생각할 경우 협조를 거부할 수 있었습니다. 건축가는 그렇게 관할 행정에 속해 있었지만 지사의 변덕에 얽매지 않았습니다. 이것이 난처하다고 여겨지자 분권화를 내세워 관할 업무와 관련한 행정부의 위탁을 받은 독립 에이전트를 지사의 에이전트로 대체했습니다. 그리고 결국 이 에이전트는 해고를 각오하고—예산 전용, 경비 대체 등—고위 관리들의 모든 요구에 부응했습니다. 건축가들이 개인적 독립성과 존엄의 감정으로 연합된 단체를 형성했다면 그런 사태는 발생하지 않았을 것입니다.

그러나 제가 말했던 존엄, 독립성, 회원들의 이해를 보장할 수 있는 단체들을 구성하기 위해서는 회원 각자가 개인적으로 독립성을 확보해야 합니다. 그것은 아카데미의 협회가 행사하는 편협하고 배타적인 지배에 충성하기를 거부하는 데서 시작됩니다. 그들의 심기를 거스르고 그 지시와 별도로 행동하는 데 대한 두려움을, 의뢰인과 행정 단체들에 대한 종속을, 범용함이 유파 안에서 모든 지성에게 외면이라는 고통 속에 움직여야만 하는 제한된 경로를 규정함으로써 그들에게 강제하고자 하는 폭정을 떨쳐 버리는 데서 시작되는 것입니다. 모두가 양심에 비추어 스스로 이런 멍에로부터 벗어나야 한다는 것을 확신하고 있습니다. 그러나 모든 미덕 중에서도 시민적 용기가 확실히 가장 드문 불행한 우리 조국의 다른 모든 경우가 그렇듯, 저마다 자신의 이웃이 시작해 주기를 기다립니다. 포문이 열리기만 하면, 그리고 거기에 압도되지 않았다면 그것을 이어 갈 준비를 하고서 말입니다.

경연

최근에 경연들에 관한 이야기가 많았습니다. 파리의 시청(Hôtel de Ville) 재건축과 관련해 처음으로 제기된 이 문제는 포괄적인 양상을 띠게 됐습니다. 어떤 이들은 그런 모든 경우에서 경연의 신봉자를 자처했습니다. 또 다른 이들은 그 가치를 부정하지는 않지만 특정한 경우들로 경연을 한정하고자 했습니다.

저는 어느 쪽이든 그 지지자들의 진정성에 의혹을 품지 않습니다. 그러나 이 문제는 어딘가 의무 교육에 관한 문제와 닮았습니다. 의무 수업을 명하는 것만으로는 충분하지 않습니다—법이 반포되었을 때 입법이 실용적 효과를 거두기에 충분한 숫자의 학교와 선생이 즉각 마련될지의 여부를 처음부터 아는 것이 바람직합니다.

경연을 모든 새로운 건축 작업의 경우에 대하여 하나의 원칙으로 수립하는 것이 바람직합니다. 그러나 그런 경연이 유용한 결과를 낳으려면 경쟁자들이 있어야 합니다. 그리고 그 경쟁자들이 훌륭하고 진지하려면 우리는 이 경쟁자들에게 불편부당성을, 그리고 무엇보다 역량을 보장할 수 있는 심사 위원을 필요로 합니다.

그러므로 경연을 원칙으로 수립하기 전에 경쟁자들을 찾는 것에 대하여 생각해야 합니다. 그리고 경쟁자들을 찾으려면 심사 위원들을 받아야 합니다.

우리는 프랑스에서 입법의 결정이면 새로운 질서를 수립하는 데 충분하다고 인정해 버리는 경향이 큽니다. 그리고 우리의 법령집은 아직 시행되지 못한 법령들로 가득합니다. 왜냐하면 그 법령들 앞에 [그것을 시행할 수 있게 해 주는] 아무것도 없기 때문입니다.

경연 일반에 관해, 그리고 특별히 시청 재건축을 위한 경연에 관해 출간된 최근의 보고서와 기록 가운데 경연에 반대하는 이들이 전개한 논지 중 하나는 다음과 같은 것입니다. "정말 능력 있는 건축가 중에서 경쟁에 나서는 사람은 없을 것이다. 이들은 공공 재판에서 실패할 경우 반년의 노동을 헛되이 잃어버리고 다소간 평판이 위태롭게 될 위험을 감수하려고 하지 않을 것이다." 전례로 보나 현실적인 상황으로 보나 이런 주장은 합리적입니다. 그러나 우리가 그 전례를 깨고 상태를 변화시킨다면 아마도 그 주장을 무너뜨릴 수 있을 것입니다.

우리는 먼저 중요성이나 상황에 있어 2등급으로 분류되는 건물들의 경우에 경연이 일반적으로 훌륭한 결과를 낳는다는 점을 관찰할 수 있을 것입니다. 그러나 예외적인 중요성 때문에 특별히 대중의 주목을 받는, 성공적인 후보자를 비할 데 없이 탁월한 위치에 즉각 올려놓는 경우에는 상황이 다릅니다.

전자의 경우 현안과 무관한 어떤 고려에 의한 영향도 받지 않는 공정한 심사 위원을 찾기가 쉽지만 후자의 경우에는 매우 어렵습니다. 그때 심사 위원들은 흡사 '콘클라베'의 참가자들 같아서 모두에게 이런저런 사람이 승자가 되면 안 된다는 비밀스러운 합의가 있습니다. 요컨대 승자의 이름이 무엇이든 중요하지 않고, 다만 바르베리니 가문이나 도리스 가문이나 치기 가문 출신만 아니면 되는 것입니다. 인간의 본성이 그렇기 때문에 공화국을 세우는 것으로는 그것을 바꿀 수 없을 것입니다. 그리고 심사 위원들이 탁월하고 유능할수록 그들은 그들 자신의 관념을 더 확고하게 견지합니다. 또한 그들의 양심은 너무나 전적으로 그들의 정념에 이끌리기 때문에 그들은 가장 우수한 이에게 우승을 안김으로써가 아니라 이런저런 이들이 큰 이득을 얻지 못하게 함으로써 스스로 최선의 행동을 했다고 생각합니다. 예술의 문제에서 그들은 솔직히 자신들이 원칙의 문제라고 생각하는 것을 가장 중요하게 고려해야만 한다고 상상합니다. 그들에게는 M이 상을 받지 못하기만 한다면 이름 없고 능력에 의문의 여지가 있는 N이라는 사람이 상을 받는다고 해도 별일이 아닙니다. M이 성공적이었다면 그들의 관점에서는 온 세상이 전복될 것이고, 적어도 위대한 예술—그들이 사랑하는 예술—의 전체 미래가 위태로워질 것이기 때문입니다. 그렇게 되면 그들의 여생은 쓰라림뿐일 것입니다. 저는 마침 좋은 기회에 이런 유명한 심사 중 한 자리에 참석해 볼 수 있었습니다만 제 인생에서 그것보다 흥미진진한 코미디를 본 적이 없습니다. 혹은 심사 위원들이 저마다 동료에게, 혹은 그 자신의 양심에 들키지 않으려고 애를 쓰고 있음에도 불구하고 인간의 마음이 그의 생각의 실상을 그토록 적나라하게 드러내는 것을 본 일이 없습니다. 다른 모든 경우에도 그렇듯 여기서 주된 목적은, 단순한 판단을 통해 대중의 목소리(vox populi)가 승리하기를 기대하는 경쟁자들의 성공을 막는 데 있습니다. 그리고 언제나 그렇듯 대중이 별로 기대하지 않은, 그리고 심사 위원들 자신도 결정 이전에는 거의 예상하지 않았던 이름이 불렸을 때 많은 얼굴에 나타나는 기쁨은 각자의 내밀한 생각을 관통하고 그것을 드러내는 섬광과 같았습니다.

매우 중요한 건물들을 위한 경연을 위해 우리는 어디서 심사 위원들을 찾아야 할까요? 우선, 매우 당연히 학사원의 회원 중에서입니다. 그러나 이 신사들은 가끔씩 서로 그다지 공감하지 않기는 해도 한 점에 있어서, 즉 그들의 단체에 어떤 식으로도 연계되어 있지 않은 모든 경쟁자를 판에서 밀어낸다는 점에 대해서만은 확실히 같은 의견입니다. 그렇기 때문에 이런 딜레마가 생깁니다. 경쟁자 가운데 자신과 대등한 사람이 하나 있다면 그에게 투표하려고 하지 않습니다. 그리고 원칙적으로 자신들의 교의에 반대했던 경쟁자에게는 결코 찬성표를 던지지 않습니다—'교의'라는 명칭을 모든 개인의 독립성을 비난하는 배척에 붙일 수 있다면 말이죠. 그 단체의 회원 자신들이나, 혹은 그들의 영향을 분명하게 무시하는 사람들 사이에서가 아니라면 크게 능력 있는 인물을 기내하기 어렵기 때문에, 그들은 모호하고 평범한 어떤 사람에게 투표하게 될 것이고 그를 갑작스럽게 띄우게 될 것입니다. 그런 협회들은 본성 자체에서 이미 인정된 재능보다는 알려지지 않은 재능을 발견하는 경향이 있고, 거기에 그들의 경쟁자가 있습니다. 그러면 이 인정받지 못한 재능이 별 볼일 없는 것일수록 그만큼 더 좋을 것입니다. 그 재능이 두드러져 보이게 되는 것은 그것을 조명한 선별[과정 자체] 덕분입니다. 이것이야말로 '선행적 은총'의 한 사례이며, 단체들은 몇몇 사람에 의해 섭리에 배정된 역할을 하는 것을 무엇보다 좋아합니다.

그 장면을 엿보지 않고 볼 수도 없는 대중은 일반적으로 이 결과에 대해 놀랍니다. 그러나 늘 그렇듯 선량한, 그리고 권위라면 무엇이든 그로부터 나온 모든 것이 최선이라고 생각하는 오랜 습관을 가진 프랑스의 대중은 수상자의 오류들에 대해 박수를 보냅니다. 그들은 분명 그에 대해 상당한 대가를 치르게 될 것입니다.

둘째로, 매우 부끄럽게도, 같은 대중 앞에서 불편부당성을 어떻게든 보여 주기 위해서 매우 중요한 사업에 종종 그들 자신의 책임을 눈가림할 요량으로 경연을 도입한 행정 위원회는 학사원의 건축 분과 회원이 아닌 건축가들의 이름을 회원인 사람들의 명단에 추가합니다. 일반적으로 이들은 소수입니다. 그러나 그들이 다수를 형성한다고 해도 투표는 빈번히 협회 회원들의 그것과 일치할 것이며, 그렇게 이름을 올린 사람 중에 아카데미에 자리를 지망하는 이들이 있을 것이므로 한층 더 기꺼이 그렇게 할 것입니다. 저 자신 지금 숨김없이 이야기한(이것은 분명 허용되는 일일 것입니다) 사실들을 목격한 바 있습니다. 그리하여 몇몇 경우에 협회 회원들과, 그들과 같은 내용으로 투표를 한 회원 지망자들과는 달리 독립된 추가 인원 중 고립된 위치에 만족한 채, 저는 냉담한 태도를 유지하는 편이 낫겠다고 생각했습니다.

이것이 과거에 중요한 경연을 위해 심사 위원들을 선출한 방식입니다. 미래에도 같은 과정을 따르게 될까요? 만약에 그렇다면 우리는 명망 있는 건축가 중에 후보자를 찾으리라고 기대하지 말아야 합니다. 우리에게는 그저 유파의 경연만이 남을 것입니다. 이론의 여지없는 무엇인가가 나올 수도 있겠지만 회의적입니다. 어떤 경우든 확고한 입지를 가진 건축가가 자애롭게도 그런 말벌 떼 속에 몸을 던지러 가지 않을 것임은 분명합니다. 그렇게 함으로써 자신의 공인된 능력, 획득된 경험, 프로그램의 해석에 그들이 들이게 될 세심한 주의, 그들의 평가의 조심스러움, 계획과 그 평가의 정확한 일치 등이 그에게 성공의 기회를 주기는커녕 자신을 배제시키는 이유가 될 것이라는 사실을 알기 때문이죠. 또한 이들이 자신의 능력을 분명하게 입증할수록 그의 계획이 승인될 가능성은 적어지기 때문이며, 협회가 경연에 반대하는 것은 바로 그런 이유 때문입니다. 행정부를 지배하면서 협회는 정부가 자신들의 회원들 사이에서 큰 사업을 위한 건축가를 선택하지 않는 것은 부적절하다고 생각합니다. 따라서 그들은 경연이 예술의 관점에서든 행정적이고 재정적인 관점에서든 무산되도록 주의를 기울이고, 앞으로도 계속 그럴 것입니다―그들의 이해가 그렇게 하도록 만듭니다.

우리가 사는 세상에서 가장 안전한 계획은 사람들에게, 특히 어떤 개인적 책임도 발생하지 않는 단체에 예외적이라고 할 수밖에 없는 객관성과 영웅주의―저는 이렇게 부르겠습니다―를 기대하지 않는 것입니다. 그리고 자신의 재능에 대해 정당하거나 과장된 감각을 가지고 있는, 그리고 자신과 대등한 사람들에게서 가장 두드러진 위치를 획득한, 자신의 이름을 공공의 중요성을 가신 사업에 부여하고자 하는 감탄할 만한 야심을 소중히 하는 예술가, 전 생애를 통해 자신의 능력을 혹은 자신이 가지게 될 것으로 생각하는 능력을 드러내기 위한 유리한 조건을 찾으려는 희망을 품어 온 예술가, 하나의 유파나 파벌에 대한 분노, 적대감과 경쟁심을 가지는 예술가에게 그렇게도 염원하던 기회가 손에서 빠져나가 버리는 것을 어떤 씁쓸한 감정 없이 보아야 한다고 요구하는 것, 심지어 그것이 우월하거나 대등한 능력을 가진 다른 이에게 허락되는 것을 도우라고 요구하는 것은 인간 본성에 너무 많은 것을 요구하는 일입니다. 그것은 미덕을 시험하는 것으로, 언제나 달갑지 않고 위험한 길입니다.

그렇다면 무엇을 해야 할까요? 새로운 공공건물의 경우 모두 경연을 허용해야 한다는 것을 우리가 긍정적으로 결단한다면 심사 위원을 어떻게 구성해야 할까요?

그러나 우리는 먼저 경연이라는 계획이 정말 최선인지, 그것이 언제나 채택되어야 하는 것인지를 물어야 합니다. 좋든 나쁘든 이것은 현재 선호되는 방식이고, 이를 진지하게 취하지 않기는 어렵습니다. 한번 시작했던 작업을 재개하는 경우 혹은 기존 구조에 적응하는 경우, 아니면 옛 건물들을 복원하는 경우 경연이 필요치 않다는 것—아무런 목적에 기여하지 않으리라는 것, 그리고 이런 경우 가장 합리적인 방식은 공인된 능력을 가진 사람을 선택하는 것이리라는 점은 받아들여질 수 있을 것입니다. 결과적으로, 실제로 위에서 말한 경우—시청의 복원—와 같은 그런 경우에 경연은 적용할 수 없을 듯합니다. 그러나 완전히 새로운 어떤 건물을 세워야 할 때 보편적 투표권에 근거한 정치적 체계를 갖춘 국가는 경연이라는 방식의 채택을 거부할 만한 타당한 이유를 찾을 수 없습니다. 평범한 수준의 건축 작품을 위한 설계는 물론 군 시설 건축 등을 비롯한 정부 사업 일반에서 말이죠.

그러나 경연을 도입한다면 이는 경쟁자와 심사 위원을 의미합니다. 그리고 경쟁자들의 존재는 교육을 전제합니다. 진지한 경연이 되려면 유능한 경쟁자들이 있어야 합니다. 철저한 교육 과정을 필요로 합니다.

현재의 상태에서 국가가 젊은 건축가들에게 제공하는 혹은 제공해야 하는 교육은—국가가 단체의 직접 영향으로부터 빼내려는 소심한 시도에 실패한 후에 주도권을 기관의 손에 넘겨 버린 교육은—정상적이고 완전한 성격이 아니라고 생각합니다. 그것은 우리의 사회 조직과 조화를 이루지 않고, 오늘날의 공업 기술에 의해 도입된 구축 방식에도, 경제적·행정적 엄격성의 요구에도 부합하지 않으며, 문명화된 국가들이 그 위치를 박탈당하지 않으려면 부단히 따라야 할 추론의 방법에도 맞지 않습니다.

우리 프랑스는 제기된 모든 문제가 다시 천 가지 다른 문제로 번지는 위태로운 상태에 도달했습니다. 우리의 오랜 기계는 특히나 아무도 감히 그 작업들을 은폐하고 있는 상자를 열어 그 상태를 검토하려고 하지 않는다는 사실 덕분에 그럭저럭 쓰여 왔습니다. 혹은 누군가 우연히 그 겉 포장의 뚜껑을 들어 올려도 모두가 눈을 감은 채 '파문'을 외칩니다. … 그러나 낡은 꼬치 회전기가 지독하게 망가졌다면 수리를 해야 합니다. … 그래도 안 돼! 우리는 할지 말지 희생할 결심을 해야 합니다. 꼬치 회전기를 수리할 수 없다면 또 다른 것을 만들어야 하고, 그것도 아주 서둘러야 합니다. 고기가 타고 있으니까요!

'의무 교육'의 문제가 제기되고 있습니다. 모든 아이를 학교에 보내는 것은 아주 단순한 문제처럼 보입니다. 그러나 바로 전에 이야기한 것처럼 학교 건물을 세워야 한다든지, 아직 충분하지 않은 교장들의 문제가 즉각 발생합니다. 그런 건물들을 세우고 교장들에게 임금을 주기 위한 재정적 수단의 문제, 그들을 교육시키기 위한 사범 학교의 문제도 있습니다. 또한 수업은 평신도에게만 맡길 것인지 부모의 희망에 따라 사제와 평신도에게 맡길 것인지가 문제가 되고, 여기에 필연적으로 교회와 국가의 분리라는 문제가 따릅니다. 공장이나 농업에 어린이의 노동력을 동원하는 문제도 있고, 그에 연관하여 늙거나 병약하거나 가난한, 혹은 가족 수가 매우 많거나 결과적으로 자녀들의 노동에 의지하는 부모들에게 배상을 하는 문제가 있습니다. 그러나 이런 문제들은 내버려 둡시다.

과세의 원칙을 논하게 되면 또 즉각 다른 백 가지 중대한 문제들이 나타납니다. 우리가 우연히 손대는 모든 것이 다 그렇습니다. 실제로 우리 앞에는 오래된 좀먹은 세계가 있습니다. 우리가 손상을 수리해야 하는 한 지점에 손가락을 대자마자 복구된 부분을 둘러싸고 그것을 유지시키는 모든 것을 새로 교체할 필요가 생기는데, 그것은 이미 부패해서 고칠 수가 없습니다.

하지만 경연이라는 주제로 되돌아갑시다. 우리는 프랑스에서 건축 교육을 맡은 사람들에게 합리적으로 이렇게 말할 수 있을 것입니다. "단순한 그림 전시보다 경연의 방식에서 좀 더 잘 드러날 수 있는 사람들을 훈련시키는 것으로 시작하십시오. 필요한 것은 젊은이들을 정부의 비용으로 이탈리아에 보내는 것이 아니라 유용하게 쓰일 건물들, 절실한 결핍을 충족시켜 줄 건물을 제공하는 것입니다. 우리는 그것을 위해 세금을 내고, 그러므로 우리는 그 건물들이 잘 건축되기를, 모든 점에서 합리적인 것이 되기를 희망합니다." 이 경연에서 심사 위원으로 지명된 사람들, 혹은 감독으로서 공공건물 건축을 감시하도록 선택된 사람들에게는 이렇게 말할 수 있을 것입니다. "프랑스 같은 나라가 그 위대함을 보여 주는 기념비적 구조물들을 가져야 한다면 국가가 그것을 위한 비용을 지불해야 한다는 점을 고려하십시오. 그러므로 쓸모없이 비용을 낭비하지 않는 것이 가장 중요하다는 것을요—국가를 기린다는 명목으로 망치지 말고, 경연의 옹호자들에게 불친절하게 대할 목적으로 능력을 실질적으로 가장 보장할 수 없는, 사업에서 타협하게 될 경쟁자들을 선택하는 경연을 선택하지 마십시오."

그러면 우리는 제기된 모든 문제를 둘러싸고 집적되는 이런 어려움들을 고려해서 무기력함에 항복하고 좌절에 무릎 꿇어야 할까요? 확실히 그렇지 않습니다. "그날의 괴로움은 그날로 족하다"는 것입니다. 그리고 모든 일은 그것이 아무리 어렵게 보여도 달성하기 위해서 우선 어디선가 시작하지 않으면 안 됩니다.

그러면 우리가 가지고 있는 요소들을 이용하되 거기서 최대한의 이익을 끌어내도록 합시다.

의심할 바 없는 재능이 선보여지고, 우리가 그런 경연을 구실로 그저 위험할 뿐인 결과를 체념한 채 받아들이지 않아도 되는 정말 치열하고 생산적인 경연을 확보하기 위해서 우리는 재능을 끌어들일 만한 요소를 제공해야 합니다. 그러나 시간과 평판이 원한이나 경쟁에, 어쩌면 그저 판단이나 자유 의지의 결여에 희생되지 않는다는 것을 보장하지 않으면 재능을 끌어들일 수 없습니다.

저 **학사원**이 교육을, 그리고 모든 요직을 전적으로 통제하지 않았다면, 그들이 행정부에 가할 수 있는 압력에도 불구하고 후보자들 자신에 의해 심사 위원을 지명하게 한다는 계획은 충분한 보장이 될 것입니다. 그러나 현재의 상태에서 이런 방식은 협회와 관계가 없는 경쟁자들에게 의혹의 여지없이 공정한 심사 위원들을 보장해 줄 수 없을 것입니다.

또한 후보자들 다수가 평범한 수준에 있는 것이 확실한 만큼, 범용에 대해 우호적인 심사 위원이 지명될 것입니다.

새로운 건물을 세우기 위해서는 이런저런 유파나 파벌을 만족시키는 것이 아니라 유능한 사람을 선택하는 것이 가장 중요함을 알아야 합니다. 그러나 그런 유능한 사람은 그런 종류의 어떤 단체와도 관련을 맺지 않고 완전히 고립되어 있을 수 있습니다.

따라서 그런 어떤 단체가 그와 같은 사람을 선택하는 것을 기대할 수 없는 반면, 예술가들 자신이 지명한 심사 위원들은 경연에서 언제나 기관의 회원이든 그 외부인이든 하나의 파벌에 속하는 다수를 포함합니다. 판단의 공정성은 그럼에도 위태롭게 됩니다. 예술계에서 성공한 사람들의 명단에서 추첨으로 심사 위원을 구성하는 것은 선거 체계에서 선호될 것입니다. 그러나 이런 방법으로도 고립된 후보—연줄이 없는 후보—는 가장 재능이 뛰어나고 모든 점에서 가장 유능하다고 해도 선택되지 않을 가능성이 높습니다. 경연이—저는 악명 높은, 그리고 높은 야망을 자극할 만한 경우들만을 염두에 두고 있습니다—일반적으로 '무시되'어 온 채, 묻힌 채로 성장했지만 상당한 힘과 독창성을 가진 재능을 알아볼 것이라고 추정할 수 있습니다. 그러나 위에서 충분히 논한 원인들로 인해 실제로는 그렇게 되지 않습니다. 유명한 경연들은 때때로 무명의 개인에게 시상을 하기도 하지만 그것은 그가 제출한 작품에서 대단한 능력을 선보인 때문이 아니라 심사 위원들을 구성하는 경쟁 세력들이 자신들이 무엇보다 두려워하는 사태—유명한 사람, 진짜 능력을 가진 사람이 선택되는 것—를 피하고자 어떻게든 타협한 일종의 중립 지대에 위치한 인물이기 때문입니다. 그러나 진정한 명망가들로 이루어진 심사 위원들이라면 어떤 정념이 그들을 움직이든 제출된 작품들을 검토할 때 일반적으로 건전한 이성과 정당한 평가를 논의에 올릴 것입니다. 같은 예술 혹은 같은 소명에 종사하는 사람들 사이에는 가장 대립하는 주장들이 한데로 수렴되는 질문들이 있기 때문입니다. 그리고 특히 예술뿐 아니라 실증적 과학이 수반되는 건축에서 현역으로 일하는 사람들은 어떤 중요한 문제들에 대해 의견을 같이하지 않을 수 없는 지점이 있습니다. 따라서 이런 종류의 결정에서 우리는 외견상 가장 건전한 추론을 따르고, 반박의 여지가 없는 어떤 특질들을 인정하고, 이런저런 후보들의 어떤 똑같이 명백한 오점들에 대해 동의하지만, 우호적이든 비우호적이든 그 토론이 이끌어 낸 것 같았던, 그리고 심사자들의 의견을 한쪽으로 향하게 하는 것이 분명한 것 같았던 그 판단에 완전히 반대되는 쪽에 투표하는 것을 관찰하게 됩니다. 실용적인 인간으로서 혹은 예술가로서 심사 위원은 증거와 이런저런 방향으로 진행되는 건전한 추론을 따르지만 인간으로서는 자신의 정념에 따라 표를 던집니다.

경쟁자들의 장점이 가능한 한 공정하게 평가받을 수 있기 위해서는 그들의 작업 앞에서 인정된 능력을 가진 전문가들 사이에 토론이 이루어져야 하고, 그들이 선택하거나 버린 이유를 제시할 수 있어야 합니다. 그리고 그런 검토를 통해 장점이 분명해진 후보자를 위해 표를 행사하게 될 심사 위원은 이 토론을 청취해야 합니다.

우리가 상상할 수 있는 것은 판사와 검사, 법정 변호사 앞에서 판결을 받아야 하는 순회 재판의 피고의 운명이 아닐까요? 그러나 이것은 문제의 경연에서 건축가들이 놓이게 되는 입장 바로 그것입니다.

평면도를 검토해 보기 전에 미리 심사 위원들이 마음을 결정하고 무슨 일이 있어도 이런저런 쪽에는 표를 주지 않겠다고 결심한다고 보는 편이 맞을 것입니다.

심사 위원들이 그런 경우, 특히 그 결정이 중요한 것일수록 경쟁자들이 누구인지 몰라야 한다는 허구는 어린애 같은 소리입니다. 이런 종류의 경연에서 결정을 내리도록 소환된 심사 위원 가운데 가려져 있어야 하는 예술가의 이름을 모르는 사람은 단 한 명도 없습니다.

그러므로 이런 위선적 관습은 버리는 것이 바람직합니다. 그것은 판단을 결정하는 정념에 불편부당성의 베일을 빌려 주는 데 불과합니다. 이런 유치한 허구가 중단되고, 후보자들이 더 이상 은폐되어야 한다고 여겨지지 않으면 그들이 불려 와 이 평면들과 그들이 도입할 것을 제안하는 시공 수단에 대해 설명해야 합니다. 여기에 실현 불가능한 것은 아무것도 없습니다.

제출된 상당수의 평면도 가운데 적어도 3/4은 명백히 열등하기 때문에 논외가 되고 검토되지 않습니다.

매우 제한된 수의 평면도들이 남고, 그것이 매우 뜨거운 논쟁을 낳게 되며, 그중 모든 점에서 최고의 작품을 선택하는 것은 어려울 것입니다. 이 단계에서—심사 위원들의 경우 그의 능력에 대등한 공정성을 전제한다고 해도—불완전하거나 매력적이지 못한 도면, 혹은 심사 위원들에게 명료하게 이해되지 않는 배치는 실용적 관점에서 매우 인정할 만한 성격을 가진 설계라도 배제하게 합니다.

그 밖에 능력이 있는 건축가일수록 요구된 프로그램과 도입되는 시공 수단에서 집적되는 어려움들을 분명하게 지각하고, 자신이 제안하는 해결책들을 설명할 때 보다 더 당황하게 된다는 것을 알아야 합니다. 반면 아무런 회의도 없는 재능 없는 예술가는—실제로 딱 들어맞는 사례도 있습니다만—자신의 빈약한 지식을 드러내는 데 아무런 어려움도 느끼지 않습니다. 그는 문제점들을 예측조차 못하기 때문에 그것을 해결하려고 하지 않고, 도면상의 설계에는 자신의 능력에 대해 그가 느끼는 확신이 두드러지게 나타납니다. 심사 위원들은 그러나 인간들이고, 일반적으로 너무 많은 문제를 떠안고 싶어 하지 않는다는 점에서 다른 사람들과 마찬가지입니다. 제출된 설계의 특정한 부분이 완벽하게 명료해 보이지 않으면 그들은 작성자의 의도가 애초에 명료하지 않은 것으로 결론 내립니다. 많은 심사 위원들은 유능한 사람들의 경우에도 시공에서 초래될 결과들을 이해하지 못하고 다만 그려진 설계를 볼 뿐입니다. 많은 사람들은 도면, 단면, 입면이 완벽하게 일치하는지를 골치 아프게 따져 보지 않습니다. 또 다른 이들은 시공 수단을 고려하지 않습니다. 그리고 아무도 견적서가 그려진 설계에 정확하게 부합하는지 꼼꼼하게 검토하지 않습니다.

경쟁자들이 각자 불려 나와 자신의 설계에 대해 설명하고 이런저런 배치를 채택하게 된 이유에 대해 진술하며 도입하려고 하는 시공 수단과 견적서와 도면의 관계를 말하게 된다면 문제는 완전히 새롭게 조명될 것이고, 처음에는 무시당했던 평면도가 1등으로 올라설 수도 있습니다.

여전히 채점관은 투표해서는 안 됩니다. 결정은 명망가들로 이루어진 심사 위원이 내려야 합니다. 그들은 건축 현업에 전혀 있지 않거나, 한동안 현업을 떠나 있던 사람이고, 제출된 설계에 관한 예술가들의 토론과, 그 설계를 놓고 경쟁하게 되는 경쟁자들을 검토하는 자리에 출석하게 됩니다.

우리는 이런 진행 방식이 완벽할 것이라고 단언하지 않겠습니다―불행히도 인간의 판단이라는 것은 흠잡을 데 없는 경우가 좀처럼 없으니까요. 그러나 이 방법은 적어도 유능한 예술가들을 끌어모을 수 있을 만큼 충분히 [공정성을] 보장할 것이고, 실력 없는 많은 후보자들을 경쟁에서 배제시킬 것이 확실합니다. 그런 경연에 관한 판단이 비공개로 이루어지는 것은 모든 관점에서 비난받을 일입니다. 그것은 심사 위원들을 무책임하게 만듭니다. 그것은 부끄러운 진행 방식을 가능하게 해 주고, 그 결과를 본 대중들이 일반적으로 놀라는 것도 이유가 있습니다.

여기서 제시한 방식이 채택되면 심사 위원―혹은 저는 차라리 채점단이라는 명칭이 맞다고 생각합니다만―중 단 한 사람만 실명하는 방식으로, 그리고 경쟁자들에게 하는 질문을 통해 평면의 장점들에 주목하면 충분합니다. 질문에 주어진 근거와 답들은 시험단의 대다수가 사전에 잘못된 견해를 가지고 있음에도 불구하고, 실제 심사 위원에게 인상을 남길 것이 확실합니다. 결국 자격 있는 경쟁자들은 더 이상 대다수의 판단이 비공개로 이루어진 결과 '두 마리 토끼를 쫓다가 모두 놓치는' 결과를 두려워할 필요가 없습니다.

건축가가 아니거나 더 이상 건축가가 아닌 사람들로 이루어진 이런 심사 위원단이 채점관들 사이에서 이루어지는 토론을 적절히 평가할 수 없다든지 경쟁자들의 질문에 대답할 수 없다는 반대가 있을 수 있습니다. 이런 반론은 근거가 없습니다.

건축은 신비로 가득한, 대부분의 지적인 사람들이 이해할 수 없는 기술 용어들과 공식투성이의 지식 분과 중 하나가 아닙니다. 건축의 문제는 어렵기는 해도, 이 직업의 실천적 측면에 대해서 잘 모른다고 해서 교육받은 사람들이 이해할 수 없는 것이 아닙니다. 모든 것을 평가하는 데 핵심이 되는 상식에 의존하여 그들에게 분명하게 설명한다면 이해할 수 있습니다. 우리는 건축 채점관들에게―저는 앞으로 이 명칭을 쓰겠습니다―그들이 그러한 설계를 거부하거나 받아들이게 된 이유를 설명하도록 부여된 필요성 자체에 큰 이익이 수반되지 않을 수 있다는 것도 긍정할 수 있습니다. 우리는 때때로 자신들이 그렇게 하도록 이끈 이유도 설명하지 않고, 혹은 독립적인 심사 위원 앞에서라면 공언하지 않았을 것이 분명한 동기들에 이끌려 어떤 설계를 거부하거나 채택하는 심사 위원들을 보았기 때문입니다.

사람들에게 공표되지 않는, 비공개로만 인상을 남길 수 있는 이유들도 있습니다. 그러나 우리가 그러한―토론이 아니라, 채점관들 사이의 논쟁과 경쟁자들의 대답을 들은 후에 오로지 듣고 판단을 내리는 것을 주문받은―심사 위원들에 토목국의 엔지니어들, 토목 기사들, 공공사업에 대해 모르지 않는 행정부의 일원들, 그 성격과 지위에서 독립적인 고위 관리들을 임명하는 것을 어떻게 막겠습니까? 그런 사람들은 첫눈에는 아니라도 제가 제안한 토론과 검토를 거친 후에는 분명 판단을 내릴 능력을 충분히 가지고 있습니다.

그런 심사 위원들이라면 우리 중 다수가 목격한 편파적인 결정들을 두려워할 이유는 없을 것입니다―그런 [결정에 관한] 보고서들이 절대적으로 신뢰할 수 없는 것들이라고는 말하지 않겠습니다만, 그 논조는 특정한 경우에 있었던 토론의 방향과 상당히 대조적입니다.

그렇다면 결론적으로, 경연의 방식이 완전히 새로운 건축 작업을 위해 채택되려면 우리는 심사 위원단의 구성을 가장 먼저 생각해야 합니다. 지금까지 도입되어 온 체계가 지배하는 한, 전부는 아니라도 많은 유능한 예술가들이 응모하기를 꺼릴 것이 분명하기 때문입니다.

계약의 현재 상태

경연의 문제는 당연히 계약에 관한 이야기로 이어집니다. 모두가 계약에 관한 법을 잘 알고 있습니다.

행정부와 공공사업 도급업자 사이에서 사적 계약의 관습이 발생시킬 수 있는 불편과 오용에 대해 알고 있는 입법부는 사전에 결정되어 경쟁자들에게 제출된 일정, 계획, 견적, 수주 조건 명세서에 근거하여 이 도급업자들 사이에 공적 경쟁이 이루어지도록 결정했습니다. 경쟁자들은 작업과 재료에 자신들에게 가능한 감액을 적어 봉인하여 입찰액을 보내게 됩니다. 가장 낮은 액수를 제시한 도급업자는, 입찰액을 보낼 때 요구된 담보, 문제의 작업과 재료를 공급할 수 있음을 보여 주는 필수적인 증명서들을 제공하면 법적 도급업자로 받아들여집니다.

국가와 지자체의 이익을 보장하는 데 이보다 분명한 혹은 더 잘 부합한다고 여겨지는 법이 있을 수 있습니까?

그 법률이 어떻게 작동하는지 검토해 봅시다.

먼저 계약이 안전하고 유효하기 위해서는 계약의 양 당사자가 모두 불가항력의 사태가 아닌 이상 자신들의 계약 내용을 충족시킬 입장에 있어야 합니다. 그들은 저마다 독립적으로, 자신의 책임 아래 행동해야 합니다. 그러나 매우 단순하고 분명하고 공정하게 보이는 이 법칙은 가장 큰 어려움들이 발생하는 것들에 속하고, 가장 빈번한 분쟁과 소송을 발생시킵니다.

건축을 입찰에 붙이는 데는 두 가지 진행 방식이 있습니다. 즉 건축에 요구되는 모든 종류의 작업을 자신의 책임하에 맡도록 의뢰된 일식 도급업자=종합 건설업자(general contractor)들에게 위탁되거나, 아니면 건축가의 요청에 따라 동시에 혹은 순차적으로 작업을 수행하는 몇 군데 도급업자들에게 맡겨집니다.

전자의 경우 모든 작업—조적공, 목공, 열쇠공, 지붕 공사, 배관, 소목공 등—을 통째로 입찰하는 데 동의한 일식 도급업자가 개인적으로 그 모든 작업을 지시하는 데 필요한 지식을 갖고 있거나 그 작업에 필요한 작업장들을 가지고 있지 않은 것은 분명합니다. 그러므로 그는 하도급업자에게 의존하고 자신의 계약에 의해 허용된 것보다 낮은 액수가 아니면 하청 계약을 맺지 않을 것이 확실합니다. 예컨대 그가 5% 할인을 허용했다면 그가 목공과 맺게 되는 하청 계약은 6%가 되고, 나머지도 그렇습니다. 국가와 지자체가 이 하청업자들을 직접 다룰 경우 그들이 이처럼 큰 폭의 할

인율에서 이득을 보거나, 그렇지 않으면 제공되는 작업에 비해 비싼 돈을 치르게 됩니다. 그러나 도급업자가 능력 있고 명예를 아는 사람이라면, 그리고 그가 충분한 자금을 가지고 있다면 이것은 별로 중요하지 않습니다. 그는 자신의 지성과 에너지를 가지고 계약 내용을 정확하게 수행하면서 자신에게 기대되는 것보다 큰 수익을 올립니다. 그가 하도급업자들로부터 예상된 것보다 1, 2, 3% 많은 이익을 얻는다면, 반면 그는 자금을 내놓아야 하고, 사실상 자기 돈의 이자만을 회수하게 됩니다. 그는 행정부 위원들 대신 복잡한 계산을 하고, 전체 책임을 혼자 떠맡음으로써 책임을 여럿이 나누어 맡을 경우보다 훨씬 확실하게 보장합니다. 그러나 전체 작업을 통째로 완수할 수 있는 능력, 지성, 에너지를 가진 도급업자는 매우 적습니다. 그리고 사실은 정말 책임을 져야 할 많은 사람들이 하청업자의 작업이 불만족스러울 경우 이 하청업자들의 등 뒤로 숨어 그들에게 책임을 미루려고 합니다. 실제로 그 작업을 지휘하는 건축가는 언제나, 일식 도급업자가 개입되어 있을 때조차 각각의 하청업자들과 직접적인 관계를 맺지 않으면 안 됩니다. 그는 예컨대 조적공인 일식 도급업자에게 배관 작업이 어떻게 이루어져야 하는지 설명할 수 없고, 그렇기 때문에 그로서는 배관공, 슬레이트공, 목공, 소목공에게 직접 지시를 하는 수밖에 없습니다. 결국 잘못된 작업이 있으면 일식 도급업자는 더 이상 직접적인 책임을 지지 않고 건축가에게 다음과 같이 말하면 되는 것입니다. "내 소목공 또는 배관공을 당신이 원하는 대로 쓰게 해 주었소. 당신이 그에게 직접 지시를 내렸고, 그는 당신의 요구대로 하거나 해야만 하오. 그러니 이런저런 작업이 나쁘다고 나한테 불평하지 마시오. 그 문제에 대한 당신의 지식과, 내 개입 없이 당신이 내 하청업자들에게 행사한 직접적인 감독으로 그런 결과를 피했어야 하는 것은 바로 당신이니까 말이요." 일식 도급업자가 계속해서 책임자이기는 하지만 이 책임이라는 것이 실제로는 환상에 불과하다는 점은 분명합니다. 그리고 여기서 저는 도급업자가 명예를 아는 사람이어야 한다고 생각하고 있습니다. 하지만 그가 그렇지 않다면—그가 자신의 하청업자들에게서 지나치게 가격을 깎는다면, 그리고 그가 재료와 작업에서 불법적인 이익을 얻는 것을 그들과 합의했다면—건축가의 위치는 무엇이 되겠습니까? 그는 하청업자를 상대하고, 잘못된 작업에 대해 그들을 비난합니다. 하청업자는 자기는 일식 도급업자에게서 지시를 받았다고 답하죠. 건축가가 일식 도급업자에게 물으면 그는 자신의 하청업자는 자기 일을 알고 있다고 말합니다. 일식 도급업자인 자신은 배관공과 소목공의 작업에 대해 모른다고, 건축가가 하청업자에게 직접 지시를 내렸으니 자신은 그 문제와 아무런 상관이 없다고 말하죠. 그 뒤로 끝없는 분쟁이 거듭됩니다. 문제는 위원회 앞에서 조사되어야 하고, 위원회는 그런 복잡한 문제를 좋아하지 않아서 결정을 미룹니다. 사태가 너무 심각해서 무시할 수 없을 때는 계약 해지를 요구할 필요가 있습니다. 그러나 그것은 심각한 문제입니다. 작업이 지연되거나 계약과 무관하게 수행되지만 법정 소송, 고소, 사정, 감정인 보고 등이 이어집니다. 그리고 도급업자가 파산하면 (때때로 일어나는 일이지만) 담보나 공탁밖에 의지할 것이 없습니다. 하지만 그것으로는 언제나 잘못된 작업으로 인한 손실, 낭비된 시간과 들어간 비용을 메우기에 충분하지 않습니다. 그런 환경에서 건축가의 위치는 최소한 미묘한 것이고, 종종은 좋지 않고 해를 입습니다. 그는 사태가 충분히 심각한 것이 아닌 한 계약 해지를 요구할 수 없습니다. 그러나 그렇다고 하면 그가 막았어야 하는 피해가 일어난 것이고, 엄격한 행정 위원회는 어떤 경우든 그에게 다음과 같이 싫은 소리를 할 것입니다. "당신이 지적했던, 그리고 아마도 돌이킬 수 없는 잘못된 작업을 막는 것은 당신의 임무였소."

다른 계약 방식이 채택된다면―즉 건설을 위한 계약이 분야별로 제각각 체결되었을 경우―다른 문제들이 발생합니다. 이 거래들은 동시적이거나 연속적으로 작동해야 합니다. 도급업자 가운데 한 사람이 자신의 업무를 수행하지 못하거나 잘못 수행하면 그는 다른 사람들의 작업에도 해를 끼치고, 이 후자들은 자신에게 부과된, 그리고 때로는 정당하게 부과된 불완전함이나 지연에 대한 비난을 전자에 전가할 수 있습니다. 이 두 번째 계약 방식은 그러나 몇 가지 업종의 각 대표들이 법적으로만이 아니라 실천에서도 직접 책임을 진다는 점에서 앞의 방식보다 낫습니다. 건설에 대해 잘 아는 솜씨 좋은 건축가는 함께 작업하는 도급업자 가운데 잘못된 작업의 책임이 누구에게 돌아가는지 알고 있어야 합니다. 이런 계약 방법은 필연적으로 약간의 지연을 수반하고, 이런 이유 때문에 시공이 매우 시급하게 이루어져야 하는 상황에서는 일식 계약이 선호됩니다. 사실 특정한 경우에 몇 가지 업종의 작업이 동시에 이루어진다면 어떤 작업에는 해야 할 일이 많고, 다른 작업에는 노동량이 상대적으로 적다는 것은 쉽게 이해할 수 있습니다. 전자는 작업하는 사람들을 쉴 새 없이 투입해야 하는 반면 후자는 이따금씩만 움직여야 합니다. 그리고 하루 중 3/4을 하릴없이 보내는 직원을 계속해서 붙잡아 두는 것도 불합리한 일일 것입니다. 그러므로 건축가의 임무는 후자가 대기해야 하는 정확한 시점을 예측하는 것입니다. 그리고 바로 이 정확한 시점이야말로 종종 확정하기 어려운 것입니다. 작업은 예측보다 빠르게도 느리게도 진행될 수 있습니다. 필요한 사람을 필요한 순간까지 기다렸다 부를 수 없으므로 여기서 지연이 발생하고, 지시를 전달하는 데도 시간이 걸립니다. 도급업자들이 원래 그래야만 하는 상태라면, 그들이 제대로 임금을 지급받고, 그래서 작업에 헌신하세 되면 각자가 사업의 요구를 만족시키는 데 흥미와 자부심을 가지게 될 것입니다. 그러나 도급업자들에게서 너무나 자주 일어나는 경우처럼 과도하게 감액을 합의하게 되면 도급업자들은 결코 진심으로 그 문제에 매달리지 않고, 온갖 종류의 반대를 제기할 구실을 자연스럽게 찾습니다. 일을 맡음으로 해서 아무것도 얻지 못하고, 심지어 금전적 손실을 볼 것이 확실하므로 그들은 마땅한 기한 내에 시행하려면 시간과 돈을 희생해야 할 것 같은 지시를 회피합니다. 이것은 우리의 공공 계약 방법의 해로운 측면이고, 그 때문에 가장 유능하고 성실한 도급업자들은 처음부터 매우 중요한 사업을 떠맡지 않으려고 하게 됩니다.

행정 위원회는 가격 명세서를 결정하는 데 필요한 자료들을 가지고 있습니다. 그들은 어떤 시점에도 재료와 노동에 드는 비용에 대해 도급업자만큼 잘 알고 있습니다. 사실 이런 비용들은 누구에게도 비밀스러운 것이 아닙니다. 그러므로 통상적인 이익과 부대 비용을 추가함으로써 계산이 됩니다. 이 이익과 비용은 15%까지 인정됩니다. 위원회는 입찰을 공지하고, 그러면 도급업자들이 와서 20%의 감액을 제시합니다. 위원회가 계산을 크게 잘못했거나 도급업자가 파산하기로 작정했다는 결론이 나옵니다. 그렇지 않다면 그 도급업자가 위원회를 속일 수 있을 것으로 예상하는 것이겠지요. 이 중 첫 번째 가정은 있을 법하지 않고, 나머지 두 경우라면 심각한 부도덕을 의미합니다.

그러나 어째서 이런 일이 그렇게 자주 일어나는 것일까요? 이전의 손실을 만회할 돈을 마련하는 것이 유일한 목적인, 그래서 고리로 대출을 받은 도급업자들이 잔뜩 있기 때문입니다. 그들은 그 거래가 자신들에게 손해라는 것을 매우 잘 알고 있습니다. 일반적으로 그들은 고용주를 속이겠다는 소망도 힘도 없습니다. 다만 그들이 무슨 일이 있어도 가져야 하는 돈은 잔금을 치르기 위한 것이거나, 사업을 계속하기 위한 것이거나―주된 이유로는—자신들의 신용을 유지하기 위한 것입니다. 그래서 그들은 부채를 늘려 가면서 점점 더 빠르게 파산으로 다가가는 것입니다. 그들은 어떤 예기치 못한 기회를 희망합니다. 그리고 그들은 완전한 이의 신청 체계를 수립하게 됩니다. 그 결과 결제가 지연되고, 그것을 통해 그들은 채권자들이 기다려 주게 만들 만한 희망을 그들에게 보여 줄 수 있습니다. 비록 절반은 파산했지만 그들은 재앙을 가능한 한 뒤로 미룹니다. 이런 부류의 도급업자들과 관계를 맺게 되면 건축가는 곤란한 처지에 놓입니다. 그가 그런 문제에 대한 얼마간의 지식과 경험을 가지고 있다면 그는 도급업자의 어려움은 나날이 커져 간다는 것을 매우 잘 알 것입니다. 그는 뒤통수를 맞을지 모른다는 두려움에 끊임없이 시달립니다. 그러면서도 그는 자멸하고 있는 것이 분명한 사람에게 작업을 서두르거나 그 완성을 보장하는 데 종종 필요한 희생을 요구하기를 망설이죠. 때로는 일이 마무리되기 전에 파산이 발생하고, 그렇게 되면 경제적 곤란, 지연, 발생하는 모든 종류의 문제가 그 성공을 위태롭게 합니다.

그 파멸적인 계약에 발을 들여놓은 투기자들과 관련된 건축가가 경험한 적 없는 일도 발생합니다. 그리고 그 도급업자들이 교활하다면 그들은 곤경을 벗어날 방법을 찾습니다. 유효할 수도, 그렇지 않을 수도 있는, 하지만 그들이 언제든 유효한 것으로 보이게 만드는 근거를 대면서 그들은 건축가로부터 한 종류의 재료를 다른 것으로 바꾸는 것을 허락받습니다. 예를 들면 그들은 가격 명세에서 특수한 것(이를테면 석재)을 더 이상 구할 수 없는 체합니다—채석장이 고갈된 척을 하는 것입니다. 그러면 실제로 그들은 건축가가 나쁜 재료를 사용하는 것을 허락하게 만드는 데 성공하게 됩니다.

그러고는 후회로 가득한 시늉을 하면서 재료 조달자의 부정직을 한탄

하고 건축가에게 채석장으로 가서 석재층을 직접 살펴보자고 권유합니다. 그들은 실제로 그곳에 가서, 채석장의 석재에 대해 잘 모르는 건축가가— 그가 그런 것을 어떻게 배울 수 있었겠습니까?—자신들이 선택한 것을 무엇이든 믿게 만듭니다.

그렇게 해서 예산과 목록에 적힌 것과 다른 재료를 쓰도록 결정되는 것입니다.

그런 계약에 관한 법률이 이런 사태를 위해 마련되어 있으며, 다음과 같이 명기하고 있습니다. "목록에 특정되어 있지 않은 재료들은 비교에 의해 평가해야 한다." 그러므로 모든 것이 조용히 흘러가는 것은 견적서의 결산일까지입니다. 그러고는 도급업자가 회계 감사관의 견적에 반대를 하고, 그때부터는 항의와 소송이 끊일 날이 없습니다. 이것은 상당히 도급업자를 위한 일이 되는데, 왜냐하면 이 문제가 확정되지 않는 한 그는 자신의 신용을 유지하기를 희망하기 때문입니다. 그런 환경 속에서 정부나 자치단체가 과도한 감액을 통해 자신들이 아꼈다고 생각한 돈의 상당 부분을 날리지 않는 일은 좀처럼 없습니다.

그러나 이런, 그리고 이와 유사한 사기에 관한 이야기는 이쯤 해 두겠습니다. 여기서 도출되어야 할 교훈이라면, 우리 자신이 속임수나 사기를 당하지 않는 최선의 방법은 사람들을 어려움에서 탈출하기 위해 속이거나 사기 치게 되는 입장으로 절대 내몰지 않는 것이라는 사실입니다.

저는 우리의 계약 체계가 공공사업의 경우 조금이라도 우리가 돈을 아끼도록 해 주는 것인지 잘 모르겠습니다. 다만 작동하는 과정에서 그 체계가 9할의 확률로 비도덕적이고 위험하며, '위태로운' 계약자들의 전체 집단에게 자신들의 방식으로 사업을 계속해 나갈 수단을 제공하고, 특정한 유형의 고리대금업자들에게는 이 도급업자들로부터 가장 추악한 방식으로 이익을 얻어 낼 기회를 제공한다는 것은 확실합니다.

그러고 나면 어떻게 됩니까? 늘 파산 직전에 있던 도급업자 중 한 사람이 특정한 날짜까지 채무를 변제해야 합니다. 그는 이를테면 4만 프랑이 있어야 자신의 납품업자들에게 대금을 지불하고 직공들의 임금을 줄 수 있습니다. 그가 자신의 발주자에게 의지할 수 있게 되려면[현금을 받으려면] 한 달은 더 기다려야 합니다. 따라서 그는 모든 '위태로운' 도급업자가 의존하게 마련인 대출업자 중 하나를 만나 위임장에 서명합니다. 그는 4만 프랑을 받고 4만 5000프랑에 이자 8% 짜리 영수증을 써 줍니다.

이 위임장에 의해 대출해 준 쪽은 월말에 4만 프랑을 받고, 5000프랑에서 시작해 쌓여 가는 이자를 도급업자의 차변에 기입하게 됩니다.

그러나 도급업자는 곧 또다시 지불해야 하는 입장이 되고, 작업을 진행하기 위해 대출업자에게 더욱 매달리게 됩니다. 결국은 자신의 수익 전부와 그 이상을 삼켜 버리는 공제 외에도 그 불행한 도급업자는 빚의 구렁텅이가 나날이 커져 가는 것을 봅니다.

오로지 사용할 수 있는 돈과 날조된 신용을 얻기 위해 불리한 거래를 하는 '위태로운' 도급업자들의 부류 위에는, 감당할 수 없는 경감액에 동의하는 무능한 도급업자들의 부류가 있습니다. 그들이 그런 계약을 맺는 이유는 자신들이 하고 있는 일을 분명히 이해하고 있지 못하기 때문이고, 또한 그들이 동시에 수행하고 있는 서너 가지 일 가운데 어떤 것이 이득이 되고, 어떤 것이 손해가 될지 구별하지 못하기 때문입니다. 그들은 사실상 그 일들 사이의 균형을 유지하는 법을 모르니까요. 그것들을 규칙적으로 기장하지 않고, 자신들의 사업을 결코 적절히 검토하지도 않기 때문에, 그들은 빚이 자산에 비해 지나치게 불어나서 파산 선언을 해야 할 지경이 되도록 자신들의 입장을 알지 못합니다.

그런 도급업자 중 다수는 이전에 현장 감독이었던 이들이고, 근면과 솜씨로 약간의 자금을 모은 후에 스스로 사업을 시작해도 되겠다고 생각한 이들입니다.

자신을 고용했던 도급업자들이 10%의 수익을 허용한 사업에서 매우 큰 수익을 실현하는 것을 본 그들은 다음과 같이 추론합니다. "내 고용주가 10 혹은 12%로 계약을 했다면 나는 유사한 일에서 5%의 수익에 만족할 것이므로 15에서 17%의 감액에 훌륭하게 합의할 수 있을 거야." 그러나 이것은 환상이라는 것을 그들은 곧 깨닫게 됩니다. 사실 신용이 확실하고, 계약을 완수하기 위해 빚을 질 필요가 없는, 혹은 어쨌든 자기 재산을 담보로 5%를 빌릴 수 있는, 그렇기 때문에 재료에 대해 유리한 거래를 할 수 있고, 심지어 유리한 조건에 대규모로 구매할 기회를 마련할 수도 있는 노련하고 신중한 계약자는 상당한 감액에 동의하면서도 큰 수익을 보장할 수 있는 상황에 있습니다. 게다가 그의 회계 장부는 잘 관리되고 있고, 재고 조사는 정기적으로 성실하게 이루어집니다. 그는 언제나 자신의 현재 입장을 알고 있죠. 5만 프랑의 작은 자본금만 있으면 중요한 사업의 계약을 맺겠다고 결심하는 용감한 사람은 이렇지 않습니다. 그가 내야 하는 보증금, 필요한 재료, 착수 비용 등이면 곧 그가 가진 5만 프랑은 거덜납니다. 하지만 그가 정산해야 하는 영수증들은 천천히 옵니다. 회계 정리를 불규칙하게 하기 때문에 그는 자신의 상황을 정확히 알지 못합니다. 또한 이미 자본금을 다 써 버렸기 때문에, 최선의 경우라도 그다지 좋은 상황이 아니라는 것을 알고 그는 매우 놀라고 맙니다.

그러면 그는 대출에 의지하게 되고, 자신이 맡은 작업에 관해 그에게 지불되게 될 돈밖에는 아무런 담보가 없으므로, 고리대금업자의 희생양이 되는 것입니다. 그렇게 되면 감액 15%에 대해 그가 빌린 자본의 15%가 추가

되어야 합니다. 이런 상태가 오래 지속될 수 없다는 것은 불 보듯 뻔합니다. 그리고 그가 '자본'의 적이 되어 우리의 사회 조직을 가장 부당한 것으로 여기게 되리라는 점은 말할 것도 없죠. 현장 감독 출신으로 건설 현장에 자기 사업을 하러 뛰어든 모든 사람이 이런 불행한 운명에 처하는 것은 물론 아닙니다. 상황에 대해 보다 잘 알고 있고 좀 더 신중한, 주의 깊게 일을 시작하는 일부는 대규모 계약의 위험을 감수하지 않고, 회계 장부를 관리하는 법을 배우며, 재원이 늘어남에 따라 점진적으로 사업을 해 나갑니다. 이들은 매우 신뢰할 만한 도급업자가 됩니다. 자신들의 소명에 대해 잘 훈련되어 있고, 진실한 인간으로서 건설 현장을 어떻게 잘 운영하는지 알고, 정확하며 완전한 실천적 능력을 갖춘 이들입니다. 최상의 지역 도급업자들은 이런 부류입니다. 그들의 작업은 매우 완전하고, 최고의 찬사를 받을 만합니다. 우리 대도시에서 대규모 자본을 가진 도급업자들이 언제나 나무랄 데 없는 것은 아니지만 그들은 어쨌든 경험자들로서 수단이 풍부하고, 작업의 감독들과, 결국은 운영 위원회가 상당한 어려움을 피해 갈 수 있도록 해 줄 수 있습니다. 그러나 지방은 경우가 다릅니다. 그곳에서 대부분의 도급업자들은 시공자라기보다는 그저 사업가나 자본가에 불과해서 아무런 직업적 기술도 없고, 사실상 단순히 자금을 제공할 뿐입니다. 그들은 수익이 생기는 한 제공되는 작업의 질에 대해서는 별로 신경 쓰지 않습니다. 건설의 문제에 관한 한 일반적으로 무관심한 회계사들인 그들은 복식 기장 외의 부기에 대해 잘 모릅니다. 통상적인 방법에 따르면 이 복식 기장은 이런 종류의 공공 혹은 개인 사업에는 충분치 않습니다.

방금 지적된, 우리의 공공 계약 방법에서 초래된 이런 불편들에 대해 취해질 수 있는 조치가 하나 있습니다. 도급업자는 (그의 입찰이 가장 유리한 조건들을 제공한다면) 두 명의 정부 건축가들이나 (토목국의) 엔지니어들이 서명하고 문제의 건축에 대한 감독을 의뢰받은 건축가가 부서한 자격 증명서 등을 제출한다는 조건하에서만 받아들여질 수 있습니다. 이 증명서들이 언제나 진실한 것이고 결코 요식이 아니었다면, 계약될 작업의 시공을 의뢰받은 건축가가 도급업자를 완전히 신뢰할 수 없을 경우에는 언제든 승인을 거부했다면, 능력이 없거나 무원칙한 도급업자들이 지원하는 것을 막는 데 아무것도 필요하지 않았을 것입니다. 그러나 매우 엄중하고 명백한 이유가 아니라면 증명서를, 그리고 특히 승인을 거부한다는 것이 매우 미묘한 문제임은 분명합니다. 그렇기 때문에 좋고 나쁜 두 부류의 도급업자들이 모두 그것들을 획득할 수 있는 것입니다. 그러므로 그와 같은 거부권이란 모두 환상에 불과합니다.

부기와 건축 현장 감독

현재 상황에서 공공사업과 개인 사업 모두에서 도급업자는 스스로 기장을 하고, 건축가도 마찬가지입니다. 그러나 둘 중 어느 쪽도 기장을 하지 않거나, 최소한 매우 불완전하게 하는 경우가 과거에도 있었고 현재에도 있습니다.

도급업자의 회계 장부는 날마다 사안의 정확한 상태를 보여 주도록 기재되어야 합니다. 꼼꼼한 정확성이 준수되어야 하고, 따라서 분쟁이 발생하면 정직한 운영의 반박할 수 없는 증거로 제시되어야 합니다.

위에서 언급한 것처럼 복식 기장 부기는 장부를 확인하는 데는 매우 편리하지만 건축에서 관련된 다양한 세부 사항을 계산하는 데는 불충분하고 부적당하기까지 합니다. 도급업자의 장부들은 공업적인 동시에 상업적입니다. 그들은 이 두 성격을 결합할 필요가 있고, 그것은 효과적이고 명료하게 확인할 수 있도록 접속되어야 합니다.

상업 부기는 일반적인 방식대로 하면 충분합니다. 다만 실용적으로 쓸모없는 특정한 반복들만 자제하면 될 것입니다. 일반 회계는 혼돈을 막기 위해 다섯 개로 한정합니다. 다만 필요할 경우 추가 회계를 만들 수 있습니다. 그와 같은 회계 방법은 도급업자가 몇 분만 검토해 보면 자신이 확인하고자 하는 세부 사항들을 찾을 수 있게 해 주는 매우 단순한 적요를 제공합니다. 게다가 그렇게 해서 반복되는 옮겨 쓰기도 피할 수 있습니다.

회계는 완전하고 정확한 목록으로 진행되어야 하며, 이것이 이 일의 가장 성가신 부분입니다. 도급업자의 목록은 그가 다루는 물품들이 다양한 만큼 광범위할 수밖에 없습니다―정확한 내역이 기재되어야 하는 재료들의 양도 그만큼 많습니다. 그러나 길고 상세한 분류가 필요한 것은 이 첫 번째 항목뿐임이 분명합니다. 뒤이어지는 항목들은 순서대로 기록해 나가기만 하면 쉽고 빠르게 준비될 수 있습니다.

그러므로 항목이 출발점입니다.

시공 중인 작업들에서는 발생 비용의 현재 내역이 회계 장부의 중심적인 부분을 이룹니다. 일계가 계속 기재되는 이 장부는 각각의 업무에 관한 비용들의 기록입니다. 이 비용들은 세 가지 범주, 즉 재료, 노동, 부대 비용으로 정리되어 있습니다. 도급업자는 그렇게 때때로 무엇이 공급되었는지, 그것이 어떻게 사용되었는지―인부들이 무엇을 했는지 볼 수 있습니다. 그리고 그것을 같은 종류의 작업과 비교해 봄으로써 그는 그들이 시간을 낭비하는 것이 아닌지, 비교적 많은 돈이 임금으로 나가는 것은 아닌지 확인할 수 있습니다. 그는 다양한 비용, 운임, 기타 지출, 수수료, 대출한 돈의 이자, 재료의 감가상각 등에 대한 기록을 가지고 있습니다. 끝으로 사업의 순비용과 수익 차에 따라 계산한 각 거래의 손익 기록도 있습니다. 재료의 운송은 별도의 쪽(folio)에 기재되는 특별 회계로 기록됩니다. 그리고 다른 건설 계정들에서 재료들의 산지를 기록한 세로줄에서 항목에 따라 점검됩니다.

다음은 현행 유입에 관한 쪽 견본을 정서한 것입니다.

정서된 이 항목들의 장들은 삭제나 삽입, 행간이나 여백에 써넣기 등이 없어야 합니다. 어떤 오류나 부정확한 항목이든 괄호로 묶어 다른 곳에서 수정해야 합니다.

측정되어야 하는 항목들의 가격 열인 F, G, H가 빈 칸으로 남겨지므로 이 견적서들이 작성될 때 하나의 품목이 두 번 기입되거나 무엇인가 잊히는 것은 불가능합니다. 이 품목들은 날마다 기록되기 때문입니다.

이 품목들의 페이지들은 한 권으로 묶여 건축가나 발주자가 검토를 원할 때마다 제출됩니다. 양측 모두 그들이 원하는 만큼 자주 즉석에서 세부 사항을 확인할 수 있습니다. 그리고 계정은 모두 이 책에서 발췌한 것이므로 그들에게 있는 모든 품목은 확인할 기회가 있었고, 도급업자가 임의적인 할인에 종속될 수는 없으며, 어떤 분쟁이나 소송이 일어날 경우 이 책이 법정에서 혹은 평가를 위해 불려 온 사람들 앞에서 그의 정직성에 대한 나무랄 데 없는 증인이 됩니다. 나아가 작업의 통제와 그 가치에 대한 건축가의 책임은 상당히 가벼워집니다. 그와 직원들은 날마다 정서되는 물품 장부의 기록이 정확한지만 확인하면 되기 때문입니다.

따라서 도급업자에게 요구되는 부기의 요점과 그의 사업의 산업적 측면에서 볼 때 장부를 지속적으로 기록하는 것입니다.

이 장부는 두 가지 형태, 즉 현재 기입과 정서본으로 유지됩니다.

어떤 특정한 일이 완수된 후에 그러한 장부는 도급업자에게 미래에 같

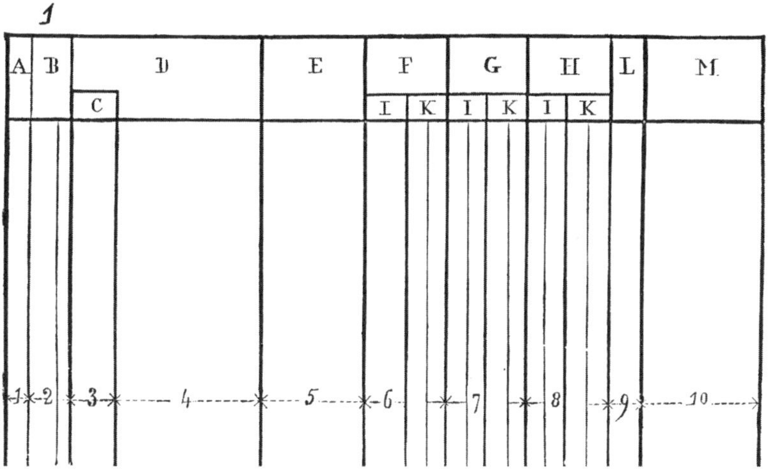

1

A	B		D	E	F		G		H		L	M
		C			I	K	I	K	I	K		

1 2 3 4 5 6 7 8 9 10

1열은 주문 전표들의 번호에 할당되어 도급업자가 공급된 재료와 물품들에 관해 확인할 수 있습니다. 어떤 일의 경우, 특히 자신의 거주지에서 멀리 떨어진 곳의 경우 그런 확인이 필요합니다.

2열에는 날짜를 씁니다.

3열에는 길이든 면적이든 체적이든, 무게나 가격, 숫자든, 양을 적습니다.

4열에는 현장에 도착한 모든 재료, 날마다 수행된 작업을 빼거나 줄이지 않고 기재합니다. 운반 품목, 모든 종류의 지불이 적힙니다.

5열은 재료들의 산지 혹은 공급자 이름을 견적서나 가격표에 따라, 혹은 건축가의 지시에 따라 보여 줍니다. 그럼으로써 항목이 문제가 될 때 2열에 상응하는 날짜에 따라 그 인보이스나 전표를 제시할 수 있으며, 도급업자의 주장을 입증하게 됩니다.

6, 7, 8열은 항목의 현재 시가로 각 물품에 할당된 정가와 총액이 기재됩니다. 이 항목표에는 작업에 쓰인 물품들 혹은 그 금전 가치에 따라 계산된 가격과 양만이 쓰여 있습니다. 양을 측정해야 하는 항목들의 경우는 측정이 이루어질 때까지 빈 칸으로 남겨 두게 됩니다.

9열에는 특정한 문제에 관한 정보가 요구될 경우 이런저런 현장 감독이나 작업자, 건축가의 이름이 적히게 됩니다.

10열은 건축가의 견해 또는 글로 쓴 지시 사항에 수반될 필요가 있는 도표들을 위한 것입니다.

각 열의 제목

A: 전표 번호
B: 날짜
C: 수량

D: 작업 지시

E: 재료 산지

F: 재료
G: 노동 임금
H: 부대 비용
I: 가격
K: 총액
L: 작업에 따른 직인과 현장 감독의 명칭
M: 견해

그림 1 건축 회계 장부 형식

은 종류의 계약을 맺을 때 매우 유용하게 될 많은 정보를 제공할 것입니다. 그러나 그 가장 중요한 용도는 그의 손익의 원인을 제시해 주는 일계로, 그가 이익을 늘리고 손실을 줄일 수 있는 방법을 알려 줍니다.

정연하게 유지된다면 장부 기입의 총체적 결과는 중요한 사업의 경우라 해도 여러 개의 계정이 필요 없이 원장의 한 줄만 채우게 될 것입니다.

장부들은 일반적인 종류의 건축 사업 대부분에서 충분합니다만, 특수한 예외적인 경우에는 추가적인 장부들을 관리할 필요가 있습니다. 그러나 이 것은 위에서 설명한 일반적 체계에 큰 변화가 생긴다는 뜻은 아닙니다.

건축가들은 도급업자들의 장부를 참고할 수 있다는 점이 큰 도움이 된다는 것을 알게 될 것입니다. 그들은 이런 식으로 상태를 정확히 알기 쉽고, 작업이 진행됨에 따라 책정된 비용의 많고 적음을 예상할 수 있다는 것을 압니다. 예컨대 개인 주택의 건설이 진행되는 동안 건축가가 검토하고 서명한 이 장부들은 그가 세부적인 것을 기록할 필요를 배제해 줄 것입니다. 개인 주택의 경우 건축가 자신도 그의 직원도 언제나 작업 현장에 있을 수는 없고, 특정한 세부 사항들에 그나 직원이 주의를 기울이지 못하게 되므로 세부 사항은 불완전할 수밖에 없습니다.

지난 25년간 다양한 부기 방법들이 파리 시정부가 맡은 공공 건축 사업에 도입되었고, 경험을 통해 가장 단순한 체계가 가장 바람직하다는 것이 입증되었습니다. 이런 주문의 시공에서 항목들이 복잡하게 만들어지면 혼란만 가중되며, 계정을 확인하는 방법을 보장하는 것처럼 보이는 수단은 불규칙성들을 감추는 결과만을 낳게 됩니다—외관상 완벽한 질서와 규칙성으로 보이지만 사실은 혼돈 상태인 것입니다.

건축가와 그의 직원들은 중요한 공공 건축에서 이중의 기능을 수행해야만 합니다. 그들은 우선 모든 세부를 그림으로 그리고 그것을 설명하는 데 필요한 지시 사항들을 제시하며, 시공의 과정에서 상이한 직인들 무리를 조심스럽게 감독해야 합니다. 둘째로는 작업의 성질과 양을 확인함으로써 몇 가지 계약에 관해 그 가치를 정확히 평가할 수 있어야 합니다.

그러므로 이 기능들은 매우 광범위하고 다양합니다. 그러나 대부분이 에콜 데 보자르 출신인 건축가들의 조수 가운데, 이탈리아나 그리스에서 5년씩이나 유학을 했다고 해도 자신들의 임무를 완전하게 이행할 수 있는 사람은 별로 없습니다. 따라서 행정위원회는 중요한 사안의 경우 그들을 도울 회계사들을 고용합니다. 그들은 항목들을 정서하는 데 필요한 정보들을 모으고 계정을 확인하는 데 필요한 자료들을 입수합니다. 이 회계사들이 건설에 대해 잘 아는 경우는 좀처럼 없습니다. 그리고 건설 작업을 감독하는 것은 그들의 영역이 아닙니다. 그들은 감독관들이 제공하는 진술이나 계정에 의존해야 합니다. 감독관들은 너무 할 일이 많거나, 아니면 오랜 경험을 필요로 하는 종류의 작업에 대해 잘 모르기 때문에 이 회계사들에게 자신들도 도급업자의 직원들로부터 받은 정보를 건네줍니다. 장부가—하나는 도급업자가 보관하고 다른 하나는 직원이 보관하는—두 부 있다고 하지만 직원은 메모만 하고, 도급업자가 제공한 장부를 살펴본 후에 옮겨 적기만 하는 일이 종종 있습니다.

두 부의 장부를 확보하는 것은 (한 부가 다른 한 부를 베껴 쓴 데 불과하다면 소용없는 일이기도 하거니와) 장부가 사실에, 즉 작업의 실제 수행에 정확히 일치하도록 하는 것만큼 중요하지 않습니다. 그러므로 날마다 기입하는 장부들이 채택되어 도급업자의 직원들과 건축가의 직원들이 이를 갱신하면서 서로 비교하도록 합니다. 그러나 온갖 종류의 작은 세부 사항들이 수없이 고려되어야 하는 매우 규모가 큰 사업들의 경우 그것들을 전부 기입하는 것은 불가능은 아니라도 종종 어렵습니다. 물론 그 숫자가 많기 때문에 그것들은 계정의 총합에 영향을 미칩니다. 이로 인해 분쟁이 일어나게 되고, 그것은 보통 절대적 진실은 아닌 타협을 통해 해결됩니다.

도급업자는 오로지 한 가지 목적—수익을 낸다는 것만을 염두에 두고 있습니다. 반면 행정부는 계약서의 조항과 조건에 따라 지불하는 것만을 생각하고, 또 그것만 생각해야 합니다. 도급업자가 자신이 수익을 내지 못하고 있다는 점을 지각하면 그는 가능한 모든 수단을 동원해서 작업의 외적 가치를 높이려고 합니다. 건축가가 자신의 예상이 초과되고 있는 것을 깨달으면 그는 가격에 대한 조항들을 통해 할 수 있는 한 지불되어야 할 총액의 양을 낮추려고 노력하게 됩니다. 참된 혹은 차라리 실제적인 작업의 가치는 일반적으로 이 양극단의 사이에 있습니다. 그리고 중요한 것은 이 가치를 정확하게 알아내는 것입니다. 적절하게 기록되어 온 계정들만이 그것을 결정할 수 있습니다. 위에서 제시된 체계는 사실 도급업자에 관해서만 완전하고 만족스러운 것입니다. 현재 견적이 정서되고, 규칙적으로 기재되었다고 해도, 그것은 사실상 도급업자에 의해 발생한 재료, 노동, 부대 비용들을 기록하되, 그 액수들이 법적으로 적절하다는 것을 증명하는 것은 아닙니다.

예를 하나 들어 봅시다. 어느 조적 도급업자가 건축을 위해 석재를 사서 현장으로 운반해 오도록 했습니다. 재료의 운송에 대한 것만을 적은 그의 계정에 따르면 그가 앞서 말한 계정의 장부들에 쓰인 용적에 해당하는 석재를 실제로 구입해서 대금을 지불했다는 데 의심의 여지가 없습니다. 그러나 그에게 능력 있는 마무리 조적공이 있다면 작업을 위해 석재를 가공하는 과정에서 손실되는 양은 1/10밖에 안될 것입니다. 반면 조적공이 무능하거나 부주의하다면 손실은 1/5까지 늘어날 수도 있습니다. 그렇다면 건축가가 책임져야 하는 것은 가장 경제적으로 쓰인 석재입니다. 장부는 이 최대치의 손실에만 의거할 것입니다. 따라서 도급업자의 계정이 건축가에게 그가 정말로 기입된 금액을 썼음을 입증해 준다고 해도, 그것이 지불해야 하는 금액인지, 아니면 다듬지 않은 재료의 양만을 나타내는 이 총액에서 확정된 비율을 빼야 하는 것인지는 확인시켜 주지 않습니다. 건축가의 장부는 그러므로 도급업자의 계정과 다르며, 직원들에 의해 실제 사용된 것으로 인정된 것만을 언급합니다. 건축가의 관점에서 장부는 그가 자신의 직원들에게 작성하게 한 계정으로부터 계산되는 것이고, 따라서 제시된 계정을 꼼꼼히 조사해도 아무런 논쟁을 발생시키지 않을 수 있습니다. 장부들에 무게와 수량, 면적, 길이 등이 쉽게 기재될 수 있는 데 반해, 실제 사용된 석재, 그리고 형태가 복잡하고 매우 변화무쌍한, 깎아서 버리는 것이 허용되는, 도급업자로서는 당연히 상당히 많은 것으로 제시하고 싶어 하는 그런 석재들의 체적이 문제가 될 경우에는 길고, 종종 어려운 계산들이 필요합니다.

실제 사용되는 체적의 비용을 청구하는 이런 어려움들을 피할 수 있는 아주 간단한 방법이 있습니다. 요컨대 건축가 자신이 다듬어진 석재의 크기들을 제공하면 됩니다.

그러나 일반적으로 그는 다른 종류의 문제들에 사로잡혀 있고, 그가 세부를 제시할 때 그는 석공이 어떤 식으로 이 세부에 사용될 석재의 층, 접합, 단면을 배치할 것인지 예상하지 않습니다. 이와 같이 건축가가 석재 배열의 문제를 무시하는 데서 야기되는 예술과 구축 모두에서의 불편들에 대해 이야기하지 않는다면 가장 해로운 남용과 불필요한 비용의 기회를 그 운영자에게 제공하게 됩니다. 그리고 절조 없는 도급업자들이 그 합법성에 대해 이의를 제기할 길도 없는 상당한 수익을 기대하는 것은 대형 공공사업을 책임지고 있는 건축가들이 그 문제에 대해 태만하고 부주의하기 때문입니다.

그런 식으로 건축가가 석공에게 접합의 단면에 대한 지시 없이 세부 사항을 제시했다고 가정해 봅시다—저는 여기서 가장 단순한 사례 가운데 하나를 선택했습니다(그림 2). 자신의 고용주의 이해(利害)에 대해 이해하고 또 조언도 하는 석공은 피어의 접합을 A에서 보는 것처럼 한 층 놓고 그 위층에서 B에 놓지 않도록 주의할 것입니다. 그는 접합을 C에서 보는 것처럼 놓겠죠. 왜냐하면 조각 A와 B에서 모두 체적 a와 b만이 다듬어진 후에 버려지도록 허용되는 반면, C의 경우 체적 c와 d가 버려지기 때문입니다. 그렇다면 석공이 자신의 일을 이해하고 있다고 가정할 때 그는 다듬지

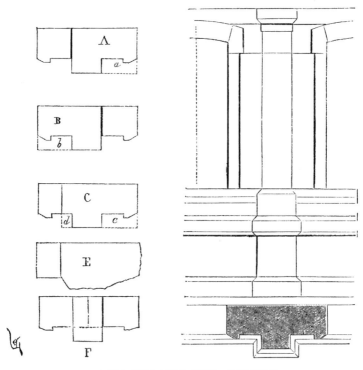

그림 2 피어의 석재를 접합하는 몇 가지 방식

않은 상태의 석재 E가 모서리에 비스듬히 놓이도록 주의를 할 것이고, 그렇게 해서 석재를 그 실제 체적으로 계산해 공급하는 사람에게 지불할 것입니다. 반면 건축가는 존재한 적도 없는 삼각형 부분이 버려진 것으로 생각해서 실제보다 훨씬 체적이 큰 것처럼 사용된 이 조각에 대한 비용을 도급업자에게 내게 될 것입니다. 도급업자는 문제의 형태로 잘려 나간 것으로 여겨진 석재의 값뿐 아니라 그것을 잘라 내는 데 들어가는 노동의 비용까지 받으므로, 결과적으로 해당하는 재료를 공급받지도 않은 금액으로 계산해 받고, 이루어진 적 없는 노동의 대가까지 따로 챙긴 것입니다. 재료를 아꼈던 르네상스의 건축가들이라면 이 피어들을 F에 그려진 것처럼 벽기둥들과 결합했을 것입니다. 그들은 한 층을 이음돌을 형성하는 벽기둥으로 만들고 위쪽 층은 점선을 따라 축 접합과 벽기둥 블록으로 만들었을 것입니다. 이런 식으로 그들은 석재의 낭비를 전적으로 피할 수 있었을 것입니다.

위의 사례에서 발생하는 손실은 사소합니다. 그러나 건축의 세부가 복잡할 때, 돌출부가 많을 때, 돌출부들이 매우 두드러질 때, 대부분의 공식 건축가들이 석재의 접합 방식에 관해 드러내는 무관심함은 상당한 액수의 불필요한 비용을 초래합니다.

반면 건축가들이 '야만적인' 중세에 했던 것처럼 사용되는 석재의 크기를 제시하고 접합에 관해 지시하는 데 주의를 기울인다면 그와 같은 불필요한 비용들은 피할 수 있을 것이며, 그들의 자료로부터 신뢰할 만한 항목을 추출할 수 있을 것입니다. 그렇게 되면 직원들의 시간을 절약하게 되고 훌륭한 시공을 보장하게 됩니다.

조적에 대한 이런 자료들을 제시하면서 건축가들이 건축에 쓰이게 될 재료들(즉 석재)의 본성을 고려해야 하는 것은 사실입니다.

예전에 파리에서 쓰였던 견석층들은 폭이 넓지 않았습니다. 바뉴석은 석재층들의 높이가 0.5m 이상 되지 않았고, 석회석은 0.25~0.3m였습니다. 오늘날 견석은 서부 프랑스와 부르고뉴에서 가져오는 것들로 높이가 0.6~0.8m에 달합니다. 중세의 '야만적인' 장인들과 르네상스의 장인들이 건축 부재들을 자신들에게 주어진 [석재] 층들의 높이에 종속시켰듯, 건축 부재들을 이 규모에—특정한 한계 내에서—종속시키는 것이 합리적일 것입니다.

우리 건축가들은 대부분 그런 문제에 주의를 기울이지 않는 것 같고, 우리는 이런 부분에서 그들의 부주의함에 대한 비용을 감당해야 합니다. 그래서 최근에 세워진 공공건물들에서 우리는 누구라도 접합면들이 A가 아닌 J에 놓이는 기단을 볼 수 있습니다(그림 3). 그 결과 앞에서 말한 것처럼, bb를 깎아 내기만 하면 될 것을 그 대신 a와 c에서 파이는 공간을 차지했

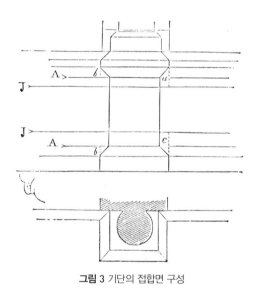

그림 3 기단의 접합면 구성

던 석재, 그리고 그것을 깎아 내는 작업에 비용이 들어갑니다. 이런 일이 1,2 km 길이로 늘어선 건물의 열들에서 반복된다면, 그리고 층수가 올라감에 따라 몇 번씩 되풀이된다면 이 불필요한 비용들은 상당히 늘어납니다.

우리의 위원회는 일반적으로 이런 종류의 문제에 매우 무관심합니다. 그들이 기대하는 것은 훌륭한 형식의, 그리고 적절히 균형 잡힌, 따라서 외관상 완벽하게 규칙적인 회계 기록들입니다.

그들이 주로 신경을 쓰는 것은 특혜와 자리를 좌지우지하는 전능한 한 단체의 취미에 순응하는 것입니다. 단순하고 합리적이며 경제적인 방법들을 도입하는 것에는 거의 관심이 없습니다.

그리고 방금 석재에 관해 이야기한 것은 구축의 모든 부분에 대해 마찬가지로 적용할 수 있습니다. 우리의 공공건물 대부분에 사용된 철재에서 불필요한 하중이 어느 정도인지는 상상을 초월합니다. 이는 건축가들이 절대적으로 필요한 강도를 계산하려 하지 않고 일반적으로 도급업자들에게 의존하기 때문입니다. 그들은 그런 재료들을 과도하게 사용하는 데 대해 흠잡지 않을 것입니다. 철재의 가격이 하중에 따라 매겨지고, 결과의 가치에서 큰 부분을 차지하는 가공은 무게와 비례하지 않기 때문에 도급업자들은 언제나 무거운 부속들을 제공하는 데 관심이 있습니다. 그리고 건축가가 주어진 부분에 필요한 최대 하중을 결정할 위치에 있지 않다면, 그가 [재료의] 강도에 대해 완벽하게 알고 있지 못하다면―그는 자신이 책임지게 될지 모르는 위험에 대한 두려움 때문에 도급업자들의 견해를 받아들이게 되기 쉽습니다. 그러나 도급업자는 자신의 이익을 위해 언제나 필요한 하중을 부풀리는 경향이 있습니다. 그리고 저는, 로마나 아테네로 유학 간 건축가들이 그런 문제를 결정하는 데 필요한 경험을 얻을 만한 상황에 있는지 묻고 싶습니다.

건설이 잘 운영되면 항목들은 주어진 지시와 세부 사항들을 거의 한 치도 빠짐없이 따를 것입니다. 운영 위원회가 자신들에게 맡겨진 이해를 지배적인 파벌이나 유파에 종속시키려고 하지 않고 조심스럽게 보호한다면, 자신들이 잘 알지도 못하고, 논할 수도 없는 예술의 문제들에 간섭하는 대신 자신들이 유일하게 해야 할 일인 이익에 신경 쓴다면, 그들은 주로 건설 거래의 이런 세부 사항들을 신중하게 검토하는 데 매달릴 것입니다.

그러면 그들은 곧 장부들이 완벽하게 규칙적으로 기재되어 있음에도 그들이 감당해야 하는 불필요한 지출의 양에 대해 알게 될 것입니다. 그들은 작업된 것에 비해 비용을 많이 내는 것을 피하는 것이 아니라, 그런 불필요한 작업이 이루어지지 않도록—불필요한 지출을 하지 않도록 하는 것이 중요하다는 사실을 깨닫게 됩니다. 무지나 무관심, 변덕으로 인해 아무런 좋은 결과도 보장되지 않고, 지각 있는 사람들을 분개하도록 하는 항목들의 비용에서 예산이 부풀려지지 않도록 해야 합니다. 그런 항목들은 고려되는 대상에 대한 경비의 균형을 맞추는 것이 제1원칙인 건축 예술에 어떤 도움도 되지 않습니다.

위원회가 단순히 학사원의 졸업생들(우리 시대에 좋은 구축가들을 산출하는 데 요구되는 공부들로부터 갈수록 멀어지고 있는)과 지배적인 단체의 준회원들을 위한 등기소로 존재하는 대신 건축 작업을 주재하면서 정부에서 자신에게 부여된 역할을 하기로 결정하게 된다면 곧, 실용적 요구들과 예외 없이 조화를 이루지 못하는 규제들을 만드는 것과는 매우 다른 방식으로 건축 작업들을 운영하는 데 관심을 갖게 될 것입니다. 방법들과 수단들을 단순화하려고 노력하는 사람들이 있다면 위원회는 그들을 구별해 내려고 신경을 쓸 것입니다. 왜냐하면 그들의 예술적 장점이 언제나 작업을 지시하는 능력, 주도권, 그들과 그 하급자들 사이의 명료한 이해, 채택된 방법의 단순화, 기장의 규칙성과 결합되어 있을 경우 이는 주목할 만한 것이기 때문입니다.

가장 중요한 문제가 한 가지 더 있습니다. 공공사업의 감독이, 즉 가격 규모를 결정하는 것에 관련된 임무가 주어져 있는 운영 위원회가 진지하게 주목해야만 하는 문제입니다.

지금까지 파리 시의 행정부는 다른 경우와 마찬가지로 그해의 가격 규모를 확정하는 데 익숙해 왔습니다. 이 가격들을 확정하는 데 신중을 기하고 있다는 점은 의심하지 않습니다만 문제의 이 경우에 대해서 "떡 줄 사람은 생각도 않는데 김칫국부터 마신다"는 속담을 적용할 수 있을 것입니다. 행정 단체들이 아무리 깨어 있은들, 도급업자들과의 거래의 기준을 아무런 도움 없이 결정해야 한다는 것은 매우 이상합니다. 이런 방법은 거래에 강제된 극대값에 지나지 않는 것으로, 경제 학자들은 오랫동안 이를 정당하게 비판해 왔습니다. 도급업자들에 의해 공급되고 가공되는 재료들은 사실상 각설탕이나 외투처럼 상품의 일종입니다. 지금은 도급업자들에게 미래의 가격 목록을 결정하는 데 협조를 구하는 것이 제안됩니다. 이것은 진보의 한 걸음입니다. 그러나 그런 합의에서 완전한 자유를 허용하고, 한 해 동안 착수될 작업 전체가 아니라 각각의 특수한 사업별로 가격 목록을 확정하도록 해 주는 것이 보다 정당하지 않을까요? 이렇게 되면 건축가들은 그들이 지금은 주목하지 않는 이런 중요한 문제들에 대해 생각하지 않을 수 없게 될 것입니다. 이런저런 상황이나 작업의 부류에 따라 합리적으로 제시되는 가격이 어떤 것인지 자문하게 될 것입니다. 그리고 아마도 이 문제에 대해 연구해야 할 의무로 인해 그들은 의뢰인들의 이익을 위해 계획을 수정하지 않으면 안 되게 될 것입니다. 대부분의 경우 그 계획은 그것을 실현하는 데 적합한 수단에 대한 매우 불완전한 지식을 가진 채로 준비됩니다.

한 사람의 건축가가 모든 것을 혼자 알 수는 없습니다. 그런 사람이 있다면 비범한 능력을 가진 것이 분명합니다. 그러나 그는 현재 진행되고 있는 것에 대해 모두 알고 있어야 하며, 다양한 세부 사항들을 머릿속에 간직하고 있어서 끊임없이 그에게 제기되는 질문들에 대해 분명한 답을 할 수 있어야 합니다.

그가 몇 사람의 직원을 고용하고 있다면—그리고 위원회가 가능한 한 많은 자리를 제공하곤 하기 때문에 일반적으로 그는 필요 이상의 인원을 고용합니다—그 직원들은 저마다 작업의 확실한 부분에 대한 감독을 맡게 될 것이고, 따라서 책임을 공유하게 됩니다. 직원들 각자가 자신이 맡은 부분의 작업, 발생한 지연, 일어날 수 있는 어려움들을, 또한 보고할 만한 것인 경우 잘못된 작업을 날마다 기록하게 될 것입니다. 그리고 그는 이 관찰들을 그러한 목적으로 마련된 기록부에 기입해야 합니다. 건축가는 조금만 살펴보면 곧 이 직원들 각각의 특수한 적성을 알아보게 될 것이고, 그에 따라 그들을 쓰게 될 것입니다. 건축가 자신은 직원들을 선택하는 데 매우 자유로워야 합니다. 그가 책임을 떠안고 있다면, 자신이 적합하다고 생각하는 스태프를 선택할 자유야말로 그가 요구할 수 있는 최소한의 것이기 때문입니다. 기관들을 통해 그런 고용인들을 지명하는 대신 행정부는 그저 건축가에게 사업의 규모와 중요성에 따라 이만저만한 총액을 승인해 주고 그가 자신이 선택한 직원들에게 적당하다고 생각하는 대로 그 돈을 할당하도록 내버려 두어야 합니다. 그러나 우리가 이 정도로 진보해 오지 않았다는 것, 공공사업에서 책임에 대한 그러한 정확한 평가를 할 수 있으려면 우리의 행정 체제에서 많은 것을 변화시켜야 한다는 것은 누가 보아도 분명합니다.

위에서 지적한 것처럼 너무 많은 숫자가 고용된 현장 직원들—너무 여러 사람이라서 임금이 충분치 못한 직원들—은 조금만 일을 하고, 그나마 질서도 방법도 없이 합니다. 결과적으로 회계의 기록을 입증하기가 종종 어려우며, 분쟁과 항의가 끊이지 않고, 또한 작업에 대한 감독은 충분히 이루어지지 못하게 됩니다. 직원들은 오후에, 거의 같은 시간에 현장을 방문합니다. 현장 감독들은 오래지 않아 이런 사실을 발견하게 되고, 그들이 결함이 있는 재료들을 들여오거나, 작업의 일부를 방치하려고 할 때면 새벽 6시에서 정오 사이를 이용하도록 신경 씁니다.

무관심, 무능, 부주의와 부정확은 최근 우리에게서 너무 치명적인 것으로 존재해 왔고, 우리를 몰락시켰을 뿐으로, 우리의 건설 현장의 특성으로 자리 잡은 지 오래되었습니다. 건축가들이 자신이 세우는 공공건물들에 필요한 것보다 50% 정도 재료를 더 쓰는 데 익숙해진 것은 그런 상태에서 야기되는 결과를 피하기 위해서일까요? 그들이 이런 과도한 강도에 의존하는 것은 감독과 정확성의 결여에서 때때로 발생할 수 있는 재난을 예방하기 위한 것입니까? 무엇이 되었든, 개혁의 여지가 있습니다. 그러나 개혁을 보장하기 위해서 가장 먼저 해야 할 것은 사람들의 문제를 옆으로 미루어 두는 일입니다. 지금까지는 군주제에서든 공화정 형태의 정부하에서든 프랑스의 행정부는 사람의 문제를 가장 중요시해 왔지만 말이죠.

건설 공사를 지휘하는 데는 보편적으로 갖기 어려운 특수한 능력들이 요구됩니다. 그리고 아마도 행정적 문제들을 다루어야 할 수업 과정에서 그런 능력들에 주목해야 할 것입니다. 건축가가 작업장에서 고용하는 직원들이 다소간 장인의 작업 방식을 채택하는 것은 확인할 수 있습니다. 왜냐하면 그들의 수련 과정에서 이 단계가 그들이 그런 종류에 관련해 거의 유일하게 받는 훈련이기 때문입니다. 이것은 에콜 데 보자르가 그러한 문제에 대한 행동 방침을 제시할 필요를 고려하지 않기 때문이죠. 장인이 지각이 있고, 정연하며 정확하고 솜씨 있는 사람이라면, 그의 지시를 따르는 직원들은 그와 같은 존재 방식과 행동 방식에 익숙해질 것이고, 그로부터 얻는 것이 있을 것입니다. 그러나 장인이 조심성 없고 불확실하며 도급업자와 직인들과의 관계에서 서툴다면 그가 거느린 직원들도 곧 마찬가지의 바람직하지 못한 방식에 빠지게 될 것입니다. 이를 방지할 만한 사전 훈련을 받은 바가 없으니까요. 그렇게 우리는 통탄할 만한 방법들이 대를 물려 전해지는 것을 봅니다.

예술가로서의 장점 외에도 건축가는 운영 위원회나 고객과의 관계, 부하들과의 관계에서 필요한 다른 종류의 자격들을 갖추어야 합니다. 그런 자격들은 일반적 성격에 적용되는 것이지만 그럼에도 불구하고 원래 그런 점을 갖고 있지 않은 사람들일지라도 교육을 통해 어느 정도 그것을 발전시킬 수 있습니다. **교육**에 의해서 말이죠. 젊은 건축가들은 필요한 이론적 수업과 더불어 특정한 행동 방침을 배워야 합니다. 지금은 그것을 경험과 시간, 환경에, 종종 각자 상당한 비용을 치르거나 그들의 고객들의 손해를 대가로 배우게 되지만 말입니다. 건축가들이 단체를 형성한다면 그런 행동 방침을 결정하는 것이 그들의 의무일 것입니다. 그러나 위에서 우리는 그런 협회의 결성이 현재 상황에서 왜 불가능한지 설명했습니다. 구성원이 부족하고, 우리의 건축가들은 무엇보다 그들이 접촉하게 되는 영향력들의 존재 앞에서 기질의 독립성을 유지할 필요성에 대해 일반적으로 확신이 없기 때문입니다. 우리는 그런 독립성에 대해 너무나 잘 모르기 때문에, 많은 이들이 그와 같은 정신적 특성을 끔찍한 실수와 혼동하고 있습니다 ─ 즉 권위에 대해 반항하거나 체계적 반대 상태를 지속하고 있는 것으로 여기는 것입니다. 그러나 조금만 성찰하고 관찰해 본다면 우리는 진정 독립적인 인물들은 그러한 권위에, 그것이 무엇이 되었든, 가장 확실한 보장을 부여하는 이들임을 알게 됩니다. 계약, 주문, 기능, 비용을 매우 자유롭게 받아들인 그들이 최고의 신용을 가지고서 자신들이 자유롭게 동의한 일을 수행하고, 자신들이 기여해야 하는 목적을 더 추진하겠다는 생각만을 하고 있기 때문입니다.

임의적 권력의 약점은 그것이 단기간에 확립된 신념이 없는 사람―그들이 아무리 순종적일 수 있다고 해도―, 독립적인 의견이나 개인적 에너지가 없는 사람, 그러므로 결정적인 순간에 의지할 수 없는 사람에게 의지하게 된다는 것입니다. 그 권력이 약해졌을 때, 헌신이라고 불리는 굴종은 떠나 버리거나, 그렇지 않으면 저항조차 하지 않습니다.

건설 현장은 소규모의 정부입니다. 그리고 우리는 그 일들이 운영되는 방식에서, 그리고 거기서 산출되는 결과들에서 그것을 감독한 사람이 그 일에 자격이 있는지 없는지 금방 알게 됩니다. 자신이 가장 정력적으로 작업을 수행함으로써 모두에게 의무감을 고취하는 법을 아는 것이 건축가에게 주어진 주된 의무입니다. 모든 것을 단순하고 '무리' 없이, 그러나 정확한 순간에 하는 것, 사태를 예상하고, 그에 대해 충분히 반성하고 모든 관계자의 비판을 들은 후에 결정을 내리는 것―단 일단 결정하고 나면 변함없이 굳건하게 일관성을 가지고 밀어붙이는 것―등의 행동 방침은 그 신중함과 지혜를 통해 우리가 심각한 오산을 하지 않게 해 줍니다. 친분에 빠지지 않으면서 부하들과 항상 좋은 관계를 유지하고, 모든 항의에 인내심을 갖고 귀 기울이되 모든 것을 스스로 검토하는 것, 모든 분쟁에 완벽하게 공정한 입장을 취하는 것, 책임자의 명령을 직접 받는 직인들에 대해 스스로 책임지면서도 그들이 실수를 저질렀을 때 엄격하게 꾸짖는 것, 단순한 주장을 그대로 믿지 않고 직접 검토해서 확인하는 것, 계획을 명료하게 이해하고 알기 쉽게 설명하며, 자신의 말을 지키는 것이 고용인들 사이에서의 존중과 존경, 신뢰를 보장해 줄 것이고, 원칙을 지키는 사람들을 얻게 해 줄 것입니다—그런 사람들의 헌신만이 얻을 가치가 있습니다. 건축 현장에서 우두머리에게 느끼는 존경에 근거한 헌신은 불가결한 것으로 여겨져야 하기 때문입니다. 물질적 이득을 충족시켜 주는 것도 보수를 많이 주는 것도 이런 종류의 지지를 대신할 수 없으며, 후자야말로 사업이 성공하는 데 필수적인 조건입니다. 우리가 단순히 물질적 이득을 통해 보장받을 수 있다고 생각하는 충성은 이런 이익 자체와 마찬가지로 일시적인 것입니다. 수익이나 임금을 챙긴 사람은 돈과 더불어 자신이 보였던 충성도 지갑 속에 집어넣습니다. 그것은 곧 다른 이에게 건네질 준비가 되어 있죠. 그러나 공정하고 단호하며 자애로운 인물—이루어진 일을 평가하고 인정할 줄 아는, 임무를 수행하는 데서 자신을 도운 이들을 뒷받침해 주는 방법을 아는 사람—에 대한 충성, 이런 종류의 충성은 영구적으로 의지할 수 있는 것입니다. 설령 그것을 제공하고 유지할 수 있는 사람은 소수에 불과하다 해도 우리는 적어도 그들의 충성이 결코 우리를 배신하지 않으리라는 것을 확신할 수 있습니다. 건축 현장에서의 바람직한 규율은 우두머리에 대한, 그리고 그의 능력과 인성에 대한 존경에 근거해서만 수립될 수 있습니다. 반대로 규율이 없으면 최악의 경우가 아니라도 불완전한 시공과 불필요한 지출이 초래되게 됩니다. 그리고 그것은 끝없는 골칫거리들을 발생시킵니다. 하지만 우리의 행정 위원회는 이런 상황들에 대해 진지하게 고려할까요?

우리는 모두 명료한 지시를 내리는 법이 없는 건축가들을 관찰해 왔습니다. 그들은 끊임없이 동요하며, 모든 사람에게, 모든 것에 대하여 화를 냅니다. 아랫사람들에게 무례하고, 단 한번도 정확한 지시를 내리지 않은 채로 시공의 세부를 계속해서 다시 시작하게 만듭니다. 그들은 호통을 치고 종종 이유도 없이 고압적으로 화를 냄으로써 존경심을 얻게 될 것이라고 생각합니다. 그들은 도표를 검토하고 수정할 능력이 없으며, 스스로 그 유효성을 논쟁할 수 없기 때문에 비판을 싫어합니다―그러면서 자신들의 임의적 의지에 따라 모든 것을 결정하려고 하죠. … 그러나 이 사람들을 보십시오. 그들은 자신이 이런 터무니없는 태도로 부하들의 존경과 두려움을 이끌어 냈다고 착각하지만, 부하들은 할 수 있는 한 자주 그들을 속이고 있습니다―게다가 그를 속이는 것은 그리 어렵지 않으니까요. 바로 이 사람들이 행정 위원회의 감독 앞에서는 어떤지 보십시오. 그들은 장갑처럼 온순하고, 정중하며, 비굴한 존경심을 잔뜩 내보입니다. 모든 것을 약속하고, 위원회가 그들이 긍정했으면 하는 모든 것에 대해 긍정하며, 부정하기를 바라는 모든 것에 대해 아니라고 말합니다. … 그리고 그렇게 해서 그들은 지지를 받고 온갖 종류의 이익을 챙깁니다. 이런 선호되는 부류의 건축가 중에 다른 유형에 주목할 수도 있겠지요. … 그러나 더 이야기해야 할까요? 그것보다는, 결론적으로 한 사람의 건축가를 만들기 위해서 우리는 우선 옛날 말로 '정직한 사람'을 얻어야 한다는 점을 지적하는 것이 목적에 부합할 것입니다. 그리고 9할의 확률로, 그런 인물이야말로 참된 재능과 지식과 경험을 갖추고 있다고 말해도 좋을 것입니다.

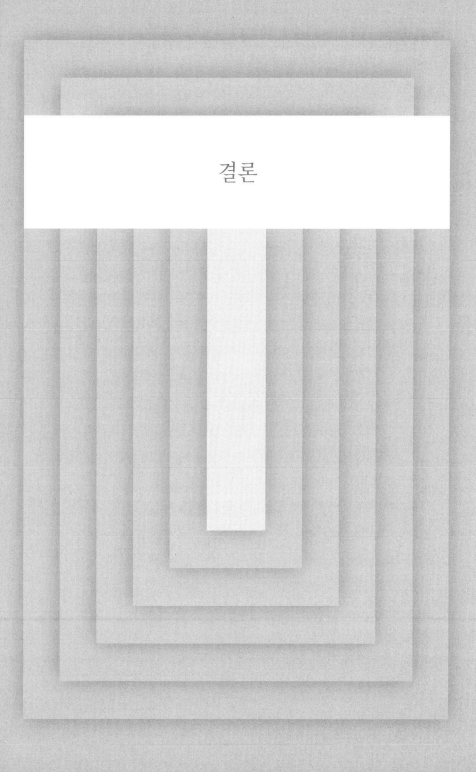

결론

이 저작으로 건축의 이론과 실제에 관한 완전한 과정을 제공하겠다는—이 직업에 입문하는 건축가들과 일반 대중에게 건축 예술에 종사하는 이들이 필요로 하는 지식의 개론을 제시하겠다는 허세는 부리지 않겠습니다. 시차를 두고 쓰인 이 강의들은, 다만 건축 연구가 취해야 할 방향을 제시하는 것을 목적으로 하는 일종의 지표들일 뿐입니다. 이 문제가 언젠가 진지하게 논의되어야 한다는 전제하에서 말이죠.

여러 가지 환경으로 인해 첫 번째 강의가 발표된 시점으로부터 마지막 강의까지 12년 이상의 시간이 흘렀습니다. 그러나 제가 그 명분을 수호하고자 노력해 왔고 앞으로도 늘 하게 될 것이라고 믿는 건축 예술과 무관한 감정들은 결코 제 사유에 영향을 준 적이 없습니다.

완벽한 독립의 정신에서 시작된 이 저작은 같은 기분으로 마무리되었고, 예술은 과학이 때때로 우리 문명에 제공하는 새로운 조건들에 대한 부단한 연구와 자유를 결합시킬 때 비로소 우월한 수준에서 발전하고 유지될 수 있다는 가장 깊은 신념을 수반했습니다.

언급한 12년 사이에 건축 연구를 보다 진지하고 자유로운 방향으로 복원하려는 다소 불충분한 시도들이 있었습니다. 그리고 고통스러운 사건들이 우리의 조국을 가장 엄혹한 시험에 들게 했습니다. 자국의 이익은 차치하고서라도 문명의 이익을 위해서 프랑스를 유럽에서 차지하고 있던 위치로 되돌려 놓기 위해서 최고의 노력이 필요하다고 모두가 확신하고 있습니다. 지금까지 우리는, 극도로 중요한 것임을 모두가 인정한 연구들이 이론적인 면에 버금가게 실용적인 것이 되어 가는 움직임이 바람직한지의 여부에 대해 말할 수 없었습니다. 또 사실 나라가 처해 있던 끔찍한 충격으로부터 겨우 1년이 지난 지금 우리는, 조국이 벌써 냉정과 한결같은 태도를 회복할 것을 기대하기 어렵습니다. 그러나 원칙을 지키는 사람들은 날마다 조금씩 진보하려고 노력하고, 물질적 질서와 지적 질서를 복원하려고 노력하는 법입니다. 우리의 교육 체계에서 수많은 결함을 발견하는 것은 의미 있는 일이지만, 그것으로 만족스러운 체계를 성취하게 되는 것은 아닙니다. 그리고 갖고자 하는 것을 실제로 갖기 위해서는 크게 한 걸음을 떼어야만 합니다. 우리는 지체 없이 이 한 걸음을 떼지 않으면 안 됩니다. 이것이 실제로 무엇을 의미하는지는 잘 알려져 있습니다.

기질상 우리 프랑스 인들은 한 극단에서 반대편 극단으로 순식간에 이동해 버립니다. 그렇듯 우리가 지난 체제하에서 모든 것이 프랑스의 지적 영역 안에서 가장 훌륭하다고 생각하는 경향이 있었다면, 지금은 우리의 장점, 지식, 사회적 조건을 과도하게 폄하하는 경향에 빠져 있습니다. 하지만 그저 우리 자신으로 존재하려고 노력해 봅시다. 우리가 해 온 노력을 과장하면서 너무도 쉽게 상심하는 마음들을 좌절시키지 맙시다. 이전에 우리가 스스로를 지나치게 과대평가했던 것에는 의심의 여지가 없습니다. 그러나 우리 조국의 미래가 그 반대 극단으로 지나치게 치우칠 위험도 매우 큽니다. 우리의 불행들은 우리의 지적이고 도덕적인 장점들을 빼앗아 가지 않았습니다. 다만 그 불행들로 인해 우리는 유럽의 모든 나라 가운데 우리 나라만이 인정하지 않으려고 했던 결점들을 스스로 깨닫게 된 것뿐입니다.

셉티미우스 세베루스가 죽어 가면서 마지막으로 남긴, "자, 일을 계속하자"(Laboremus)는 말을 모두가 합니다. 이것은 고결한 말입니다. 이 말을 행동으로 옮기도록 합시다.

하지만 두 가지 작업 방법이 있습니다. 하나는 체계적 작업으로, 지속성, 검토, 관찰을 전제합니다. 하지만 산만하고 충동적이고 비생산적인 순서로 이루어지는 작업도 있습니다. 이를 가장 잘 비유할 수 있는 것은 다람쥐 쳇바퀴 도는 모습일 것입니다. 조국이 처해 있는 소요로 인해 더욱, 그러한 침체로부터 유일하게 나라를 구해 내고 보다 나은 미래를 약속할 수 있는 종류의 노동을 구별해 내지 못하게 됩니다.

프랑스가 막 체험한 끔찍한 충격이 경고로서의 역할을 하지 못한다면, 이 나라가―정부 형태가 무엇이 되었든―스스로 지금까지와 같은 방식으로 계속해서 살아 나갈 수 있으리라고 믿는다면, 유럽의 국가 중에서 이 나라의 역할은 이미 끝난 것입니다.

많은 사람들이 우리가 잃어버린 번영과 작아진 영광을 아쉬워하면서, 우리 나라의 간판을 '제국'에서 '군주국'으로 바꿔 달기만 하면 그 번영을 복원하고 유구한 우리의 평판을 회복하게 될 것이라는 허황된 망상에 빠져 있습니다. … 동탄할 만한 착각입니다! … 그런 푯밀로는 우리가 목격해 온 것을 은폐하거나, 교활하고 선견지명이 있는 정책이 프랑스의 지성과 영향력에 맞서 오랫동안 각성시켜 온 수백만의 적들로부터 우리를 구해 낼 수 없습니다.

우리에게 남아 있는 유일한 구제책—어떤 이들이 그토록 쉽게 생각하는 앙갚음을 할 수 있는 유일한 방법은 차분하고 끈기 있는, 한결같은 정연한 노력으로 정치, 산업, 상업, 농업, 금융, 전쟁, 과학, 예술, 문학 등 모든 부문에서의 개인적 노력을 통해 조직됩니다.

우리는 우리의 교육 수단이 불충분하다는 확신에 승복해야만 합니다. 그로 인해 우리는 저 시기심 많은 이웃들에게, 그들의 느리지만 교활한 지성으로 추월당했으니까요. 예전에 우리는 단순하게도 그들을 그저 경쟁자들로만 생각했습니다.

우리의 애국심은 쇠약해져 있습니다—그 불꽃이 꺼지지 않기를 희망합니다. 교육만이 그것을 다시 한 번 되살릴 수 있습니다. 라인 강 건너편의 우리 이웃들도 세기 초의 전쟁 이후에 그랬습니다. 사람들 사이에서 지식의 확산을 역사나 우리 시대의 환경을 날조함으로써 그 이웃들에 대한 반감을 부추기는 수단으로 이용하는 것이 칭찬받을 일이라고 생각한다는 것이 아닙니다. 그런 과정은 언젠가 그것을 도입한 사람에게 해를 끼치게 됩니다. 나아가 저는 그런 방식이 천성적으로 예리한 안목을 가진 민족에게서 일시적으로라도 성공을 거둘 수 있으리라고 생각하지 않습니다. 오히려 저는 모든 것에서 정직함이 최상의 정책이라고 믿습니다. 정직하기 위해서 얼간이나 무지한 자가 될 필요는 없다는 점을 생각할 때, 일상적인 사건들에서뿐 아니라 정치력에서도 그렇습니다. 가장 포괄적인 의미에서 자유주의적인 교육이 오늘날 우리를 분열시키고 있는 너무도 많은 편견을 제거할 것입니다. 그리고 제가 여기서 말하고자 하는 것에는 기초적인 교육뿐 아니라, 우리에게서 편협하고 배타적인 것으로 존재해 왔던, 그리고 사람들의 시야를 전방위로 넓히기보다는 지성을 한정하려는 경향이 있는 고등교육도 포함됩니다. 예컨대 건축에서 에콜 데 보자르는 한정된 공식들만을 표현하며, 신념조차 갖지 않게 되었습니다. 이 학교가 학생들에게 미친 영향은 단지 그것이 제공하는 상(賞)들과 그들이 그런 상의 결과로 기대하게끔 제시한 지위들에서 비롯합니다. 개성을 발전시키는 것을 추구하기는 커녕 가능한 한 그것을 억압하고, 독창성에 대해 공공연히 전쟁을 선포합니다. 독립성과 탐구 정신은 두려움의 대상입니다.

아카데미 데 보자르는 마치 로마 교회처럼 무류성을 자칭하며, 그것을 인정하기를 거부하는 사람들을 파문합니다. 그리고―문제를 심각하게 만드는 지점입니다만―허약한 만큼 무관심하기도 한 정부는 앞장서서 이 기관의 칙령을 수행하는 역할을 맡습니다.

제가 보기에 이런 타성을 이겨 내고 미적 연구의 진정한 발전을 이끌어 내기 위한 수단은 딱 한 가지뿐입니다. 국가가 예술의 문제들에 관여하는 것을 중단하고, 결과에 대해 보상하는 방식으로, 자리나 승진에 대한 희망을 심어 주는 계획을 배제하는 식으로 그 후원을 한정하는 것입니다.

예술가들은 스스로를 통치할 수 없으며, 따라서 교육의 수단을 마련할 수 없다는 반론이 제기되겠지요. 확실히 그들은 그런 것을 할 수 없습니다만, 이는 지난 3세기 동안 다른 이들이 그들을 지배할 권리를 가지고 있다는 추정이 있어 왔기 때문입니다. 그러나 우리는 이런 체제를 버리려고 애써야 할까요? 현재 상태에서, 그리고 그 오랜 보호 감독의 결과로 모든 예술가들은 자신의 동료 예술가들의 이해(利害)를 그 자신의 매체를 통해 바라봅니다. 예술 자체의 이해 혹은 그와 관련된 것의 이해, 그리고 그 발전과 영광을 저마다 예술가로서 자신의 개성과 묶어서 보는 것입니다. 개인적인 것이든 파벌의 것이든 이런 새로운 이해들을 중재하는 일을 맡기를 그만두십시오. 주문, 위원회, 협회로부터 어떤 이득을 얻겠다는 헛된 희망을 간직하지 마십시오. 오직 범재들만을 보호하는 보호 체계를 버리십시오.

첫 번째 소요가 지나갔을 때, 그런 폭력적인 충격으로 황폐해진 우리 동포들이 조금 진정되었을 때, 우리는 그 수준을 회복할 것입니다. 명예롭고 고상한 지식인들은—본성상 당파적 관심사들과 아틀리에의 지루한 상투어들에 거리를 두는—그 중립적 입장을 버릴 것을 강요받고, 보호를 통해 연장되기만 한 혼돈으로부터 예술에서 진실하고 중요한 것을 구분해 내게 될 것입니다.

자신들이 어떤 유파에 속해 있든 개인적 관심사를 제쳐 두고 진정 값진 예술가들은 폭넓고 자유로운 관념들의 편에 섭니다.

그들 중 자신의 예술을 사랑하는 이들은 그 예술의 이익을 위해 부차적인 문제들을 기꺼이 희생할 것입니다.

사실 제가, 지위가 보장되고 자기 보존 본능을 통해 비상하는 재능이 올라갈 수 있는 사다리를 좀처럼 잡지 않는 경향이 있는 그 고상한 명사(名士)들 사이에서 그런 전환이 많이 일어날 것이라는 편리한 생각을 하는 것은 아닙니다. 저는 결코 '8월 4일의 밤들'을* 크게 신용한 적이 없습니다. 그러나 우리의 청년들은 패기를 떨어뜨리는 상의 유혹, 그것을 획득하면 보상을 얻으리라고 믿게 되는 상의 유혹이 사라진다면 활력을 얻게 될 것입니다. 그들이 오로지 꾸준한 연구와 노동만이, 너무나 자주 예술과 아무런 상관없는 방법들로 획득되는 그런 안방에서의 승리로 얻을 수 없는 탁월함을 확보하게 해 줄 것이라고 확신할 때 말이죠. "예술가들이 알아서 가

---

* 1789년 8월 4일은 제정 의회에 노아유 자작, 샤틀레 공작 및 다른 귀족들이 특권들의 폐지를 제안한 때이다.

는 대로 내버려두지 말라"고 그 고귀한 명망가들은 말합니다. 그들은 솔직히 예술에는 국가의 후견이 없어서는 안 된다고 확신하고 있습니다. "그들은 예술의 이익을 지휘할 수 없다. 그것은 프랑스 유파의 몰락이 될 것이다!" 그러나 우리가 오늘날의 예술이, 예컨대 **보자르의 지휘**가 철폐되면 무너져 버릴 것이라고 가정할 수 있다면 우리는 그 예술이 매우 노쇠한 존재라고 가정해야 하는 것이 분명합니다. 뭐라고! 프랑스에서 예술이? 19세기에?―그 생명력이 모든 곳에서 나타나고, 우리의 산업에서, 우리의 습관과 관습에서, 우리의 주거에서, 우리의 의복에서 그것을 보게 되는 그 예술―우리 도시 주거자들의 이른바 무의식적 요구가 된 그 예술―이 일개 사무소에 의존할 수 있다고? 보자르를 철폐해 보라 … 그러면 프랑스에서 예술은 더 이상 존재하지 않고 우리는 갑자기 야만주의에 빠지게 될 것이다![라고 그런 명망가들은 생각할 것입니다.]

그렇지 않습니다. 이런 것은 인과의 실제 순서가 아니며, 지금은 우리가 그런 문제들을 보다 고급한 원천에 의거하여 바라볼 때입니다. 예술은 우리 자신의 것입니다. 그것은 우리 자신에게 의존할 뿐 고급 관료나 행정위원회의 수중에 있지 않습니다. 반대로 저는 예술가들이 그들 자신의 이해를 살펴볼 책임이 있다면―그들이 그들 자신의 문제에 몰두하지 않으면 안 되게 된다면, 또한 그들이 집단적 의무의 감정을 갖게 된다면 예술이 그 혜택을 받게 될 것이라고 생각하곤 합니다. 어느 시대나, 자신의 시야를 넘어서서 확장되는 모든 영역에 절벽이 있다고 주장하는 근시안적 인물들이 있어 왔습니다. 자유와 개인의 진취성의 실행은 어떤 인간적 신중함도 예상할 수 없는 결과들을 수반합니다.

예술 교육 일반, 그리고 특별히 건축 교육에 관한 국가의 역할은 연구들을 장려할 수 있도록 마련된 미술관과 화랑들을 열고, 도서관을 만드는 것입니다. 또한 수준 높은 강의들을 제공하고 모든 가능한 수단을 이용해 교육의 편의를 제공하는 것입니다.

국가의 장려는 제출된 제작물 가운데 최상의 것을 선별하고, 그에 대해 제대로 비용을 지불하며, 그것들을 배워야 할 견본으로서 보여 주는 것으로 한정되어야 합니다. 그리고 세워지게 될 공공건물들의 설계를 경쟁에 붙이고, 경쟁자들이 자신들의 능력을 실제로 증명하게끔 만들며, 그것을 위에서 지적한 것처럼 가능한 한 편파적이지 않은 심사 위원에게 제출하도록 하는 것입니다.

이런 예외들 이외에는 유능한 사람들을 육성하는 일은 민간의 주도에 맡기도록 합시다. 그리고 이들을 시험의 결과에 따라 선별하고, 어떤 파벌이 선호하는 이들, 혹은 위원회실의 대기실에서 지루한 시간을 보낸 이들을 선택하지 않도록 합시다.

무엇보다 국가가 고급 예술과 저급 예술을 차별하려고 하지 않게 합시다. 그것은 국가가 신경 쓸 일이 아닙니다. 이에 대해 결정할 수 없는 것은 마치 시민들이 얼마나 깊은 신앙을 가졌는지, 혹은 그들이 과연 신앙을 갖고 있기는 한지에 대해 국가가 결정할 수 없는 것이나 마찬가지입니다. 국가가 공무원을 필요로 하면 정직하고 유능한 사람을 찾습니다, 혹은 찾아야 합니다. 그 사람이 종교적 의무를 수행해 왔는지를 물어볼 필요는 없겠죠. 마찬가지로 건축가가 필요하다고 해서 고용해도 되겠다고 여겨질 때까지 국가가 책임지고 그를 가르치고, 지도하고, 부양해야 하는 것은 아닙니다. 이 모든 것에도 불구하고 그 예술가가 무능한 사람이라면, 국가가 그 무능력함에 대해 비난해야 하는 대상은 그를 그런 방식으로 길러 낸 국가 자신뿐이기 때문이죠.

국가의 의무는 유능한 사람들을 골라내는 데 있습니다. 그들을 훈련시키는 것은 국가의 몫이 아닙니다. 국가가 이런 야망에 빠지면 특권적 지식 계급―공인된 인재들의 단체―을 구축하고 최고의 지성들의 역할을 포기 하는 결과를 초래하게 됩니다. 그것은 과학의 경우와 마찬가지로 예술에 서도 일련의 긴 개인적 노력들에 의해서, 그리고 미지의 길들을 개척함으 로써 발전되는 것입니다.

최고 수준의 지성은 오직 자유에 의해서만 태어나고 성숙합니다. 그들 의 위치를 보장하기 위해서 그들은 조직도 지도도 필요하지 않습니다. 조 직하고 지도하는 것은 그들 자신이기 때문입니다.

그들의 발전을 방해하지 않는 것―그들에게 교육에 필요한 모든 요소 를 제공하면서 그들이 가장 잘 흡수할 수 있는 것을 선택하도록 내버려 두 는 것―이 국가의 임무입니다. 이보다 더 나아가는 것은 범용함이 판을 치 도록 보장하는 결과만 낳습니다. 역사를 통해서 우리는 다른 예술 분야들 과 마찬가지로 건축의 발전에 유리한 조건이 무엇인지 알게 됩니다. 그러 나 역사는 어느 시기에도 국가의 개입이나 공식적 통제 덕분에 예술이 발 전한 사례를 보여 주지 않습니다. 반대로 예술은 그것을 일구었던 이들의 절대적 자유의 결과로서만 고결한 위치에 도달했다는 것을 가르쳐 줍니 다. 나아가 예술, 특히 건축이 과학적 발전의 시기들에 전성기를 맞이했었 다는 것을 보여 줍니다. 건축과 과학은 자매입니다. 이 둘은 함께 변화를 겪고 진보하며, 과학이 영광스러운 단계를 거쳐 가는 때에 건축 또한 최고 로 찬란한 순간에 도달합니다. 그러나 우리는 과학과 예술을 구별해야 합 니다. 과학은 빛을 잃지 않습니다. 관찰과 분석, 논리적 추론을 통해 그것 이 획득한 것은 영원한 것이며, 말하자면 썩지 않습니다. 과학에 가장 가 까운 예술, 즉 건축은 이야기가 다릅니다. 건축의 원리들은 다른 어떤 예 술보다 과학에 근거하고 있지만, 이 지지 기반의 가치를 전적으로 깨닫지 못하는 정도까지 그것을 무시하고, 결국 몰락하게 될 수 있습니다. 그것이 다시 회복할 수 있는 유일한 방법은 과학이라는 생명의 샘에 몸을 담그는 것입니다. 이 지적의 정당성은 실례를 통해 입증됩니다. 그리스 시대 이전으로까지 거슬러 올라갈 것 없이, 도리스 건축의 유일무이하게 고귀한 견본인 파르테논 신전이 매우 섬세하게 적용된 산술 법칙에 따라 지어졌다는 것을 우리는 압니다.* 파르테논의 건축가와 대화를 해 볼 수 있는 특권을 누려 본 적은 없지만, 저는 건축가가 과학적 법칙들을 모르고도 해 나갈 수 있다는 주장을 들려주면 그가 매우 놀랄 것임을 확신합니다. 그러면 자신의 걸작인 파르테논의 평면도와 입면도를 간단히 보여 주는 것으로 답을 대신했을 것입니다. 모든 부분이 상호 대응하는 이 작품은 분명 단순한 상상으로 우연히 만들어 낸 것이 아닙니다. 또한 익티노스의 계승자들이 산술학과 기하학을 무시하지 않았음에도 그들이 세운 건물들은 익티노스의 것보다 열등하다는 것도 마찬가지로 확실합니다. 익티노스는 자신이 획득한 지식을 자신이 속한 예술에 완벽하게 적용하는 능력을 가지고 있었습니다. 그리고 그렇게 얻은 지식이 없었더라도 우리가 여전히 그토록 찬미하는, 전체의 완벽한 조화가 시각적으로 완벽하게 만족스러운 그 작품을 만들어 낼 수 있었으리라고는 주장할 수 없습니다.

반면 로마 미술은 당시에 획득된 지식을 건축에 정확하게 적용함으로써

---

* 이 문제에 대해서는 엔지니어인 오레(Auguste Aurès)와 슈아지(Auguste Choisy)의 저작들을 참고하십시오. 이들은 순수하게 기하학적인 수와 형태의 법칙에 따라 건축가 익티노스가 이 비할 데 없는 걸작을 세웠다고, 상당한 개연성을 가지고 주장했습니다. 이 연구와 발견들이 엔지니어들에 의해 이루어진 데 반해 아테네에서 몇 달씩 지내며 파르테논을 측정한 저 건축가 중 누구도 그것의 구축 법칙을 이해하는 것은 꿈도 꾸지 못한 채 그럭저럭 신뢰할 만한 그림들만 가지고 돌아왔다는 사실은 우리 직업에 대해 시사하는 바가 있습니다. 이것만 보아도 우리 건축가들이 받는 공식 교육이 얼마나 본질적인 결함을 가지고 있는지 알게 됩니다.

놀랄 만한 장엄함을 선보입니다. 문제의 지식은 실용적인 종류의 것으로, 그리스 인들이 탐닉하던 이론적 사변보다는 사실에 대한 관찰에서 기인합니다. 그러므로 순수한 로마식 건물들은 실용적 감각, 견고함과 응집력의 물리적 법칙들에 대한 주의 깊은 관찰을 드러냅니다. 로마의 건축이 가진 주요한 장점들은 그런 관찰의 엄밀함 덕분입니다. 그것이 자아내는 깊은 인상은 이 때문이며, 종종 매우 천박한 특성을 보이는, 특히 그리스의 작품과 비교할 때 그런 점이 두드러지는 어디선가 빌려 온 장식적 형태들 때문이 아닙니다. 그럴 때 로마의 건축에서 독립적인 건축을 보게 됩니다— 그것은 역시 실증적 과학의 발전에서 특정한 단계에 근거하고 있다는 점에서 예술의 이름을 얻어 마땅합니다. 획득된 지식은 후대의 황제들 치세에 조차 완전히 상실되지 않았습니다. 비록 서기 1세기에 건축을 장엄함의 정점에 오르도록 했던 그런 원리들은 무시되기에 이르렀지만 말이죠.

그러고는 서로마 제국의 소멸에 따른 기나긴 야만주의의 시대가 이어집니다. 12세기가 되어서야 우리는 건축이 다시 한 번 비상하고 로마 전통을 떠올리게 하는 최후의 변형된 특징들을 포기하려고 노력하는 것을 보게 됩니다. 12세기 중반으로 접어들면서 서방에서 일어난 건축의 부활은 당대 문학, 과학, 철학에서의 거대한 지적 운동과 정확히 동시적으로 발생합니다.

물리적이고 수학적인 과학에 주목하게 되는 것은 13세기 초입니다. 건축은 즉각 그러한 운동에 합류했고, 그때까지 유지하고 있던 전통적 형태들을 완전히 변형시킵니다.

마찬가지 현상을 16세기에도 관찰할 수 있습니다. 건축가들은 그 찬란한 시기의 과학적 진보를 이용해 이른바 고딕 시기의 노쇠한 형태들을 변형했습니다.

그러나 과학적 성취의 영광에서 우리 시대에 견줄 만한 시대는 없습니다. 우리의 건축가들은 선조들과 마찬가지로 이러한 미적 혁신의 원천을 열렬히 활용하고 있습니까? 아닙니다. 그들은 과학과 예술의 긴밀한 관계를 무시하고, 지난 두 세기의 수준 낮은 건축에서 다소간 영향받은 혼성적 스타일을 공공건물에 부여하는 편을 선호합니다. 자, 현실이 그러하므로—결론적으로 다시 한 번 말씀 드립니다만—그들이 그렇게 고집스럽게 그 빛을 거부하고 과학이 그들에게 기꺼이 줄 도움을 거절한다면 건축가의 역할은 더 이상 없을 것입니다. 반면 엔지니어의 역할이—진실로 건축에 헌신하는 사람들, 그리고 순수하게 과학적 지식에서 출발해 그 지식과 시대의 요구에서 이끌어 낸 예술을 구성하는 사람들의 활약이 시작되고 있습니다.

옮긴이 해제

실제로 우리 앞에는 낡고 좀먹은 세계가 있습니다.
우리가 손상을 수리해야 하는 한 지점에 손을 대자마자
복구된 부분을 둘러싸고 그것을 유지시키는 모든 것을
새로 교체할 필요가 생기는데,
그것은 이미 부패해서 고칠 수 없습니다.
—비올레르뒤크『건축 강의』, 20강

이 책은 외젠에마뉘엘 비올레르뒤크(Eugène-Emmanuel Viollet-le-Duc, 1814-1879)의 *Entretiens sur l'architecture* tombe 1·2(Paris: 1863-1872)의 영역본 *Lectures on Architecture* Vol. 1·2 (London: 1877, 1881)를 번역한 것이다. 건축가였던 저자는 특히 고딕 건축 복원가로 활발히 활동하는 한편 상당수의 저작을 남겼다. 『건축 강의』는 그가 남긴 많은 글 중에서도 대표작으로 꼽히며, 19세기 프랑스에서 일어났던 고딕 부활 운동의 주요 인물이던 저자의 사상을 가장 종합적으로 살펴볼 수 있는 사료이기도 하다. 이 글에서는 저자의 사상과 성향이 형성된 배경,『건축 강의』의 집필 경위와 수용 과정 등을 간략히 소개하고 책에 드러난 몇 가지 관점을 검토해 보겠다.

1. 성장 및 지적 배경

비올레르뒤크는 나폴레옹 1세가 실각한 1814년에 에마뉘엘 루이 니콜라 비올레르뒤크와 엘리자벳 외제니 들레클뤼즈 사이에서 태어났다. 아버지 에마뉘엘은 고위 관리였고, 서적 수집가이자 예술 애호가이기도 했다.[1] 어머니 엘리자벳은 건축가 장 밥티스트 들레클뤼즈의 딸로, 당대의 유명한 평론가이자 화가인 에티엔장(Etienne-Jean Delécluze, 1781-1863)과는 남매지간이 된다. 이들 일가는 모두 센 강변에 자리하고 있던 장 밥티스트의 5층짜리 자택에서 살았다. 외조부의 집에서는 매주 금요일 저녁에 모친의 주최로 살롱이 열렸으며, 일요일 오후에는 외삼촌이 여는 모임이 있었다. 이 집에 일상적으로 출입하던 문화·예술계의 명망가 가운데는 저자가 평생에 걸쳐 교우하게 되는 소설가 겸 역사가 프로스페르 메리메(Prospere Mérimée, 1803-1870)도 있었다.[2]

비올레르뒤크라는 인물의 삶과 활동 전반을 통해 우리는 주류 부르주아 계급 구성원의 지위와 반권위주의적 합리주의자라고 하는 두 정체성 사이의 길항을 보게 되는데, 그의 성장 배경은 흡사 그러한 그의 인격의 총체적 측면을 단적으로 예고하는 것처럼 보인다. 말하자면 그는 사회적으로

---

1) 그는 자신의 장서 목록을 출판했을 정도의 수집가였다. Emmanuel Louis Nicolas Viollet-le-Duc, *Catalogue des livres composant la Bibliothèque poétique de M. Viollet-le-Duc* (Paris: 1843)

2) 이런 환경 속에서 비올레르뒤크는 스탕달과 생트뵈브, 폴루이 쿠리에, 비테 등의 문인들, 위베와 르클레르 등의 건축가들을 비롯해 문화 예술계의 명사들과 개인적 친분을 맺을 수 있었다. 본문에서 언급한 바와 같이 특히 메리메와의 만남은 저자의 경력 전반에 지대한 영향을 미치게 된다. 두 사람은 1840년부터 메리메가 사망한 1870년까지 지속적으로 서신을 교환했다. *La correspondance Mérimée — Viollet-le-Duc*(Paris: 2001), Franoise Berc(ed.) 참조.

나 경제적으로나 혜택받은, 심지어 교양 있는 집안에 태어나 누릴 수 있는 모든 혜택을 누렸으나[3] 아이러니하게도 그 속에서 그가 받은 교육은 권위주의에 대한 저항과 기득권의 타파를 지향하는 것이었다. 그 이면에 있는 인물이 외삼촌 들레클뤼즈였다. 들레클뤼즈는 '낭만적 기질의 공화주의자'였다. 외젠과 그의 동생 아돌프의 교육을 도맡게 된 그는 조카들을 공화주의와 반교권을 기치로 내건 기숙 학교에 입학시켰을 뿐 아니라 이들을 감독하기 위해 학교 근처로 이사하는 수고조차 아끼지 않았다고 한다. 이 책의 여러 곳에서도 살펴볼 수 있는바 부패한 기득권 세력으로서의 보자르 집단에 대한 저자의 비판과 저항 정신은 이 시기의 교육을 통해 길러지기 시작했을 것이다. 나아가 이런 태도는 그가 진로를 결정하는 시점에서 중대한 결단을 내리게 만든다.

비올레르뒤크는 16세에 콜레주 드 부르봉에서 대학 입학 자격을 획득했지만 에콜 데 보자르 진학을 포기하기로 마음먹는다. 이 학교의 교육을 신뢰할 수 없다는 것이 이유였다. 이후 아카데미와 에콜 개혁을 주장하게 되는 그가 이 기관들의 퇴행적인 체계와 교육 내용에 대해 이미 근본적 회의를 품고 있었음을 알 수 있는 일화이다. 물론 그에게 상급 학교로 굳이 진학하지 않고도 성공할 수 있을 만한 배경과 인맥이 있었던 것도 사실이다. 그는 개인적으로 르클레르(Achille-François-René Leclère, 1785~1853), 위베(Jacques-Marie Huvé, 1783~1852) 등의 아틀리에에서 수학했다. 또한 1831년에서 1836년 사이에는 프랑스 각지와 이탈리아를 자비로 여행하며 고대

---

3) 비올레르뒤크가 성장한 환경을 두고 M.F. 헤른은 "위대한 부르주아의 세기에 궁극의 부르주아 도시에서 부르주아 가문에 태어나는 행운"이라고 표현하며 "그가 종사했던 일에 그보다 좋은 환경은 없었다"고 평한다. Viollet-le-Duc, *the architectural theory of Viollet-le-Duc: readings and commentary*(Massachusetts: 1990), M.F. Hearn(edt.), pp. 2~3.

와 중세의 기념비적 건축물들을 소묘하고 연구하기도 했다.

1838년에 비올레르뒤크는 옛 스승인 르클레르가 정회원으로 있던 공공 건축 위원회의 회계 감사관에 임명되었으며, 1840년에는 당시 사적(史蹟) 감독관의 직에 있던 메리메가 베즐레의 마들렌 교회 복원을 그에게 맡겼다. 나아가 메리메는 1842년에 장밥티스트앙투안 라쉬(Jean-Baptiste-Antoine Lassus, 1807-1857)가 감독하던 생샤펠 복원의 제2감독관으로 그를 기용했고, 1844년에는 파리 노트르담 대성당 복원에도 이 두 사람을 파트너로서 투입했다.[4] 비올레르뒤크는 그 후로 1846년에 생드니 수도원 교회, 1852~1865년에 아미앵 대성당, 1861~1873년에 랭스 대성당을 비롯해 대표적인 고딕 성당들의 복원 작업을 차례로 맡게 된다.

그런데 이 책의 곳곳에서 밝히고 있는 바와 같이, 비올레르뒤크에게 위대한 과거의 건축이 갖는 의미란 그 외관이나 형식 자체에 있는 것이 아니라 그것이 지어진 지역의 구체적 조건과 시대적 한계 속에 실현된 건축적 원리에 있었다. 그런 소신을 복원의 영역에서도 고수했던 탓으로 그가 맡았던 재건 사업의 결과물들은 '과도한 복원'이라는 비판을 피해 갈 수 없었다. 다만 그럼에도 그가 아니었다면 그나마 프랑스의 고딕 건축이 보전되지 못했을 것이라는 점과, 당시의 문화계와 학계의 복합적인 여건을 고려하여 평가해야 한다는 점을 들어 그를 변호하는 논리도 있다.[5]

19세기 전반에 프랑스에서는 빅토르 위고의 소설 『파리의 노트르담』

---

4) 라쉬는 비올레르뒤크를 합리주의와 고딕 건축으로 '개종'시킨 장본인으로 알려져 있으며, 이 두 사람은 프랑스 건축계에서 고딕 부활을 주도했던 인물들로 남게 된다.

5) 1980년대를 전후하여 이루어진 몇 가지 주요한 회고전 등을 계기로 그에 대한 재평가가 이루어지면서 종전의 비판 일변도에서 최대한 그의 복원 작업의 의미를 읽어 내려는 시각들이 나타났다.

(1813)을 기폭제로 고딕 부활 운동이 확대되고 있었다. 여기에 동조한 인사들은 당시 예술계의 기득권을 틀어쥐고 있던 아카데미 데 보자르의 맹목적 '고전주의'를 날카롭게 비판했으며, 이를 도전으로 받아들인 후자 진영과 격렬하게 대립했다.[6] 비올레르뒤크는 이 전장에서 물러서지 않고 집요하게 개혁에 대한 자신의 입장을 피력한 사람 중 하나였다. 1863년, 정부는 이런 입장을 받아들여 그를 에콜 데 보자르 교수로 임명하고 개혁의 주도권을 맡겼다. 그러나 에콜과 아카데미 개혁을 통한 프랑스 건축계의 혁신이라는 그의 대의는 이번에는 학생들의 저항에 부딪히게 된다. 그들은 강의 중에 야유를 보내며 수업을 방해했고, 1864년 3월에 그는 교수직을 사임하고 만다.

공적인 영역에서 비올레르뒤크의 경력은 대체로 루이 나폴레옹의 정치적 운명과 부침을 같이했다. 그는 지속적으로 공공사업에 관여하고 있었고, 메리메에게 이끌려 사실상 제2제정의 조신(朝臣) 역할을 했다. 프러시아-프랑스 전쟁 당시 56세의 나이에 장교로 동원되었던 그에게, 나폴레옹 3세의 실각 이후 들어선 코뮌은 사형을 선고한다. 그는 지방으로 도피했고, 코뮌 정부가 단명한 탓에 실제로 사형에 처해지지는 않았지만 이 전쟁

---

6) 당시에 아카데미의 대변인 격이던 로셰트(Desiré-Raoul Rochette, 1790-1854)는 특히 비올레르뒤크와 라쉬를 겨냥해, 이 책의 9장에도 잠시 인용되는 『18세기에 고딕 스타일로 교회를 짓는 것이 적절한 것인가 하는 물음에 대한 고찰』(*Considerations sur la question de savoir s'il est convenable, au XIXe siecle, de batir des eglises en style gothique*)을 발표했다. 이 문제를 둘러싼 당시 프랑스 지식인 사회의 분위기와 특히 비올레르뒤크와 로셰트 사이의 논쟁에 대해서는 Odile Boucher-Rivalain, "Attitude to Gothic in French Architectural Writings of the 1840's", *Architectural History*, vol. 41(1998), pp. 145-152; H. Van Brunt, Geert Bekaert, ect., *A la recherche de Viollet-le-Duc*(Bruxelles: 1980); Henri Francis Mallgrave, *Modern Archtectural Theory: historical survey, 1673-1968*(New York: 2005), pp. 123-129 참조.

에 이르게 된 과정과 결과는 그에게 정신적 상흔을 남겼다. 이 시기에 그가 보고 있던 조국의 현실, 민족 문화의 위기에 대해 가졌던 불안과 경각심 등은 『건축 강의』 2권의 후반부에서도 지속적으로 표출되는 것을 볼 수 있다.

2. 『건축 강의』의 출판 및 소개

비올레르뒤크는 1854년부터 1868년 사이에 무려 열 권으로 이루어진 『11~16세기 프랑스 건축 이론 사전』(*Dictionnaire raisonné de l'architecture frnaçaise de XIe au XVIe siècle*) (1854-1868)(이하 『사전』)을 펴낸다. 이 방대한 저술을 통해 그는 고딕 건축의 일반적 개념들과 세부적 개념들을 특유의 '합리주의적' 관점에서 정리하고 있다. 『건축 강의』가 서양 건축의 위대한 과거와 프랑스 건축의 미래에 대한 거시적 논의를 의도한 것이었다면 『사전』은 광범위한 논의의 포석으로서 개념 정의와 정리 및 분류 작업의 성격을 가진다. 실제로 『건축 강의』 전반에 걸쳐 『사전』의 여러 항목을 참조하도록 지시되고 있으며, 적어도 전자의 경우 후자의 보완적 역할을 충분히 고려하고 활용하여 기술되고 있음은 책 자체를 통해 잘 드러난다.

『건축 강의』는 무엇보다 아카데미와 에콜 개혁에 대한 저자의 신념을 강력하게 담아 쓴 책이다. 처음에 그는 실제 강연을 염두에 두고 1857년에 보나파르트가(街)의 에콜 데 보자르 바로 옆 건물에 아틀리에를 열었다. 그러나 이 책의 서문에서 토로하는 바와 같이, 그의 비판적 성향을 경계한 반대파의 훼방으로 강연은 중단되었고, 대신 1858년에 그 내용을 담은 네 편의 시론을 출간하게 된다. 이를 1860년부터 1863년 사이에 뒤이어 발표된 여섯 편의 글과 합쳐 묶어 낸 것이 『건축 강의』 1권이다. 그 후 1868년에 11강부터 14강이, 1870년까지 두 편이 더 쓰였고 이 글들은 한 편씩 순서대로 발표되었다. 마지막 네 편의 시론은 프로이센-프랑스 전쟁 종전 후 작성되어 1872년에 다시 총 10강으로 이루어진 『건축 강의』 2권이 출간되었다.

『건축 강의』의 1권은 1875년에 보스턴 출신의 건축가 헨리 반 브런트(Henry Van Brunt, 1836-1903)에 의해 미국에 먼저 소개되었다. 역시 건축가인 영국인 버크널의 두 번째 영역본은 2년 뒤인 1877년에 런던에서 1권이 출판되었다. 2권의 경우 반 브런트본은 1881년, 버크널본은 1882년에 각각 나왔다. 반 브런트의 번역본은 문장이 간명하여 좀 더 쉽게 읽히는 편이지만 간혹 길게 전개된 문단을 압축하여 간단히 정리하고 넘어간다든지 하는 경향이 있어 상대적으로 엄밀한 버크널의 번역이 후대에는 표준적으로 인용되는 듯하다. 무엇보다 버크널은 1876년에 로잔에서 만년을 보내고 있던 비올레르뒤크를 직접 만났으며, 역자 서문의 첫 문장을 자신이 저자의 '승인을 얻어' 이 책을 번역했다는 이야기로 시작하고 있다.

위에서 살펴본 것처럼 『사전』 열 권의 저술 기간은 14년이고, 『건축 강의』는 15년에 걸쳐 쓰였다. 그것은 친위 쿠데타로 집권한 루이 보나파르트의 제2제정 기간(1852-1870)에 거의 일치하며 저자의 활동의 전성기이기도 했다. 저술의 기간으로 보나, 그것이 다루고 있는 주제의 범위로 보나 이 두 저서는 저자의 삶과 경력을 총괄한 결과물이라 해도 좋겠다. 특히 『건축 강의』의 역사적 가치는—여러 가지가 있겠으나—민족주의적 사관과 산업화 시대의 혁신주의라는, 한 사람의 근대 부르주아 지식인의 양면을 입체적으로 보여 주는 사례라는 데서 찾을 수 있을 것이다. 그러면 다음으로 이 책에 담긴 몇 가지 관점을 살펴보도록 하겠다.

3. 민족주의자-혁신주의자: 근대 지식인의 그림자와 빛

앞서도 말했듯이 『건축 강의』는 두 권에 걸쳐 총 스무 번의 강의 형식으로 쓰인 시론들로 이루어져 있다. 1권은 대체로 비올레르뒤크식의 서양 건축사 읽기라 할 수 있고, 2권은 건축 실무와 당대 건축계의 현실에 대한 비판과 제언 등으로 이루어진다.

1권의 전체 논지를 매우 짧게 요약하면, 고대 건축은 완벽한 논리적 조형을 추구한 그리스와 철저한 실용성을 택한 로마로 구분 가능하고, 이 두 가지 특성을 절충하여 그리스 이후 다시 한 번 합리적 체계를 구현해 낸 것이 프랑스의 중세 건축이라는 주장이다. 그리고 여기에 지속적으로 등장하는 테제는 "구축(construction)[7]과 예술(art)의 일치"이다. 요컨대 건축에 쓰이는 어떤 예술적 모티프라도 구축적 필연에 따라 도입되어야 하며, 그러한 역할이 없으면서 단순한 장식으로 덧붙여지는 요소들은 모두 사족이고 과시일 뿐 미적으로는 천박하다고 보는 것이다. 이런 관점에서 그가 전범으로 삼는 것은 그리스의 신전 건축이고, 그에 비하면 외장과 구조가 완전히 별개로 노는 로마 건축은 미적으로 저급하다. 그러나 적어도 로마 건축은 이 두 가지를 분리하여 다루면서도 구축 자체의 견고함을 고수했으며, 실용성에서는 탁월했으므로 후대의 건축에서 나타나는 공학적으로도 미적으로도 부조리한 구축에 비해 월등한 것으로 평가된다.

고딕 양식을 재평가하고 되살리려는 움직임은 유럽에서 낭만주의 운동과 더불어 시작되었다. 독일에서는 슐레겔 형제가 대표적인 인물들이었고, 프랑스에서는 이미 언급한 빅토르 위고의 파급력이 매우 컸다. 위고는 고

---

7) 비올레르뒤크에게 construction의 의미에 대해서는 4강의 첫 번째 역주를 참조.

딕에 대하여 르네상스를 타락으로까지 보는 극단적인 견해를 선보였는데 이는 비올레르뒤크에게서도 일정하게 나타나는 시각이다. 다만 고딕 부활을 주장하던 예술가와 문인들 사이에서도 고딕을 어떻게 이해하고 접근할 것인가에 대해서는 두 가지 대표적인 견해가 다투고 있었다. 이것 또한 프랑스만이 아닌 유럽 각국에서 벌어지던 논쟁이지만, 요컨대 '시적이고 역사적이고 장식적인' 것으로서의 고딕과 '고고학적이고 진지하며 비종교적이고 합리주의적인 것'으로서의 고딕이라는 두 가지 입장이 존재했다.[8]

고딕 건축에 대한 시적이고 장식적인 접근이라는 것은 대개 고딕을 하나의 일관된 상징적 체계로 보고 고딕 성당을 기독교 정신의 물질적 구체화라고 여기는 태도와 관련 깊다.[9] 반대 진영을 대표하던 비올레르뒤크는 이와 상반되는 입장에서 '고딕은 상징주의나 기독교 윤리와 아무런 상관이 없다고 가정'했다.[10] 이를테면 7강에서 그는 고딕 건축은 어디까지나 세속 장인들의 성취였으며, 그들의 합리적 추론의 결과물이었다고 주장한다. 이런 태도는 앞서 언급한바 그가 반교권주의 철학에 의거하는 교육을 받은 사실과 무관하지 않을 것이다. 그는 결과적으로 1840년을 기점으로 이 논쟁에서 합리주의적 입장이 우세해지게 되는 데 공헌한 것으로 평가된다.

---

8) 물론 이러한 구분은 어디까지나 상대적인 것이다. 이를 제시한 푸카르 자신의 말처럼 이 기준을 영국과 독일, 프랑스에 대해 동일하게 적용할 수는 없으며, 비올레르뒤크 자신은 어느 정도 '분열된' 관점을 가지고 있었다. Bruno Foucart, "Viollet-le-Duc, cent ans après," *Viollet-le-Duc*(Paris: 1980) p. 9.

9) 당시에 이런 입장을 취하던 인물로 디드롱(Adolphe Napoléon Didron, 1806~1867)이 있었고, 훗날 디드롱을 계승하게 되는 에밀 말(Émile Mâle, 1862~1954) 역시 고딕 성당은 '신자들에게 읽히기 위한 그림으로 이루어진 백과전서'라고 주장하면서 위고며 비올레르뒤크의 '비종교적' 관점을 망상이라고 비난한다. Émile Mâle, *L'Art religieux de la Fin du Moyen Age en France*(Paris: 1908).

10) Spiro Kostof, *A History of Architecture: settings and Rituals*(1985: Oxford), p. 641

그런데 구체적인 해석에서 이런 차이로 논쟁을 벌였던 것과는 별개로, 특히 프랑스에서 고딕 부활 운동은 민족주의적 향수와 무관할 수 없는 흐름이었다. 다시 말해 고딕 양식의 역사적·건축적 가치를 칭송하고 이를 되살리고자 하는 움직임의 이면에는, 이것이 역사상 최초로 프랑스 민족을 중심으로 개화한 문화라는 사실에 대한 특별한 의미 부여가 자리한다. 거슬러 올라가 보면 이 문제는 상당한 역사적 배경을 가지고 있다. 잘 알려져 있듯 애초에 '고딕'이라는 명칭 자체가 중세를 고대 이후의 '암흑기'로 보았던 이탈리아 인 조르조 바사리(Giorgio Vasari, 1511-1574)에 의해 비하의 의미로 붙여진 것이다. 이탈리아에서 고딕 양식의 건축은 뒤늦게 나타났다가 주변국들에 비해 빨리 사라졌고, 일찌감치 르네상스로의 전환이 이루어졌다. 고딕의 중심지이자 이 양식의 존속 기간이 가장 길었던 프랑스와는 반대되는 양상인 것이다.

비올레르뒤크가 중세=암흑기라는 기존의 구도를 탈피하여 '프랑스적인 것'의 가치를 재평가하기를 원했음은 그의 글에서 분명하게 읽힌다. 그는—위고가 그랬던 것처럼—르네상스 건축의 절충주의보다 고딕의 '구축적 합리성'을 위로 놓은 것은 물론이고, 프랑스의 르네상스가 이탈리아의 그것에 대하여 갖는 독자성을 부각시키고자 했다. 8강에서 그는 16세기 프랑스의 성과 궁전 건축에서 나타나는 로마 건축의 영향을 부정하지 않으면서도 그것들이 "우리 시대에 속하는 개별적인 예술로서 전적으로 프랑스적인 것이고, 시대의 풍습과 취미와 완벽하게 조화를 이루"고 있다고 말하며, 또한 "고대의 형식을 갱신하고 혹은 차라리 지속하면서" 나름의 방식으로 소화했다고 주장한다.

여기까지는 민족주의적 사관을 가진 연구자, 혹은 특정한 주제에서 역사적으로 소외되어 온 변방의 연구자들이 흔히 보이는 반동적 태도에 가깝다고 할 수 있다. 그런데 비올레르뒤크는—그리고 동시대 유럽의 많은 지식인들이 각자의 입장에 따라—여기서 좀 더 나아간다. 중세의 프랑스 예술이 고대 그리스의 재능을 계승한다고 주장하는 것이다.

로마 인들을 전적으로 숭배했던 사람들이 그토록 평가 절하해 온 중세에 우리는 조형 예술과 시 양쪽에서 모두 그리스 인들의 그와 같은 아리안적 재능을 얼마간 일별하게 됨을 발견합니다(8강).

비올레르뒤크는 19세기의 유럽인 일반이 그렇듯 민족주의자였으며, 어느 대목에 이르러서는 자신의 인종주의적 관점조차 감추려고 하지 않는다.[11] 저자가 1권의 절반 이상에 걸쳐 공들여 전개한 고대 그리스와 로마 건축의 특징, 공통점과 차이, 장단점 등에 대한 설명은 결과적으로 프랑스 고딕의 탁월함을 조명하기 위한 포석으로서 이용되고 마는 것이다.

이렇게 1권의 '합리주의적 분석'은 상당 부분 건축사에 대한 자의적 해석으로 귀결된다. 다만 이러한 해석은 단순히 과거의 프랑스 건축에 대한 회고적 찬미를 위한 것은 아니다. 앞서도 언급했다시피 18세기 이후 프랑스의 건축계는 이른바 '고전주의'를 표방하는 아카데미와 에콜 데 보자르가 점령하고 있었다. 이들은 국가가 지원하는 최고 엘리트 학교와, 그 학교 출신 졸업생과 수상자들을 중심으로 형성된 아카데미라는 두 개의 단체를 통해 업계의 교육과 사업을 독점하고 있었다. 독점이 관행과 부패로

---

11) 문제의 8강에서 그는 티에리(Amédée Simon Dominique Thierry, 1797-1873)와 고비노(Gobineau, Arthur, Comte de, 1816-1882)의 인종주의를 직접 거론하며 백인종의 우월함, 특히 프랑스 민족의 뛰어난 자질을 하나의 기정 사실로서 기술하기에 이른다.

연결된다는 점도 나쁘지만 이들이 기치로 내걸었던, 그리고 맹종을 요구했던 '고전주의' 양식 자체가 실제 고전의 원리와는 무관한 절충주의적 환상에 지나지 않았다는 사실은 사태를 더욱 악화시키고 있었다.

요컨대 의미 불명의 '고전'에 대한 환상과 이탈리아 건축에 대한 열등감으로 뭉친 이 기득권의 논리를 깨고자 했던, 그리고 그 대안으로서 자국에서도 폄하되고 있던 프랑스 중세 건축을 재평가하고자 했던 것이 이른바 고딕 부활 운동의 동시대적 배경이었다. 1권에서 건축사 부분의 결론이 고딕 건축에 대한 최대한의 긍정적 평가로 내려지면서 당대의 아카데미 비판으로 이어지는 것은 이런 인과적 흐름을 형성한다. 그리고 이러한 문제 의식은 2권으로 연결되면서 보다 다각도에서 당대의 현실을 비판하는 거점이 된다. 특히 그는 국가의 지원을 받는 이 기관들이 배타적인 이익 집단으로 타락한 현실과, 진지한 성찰 없이 관성적으로 '고전주의'라는 간판을 고집하는 무능력을 질타하며 국가가 차제에 일체의 지원을 중단하는 것만이 뒤엉킨 부패의 고리를 끊는 길이라고 주장한다(14강). 비올레르뒤크가 제시하는 대안의 효용성 여부는 차치하고라도, 그가 자기 시대의 제도와 그 위에서 군림하는 위의 두 기관에 가하는 통렬한 지적은 어떤 보편적 공감을 불러일으킨다.

나아가 그는 당대 프랑스 건축계의 제도적·구조적 문제가 건축 현장에서의 산업적 도태, 즉 현대적 기기와 자재의 도입이 지체되는 양상으로 이어지고 있다고 진단한다. 또한 이 문제를 지속적으로 도외시한 결과로 건축가들의 역할이 점차 엔지니어들에게 넘어가고 있다는, 직업 자체의 위기를 지적하는 혜안도 보인다. 그러면서 저자는 철골이라는 새로운 재료의 사용을 구체적이고 적극적으로 제안하게 되는데, 이 부분이야말로 건축사적 관점에서 이 저서가 가장 높이 평가되는 지점이다.

비올레르뒤크는 구조의 안정성은 물론 경제적 이득 및 고갈되어 가는 석재의 대체재로서의 가치 등 가능한 모든 관점에서 철골의 장점을 부각시킨다. 당시의 주류 건축에서 철의 위상은 일종의 필요악으로 여겨지고 있어서, 건축가들이 마치 철조를 드러내는 것을 부끄럽게 여기는 듯하다고 지적될 정도로(12강) 외장 아래 감춰지곤 했다. 그러나 구축과 예술의 일치라는 미학적 신념에 따라 그는 이 새로운 재료를 그 재료의 속성에 부합하는 방식으로 적극적으로 도입해야 함을 주장한다. 즉 기존의 건축 방식과 양식은 그대로 유지하면서 단순히 목골 등에 부여되던 기능을 철골로 옮기는 것만으로는 이 재료를 제대로 사용하고 있다고 보기 어려울 뿐 아니라 재료를 통해 구현할 수 있는 가능한 미적 효과도 거둘 수 없게 된다는 것이다.

이런 부분에서 그가 가진 합리성이 잘 드러난다. 또 건축계의 인적 · 제도적 개혁 문제와는 달리 새로운 재료의 활용에 대한 그의 제안은 비교적 빨리 실현되었다.[12] 사실 철골과 유리라는 재료들의 도입은 화재 등 재난으로부터의 안전성과 무엇보다 경제성 면에서 점차 필연적인 요구가 되고 있었고, 산업의 발전이 이를 뒷받침했으므로 결과적으로 건축의 스타일이 이 새로운 재료의 속성에 부합하는 것으로 바뀌어 갔던 것이다.

동시대의 산업적 진보로부터 얻은 결과물들을 건축 현장에 적용하고 합리적인 구조를 성취해야 한다는 비올레르뒤크의 날카로운 비판 의식과 정당한 요구가 '진정' 프랑스적인 것을 회복해야 한다는 민족적 본질주의와

---

12) 미니애폴리스 출신 건축가 르로이 S. 버핑턴은 자신이 『건축 강의』의 갓 출간된 번역본에서 영감을 얻어 마천루를 착상하게 되었다고 증언하기도 했다. Sigfried Giedion, *Space, time & architecture: the growth of a new tradition*(Harvard University Press: 1941) p. 206.

나란히 제기되는 것은 아이러니지만 놀라운 광경은 아니다. 돌이켜 보면 합리주의와 교조주의, 실용적 태도와 편향적 사변이 혼재하는 이런 모순된 사상은 19세기 유럽 그 자체를 보여 주는 것이기도 하다. 산업 혁명과 과학 기술의 혁신, 시민 혁명, 자본주의와 경제 성장 등을 견인한 이성의 교조화로 민족주의를 넘어서는 제국주의로 치닫고 있던, 세계 대전 전야의 유럽을 말이다.

이 책에서 저자가 피력하는 고고학적 견해들이나, 그를 매료시켰던 새로운 재료의 가능성 등은 이제 그 자체가 역사적 사료로서만 의미 있는 것들이다. 우리는 여기서 19세기 중반기, 특히 제2제정기에 가장 활발히 활동한 건축가이면서 거대한 기득권 세력에 맞섰던 한 부르주아 지식인의 목소리를 통해 그가 고발하는 시대의 모순과 그 자신의 모습에 투영된 시대의 한계를 보게 되며, 그 하나하나가 현재의 우리 자신을 비추는 거울들임을 깨닫게 된다. 합리주의자로 불리는 저자가 강조하는 양식(良識)이 보편적으로 통용되는 사회에 우리는 아직 당도하지 못했다. 근대적 자민족 중심주의와 배타주의는 현재 동아시아에서 과거보다 강화되고 있으며, 각국이 벌이는 이른바 '역사 전쟁'의 양상은 19세기 사상가들의 논리적 비약에 결코 뒤지지 않는다. 공정한 경쟁과 평가의 장을 원하면서도 인종주의적 우월감으로 열패감을 상쇄하려던 저자의 내면의 균열은 지금 우리 사회 다수의 거울상이다. '낡고 좀먹은 세계'는 여전히 우리 앞에 있는 것이다.

모두에 밝힌 것처럼 이번 번역은 버크널의 영역본에 준하여 이루어졌다. 건축사를 포함하는 서양 미술사 분야의 1차 문헌 소개가 지극히 드문 국내 상황에서 이 책이 출간될 수 있었던 것은 이것이 한국문화재단의 명저 번역 지원 사업의 일환으로 진행되었기 때문이다. 이 사업은 재단 측에서 선정한 명저 목록 가운데 저서를 선택하여 지원하는 방식으로 이루어지는데,

공교롭게도 이 목록에 올라 있던 것이 『건축 강의』의 영역본이었다. 명저 목록은 각 분야 연구자들의 추천을 받아 선정되므로 아마도 최초에 이 책을 추천한 인사가 영어본을 올렸을 것으로 짐작된다. 이 책을 대학원의 강독 교재로 사용하는 경우에는 영어본이 선호될 것이 분명하므로 이런 선택에는 나름의 이유가 있어 보인다. 본 역서가 원전인 불어본 대신 영어본의 중역 형태가 된 데는 우선 이런 상황이 있었다.

버크널의 영역본은 역자 서문에서 그 자신이 밝힌 것처럼 의역을 원칙으로 하고 있다. 덕분에 가독성은 좋은 편이지만 일부 원서의 뉘앙스가 달라지거나 그 의미를 충분히 전달하지 못하는 경우가 없지 않다. 사실 원서의 의미를 완벽하게 전달할 수 없다는 것은 모든 번역서의 숙명과도 같다는 점에서 이 자체를 문제 삼기는 어렵다. 다만 원저자의 사상적 스펙트럼이 상당히 넓고, 당시 살롱을 중심으로 형성되었던 프랑스 부르주아 지식인의 교양의 흥미로운 한 가지 표본이라는 점에서 그가 사용하는 어휘나 용어의 함의들을 좀 더 충실히 읽어 냄으로써 이 책의 역사적 의미를 살릴 수 있다고 생각하여 필요한 부분에서 불어본과의 차이를 역주로 설명하거나 차이나는 용어들을 간단히 병기했다. 또 하나, 2권의 경우 영역본에 군데군데 누락된 구절이나 단락들이 있다. 특히 14강의 도입부에서는 원서를 기준으로 연속되는 여덟 단락이 대거 빠져 있다. 우연일 수도 있겠으나 이 부분에서 저자는 아카데미 데 보자르의 전횡을 가톨릭 수도회의 패권주의에 빗대어 강도 높게 비판하고 있으며, 그 과정에서 역사적으로 교회가 휘두른 배타주의와 폭력을 거론하고 있다. 이런 부분들 때문에도 이번 번역에서는 영역본을 기준으로 하되 불어본과의 차이 또한 지속적으로 비교하지 않을 수 없었다.

이 책을 우리말로 옮기는 데 또 다른 난관은 건축 관련 용어였다. 문제는 국내에서 통용되는 건축 용어들이 통일되어 있지 않다는 점인데, 영어로 된 용어를 그대로 음차하여 외래어로 사용하는 경우가 가장 많지만 이를 우리말로 번역하여 쓰는 경우도 있고, 일반적인 번역의 원칙에 따라 각 용어의 원어를 음차하는 예도 있다. 또 번역을 하는 경우에도 저마다 선택하는 번역어가 일치하지 않아 한 가지 용어에 대해 제안되는 번역어의 수가 여러 개인 경우도 있다. 이런 부분의 혼선을 가능한 한 줄이기 위해서 건축 용어의 번역에는 김평탁(편저), 『건축용어대사전』(기문당: 2009)과 사단법인 대한건축학회, 『건축구조용어사전』(기문당: 2012)을 참고했다. 그 밖에 용어와 관련하여 참고한 사전으로는 Ramée, Daniel. *Dictionnaire Général des termes d'architecture: en français, allemand, anglais et italien*(Paris:1868)와 Curl, James Stevens. *Dictionary of Architecture and Landscape Architecture*(Oxford: 2006)가 있다. 특히 라메의 경우 본서에 직접 인용되기도 하는 저자로, 비올레르뒤크와 동시대 인물이므로 용어 사용에서 시대 차이로 인해 발생할 수 있는 오독을 바로잡는 데 도움이 되었다.

그럼에도 불구하고 최종적으로 본서의 번역이 갖는 오류와 한계는 모두 역자 자신의 몫이다. 부족하고 아쉬우나마 이 번역서가 국내에서 이루어질 건축사와 미술사, 여타 19세기 프랑스 지성사 연구 등에 조금이라도 도움이 되기를 바란다.

2015년 9월

정유경

참고 문헌

Viollet-le-Duc, *Dictionnaire raisonné de l'architecture française du XIe au XVIe siècle*(1858)

The architectural theory of Viollet-le-Duc: readings and commentary(1990: Massachusetts), M.F. Hearn(edt.)

La correspondance Mérimée—Viollet-le-Duc(2001: Paris), Françoise Bercé(ed.)

Brunt, H Van., Bekaert, Geert., ect., *A la recherche de Viollet-le-Duc*(1980: Bruxelles)

Loyer, François. *Paris nineteenth century: architecture and urbanism*, Charles Lynn Clark(trans.) (1988: New York)

Mallgrave, Henri Francis *Modern Archtectural Theory: historical survey*, 1673-1968(2005: New York)

Midant, Jean-Paul. *Viollet-le-Duc: the French Gothic Revival*(Paris: 2002); *La Correspondance Mérimée—Viollet-le-Duc*(Paris: 2001) édité et préfacé par Françoise Bercé.

Zanten, David van. *Building Paris: Architectural Institutions and the Transformation of the French Capital*, 1830-1870(Cambridge: 1994)

Boucher-Rivalain, Odile. "Attitude to Gothic in French Architectural Wirings of the 1840's," *Architectural History*, vol. 41(1998), pp. 145-152.

Foucart, Bruno. "Viollet-le-Duc, cent ans après," *Viollet-le-Duc*(Paris: 1980) pp. 5-16.

Vinegar, Aron. S. "Memory as Construction in Viollet-le-Duc's Architectural Imagination," *Paroles Gelées*. 16, 2(1998), pp. 43-55.

Ramée, Daniel. *Dictionnaire Général des termes d'architecture: en français, allemand, anglais et italien*(Paris: 1868)

Curl, James Stevens. *Dictionary of Architecture and Landscape Architecture* (Oxford: 2006)

김평탁(편저), 『건축용어대사전』(기문당: 2009)

사단법인 대한건축학회, 『건축구조용어사전』(기문당: 2012)

찾아보기

지은이

:: 외젠 에마뉘엘 비올레르뒤크 Eugène Emmanuel Viollet-le-Duc, 1814-1879

1814년 파리에서 태어났다. 상류 부르주아 가정의 부유한 환경과 예술을 애호하는
분위기 속에 자라난 그는 아카데미 체제에 반발하여 에콜 데 보자르 진학을 포기한
특이한 이력을 가지고 있다. 대신에 르클레르, 뒤베 등 유명 건축가들의 개인 아틀리
에에서 수학하고, 메리메 등과의 사적인 인맥을 통해 성장해 당대 건축계의 중추로
진입했다. 19세기 프랑스에서 일어난 고딕 복고주의를 주도한 대표적인 인물 중 한
명으로서 파리의 노트르담 대성당, 아미앵 대성당, 랭스 대성당 등을 비롯하여 당대
에 이루어진 대규모 복원 사업에서 중심적인 역할을 했다. 1863년에는 그가 평생에
걸쳐 비판한 대상이던 에콜 데 보자르의 혁신이라는 과업을 맡아 교수로 위임되기도
했으나, 학생들의 반발에 부딪혀 이듬해에 사임하고 만다. 프러시아-프랑스 전쟁이
발발하자 장교로 참전했으며, 나폴레옹 3세의 실각 이후에는 코뮌에 의해 사형 선고
를 받기도 했으나, 지방으로 도피해 있다가 코뮌이 붕괴한 후 파리로 복귀했다. 만년
을 보내던 스위스의 로잔에서 1897년에 사망했다.
건축이론 및 건축사 관련 저작들을 다수 남기고 있으며, 대표작으로는 『11~16세기 프
랑스 건축 이론 사전(Dictionnaire raisonné de l'architecture française de XIe au
XVIe siècle)』(Paris: 1854-68)과 『건축 강의(Entretiens sur l'architecture tombe 1·2)』
(Paris: 1863-72)를 꼽는다.

옮긴이

:: 정유경

성신여자대학교 미술사학과에서 서양미술사 전공으로 석·박사 학위를 받았다. 가천
대학교, 성신여자대학교에 출강했으며, 저서로 『문명이 낳은 철학 철학이 바꾼 역사 2』
(2015, 공저), 역서로 질 들뢰즈, 『경험주의와 주체성』(2012, 공역), 브라이언 마수미,
『가상과 사건』(근간) 등이 있다.

한국연구재단총서 | 학술명저번역 서양편 **582**

건축 강의 ❹

1판 1쇄 찍음 | 2015년 9월 7일
1판 1쇄 펴냄 | 2015년 9월 18일

지은이 | 외젠 비올레르뒤크
옮긴이 | 정유경
펴낸이 | 김정호
펴낸곳 | 아카넷

출판등록 2000년 1월 24일(제406-2000-000012호)
10881 경기도 파주시 회동길 445-3
전화 | 031-955-9511(편집) · 031-955-9514(주문)
팩시밀리 | 031-955-9519
책임편집 | 이경열
www.acanet.co.kr

Printed in Seoul, Korea.

ISBN 978-89-5733-461-4 94920
ISBN 978-89-5733-214-6 (세트)

이 도서의 국립중앙도서관 출판시도서목록(CIP)은
서지정보유통지원시스템 홈페이지(http://seoji.nl.go.kr)와
국가자료공동목록시스템(http://www.nl.go.kr/kolisnet)에서 이용하실 수 있습니다.
(CIP 제어번호: CIP2015023967)